Kognitive Theorien der Sozialpsychologie

**Herausgegeben von
Dieter Frey**

**Verlag Hans Huber
Bern Stuttgart Wien**

Cip-Kurztitelaufnahme der Deutschen Bibliothek

Kognitive Theorien der Sozialpsychologie
hrsg. von Dieter Frey
– Bern, Stuttgart, Wien: Huber, 1978
ISBN 3-456-80576-4

1. Nachdruck 1980

© 1978 Verlag Hans Huber Bern
Satz und Druck: Heinz Arm Bern
Printed in Switzerland

Dieter Frey (Hrsg.)

Kognitive Theorien der Sozialpsychologie

Inhaltsverzeichnis

Vorwort

Die Autoren dieses Buches sind Freunde in der «Scientific Community» der Sozialpsychologie; einige waren meine Schüler und/oder Mitarbeiter; der Herausgeber war schon als Schüler einer meiner Partner in Forschung und Lehre. Somit als Befangener tue ich mich in der Rolle des Autors eines kleinen Geleitwortes schwer.

Noch vor kaum zehn Jahren war Peter R. Hofstätter in deutschsprachigen Publikationen nahezu ein einsamer Rufer für eine Sozialpsychologie, die realwissenschaftliche Theorien in systematischer (u. a. experimenteller) empirischer Forschung prüft und sich nicht irgendeiner Schule verschreibt, welche der Empirie nur zur Untermauerung unumstößlicher Grundpositionen bedarf. Eine explosionsartige Zunahme von Studenten der Psychologie (1977 studierten allein in Hamburg, wo Hofstätter lehrt, weit mehr Studentinnen und Studenten der Psychologie als 1975 in der gesamten Bundesrepublik Deutschland und Berlin) trug auch dazu bei, daß Psychologie sich wissenschafts-öffentlich als Fächergebiet etablieren konnte, was sie in der Tat schon längst war, nicht nur indem sie Brücken zwischen (biologischen) Naturwissenschaften und (empirisch orientierten) Sozialwissenschaften schlug. Sozialpsychologie konnte sich endlich als eines der Fächer der Psychologie etablieren und wurde alsbald auch von der Soziologie und anderen Gebieten der Sozialwissenschaften als eines ihrer Fächer reklamiert.

Seither werden uns – abgesehen von übersetzten Texten – in rascher Folge Einführungen in die Sozialpsychologie, Studientexte zu Spezialbereichen der Sozialpsychologie, ein Lehrbuch und Handbücher beschert. Diese Kette reißt offenbar vorerst nicht ab. Eine Wissenschaft kann blühen, wenn auf dem Markt ihrer Diffusion der Wettbewerb alltäglich wird: Wissenschafts-Produktion droht ohne -Diffusion zu verdorren. Wissenschaftliche Lehre (Diffusion) lebt jedoch aus Forschung (Produktion). Der explosiven Zunahme der Studierenden folgt das Wachstum der personellen und sachlichen Ausstattung der Lehr-Forschungsstätten relativ hierzu nur schleppend. Auch die sozialpsychologische Forschung kann nicht das halten, was sich die Lehre aus ihr verspricht. Die Menge der Einführungen in die Sozialpsychologie oder in ihre Teilgebiete droht zum Pseudo-Wettbewerb von Gütern auszuarten, die sich nur nach Autor und Titel unterscheiden. Wissenschaftliche Lehre (Diffusion), die von einer Forschung (Produktion) angeregt und getragen wird, ist selten geworden. Das mag in standardisierbaren Grundstudien («undergraduate studies»), die vielleicht nur der Bildung dienen sollen, hingehen. In Haupt-Studien («graduate studies»), die zur forschenden und/oder praktischen professionellen Anwendung von Wissenschaft fähig machen sollen, darf das nicht hingehen. Ein bloß didaktischer Wettbewerb in der Diffusion von Lesefrüchten der Autoren würde weder der Lehre noch der Forschung nützen.

Dieses Buch, zu dem ich das Vorwort schreibe, hebt sich von dem Klischee der Allerwelts-Texte ab. Der Herausgeber präsentiert Darstellungen einer Auswahl sozialpsychologischer Theorien und deren Anwendungen in empirischer Forschung. Es handelt sich also um ein Lesebuch oder eine Sammlung von Studientexten, deren Zugänglichkeit ein vorausgegangenes Einführungs-Studium in die Sozialpsychologie erfordert. Wie wurde die Auswahl dieser realwissenschaftlichen Theorien getroffen? Mit Ausnahme von Wicklund ist keiner der Autoren «Erfinder» der von ihm vorgestellten Theorie. Aber alle Autoren haben durch ihre eigene Forschung eine enge Beziehung zu den von ihnen vorgestellten Theorien. Kein Autor berichtet über bloße Lesefrüchte. Hier werden sozialpsychologische Theorien exemplarisch, nicht repräsentativ oder gar vollständig behandelt. Der Leser wird nicht mit «Gegenstandsfeldern» der Sozialpsychologie vertraut gemacht; er lernt nicht klassifikatorisch, sondern problemorientiert das Verhältnis von Theorie und Forschung an Beispielen zu begreifen. Soweit sich Theorien – empirisch durch Forschung – bewähren, können sie in vielen «Gegenstandsfeldern» nützlich sein.

Der Autor dieses geleitenden Vorwortes hat zwei hoffnungsvolle Wünsche: Erstens, wir sollten uns von den früheren Mißerfolgen und der Erstarrung der Forschung zu den «Group Dynamics» lösen. Die in diesem Buch vorgestellten Theorien sind enthaltsam individual-orientiert, gemäß der engen Definition von Sozialpsychologie von Jones & Gerard (1967): "Social psychology is a subdiscipline of psychology that especially involves the scientific study of behavior of individuals as a function of social stimuli." Ist das ein Verbot, Aussagen auf höheren sozialen Aggregats-Stufen zu machen? Zweitens: Mit einer Ausnahme werden in diesem Buch kognitivistische gegenüber behavioristischen Theorien bevorzugt. Unter den Theorien aus kognitivistischer Perspektive dominieren Gleichgewichts-Theorien. Könnten nicht auch kognitive Lerntheorien von demselben Typ wie die Hypothesentheorie der sozialen Wahrnehmung nützlich für die Sozialpsychologie sein? Man wünscht sich einen zweiten Band dieses Buches, wenn es freundliche Aufnahme bei den Lesern findet.

Weinheim an der Bergstraße, April 1978   MARTIN IRLE

Vorwort des Herausgebers

Die Idee zur Veröffentlichung eines Readers über kognitive sozialpsychologische Theorien kam mir eigentlich schon zur Studentenzeit. Meine Lehrer HANS ALBERT und MARTIN IRLE betonten immer wieder die Relevanz von Theorien und insbesondere, daß der Entwicklungsstand einer Wissenschaft danach zu beurteilen sei, wie sehr sie fähig ist, erklärungskräftige Theorien anzubieten. Bis jetzt gibt es aber kein gutes Buch, das einen Überblick über die bestehenden Theorien gibt. Im vorliegenden Buch werden zwar selbstverständlich nicht alle Theorien, aber doch die wichtigsten kognitiven Theorien der Sozialpsychologie dargestellt.

Für das Abtippen des größten Teils der Texte bin ich URSULA SCHULZ und GISELA WOSCH zu Dank verpflichtet. Das Sachregister wurde von GÜNTER MEIER-HILBERS angelegt. Für die ganze Phase der Planung und Diskussion des Buches bin ich meinen Mannheimer Kollegen GÜNTER BOLLINGER, MARTIN IRLE, MARTIN KUMPF, VOLKER MÖNTMANN, RANDOLF OCHSMANN, EDITH ROST-SCHAUDE und CLAUDIUS SAUER dankbar. Herzlich bedanken möchte ich mich auch bei ROBERT A. WICKLUND von der University of Texas at Austin, der mir während meines Aufenthaltes in den USA und während seines Aufenthaltes in Mannheim als Gastprofessor im SFB 24 zahlreiche Anregungen gab.

Mannheim, April 1978   DIETER FREY

Einleitung

Der Leser wird sich wahrscheinlich fragen, warum es sinnvoll ist, einen Reader über sozialpsychologische Theorien zu präsentieren. Die Antwort darauf ist einfach: Es gibt bisher in den USA und auch in Deutschland eine Anzahl guter sozialpsychologischer Einführungstexte und Lehrbücher (z. B. IRLE, 1975; JONES & GERARD, 1967; SECORD & BACKMAN, 1970 u. a.), in denen die verschiedenen Gegenstandsbereiche der Sozialpsychologie – soziale Wahrnehmung, Einstellungen, Einstellungsänderungen, soziale Motivation, soziale Interaktion, Gruppenprozesse usw. – dargestellt werden. Es gibt bisher allerdings kein einziges Buch, in dem ein komprimierter Überblick über sozialpsychologische Theorien gegeben wird. Auch die Bücher von DEUTSCH & KRAUSS (1962) sowie SHAW & CONSTANZO (1970) sind keine Ausnahmen: Diese Autoren verwenden einen anderen Theorienbegriff als die Autoren der Beiträge dieses Readers: DEUTSCH & KRAUSS sowie SHAW & CONSTANZO präsentieren eher Denkschulen und -traditionen (wie z. B. die lerntheoretisch oder gestalttheoretisch oder psychoanalytisch orientierte Schule) als Theorien.

Die Tatsache, daß es bisher nur unbefriedigende Darstellungen sozialpsychologischer Theorien gibt, ist allerdings nicht unbedingt ein Grund, einen derartigen Reader zu publizieren. Der viel wichtigere Grund liegt darin, daß der Herausgeber der festen Überzeugung ist, daß die Kenntnis sozialpsychologischer Theorien das beste Handwerkszeug ist, das ein Student der Sozialwissenschaften während des Studiums – neben Methoden- und Statistikkenntnissen – erwerben kann. Die Kenntnis dieser Theorien ermöglicht es, jeweils neue Sachverhalte zu interpretieren, zu erklären und vorherzusagen.

Ziel dieses Readers ist es, einen Überblick über einige der wichtigsten sozialpsychologischen Theorien zu geben. Dadurch soll erreicht werden, daß sowohl Studierende wie Lehrende der Sozialwissenschaften (Psychologen, Soziologen, Politologen, Wirtschaftswissenschaftler) einen Überblick darüber erhalten, welche sozialpsychologischen Theorien existieren, welche Anwendungsbereiche diese Theorien haben und inwieweit diese Theorien in der Lage sind, menschliches Verhalten zu erklären und vorherzusagen.

Es war ursprünglich vorgesehen, bereits bestehende Artikel bzw. Sammelreferate über die im Reader dargestellten Theorien zu verwenden. Die Durchsicht der Literatur (sowohl der deutsch- als auch der englischsprachigen) ergab jedoch, daß es keine befriedigenden Originalbeiträge zu den Theorien gibt. Deshalb entschloß sich der Herausgeber, völlig neue Originalbeiträge schreiben zu lassen. Damit wäre auch gesichert, daß der jeweils neueste Stand der Forschung dargestellt werden kann. Der Herausgeber hat sich bemüht, solche Autoren zu gewinnen, die sich bezüglich ihres Beitrags durch eigene einschlägige Forschung (Publikationen) als Experten ausgewiesen haben.

FRITZ HEIDER, den man neben KURT LEWIN als einen der einflußreichsten Sozialpsychologen bezeichnen kann, wird der Ausspruch zugeschrieben: "Nothing is as practical as a good theory." Gute Theorien erlauben es, menschliches Verhalten zu erklären und vorherzusagen. An eine gute Theorie (als ein System von Hypothesen) werden mehrere strukturelle Anforderungen gestellt: Sie soll hohen Informationsgehalt besitzen, soll überprüfbar sein, ihre Prämissen sollen widerspruchsfrei sein, und sie sollen nomologischen (Gesetzes-) Charakter haben, also unabhängig von Zeit und Raum zutreffen.

Man kann mit ALBERT (1964) und POPPER (1966) behaupten, daß formallogisch kein Unterschied zwischen Theorien und Gesetzen der Naturwissenschaften und Theorien und Gesetzen der Sozialwissenschaften besteht. Naturwissenschaftliche Theorien versuchen, physikalische Sachverhalte zu erklären und vorherzusagen; psychologische und sozialwissenschaftliche Theorien wollen menschliches Verhalten unter Berücksichtigung bestimmter Randbedingungen erklären und vorhersagen. Allerdings kann man davon ausgehen, daß sozialwissenschaftliche Theorien zum augenblicklichen Zeitpunkt nicht den Entwicklungsstand z. B. naturwissenschaftlicher Theorien aufweisen. Der Leser wird deshalb sicherlich entdecken, daß keine der hier präsentierten Theorien dem wissenschaftstheoretischen Ideal einer Theorie gerecht wird. (Dies ist auch nur in den seltensten Fällen in den Naturwissenschaften der Fall.)

Einige Vertreter der Sozialpsychologie (vgl. z. B. GERGEN, 1973) argumentieren, es bestehe ein grundlegender Unterschied zwischen Sozialwissenschaften und Naturwissenschaften, da sich menschliches Verhalten nicht nach allgemeinen – von Zeit und Raum unabhängigen – Gesetzmäßigkeiten richte, sondern jeweils aus der sich ändernden historischen Situation zu erklären sei. Sozialwissenschaften wird also die Fähigkeit abgesprochen, Gesetzesaussagen zu machen. Diese Auffassung ist erkenntnistheoretisch pessimistisch: Hätten z. B. Naturwissenschaftler wie SEMMELWEIS oder MENDEL vor 200 Jahren ähnlich pessimistische Einstellungen gehabt, so würden wir nie etwas über die Gesetze der Kindersterblichkeit und der Vererbung erfahren haben. Die hier vertretene Auffassung ist folgende: Sozialwissenschaftler sollten versuchen, Theorien über menschliches Verhalten aufzustellen, aus diesen Theorien Hypothesen ableiten und diese in Labor- und/oder Felduntersuchungen überprüfen. Der Entwicklungsstand einer empirischen Wissenschaft ist an ihrer Fähigkeit zu messen, inwieweit sie Theorien anbieten kann, die angeben, unter welchen Randbedingungen welche Verhaltensweisen auftreten. Die Spezifizierung der Randbedingungen ist derzeit bei den Sozialwissenschaften, insbesondere der Sozialpsychologie, noch unterentwickelt. Ebenso schwierig ist es, in der Realität die Anfangsbedingungen, unter denen eine Theorie zutrifft, zu identifizieren. Dies ist aber kein Grund zu Pessimismus.

Die Entwicklung der Sozialpsychologie ist dadurch gekennzeichnet, daß es in den letzten 20 bis 30 Jahren eine Unmenge von Experimenten zu den unterschiedlichsten, in den Bereich der Sozialpsychologie fallenden Sachverhalten gibt. Demgegenüber ist die Entwicklung von Theorien stark vernachlässigt worden. Ein Grund für die Überbetonung experimenteller Untersuchungen mag darin liegen, daß insbesondere die beruflichen Aufstiegschancen von U. S.-Wissenschaftlern von der Anzahl der Publikationen abhängen (publish or perish). Oft werden in experimentellen Untersuchungen mehr oder weniger «theorielos» von einem zum anderen Experiment neue unabhängige Variablen induziert und damit eine neue Veröffentlichung produziert, ohne die theoretische Relevanz des Experiments und der jeweiligen unabhängigen Variablen zu reflektieren. Die historische Konsequenz war eine Überbetonung der Empirie, begleitet von Theorie-Naivität und Theorielosigkeit. Diese mangelnde Orientierung an der Theorie und Überbetonung von ad-hoc-Variablen in Experimenten zeigt sich auch heute noch in den Top-Fachzeitschriften der amerikanischen Sozialpsychologie.

Man kann die These aufstellen, daß in den letzten 10 bis 15 Jahren die theoretische Entwicklung in der Sozialpsychologie nicht sehr stark vorangetrieben wurde: Die wichtigsten Theorien, die auch in diesem Buch dargestellt werden, wurden beinahe alle vor etwa 20 Jahren entwickelt und im Laufe der Jahre theoretisch kaum weiter präzisiert und verfeinert (vgl. z. B. die Dissonanztheorie von FESTINGER, 1957, die Attributionstheorie von HEIDER, 1958, die Theorie der Vergleichsprozesse von FESTINGER, 1954, oder die Hypothesentheorie der Wahrnehmung von BRUNER & POSTMAN, 1951). Ein Überblick über diese Theorien mag deshalb hoffentlich viele Leser stimulieren, ihrerseits an der Präzisierung und Ausweitung der Theorien mitzuarbeiten.

Zukünftige theoretische und empirische Forschung in der Sozialpsychologie sollte vor allem an folgenden Aspekten orientiert sein:

Einerseits sollte man stärker als bisher um einen Theorienpluralismus bemüht sein, d. h. man sollte weiterhin zusätzliche Theorien zu entwickkeln versuchen, die fähig sind, bestimmte Sachverhalte zu erklären, die von den vorhandenen Theorien nicht erklärt werden können. Andererseits sollte man bestrebt sein, vorhandene Theorien zu präzisieren und dahingehend zu verfeinern, daß konkrete Anfangsbedingungen, unter denen diese Theorien zutreffen, festgestellt werden. Man kann vermuten, daß ein Theorienpluralismus immer zu einer Klärung durch Präzisierung beiträgt. Weiterhin bewirkt die Konfrontation von Theorien eine Stimulierung der experimentellen Forschung. Das Streben nach Theorienpluralismus sollte allerdings gleichzeitig mit dem Versuch verbunden sein, isoliert nebeneinander stehende und über denselben Gegenstandsbereich Aussagen machende (Mini-) Theorien zu integrieren und zu einer allgemeineren Theorie zu entwickeln. Das Streben nach Theorienpluralismus und das Streben nach Integration von Theorien mit höherem Allgemeinheitsgrad ist also kein Widerspruch.

Zur Auswahl der Theorien in diesem Reader sei folgendes gesagt: In diesem Reader werden nur die nach Ansicht des Herausgebers wichtigsten und einflußreichsten Theorien präsentiert, einflußreich insofern, als sie in den vergangenen Jahren einen starken Teil an Forschung initiiert haben, auf die am meisten Bezug genommen wurde und die wahrscheinlich auch in naher Zukunft für die Sozialpsychologie bedeutend sein werden. Weiterhin ist die Auswahl der hier dargestellten Theorien insofern selektiv, als sie mehr oder weniger die theoretische (eher kognitiv orientierte) Perspektive des Herausgebers widerspiegelt.

Einige Theorien, mit denen Sozialpsychologen arbeiten, wurden bewußt nicht in den vorliegenden Reader aufgenommen: So hätte man z. B. sämtliche Theorien zur Einstellungsänderung, wie z. B. die Balance-, Kongruitäts-, Kongruenz-, Assimilations-Kontrast-Theorie, die affektiv-kognitive Konsistenztheorie, die Inokulationstheorie, die Theorie des «wishful thinking» oder aber auch die Theorie des Adaptationsniveaus von HELSON mitaufnehmen können. All diese Theorien sind jedoch entweder zu spezifisch, da sich ihre Anwendung mehr oder weniger auf Einstellungsentstehung und Einstellungsänderung und den Problembereich der Resistenz von Einstellungen reduziert, oder aber sie wurden bisher zu wenig ausformuliert. Eine gesonderte Darstellung dieser Theorien erschien auch deshalb nicht notwendig, weil sie größtenteils bei der Behandlung der anderen Theorien angesprochen werden. Ähnliches trifft auch auf die verschiedenen Gruppen- und Machttheorien (z. B. von FRENCH & RAVEN oder von THIBAUT & KELLY) oder die Scripttheorie von ABELSON oder McGUIRE zu.

Noch ein Wort zum Aufbau der einzelnen Beiträge: Zunächst werden jeweils die Grundgedanken und Prämissen der Theorie dargestellt; anschließend wird die empirische Prüfung der Theorie in den unterschiedlichen Anwendungsbereichen präsentiert, und schließlich wird die Theorie bewertet und ihre Probleme aufgezeigt. Der Herausgeber hat zu den einzelnen Theorien jeweils eine kurze Einführung vorangestellt.

Literatur

ALBERT, H. Probleme der Theorienbildung. In ALBERT, H. (Hrsg.) Theorie und Realität. Tübingen: Mohr, 1964.

BRUNER, J. S. & POSTMAN, L. An approach to social perceptions. In: W. DENNIS & R. LIPPIT (Eds.) Current trends in social psychology. Pittsburgh: University of Pittsburgh Press, 1951, 71–118.

DEUTSCH, M. & KRAUSS, R. M. Theories in social psychology. New York: Basic Books, 1965.

FESTINGER, L. A theory of social comparison process. Human Relations, 1954, 7, 117–140.

FESTINGER, L. A theory of cognitive dissonance. New York: Row, Peterson, 1957.

GERGEN, K. J. Social psychology as history. Journal of Personality and Social Psychology, 1973, 26, 309–320.

HEIDER, F. The Psychology of Interpersonal Relations. New York: Wiley, 1958.

IRLE, M. Lehrbuch der Sozialpsychologie. Göttingen: Hogrefe, 1975.

JONES, E. E. & GERARD, H. B. Foundations of Social Psychology. New York: Wiley, 1967.

POPPER, K. R. Logik der Forschung. Tübingen: Mohr, 1966.

SECORD, P. & BACKMAN, C. W. Social psychology. New York: McGraw-Hill, 1970, 2. Auflage.

SHAW, M. E. & CONSTANZO, P. R. Theories of social psychology. New York: McGraw-Hill Book Company, 1970.

Die Hypothesentheorie der sozialen Wahrnehmung — Einführung

Der Überblick über die verschiedenen Theorien beginnt mit der Hypothesentheorie der sozialen Wahrnehmung. Diese Theorie geht in ihrer Formulierung auf BRUNER & POSTMAN zurück und stellt die älteste der in diesem Reader skizzierten Theorien dar. Die grundlegende Annahme der Hypothesentheorie der sozialen Wahrnehmung lautet, daß jeder Wahrnehmungsvorgang mit einer «Hypothese» (perceptual set oder cognitive predisposition) beginnt. Diese Hypothese beeinflußt nicht nur was gesehen wird, sondern wie das Wahrgenommene interpretiert wird. Da die Hypothesentheorie der Wahrnehmung Denken, Erinnern und Wahrnehmen im Prozeß der Hypothesenprüfung aufeinander bezieht, kann man sie als eine kognitive Theorie der sozialen Wahrnehmung bezeichnen.

Die Relevanz der Theorie der sozialen Wahrnehmung für viele andere sozialpsychologische Theorien, wird sehr oft verkannt. Die Interpretation und Wahrnehmung externer Reize, wie Freiheitseinengungen, dissonante Informationen, Informationen über Vergleichspersonen, Informationen über Erregungszustände usw. sind in entscheidendem Maße davon abhängig, auf welche kognitive Prädisposition diese Information fällt. Diese Theorie umfaßt bereits einige Aspekte der Konsistenztheorien, wenn man die Beendigung des Prozesses der Hypothesenwahrnehmung als einen Zustand ansieht, bei dem eine Übereinstimmung (Gleichgewicht) zwischen Reizinformation und Erwartung erreicht ist. In der Sprache der Dissonanztheorie erzeugt das Auftreten einer hypothesenkonträren Information kognitive Dissonanz, die entweder durch Änderung der Hypothese oder Umbewertung der Information reduziert werden kann. Die Hypothesentheorie der sozialen Wahrnehmung macht spezifische Aussagen darüber, wie die Person den Konflikt verarbeitet. Entscheidend ist der Verankerungsgrad der Hypothesen sowie der Zuverlässigkeitsgrad der Information. Das Problem des Verankerungsgrades wurde später von LEON FESTINGER in seiner Dissonanztheorie wieder aufgenommen (ohne daß auf die Hypothesentheorie der sozialen Wahrnehmung eingegangen wird) und fand insbesondere im Konzept des Änderungswiderstandes von Kognitionen seinen Niederschlag. Im Gegensatz zu FESTINGER nimmt IRLE in seiner Reformulierung der Theorie der kognitiven Dissonanz wieder stärker Bezug auf Prinzipien der Hypothesentheorie der sozialen Wahrnehmung.

Die Präsentation dieser Theorie zu Beginn des Readers ist nicht zufällig. Die Impulse, die von dieser Theorie auf andere sozialpsychologische Theorien ausgegangen sind, sind erheblich. Dennoch wird auf diese Theorie sowohl im deutschen als auch im amerikanischen Sprachraum weit weniger Bezug genommen als es von der Bedeutung her angemessen wäre. Man kann aber vermuten, daß die Bedeutung dieser Theorie innerhalb des neuen Trends in der nord-amerikanischen Sozialpsychologie sich verstärkt den Prozessen der Informationsverarbeitung und Problemen der kognitiven Psychologie zuwenden, wieder steigt.

Die Hypothesentheorie der sozialen Wahrnehmung

WALDEMAR LILLI
Universität Mannheim

1. Einleitung

Die Hypothesentheorie der sozialen Wahrnehmung ist im Zuge des «new look in perception» entstanden. Damit ist etwa ab Mitte der 40er Jahre in den USA eine neue Art der Erklärung von Wahrnehmung vor allem auf der Grundlage sozialer Variablen (Bedürfnisse, Motive, Werte) in die Wege geleitet worden. Zum besseren Verständnis der Hypothesentheorie erscheint es nützlich, zunächst diesen Kontext zu beleuchten. Über den theoriegeschichtlichen Hintergrund dieser neuen Sichtweise der Wahrnehmung berichtet GRAUMANN (1956); umfassende ideengeschichtliche Informationen dazu liefert BORING (1942; auch 1950).

2. Der «new look in perception»

Mit dem von BRUNER & POSTMAN (z. B. 1949a) initiierten «new look in perception» beginnt die neuere experimentelle Forschung zur sozialen Wahrnehmung. Ausgangsbasis ihres neuen Konzepts war die Unterscheidung von autochthonen und Verhaltens-Determinanten der Wahrnehmung. Die autochthonen Determinanten repräsentieren die angeborenen und relativ unveränderbaren Eigenschaften des menschlichen Wahrnehmungsapparates, während die Verhaltensdeterminanten damit zu tun haben, wie die Wahrnehmung in andere psychische Funktionen des Organismus integriert ist. Von den traditionellen Wahrnehmungstheorien, die sich vorwiegend auf die Erforschung der autochthonen Determinanten beschränkten, unterscheidet sich dieses «social perception»-Konzept gerade in seiner nicht-sensorischen Bedingtheit. Im Unterschied zu diesem impliziert es, daß Wahrnehmung (1) der Erfahrung zugänglich ist und in gewissen Grenzen den Gesetzen des Lernens unterliegt, (2) immer in Vollzug irgendwelchen Handelns geschieht, also funktionalen Charakter besitzt, (3) als Interaktion von Organismus und Umwelt sowohl rezeptiv-hinnehmend als auch aktiv-gestaltend zu verstehen ist und (4) als Interaktion einen ganzen Variablenkomplex mit den entsprechenden Wechselwirkungen enthält (vgl. GRAUMANN, 1966).

Nach BRUNER & POSTMAN (1951) fallen der Wahrnehmung 4 heuristisch gedachte und nicht immer klar zu trennende Funktionen zu:

1. Selektion: Was wahrgenommen wird ist in erster Linie eine Auswahl aus der Reizvielfalt der Umwelt.
2. Organisation: Wahrnehmung ist das Ergebnis einer Organisation. Was wahrgenommen wird ist immer schon sinnvoll gestaltet.
3. Akzentuierung: Der wahrnehmende Organismus hebt bestimmte Reizaspekte auf Kosten anderer hervor.
4. Fixierung: Was in irgend einer Situation wahrgenommen wird ist eine Funktion der Fixierung von Wahrnehmungsantworten die in früheren ähnlichen Situationen erfolgreich waren.

3. Die «directive-state»-Theorie der sozialen Wahrnehmung

Der «new look in perception» gab den Anstoß für unzählige Experimente. Diese Forschungen stimmten zunächst alle darin überein, daß sie einen direkten Einfluß sozialer Variablen auf die Wahrnehmung postulieren. Von dieser Annahme her erklärt sich auch die auf ALLPORT (1955) zurückgehende Bezeichnung dieser Experimente als «directive-state»-Untersuchungen.

Die große Menge der «directive-state»-Experimente kann hier nur exemplarisch verdeutlicht werden. Dabei geht es ganz besonders darum, die theoretischen und operationalen Schwächen dieses Konzepts zu dokumentieren, die den Anlaß gegeben haben zur Entwicklung der Hypothesentheorie der sozialen Wahrnehmung.

Für die Leser, die an ausführlicheren Informationen interessiert sind, kann das Buch von ALLPORT (1955) empfohlen werden; nützlich sind auch die entsprechenden Kapitel bei SECORD & BACKMAN (1971) und VERNON (1970).

Bei der folgenden Darstellung beschränken wir uns darauf, die 6 Haupthypothesen des «directive-state»-Konzepts zu nennen und anhand von ausgewählten Experimenten zu erläutern.

1. Die körperlichen Bedürfnisse tendieren dazu, die Wahrnehmung zu determinieren

LEVINE, CHEIN & MURPHY (1942) untersuchten die Annahme, daß mit wachsendem Bedürfnis die Wahrnehmungsverzerrung zunimmt. Ihre Vpn, die über verschieden lange Zeitspannen keine Nahrung mehr erhalten hatten, sollten mehrdeutige Abbildungen, die u. a. auch Nahrungsmittel darstellten, beschreiben. Die Zahl der nahrungsbezogenen Antworten stieg zwar bis zu einer bestimmten Zeitspanne des Nahrungsentzugs an, sie nahm dann jedoch wieder ab, was mit der Hypothese nicht erklärt werden konnte.

2. *Die Wahrnehmung wird dann durch Belohnungen und Bestrafungen determiniert, wenn diese mit bestimmten Reizsituationen assoziiert sind*

Nach dieser These beeinflussen Belohnungen und Bestrafungen (a) die Wahrnehmung der Reizalternative (b) die Wahrnehmung der Größe von Reizen und (c) die Wiedererkennungszeit von Reizen. Das erste bekannt gewordene Experiment zu (a) wurde von SCHAFER & MURPHY (1943) durchgeführt. Sie zeigten ihren Vpn kreisförmige Kippfiguren, bei denen man entweder die eine oder die andere Hälfte als Profil eines Gesichts erkennen konnte. Im Vorversuch wurde die Wahrnehmung der einen Alternativen belohnt und die der anderen bestraft. Im Hauptversuch wurde jeweils nur eine der beiden Hälften der Kippfigur präsentiert. Entsprechend der Hypothese konnten die Vpn das im Vorversuch belohnte Gesichtsprofil besser identifizieren als das bestrafte. Die Autoren nahmen an, daß die Vpn durch reinforcement gelernt hatten, das belohnte Profil als Figur und das bestrafte als Grund wahrzunehmen. Spätere Untersuchungen ließen jedoch Zweifel aufkommen über die Eindeutigkeit der Belohnungs- und Bestrafungswirkung auf die Wahrnehmungsinhalte (vgl. ROCK & FLECK, 1950; SNYDER & SNYDER, 1956; vor allem SOMMER, 1957). Das Phänomen scheint insgesamt gesehen eher auf positivem als auf negativem reinforcement zu beruhen.

3. *Die für eine Person charakteristischen Werthaltungen beeinflussen die Wiedererkennungszeit für Wörter, die auf diese Werthaltungen bezogen sind*

POSTMAN, BRUNER & MCGINNIES (1948) haben zunächst mit Hilfe des "study of values"-Tests von ALLPORT & VERNON (1931) die Hierarchie der Werthaltungen ihrer Vpn festgestellt. Dann präsentierten sie den Vpn einzelne Wörter im Tachistoskop, die sich auf die erhobenen Werthaltungen bezogen und andere, die damit nicht im Zusammenhang standen. Wie sich zeigte, wurden die Wörter mit zunehmender Dominanz der Werthaltungen, auf die sie sich bezogen schneller erkannt. Insofern konnte die Hypothese bestätigt werden. Allerdings gaben die Vpn schon vor der richtigen Beschreibung Antworten, die man nach drei Gruppen ordnen konnte: Bei diesen Voraus-responses wurden nämlich Wörter genannt, die in dieselbe Wert-Sphäre fielen wie das dargebotene Reizwort (covaluant responses), oder solche, die in einer entgegengesetzten Wert-Sphäre gehörten (contravaluant responses) oder Wörter, die unsinnig waren bezogen auf die Wert-Sphären (nonsense-responses). Das Ergebnis dieser weiteren Analyse besagte, daß die Vpn schon bevor sie die

Reizsituation richtig beschreiben konnten, bezüglich der angesprochenen Wert-Sphären richtige Hypothesen hatten. Dieser Effekt wurde von So-LOMON & HOWES (1951) auf den Zusammenhang zwischen der Benutzungs-Häufigkeit von Wörtern und den dominanten Werthaltungen zurückgeführt. Nach den Ergebnissen von POSTMAN & SCHNEIDER (1951) kann man festhalten, daß häufig benutzte Wörter eine größere Zahl von Bedeutungen besitzen als selten benutzte Wörter, so daß eine bestimmte Wert-Konnotation völlig in den Hintergrund treten kann (vgl. auch JOHNSON, THOMSON & FRINCKE, 1960, FULKERSON, 1957).

4. *Der Wert, den ein Objekt für eine Person hat, determiniert die wahrgenommene Größe dieses Objekts*

Das bekannteste Experiment zu dieser Hypothese stammt von BRUNER & GOODMAN (1947). Sie testeten insbesondere die Annahme, daß mit zunehmendem Wert von Objekten und zunehmendem Bedürfnis nach diesen Objekten die Überschätzung der Objektgröße zunehmen sollte. Ihre 10jährigen Vpn hatten die Größe eines variablen Lichtflecks so zu regulieren, daß sie der Größe einer Geldmünze entsprach, die die Kinder jeweils in die Hand gelegt bekamen. Das Ergebnis entsprach der Hypothese, d. h. je höher der Objektwert, desto größer war die Überschätzung der Objektgröße. In einer Kontrollgruppe mit Pappscheiben statt Münzen trat dieser Effekt nicht auf. Unterschichtkinder zeigten größere Überschätzungstendenzen der Münzengrößen als Mittelschichtkinder, was mit dem höheren Bedürfnis nach Geld dieser «armen» Kinder erklärt wurde. Der Überschätzungseffekt aufgrund positiver Objektwerte wurde ergänzt durch den Nachweis, daß auch negative Objektwerte zur Überschätzung der Objektgröße führten (BRUNER & POSTMAN, 1948). In Replikationsexperimenten konnten beide Befunde nicht wieder eingebracht werden, so daß berechtigte Zweifel an der Gültigkeit dieser zu einfachen «directive-state»-Hypothese aufkamen (CARTER & SCHOOLER, 1949; KLEIN, SCHLESINGER & MEISTER, 1951; auch ROSENTHAL, 1951).

Über- und Unterschätzung von Objektgrößen zeigte sich in Folgeuntersuchungen hauptsächlich als das Ergebnis von kognitiven Prädispositionen der Vpn (McCURDY, 1956; TAJFEL, 1957; HOLZKAMP, KEILER & PERLWITZ, 1968).

5. *Die Persönlichkeitseigenschaften eines Individuums stellen eine Disposition dar, die Umwelt so wahrzunehmen, daß sie mit diesen Eigenschaften konsistent ist*

Diese Hypothese des «directive-state»-Konzepts braucht nicht näher erläutert zu werden, da sie für die spätere Diskussion keine Rolle spielt.

6. Verwirrende oder bedrohliche Reize erfordern eine längere Wieder-erkennungszeit als neutrale Reize. Oft werden sie in ihrer Bedeutung wahrnehmungsmäßig radikal uminterpretiert und erregen die für sie charakteristischen Emotionen schon bevor sie richtig identifiziert sind

McGinnies (1949) zeigte seinen Vpn im Tachistoskop einzelne neutrale oder emotional getönte Tabu-Wörter, die diese erkennen sollten. Mit Hilfe von Kontakten an der Innenfläche einer Hand wurde die galvanische Hautreaktion gemessen. Das Ergebnis schien die Hypothese zu bestätigen; die Identifikationszeit war länger für Tabu-Wörter als für neutrale Wörter; während der Präsentation unterhalb der Identifikationsschwelle war die Hautreaktion bei Tabu-Wörtern stärker als bei neutralen Wörtern. Eine Analyse der Falschwahrnehmungen zeigte außerdem, daß bei neutralen Wörtern die strukturelle Wortähnlichkeit mehr erhalten blieb als bei Tabu-Wörtern, d. h. letztere wurden erwartungsgemäß stärker uminterpretiert.

Die genannten Hypothesen sind als Ausgangsbasis zu sehen für die Forschungen zu dem problematischen Sachverhalt der Wahrnehmungsabwehr (perceptual defense). Die «directive-state»-Formulierung unterstellt eine Art von *Vor-Wahrnehmung,* die theoretisch kaum plausibel ist, so daß die Ergebnisse von daher auch nicht befriedigend interpretiert werden können.

3.1. Kritik des «directive-state»-Konzepts

Die Kritik am «directive-state»-Konzept kann in 6 Punkten zusammengefaßt werden:

(1) Die Ergebnisse der Experimente waren manchmal mehrdeutig; in verschiedenen Experimenten wurden widersprüchliche Ergebnisse erzielt. Dies ist zum Teil auch auf Mängel im Design und den Operationalisierungen der Experimente zurückzuführen.

(2) Die Wahrnehmungsabwehr (perceptual defense) konnte nicht richtig erklärt werden; ein klares operationales Kriterium wurde nicht genannt.

Ist Wahrnehmung als ein Abwehrprozeß vorstellbar? Handelt es sich dabei vielleicht nicht eher um eine Entscheidung zwischen alternativen Wahrnehmungen?

(3) Die Wirkung von Bedürfnissen, Motiven und Werten auf die Wahrnehmung wird zwar postuliert, aber es wurde nicht erläutert, wie diese Faktoren im Wahrnehmungsprozeß wirksam werden.

(4) Die Beteiligung anderer kognitiver Prozesse beim Zustandekommen der Wahrnehmungserlebnisse wurde nicht genügend berücksichtigt; z. B. kann die Relevanz der Bedürfnisse, Motive und Werte oder ihre

instrumentelle Funktion genauso wirksam sein wie die Bedürfnisse, Motive und Werte selbst.

(5) Die Vorerfahrung der Vpn wurde in den Experimenten meistens nicht berücksichtigt; möglicherweise ist aber entscheidend, was eine Vp bereits früher wahrgenommen hat, weil diese Wahrnehmungserfahrung eine Bereitschaft konstituieren kann, ein bestimmtes Objekt auf eine bestimmte Weise zu sehen.

(6) Die Schwäche der Theorie kam ganz besonders darin zum Ausdruck, daß die Wirkung ständig neuer Mechanismen angenommen werden mußte, um die vielfältigen experimentellen Ergebnisse erklären zu können. Von daher gesehen erschien die Entwicklung eines konsistenten Theorienkonzepts mit wenigen zentralen Annahmen dringend erforderlich.

4. Das Konzept der Hypothesentheorie

4.1. Die Grundlagen der Theorie

Die Hypothesentheorie der sozialen Wahrnehmung im eigentlichen Sinne[1] ist in ihren wesentlichen Teilen von Jerome S. BRUNER (1951; 1957) und Leo POSTMAN (1951) entworfen worden. F. H. ALLPORT (1955) hat sie einer eingehenden kritischen Würdigung unterzogen.

Mit dieser Theorie versuchten die Autoren, das «directive-state»-Konzept zu reformulieren und gleichzeitig eine höhere Konsistenz und größeren Allgemeinheitsgrad der Aussagen zu erreichen.

Die zentrale Idee dieser Theorie kommt in der Annahme zum Ausdruck, daß jeder Wahrnehmungsvorgang mit einer «Hypothese» (perceptual set oder cognitive predisposition) beginnt: Wir haben «Wahrnehmungs-Erwartungs-Hypothesen» aus früheren Kognitionen und Perzeptionen, die uns sagen, nach welchen Objekten wir Ausschau halten sollen; bis zu einem gewissen Grad sagen sie uns auch, wie wahrscheinlich es ist, daß bestimmte Objekte auftreten.

Im Unterschied zur «directive-state»-Theorie sind hier nicht die Bedürfnisse, Werte und motivationalen Zustände, sondern die Erwartungshypothesen die wahrnehmungsdeterminierenden Faktoren; Bedürfnisse, Motive und Werte sind hier nur noch Dimensionen des «perceptual set».

---

[1] Diese Einschränkung erscheint notwendig, weil in der einschlägigen sozialpsychologischen Literatur bis auf wenige Ausnahmen (z. B. IRLE, 1975, WELLHÖFER, 1976) unter Hypothesentheorie der sozialen Wahrnehmung die gesamten Forschungen zum "new look in perception" subsumiert werden (z. B. McDAVID & HARARI, 1968; PIONTKOWSKI, 1976). Die eigentliche Hypothesentheorie der sozialen Wahrnehmung ist verhältnismäßig unbekannt geblieben.

Eine bestimmte Hypothese steht nicht für sich allein, sondern ist in ein allgemeines Erwartungssystem integriert. Lerntheoretisch gesehen bezieht sie sich auf eine kognitive Landkarte (cognitive map) im Sinne TOLMANS (1948) oder auf eine bestehende Gewohnheitshierarchie (habit-family hierarchy) im Sinne von HULL (1943).

Die Wahrnehmungstätigkeit folgt nach BRUNER einem dreistufigen Zyklus, der sich bis zur Bestätigung einer Hypothese wiederholt:

1. Stufe, Bereitstellung einer Hypothese, die eine Vorhersage des Eintreffens bestimmter Umweltereignisse beinhaltet.

2. Stufe, Eingabe von Informationen über das Wahrnehmungsobjekt.

3. Stufe, Bestätigung oder Widerlegung der Hypothese.

Die Bereitstellung einer Hypothese, die Aufnahme von Reizinformationen und die Prüfung der Hypothese involviert Erinnerungs-Denk- und Wahrnehmungsprozesse. Die Erwartungshypothese, die sich aus Erfahrungen und früheren Wahrnehmungen zusammensetzt, wird in der aktuellen Situation mit der Reizinformation konfrontiert; die Hypothesenprüfung erfolgt durch die Herstellung einer Beziehung zwischen Hypothese und Reizinformation. Zur psycho-physiologischen Erläuterung dieses Vorgangs vgl. z. B. BETZ (1974).

4.2. Exkurs: Die Denkweise der Hypothesentheorie

Die Hypothesentheorie der sozialen Wahrnehmung konkretisiert sich in einer Reihe empirisch prüfbarer Aussagen. Bevor wir diese jedoch behandeln, soll anhand eines Anschauungsbeispiels versucht werden, mit der Denkweise der Theorie vertraut zu machen.

Ein Spieler, der mit einem noch nicht vollendeten Puzzle-Bild beschäftigt ist, stellt immer dann eine Hypothese auf, wenn er ein bestimmtes Teilchen in die Hand nimmt, um es in das Bild einzufügen. Seine Hypothese besteht darüber, wie die Stelle im Bild aussehen muß, damit das Teilchen paßt. Findet er diese Stelle, dann ist die Hypothese bestätigt, sie hat sich als veridikal erwiesen. Paßt das Teilchen nicht, dann ist die Hypothese widerlegt, sie hat sich als nicht-veridikal erwiesen. In diesem Fall bildet der Spieler eine neue Hypothese und probiert, ob das Teilchen an einer anderen Stelle des Bildes paßt. Diese Prozedur ist von WOODWORTH (1947) "trial and check" genannt worden.

Bei jedem weiteren «trial» wird der Spieler möglicherweise in der Wahl seiner Hypothese durch die Wahrscheinlichkeit beeinflußt, daß die Information, die durch das Teilchen gegeben wird, im allgemeinen für die gewählte Hypothese unterstützend (oder widersprechend) ist.

Die Wahl einer Hypothese bzw. die Sicherheit, mit der sie aufrechterhalten wird, kann durch frühere Erfahrung beeinflußt werden, wenn der Spieler z. B. schon einmal mit einem Teilchen wie dem gegenwärtigen zu tun hatte. Selbst wenn die diesbezüglich aktuelle Hypothese nicht-veridikal ist, so kann die Anzahl ihrer früheren Bestätigungen den Spieler veranlassen, dennoch an ihr festzuhalten.

Ein weiterer Einfluß auf die Wahl der Hypothese kann sich aus der Puzzle-Abbildung ergeben; ist z. B. an einer bestimmten Stelle ein backsteinrotes Haus vorgesehen, dann wird nach backsteinroten Teilchen gesucht: Die Hypothese über den Bildinhalt eines Teilchens könnte so die (frühere) Hypothese über seine äußere Form ergänzen, d. h. die spätere Hypothese hätte in diesem Fall eine kognitive Unterstützung für die frühere bedeutet.

Andere Personen, die bei der Entstehung des Puzzle-Bildes zusehen, könnten den Spieler mit ihren Bemerkungen in seiner Hypothese bestärken oder von ihr abbringen.

Nehmen wir an, das Bild ist bis auf ganz wenige fehlende Teilchen fertiggestellt. Dann kann man vermuten, daß der Spieler seine gegenwärtigen Hypothesen mit größerer Sicherheit aufstellt als dies bei früheren Hypothesen der Fall war: durch die Reduktion der Anzahl möglicher Hypothesen wird eine gegebene Hypothese verstärkt. Gesetzt den Fall, die allererste Hypothese ist bereits erfolgreich gewesen und sofort bestätigt worden; dann sind alle anderen Einflüsse hinsichtlich einer weiteren Unterstützung dieser Hypothese überflüssig und werden nicht mehr wahrgenommen. Wenn aber die erste Hypothese nicht-veridikal war und auch weitere Hypothesen nicht mit den Tatsachen des Puzzle-Bildes übereinstimmen, dann könnten die anderen Einflüsse in Richtung der Aufrechterhaltung einer falschen Hypothese wirken oder die anderen nicht-veridikalen Hypothesen abwechselnd stützen. Als Folge davon wäre zu erwarten, daß der Spieler eine größere Anzahl von Fehlversuchen durchführt.

Je größer die Unterstützung für eine falsche Hypothese ist, desto größer muß die Zahl der "trials and checks" sein, die nötig sind, um den Spieler zu veranlassen, diese Hypothese aufzugeben. Jeder zusätzliche Versuch bedeutet aber eine weitere Information über Teilchen und Puzzle-Bild. Daher kann man sagen: Je höher die Stärke und je größer die Zahl von nicht-veridikalen Hypothesen ist, desto größer muß die Menge widersprechender Information sein, um sie zu widerlegen.

Soweit das Puzzle-Beispiel zur Verdeutlichung der Denkweise der Hypothesentheorie. Die Unterschiede zum Wahrnehmungsvorgang, wie ihn BRUNER & POSTMAN gemäß ihrer Theorie sehen, bestehen in zwei Punkten:

(1) Der Puzzle-Spieler kann über die hypothesenrelevanten Informationen (Teilchen und Puzzle-Bild) auch extern verfügen, während der Informationsgebrauch beim Wahrnehmen lediglich intern, im Organismus vor sich geht. Als wichtige Konsequenz ergibt sich daraus, daß nicht-

veridikale Hypothesen genauso bestätigt werden können wie veridikale, was beim Puzzle-Spiel unmöglich ist.

(2) Die Hypothesenprüfung erfolgt im Wahrnehmungsprozeß mit viel größerer Geschwindigkeit als im besprochenen Problem-Lösungs-Beispiel.

4.3. Die Annahmen der Hypothesentheorie

Zum besseren Überblick kann man zunächst einmal auf 6 Punkte hinweisen, durch die die Theorie charakterisiert wird; nämlich durch:
1. Die Vorstellung von Erwartungshypothesen bzw. Wahrnehmungseinstellungen (perceptual sets) und ihre Überprüfung.
2. Die Bestimmung der Stärke einer Hypothese als der Menge von Reizinformationen (cues oder clues), die zur Bestätigung oder Widerlegung der Hypothese nötig ist.
3. Die Determinanten der Hypothesenstärke; dazu gehören die Häufigkeit der früheren Bestätigung, die Zahl verfügbarer Alternativ-Hypothesen, die motivationale, kognitive und die soziale Unterstützung einer Hypothese.
4. Die sogenannten Kovariations-Theoreme, die die Hypothesenstärke unter den Bedingungen ihrer Determinanten vorhersagen.
5. Die Vorstellung des Wettbewerbs zwischen rivalisierenden Hypothesen.
6. Die Vorstellung, daß in Abwesenheit von passenden Reizinformationen die jeweils dominante Hypothese bestätigt wird.

4.3.1. Die Kovariations-Theoreme

Das Kernstück der Hypothesentheorie ist nach BRUNER (1951) in den 3 folgenden Kovariations-Theoremen enthalten:
1. *Je stärker eine Hypothese ist, desto größer ist die Wahrscheinlichkeit, daß sie erregt wird.*
2. *Je stärker eine Hypothese ist, desto geringer ist die Menge der unterstützenden Reizinformation, die zu ihrer Bestätigung nötig ist.*
Zur Bestätigung einer sehr starken Hypothese genügt möglicherweise *irgendeine* unterstützende Information. Wenn passende Information fehlt, kann die Wahrnehmungsorganisation direkt durch die dominante Hypothese bestimmt werden.
3. *Je stärker eine Hypothese ist, desto größer muß die Menge widersprechender Reizinformation sein, um sie zu widerlegen.*
Als widersprechend werden die Reizinformationen bezeichnet, die auf eine Widerlegung der Hypothese gerichtet sind und in direkter Kovariation mit der Hypothesenstärke stehen. Unterstützende Reizinformationen sind dagegen auf eine Bestätigung der Hypothese gerichtet und stehen in indirekter Kovariation mit der Hypothesenstärke.

BLAKE & VANDERPLAS (1951) haben ein Experiment durchgeführt, mit dem sie das 3. Theorem in einer inversen Form überprüften. Es erscheint vor allem auch im Hinblick auf die Erklärung von Falschwahrnehmung und Wahrnehmungsverzerrungen (Reizdeformationen) sinnvoll, die Formulierung von BLAKE & VANDERPLAS hier ergänzend aufzuführen:

Je stärker eine nicht veridikale Hypothese ist, desto mehr nicht-passende Reizinformation ist nötig, um sie zu widerlegen.

Einer der Hauptfaktoren, die in den Kovariations-Theoremen genannt wurden, ist die Stärke einer Hypothese. Sie bezieht sich einerseits auf objektiv festlegbare Bedingungen wie z. B. eine bestimmte experimentelle Anordnung, die bestimmte motivationale oder kognitive Elemente bereitstellt, Wiederholungen des Wahrnehmungsvorgangs oder alternative Wahlen. Diese Bedingungen werden als Determinanten der Hypothesenstärke genannt, die im folgenden Abschnitt behandelt werden. Andererseits wird die Hypothesenstärke durch die Menge der passenden Reizinformation definiert, die zur Bestätigung oder Widerlegung einer Hypothese gemäß der genannten Theoreme nötig sind. Dieses Maß stellt sozusagen einen operationalen Anker für die Stärke einer Hypothese auf der Response-Seite der Wahrnehmungsaktivität dar.

Während die Determinanten der Hypothesenstärke experimentell auf konventionelle Weise kontrolliert werden können, ist zur Messung der Menge an Reizinformation ein Perzept oberhalb der Erkennungsschwelle nötig, d. h. eine operationale Definition, die aus der Psychophysik, insbesondere auch von den «directive-state»-Experimenten wohlbekannt ist.

Die Menge der zur Bestätigung oder Widerlegung nötigen Reizinformation wird experimentell direkt erfaßt durch die Anzahl oder die Dauer der Präsentation des betreffenden Objekts, durch Verstärkung der Beleuchtung oder ähnliche Methoden.

4.3.2. Die Determination der Hypothesenstärke

BRUNER (1951) hat 5 Determinanten der Hypothesenstärke genannt, aus denen sich eine Reihe experimentell prüfbarer Annahmen ableiten lassen. Um dem Grad der empirischen Bewährung der Hypothesentheorie der sozialen Wahrnehmung zu veranschaulichen, werden zu den einzelnen Annahmen auch Ergebnisse von einschlägigen Experimenten berichtet.

4.3.2.1. Die Häufigkeit ihrer früheren Bestätigung

Je öfter eine Hypothese bestätigt wurde, desto stärker ist sie. Die Stärke wird gemessen durch die inverse Menge an Reizinformation, die für eine Bestätigung nötig ist. Man kann vorhersagen: Je größer die Häufigkeit früherer Bestätigung, desto geringer ist die benötigte Menge an

Reizinformation, um die Hypothese bei späteren Gelegenheiten zu bestätigen.

Neben den Untersuchungen von GOTTSCHALDT (1926; 1929) über den Einfluß der Erfahrung auf die Gestalt-Organisation kann man die Experimente von BRALY (1933), DJANG (1937), HENLE (1942) oder LEEPER (1935) stellvertretend für viele andere Studien anführen, die zu der Feststellung berechtigen, daß unter Bedingungen reduzierter Stimulation die Reizkonstellation am schnellsten wiedererkannt wird, die in der Vergangenheit am häufigsten aufgetreten war. Anders ausgedrückt: Bei extrem kurzzeitiger Reizpräsentation im Tachistoskop wird nur eine geringe Menge passender Reizinformation in den wahrnehmenden Organismus «eingefüttert». Ceteris paribus wird dann die Hypothese erregt, die bei dieser Art von Reizinformation in der Vergangenheit bestätigt worden ist. Weitere Eingabe passender Reizinformation dient dann der zusätzlichen Bekräftigung dieser Hypothese.

4.3.2.2. Die Anzahl verfügbarer Alternativ-Hypothesen

Die Anzahl verfügbarer Alternativ-Hypothesen steht in umgekehrtem Verhältnis zur Hypothesen-Stärke, d. h., eine einzelne Hypothese ist immer stärker als mehrere, die in derselben Wahrnehmungssituation auftreten. *Je größer die Zahl der Hypothesen ist, die in einer gegebenen Wahrnehmungssituation wirksam sind, desto mehr passende Reizinformation ist erforderlich, um eine davon zu bestätigen.* Monopol einer einzigen Hypothese auf der einen Seite und extreme Vielfalt von Hypothesen auf der anderen Seite bilden die Grenzen in dieser Frage. Je größer die Zahl von Alternativhypothesen, desto weniger wahrscheinlich ist es, daß eine gegebene Menge von Reizinformation irgendeine von ihnen bestätigt; die Hypothesen wetteifern miteinander und die stärkste, für die die Informationen passend sind, wird bestätigt.

Die Wirkung dieses Prinzips zeigt sich in solchen Experimenten, in denen den Vpn vorher nicht gesagt wird, auf welches Reizattribut aus einer Vielzahl von (möglicherweise konkurrierenden) Attributen sie achten sollen. Hierbei ist der Bereich alternativer Hypothesen weit und eine wahrnehmungsmäßige Diskrimination von irgendeinem Attribut relativ niedrig. HENMON (1906) konnte zeigen, daß mit zunehmender Ähnlichkeit der Alternativen die disjunktive Reaktionszeit länger wird, weil mit zunehmender Ähnlichkeit der Hypothesen auch die Menge passender Reizinformation zunehmen muß, um zwischen ihnen zu unterscheiden. In dem klassischen Experiment von KÜLPE & BRYAN (1904) und seiner späteren Erweiterung durch CHAPMAN (1932) wurde die Beziehung zwischen Anzahl alternativer Hypothesen und der Wahrnehmungseffizienz direkt demonstriert:

Die Vpn von KÜLPE & BRYAN bekamen aus 3 Buchstaben bestehende verschiedenfarbige und räumlich unterschiedlich angeordnete sinnlose Silben tachistoskopisch dargeboten. Bei verschiedenen Gelegenheiten wurden 4 verschiedene Instruktionen gegeben, nämlich (1) die Zahl der Buchstaben, (2) die Farbe der Silben, (3) die räumliche Anordnung und (4) die Buchstaben selbst zu beachten. Die Ergebnisse bestätigten die einschlägige Vorhersage der Hypothesentheorie; die Vpn berichteten die Reizinformationen, auf die sie durch die Instruktion hingewiesen worden waren. Wurden sie nach anderen gefragt, dann waren ihre Antworten wesentlich seltener richtig.

Das Experiment von BRUNER & POSTMAN (1949b) lieferte ebenfalls bestätigende Befunde. Wenn die Vpn darauf eingestellt waren, eine einzige Klasse von Worten im Tachistoskop zu sehen, dann ist ihre Wahrnehmung viel effizienter als unter Bedingungen, unter denen eine von zwei gleich wahrscheinlichen Klassen von Worten zu erwarten sind. Unter der Instruktion einer einzigen Hypothese werden sinnvolle Interpretationen schneller erreicht und Falschwahrnehmungen sind seltener, d. h., die Reizinformation kann wirksamer genutzt werden, wenn sie für eine geringere Zahl alternativer Hypothesen passend sind. Diese Feststellung gilt jedoch nur für veridikale Hypothesen.

Bereits in den klassischen Studien von RICE (1926) und LITTERER (1933), die sich auf LIPPMANN (1922) berufen, wurde der Begriff des Stereotyps ganz im Sinne einer monopolistischen nicht-veridikalen Hypothese über bestimmte Klassen von Sachverhalten verwendet. Eine solche Hypothese kann schon durch eine minimale Menge an Reizinformation bestätigt werden: Die Annahme, alle Juden seien geschäftstüchtig, wird bereits in dem Augenblick bestätigt, in dem ein Mann als Jude erkannt wurde, weil die Beziehung zwischen «Jude» und «Geschäftstüchtigkeit» so stark ist, daß die Information, mit der eine Person als Jude identifiziert wird bereits genügt, um das Stereotyp zu bestätigen. Wenn alternative Hypothesen über Juden bestehen, dann müssen mehr passende Informationen über die betreffende Person auftreten, um eine andere Hypothese zu bestätigen.

4.3.2.3. Motivationale Unterstützung

Ob eine bestehende Hypothese modifiziert werden kann oder nicht hängt von ihrer motivationalen Unterstützung ab: *Je stärker die motivationale Unterstützung für eine gegebene Hypothese, desto geringer die Menge der passenden Reizinformation, die zu ihrer Bestätigung und desto größer die Menge der widersprechenden Information, die zu ihrer Widerlegung nötig ist.* Motivationale Unterstützung kann bereits in den Konsequenzen gesehen werden, die die Bestätigung oder Widerlegung einer Hypothese für den Wahrnehmenden hat. Belohnung und Bestrafung sind klassische Variablen, die hypothesenstärkend wirken und die

Menge der benötigten Information reduzieren. Die Hypothesentheorie der sozialen Wahrnehmung bezieht sich nicht auf so eingeschränkte Annahmen wie Bedürfnisbefriedigung, Wunscherfüllung oder positiven Wert der «directive-state»-Theorie; sie geht vielmehr davon aus, daß *jeder* motivationale und emotionale Einfluß zur Stärkung einer Hypothese und zu ihrer schnelleren Bestätigung führen kann (z. B. POSTMAN & LEYTHAM, 1951).

Um die große Zahl von Experimenten, die unter dem Gesichtspunkt der motivationalen Determinanten im Erklärungsbereich der Hypothesentheorie liegen in eine übersichtliche Form zu bringen, werden sie anschließend in 4 thematischen Gruppen getrennt behandelt.

(1) Experimente, die sich mit der Beziehung zwischen Bedürfnisintensität und Wahrnehmungsorganisation befaßten:

Das für diese Experimente typische Vorgehen bestand in der Induzierung eines Bedürfnisses (z. B. Hunger oder Durst), der Präsentation von mehrdeutigen Reizen und der Erwartung, daß zunehmende Bedürfnisintensität zu einer zunehmenden Wahrnehmung von bedürfnisbezogenen Objekten führte. Tatsächlich wird eine Zunahme der Häufigkeit von bedürfnisbezogenen Responses als Funktion zunehmenden Bedürfnisses berichtet (z. B. LEVINE, CHEIN & MURPHY, 1942; SANFORD, 1936), aber diese Zunahme ist nicht endlos. Hier zeigte sich auch, daß die einfache Wunscherfüllungshypothese des «directive-state»-Konzepts zur Erklärung nicht ausreicht; die mit zunehmendem Bedürfnis dominant werden-den Hypothesen beziehen sich mehr auf instrumentelle Objekte zur Zielerreichung und weniger auf die Zielobjekte selbst.

(2) Experimente, die sich mit der Beziehung zwischen persönlichen Werten, emotionalen Attitüden und der Wahrnehmungsselektion befaßten:

Durch die hierher gehörenden Experimente sind Beweise geliefert worden sowohl für die Wirksamkeit von wertkongruenten Hypothesen als auch von Hypothesen, die sich auf bedrohliche und furchterregende Objekte bezogen (z. B. BRUNER & POSTMAN, 1947; McCLELLAND & LIBERMAN, 1949; POSTMAN et al., 1948). Vergleichbare Ergebnisse wurden in Experimenten erzielt, die sich mit der Wirkung von Belohnung und Bestrafung auf die Wahrnehmungsselektion befaßten: In Situationen, in denen die Wahrnehmung alternativ organisiert werden kann, wird die belohnende Alternative der bestrafenden vorgezogen (PROSHANSKY & MURPHY, 1942; SCHAFER & MURPHY, 1943). Andererseits ist aber die Sensitivität gegenüber negativ verstärkenden Reizen größer als gegen-über neutralen Reizen (McCLEARY & LAZARUS, 1949), was von der Hypothesentheorie mit ein- und derselben Annahme erklärt wird wie sie die positive Verstärkungssituation erklärt; die «directive-state»-Theorie hatte dafür zwei getrennte Annahmen benötigt.

(3) Experimente, die sich mit der Akzentuierung von Objektgrößen befaßten:

Die wichtigsten Experimente zur Wahrnehmungsakzentuierung folgten meistens der Annahme von BRUNER & GOODMAN (1947), daß bedürfnisrelevante oder wertvolle Objekte im Vergleich zu neutralen oder wertlosen Objekten in ihrer Größe überschätzt werden (BRUNER & POSTMAN, 1948; LAMBERT, SOLOMON & WATSON, 1949; DUKES & BEVAN, 1952; GILCHRIST & NESBERG, 1952) und «arme» Vpn wegen ihres größeren Bedürfnisses stärkere Überschätzung zeigen als «reiche» (BRUNER & GOODMAN, 1947; ASHLEY, HARPER & RUNYAN, 1951; teilweise auch HOLZKAMP, 1965). Die Erklärung dieses Effekts im Sinne der Hypothesentheorie erscheint auf den ersten Blick etwas kompliziert: Nach BRUNER (1951) hängt Akzentuierung von der Hypothesenstärke ab, die er aber in einer neuen Weise auffaßt, als ein Zusammenwirken von zwei Hypothesen; er nimmt an, daß die Vpn eine Größen- und eine Wert-Hypothese haben, die beide durch die Größeninformation (im Münzenexperiment) bestätigt werden, da Größe und Wert bei Münzen gleichsinnig variieren. Eine Art "joint maximization of size cues" (BRUNER, 1951, p. 140) soll für die Größenakzentuierung verantwortlich sein. BRUNER betont jedoch, daß Akzentuierung nur dann zu erwarten ist, wenn die Objektgröße eine passende Reizinformation darstellt zur Bestätigung einer motivations- oder persönlichkeitsbezogenen Hypothese.

Akzentuierung wird in der modernen Sozialpsychologie als ein Effekt aufgefaßt, dessen Auftreten vom Vorhandensein kognitiver Regeln abhängt, die über Zusammenhänge zwischen Reizen in der Umwelt bestehen (TAJFEL, 1957; NAATZ & HÜMMELINK, 1971; LILLI, 1975a, 1975b). Diese Auffassung ist der von POSTMAN (1951) prinzipiell ähnlich, der die Hypothesentheorie unter Berufung auf BARTLETT (1932) und dessen Konzept des kognitiven Schemas auch auf Erinnerungs- und Gedächtnisvorgänge ausdehnen wollte.

(4) Experimente, die sich mit Wahrnehmungsabwehr (perceptual defense) und Wahrnehmungserleichterung (perceptual vigilance) befaßten:

Unter Wahrnehmungsabwehr wird die Erhöhung der Identifikationsschwelle z. B. für unangenehme oder unerwartete Reize im Vergleich zu neutralen Reizen verstanden (MCGINNIES, 1949; VANDERPLAS & BLAKE, 1949). Mit Wahrnehmungserleichterung wird entsprechend die Herabsetzung der Identifikationsschwelle z. B. für positive im Vergleich zu neutralen oder negativen Reizen verstanden (POSTMAN, BRUNER & MCGINNIES, 1948). Die schon an früherer Stelle erwähnte «directive-state»-Erklärung der Wahrnehmungsabwehr mit dem Hinweis auf die Wirkung einer Vor-Wahrnehmung konnte schon deshalb nicht befriedigen, weil die Frage, wie man etwas wahrnehmen könne, das unterhalb der Erkennungsschwelle liegt, als ein logisches Paradoxon anzusehen war (z. B.

HOWIE, 1952). Hier liegt auch der Ausgangspunkt für eine Diskussion um die Frage, ob der Abwehrmechanismus wahrnehmungs- oder responsebedingt sei (z. B. ERIKSEN, 1963); eine eindeutige Antwort konnte aber auch in Untersuchungen mit der «signal detection»-Methode (GREEN & SWETS, 1966) nicht erreicht werden, mit der eine statistisch unabhängige Messung von Wahrnehmungs- (sensitivity effect) und Responseeffekt (decision criterion effect) möglich ist. Neuerdings wird diese Frage offenbar nicht mehr ganz so dichotom gesehen (BROADBENT, 1967; HABER, 1966, 1969; NEISSER, 1967). ERDELYI (1974) hat versucht, dieses seiner Meinung nach auf einem sprachlichen Artefakt beruhende Problem (auch MORTON, 1968) mit der Annahme zu erledigen, daß die auf allen Stufen des Informations-Verarbeitungs-Prozesses wirksame Selektivität Abwehr- und Erleichterungseffekte erklären könnte. Diese Annahme entspricht im Grunde durchaus einer hypothesentheoretischen Erklärung.

Von der Hypothesentheorie wird die Verzögerung bei der Wiedererkennung z. B. von Tabu-Wörtern mit der Dominanz starker und resistenter Hypothesen erklärt; die dominanten Alternativ-Hypothesen sind im Falle der experimentellen Präsentation von Tabu-Wörtern sozial anerkannte und gleichzeitig nicht-veridikale Wörter. Mit Bezug auf SOLOMON & HOWES (1951) könnte man auch sagen, daß die Falschwahrnehmung (Reizdeformation) von unangenehmen Wörtern bei Kurzzeit-Präsentation als Bestätigung von nicht-veridikalen Hypothesen anzusehen ist, die verstärkt wurden in früheren Situationen, in denen sie veridikal waren.

Einige Studien, die sich direkt mit der Wirkung von Erwartungshypothesen auf die Identifikationsschwelle befaßten, sollen noch erwähnt werden: POSTMAN, BRONSON & GROPPER (1953) konnten feststellen, daß Tabu-Wörter schneller erkannt wurden, wenn die Vpn auf ihr Erscheinen vorbereitet waren als wenn dies nicht der Fall war. BITTERMAN & KNIFFIN (1953) stellten ein Absinken der Identifikationsschwelle für Tabu-Wörter in Abhängigkeit von der Entstehung einer Erwartung fest.

4.3.2.4. Kognitive Unterstützung

Je fester eine Hypothese in ein größeres kognitives System eingebettet ist, desto geringer ist die Menge der passenden Reizinformation, die zu ihrer Bestätigung nötig ist, und desto größer ist die Resistenz dieser Hypothese gegen eine Änderung. Mit «größerem kognitivem System» sind aufeinander bezogene Hypothesen gemeint, die eine gemeinsame «Superhypothese» haben. Als Beispiel dafür kann das Experiment von POSTMAN, BRUNER & WALK (1951) angesehen werden, bei dem die Vpn eine vergleichsweise längere Zeit benötigten, um einen in Spiegelschrift gedruckten Buchstaben richtig zu erkennen, wenn dieser Buchstabe als Bestandteil eines Wortes erschien, als wenn er innerhalb einer Serie von nicht aufeinander bezogenen Buchstaben stand. Die hypothesentheoretische Erklärung ergibt sich hier aus der Erwartung, daß in gedruckten Wörtern alle Buchstaben auf die gleiche Weise gedruckt sind und daß der Kontext die Hypothese im Falle eines sinnvollen Wortes stärker unterstützt als im Falle der sinnlosen Buchstabenserie.

Je stärker die kognitive Unterstützung einer Hypothese ist, desto größer muß die Menge widersprechender Reizinformation sein, um sie zu widerlegen. Diesen Sachverhalt haben BRUNER & POSTMAN (1949b) eindrucksvoll demonstriert: Im tachistoskopischen Wiedererkennungsversuch zeigten sie ihren Vpn einzelne Spielkarten, von denen einige erwartungsinkongruent waren (z. B. schwarze Herzkarten oder rote Pikkarten). Die inkongruenten Karten wurden wesentlich langsamer wiedererkannt als die kongruenten. Die Hypothese, daß Herz immer rot erscheint bzw. Pik immer schwarz, wird so stark durch den allgemeinen Kontext des Kartenspiels gestützt, daß sie nur sehr zögernd und sozusagen stufenweise aufgegeben wird; anscheinend bildeten die Vpn zunächst einen Kompromiß zwischen der Hypothese und den inkongruenten Reizinformationen (compromise perceptions nach BRUNSWIK, 1949), indem sie die Herzkarte als braun und die Pikkarte als purpurfarben respondierten, bevor die Hypothese schließlich geändert wurde und eine veridikale Wahrnehmung möglich war.

Je geringer die Menge unterstützender Reizinformation, desto größer die Tendenz der Wahrnehmungsorganisation, von der dominanten Hypothese determiniert zu werden. Diese Annahme bezieht sich auf einen weiteren wesentlichen Aspekt der Tatsache, daß die Stärke einer Hypothese ein wichtiger Faktor für ihre Bestätigung ist. Als Illustration kann das Experiment von BRUNER, POSTMAN & RODRIGUES (1950) gelten, in dem Bilder von Objekten zu beurteilen waren, deren normale Farben zwischen rot und gelb liegen (z. B. Tomaten, Zitronen, Karotten, Bananen usw.). Diese Objekte wurden aus grauem Papier hergestellt und vor einem blauen Hintergrund unter einer Glasplatte liegend präsentiert, so daß sie aussahen, als seien sie alle von einer unstabilen Orangefarbe. Die Vpn sollten an einem Farbmischer die Farbe des jeweils gezeigten Objekts einstellen. Unter diesen Bedingungen geringer Reizinformation waren die Vpn durch die starken habituellen Hypothesen über die richtige Farbe der Objekte beeinflußt; sie verschoben die Farbe des gerade gezeigten Objekts unkorrekterweise in Richtung auf die übliche Farbe des Objekts. Unter der Bedingung einer besser definierten Reizinformation, d. h., wenn die Objekte aus orangefarbenem Papier hergestellt und wenn Simultanvergleiche der Objekte erlaubt waren, dann wurde die Wirkung der dominanten Hypothese reduziert.

34

4.3.2.5. Soziale Unterstützung

In Abwesenheit von passenden Reizinformationen kann die Übereinstimmung von Mitgliedern einer Gruppe als Bestätigung einer Hypothese dienen. Dieses von POSTMAN (1951) als «consensual validation» bezeichnete Prinzip der Hypothesentheorie bezieht sich eher auf einen Effekt der sozialen Gruppe als auf einen Wahrnehmungseffekt. Als Beispiel kann man das Experiment von SHERIF (1936) zum autokinetischen Phänomen anführen, in dem die Vpn die scheinbare Bewegung eines Lichtpunktes in einem dunklen Raum beobachteten; die laut gesprochenen Urteile über den Umfang der Bewegung bildeten eine Norm, was man als Bestätigung einer Wahrnehmungshypothese durch Übereinstimmung ansehen kann. Andere Beispiele dafür finden sich bei ASCH (1951) und SODHI (1953).

Soziale Übereinstimmung dient nicht nur der Bestätigung von Hypothesen in Abwesenheit von passenden Reizinformationen, sondern ist auch eine wichtige Quelle der Entstehung von Hypothesen. Nach POSTMAN (1951) kann man den Sozialisationsprozeß als einen Prozeß des sukzessiven Erwerbs von Hypothesen ansehen, die es erst ermöglichen, die Umwelt so zu sehen, wie sie kulturbedingt gesehen werden soll.

4.4. Zusammenfassende Darstellung der Hypothesentheorie der Wahrnehmung

Die Hypothesentheorie der Wahrnehmung kann in 12 Punkten zusammengefaßt werden; diese 12 Punkte behandeln die 3 wichtigsten Aspekte der Theorie, nämlich (I) das Grundkonzept der Theorie, (II) die allgemeinen Annahmen und (III) die besonderen Annahmen der Theorie.

I. Das Grundkonzept der Theorie

1. Wahrnehmung beginnt bereits vor der Eingabe von Reizinformationen mit der Bereitstellung einer Wahrnehmungs-Erwartungs-Hypothese (perceptual set), die Annahmen enthält über das Auftreten bestimmter Reizinformationen. Die Bereitstellung einer bestimmten Erwartungs-Hypothese hat zur Folge, daß bestimmte Reizkategorien bereitwilliger wahrgenommen werden als andere.
2. Der Wahrnehmungsvorgang folgt einem dreistufigen Zyklus, der sich bis zur Bestätigung einer Erwartungshypothese wiederholt. Dieser Zyklus besteht aus (1) Bereitstellung der Hypothese, (2) Eingabe von Informationen über das Wahrnehmungsobjekt und (3) Bestätigung oder Widerlegung der Hypothese (trial and check).

II. Die allgemeinen Annahmen der Theorie (Kovariations-Theoreme)
3. Je stärker eine Hypothese ist, desto größer ist die Wahrscheinlichkeit, daß sie erregt wird.
4. Je stärker eine Hypothese ist, desto geringer ist die Menge der unterstützenden Reizinformation, die zu ihrer Bestätigung nötig ist.
5. Je stärker eine Hypothese ist, desto größer muß die Menge widersprechender Reizinformation sein, um sie zu widerlegen.

III. Die besonderen Annahmen der Theorie
(Determinanten der Hypothesenstärke)
6. Je öfter eine Hypothese bestätigt wird, desto stärker ist sie.
7. Je größer die Zahl der Hypothesen ist, die in einer gegebenen Wahrnehmungssituation wirksam sind, desto mehr passende Reizinformation ist erforderlich, um eine davon zu bestätigen.
8. Je stärker die motivationale Unterstützung für eine gegebene Hypothese, desto geringer die Menge der passenden Reizinformation, die zu ihrer Bestätigung und desto größer die Menge der widersprechenden Information, die zu ihrer Widerlegung nötig ist.
9. Je fester eine Hypothese in ein größeres kognitives System eingebettet ist, desto geringer ist die Menge der passenden Reizinformation, die zu ihrer Bestätigung nötig ist und desto größer ist die Resistenz dieser Hypothese gegen eine Änderung.
10. Je stärker die kognitive Unterstützung einer Hypothese ist, desto größer muß die Menge widersprechender Reizinformation sein, um sie zu widerlegen.
11. Je geringer die Menge unterstützender Reizinformation, desto größer ist die Tendenz der Wahrnehmungsorganisation, von der dominanten Hypothese determiniert zu werden.
12. In Abwesenheit von passenden Reizinformationen kann die Übereinstimmung von Mitgliedern einer Gruppe als Validierung einer Hypothese dienen.

4.5. Die Bewertung der Hypothesentheorie

Im Abschnitt 4.3.2. ist verdeutlicht worden, daß die Hypothesentheorie die wichtigsten experimentellen Befunde aus dem Bereich der «social perception» schlüssiger erklären kann als das «directive-state»-Konzept. Im Unterschied zu diesem hat sie z. B. für die nach wie vor diskutierten Problembereiche Akzentuierung und Defense/Vigilance gültige Erklärungen geliefert.

Weil die Hypothesentheorie Wahrnehmen, Denken und Erinnern nicht nur in einem Bezugsrahmen begreift, sondern im Prozeß der Hypothesenprüfung aufeinander bezieht, kann man sie als eine kognitive Theorie der sozialen Wahrnehmung bezeichnen; damit hebt sie sich auch von der Gestalttheorie der Wahrnehmung (z. B. KOFFKA, 1935) oder der «reinen» Wahrnehmungstheorie der GIBSONS (1966, 1969) deutlich ab. Man kann sie auch unter konsistenztheoretischem Aspekt sehen, wenn man die Beendigung des Prozesses der Hypothesenprüfung als einen Zustand ansieht, bei dem ein Gleichgewicht zwischen Reizinformation und Erwartung erreicht ist (vgl. POSTMAN & BRUNER, 1952).

Die Theorie zeichnet sich durch Originalität des Ansatzes und durch operationale Formulierung ihrer Annahmen aus; dennoch haben bis heute nur verhältnismäßig wenig Forschungen explizit auf sie bezug genommen. Dafür sind vermutlich die folgenden Gründe verantwortlich:

(1) der Begriff des «perceptual set» ist unklar geblieben.

(2) Beweise für die Gültigkeit der Theorie wurden hauptsächlich in Experimenten erbracht, die nach den Grundsätzen klassischer psychophysischer Paradigmata ausgerichtet waren; die Erwartungs-Hypothesen der Vpn bezogen sich überwiegend auf die Wiedererkennung kurzzeitig präsentierter Objekte oder auf Wahrnehmungsaufgaben in mehrdeutigen Situationen.

Bevor im nächsten Abschnitt auf die Bedeutung der Hypothesentheorie für andere Bereiche der Sozialpsychologie eingegangen wird, hier zunächst einige Erläuterungen zum Begriff des «perceptual set».

Versucht man die Diskussionsbeiträge zusammenzufassen, die zur Problematik der Rolle des «set» in der Hypothesentheorie geliefert wurden (ALLPORT, 1955; BRUNER, 1957; BRUNER & KLEIN, 1960; auch HABER, 1969; SARRIS, 1971; HABER & HERSHENSON, 1973), dann ergibt sich folgendes Bild:

«Perceptual set» bezieht sich auf eine in verkodeter (z. B. sprachlicher) Form im Gedächtnis vorliegende Reizsituation, die mit ähnlichen Reizsituationen in Klassen oder Kategorien zusammengefaßt ist. Daraus resultieren zwei Aspekte des Erwartungssystems, (1) eine allgemeine Wahrnehmungsbereitschaft für Ereignisse (Reizsituation), deren Wahrscheinlichkeit des Auftretens erfahrungsabhängig ist, und (2) eine spezielle Wahrnehmungsbereitschaft, z. B. in Form einer Wunsch-Erwartung, daß eine bestimmte Reizsituation auftreten möchte.

Tritt eine verkodete Reizsituation ein, dann wird der entsprechende «set» aktiviert. Die Wahrnehmungsbereitschaft legt fest, welches passende Reizinformationen sind und welches nicht.

5. Zur Bedeutung der Hypothesentheorie für einige Forschungs- bereiche der Sozialpsychologie

Die Denkweise der Hypothesentheorie ist für eine ganze Reihe von Pro- blemen bedeutsam, die heute in der Sozialpsychologie behandelt werden. Man kann u. E. 3 Bereiche nennen, für die diese Theorie teilweise eine weitgehende, wenigstens aber eine implizite Bedeutung hat, nämlich Per- sonenwahrnehmung, Attitüden und Stereotype, und Informationsverar- beitung. In den folgenden Abschnitten wird darauf näher eingegangen.

5.1. Personenwahrnehmung

Das wichtige Problem der Personenbeurteilung, die Bildung von Mei- nungen und Bewertungen über Mitmenschen mittels *Selektion* von ein- zelnen Persönlichkeits- und Verhaltenseigenschaften und *Inferenz* von diesen auf das Vorhandensein von bestimmten anderen Eigenschaften (z. B. HERKNER, 1975; BARON, BYRNE & GRIFFITT, 1974; KAUFMANN, 1973; HASTORF, SCHNEIDER & POLEFKA, 1970), beschreibt tatsächlich nichts weiter als die Entstehung von Hypothesen über die Kovariation von Persönlichkeitseigenschaften. Die seit BRUNER & TAGIURI (1954; CRONBACH, 1955) mit dem Namen "implicit personality theory" beleg- ten Forschungen zur gruppen-, schicht- oder kulturspezifischen Meinung über zusammenpassende oder nicht zusammenpassende Persönlichkeits- und Verhaltensmerkmale können im Sinne eines festgelegten Systems von Hypothesen verstanden werden.

In einer engen Beziehung zur impliziten Persönlichkeitstheorie steht die Eindrucks- und Urteilsbildung (impression formation), in der man sich seit der bekannten Untersuchung von ASCH (1946) um Antworten auf die Frage bemüht, wie einzelne Informationen zu einem Gesamtein- druck integriert werden; den augenblicklichen Stand dieses Forschungs- zweiges referiert WYER (1974; vgl. auch ROSCH, 1976). Es erscheint zu- mindest plausibel, die im Prozeß der Eindrucksbildung zentralen, d. h. den Gesamteindruck wesentlich bestimmenden Informationen als domi- nante Hypothesen aufzufassen und die hinzukommenden peripheren, d. h. weniger wichtigen Informationen im Sinne von hypothesenunter- stützenden oder widersprechenden Informationen zu verstehen. Mög- licherweise lassen sich aus diesen Überlegungen alternative Erklärungen ableiten zu den in der Eindrucksbildung vieldiskutierten Modellen der Informationsintegration, die durchweg «small range»-Theorien sind.

KELLEY (1949) hat zeigen können, daß das Verhalten eines Lehrers in einer Gruppensituation ganz verschieden wahrgenommen wurde, je nachdem ob dieser Lehrer vorher als warmherzig (warm) oder als kühl (cold) angekündigt worden war; das tatsächliche Verhalten des Lehrers wurde in Richtung der dominanten Hypothese interpretiert, was für die Lehrer-Schüler-Interaktion überdauernde Konsequenzen haben kann (vgl. HERRELL, 1971). Seit der methodisch umstrittenen Untersuchung von ROSENTHAL & JACOBSON (1971; 1973) über Pygmalion im Unterricht (zur Kritik vgl. ELASHOFF & SNOW, 1972) wird die Frage ausführlich diskutiert, inwieweit Erwartungen der Lehrer das Leistungsverhalten der Schüler beeinflussen können (vgl. BROPHY & GOOD, 1974; auch JAHNKE, 1975).

Eine vielfach bearbeitete und wenig integrierte Forschungstätigkeit entwickelte sich aus der sogenannten Kausalattribution (perception of causality) die auf HEIDER (1944; 1958) zurückgeht und heute in zwei theoretischen Versionen vorliegt, die von JONES & DAVIS (1965, «interne Attribution») und von KELLEY (1967; «quasi-objektive Attribution») vertreten werden (vgl. SPINDLER, 1974). Mit diesen Ansätzen wird versucht, die Gesetzmäßigkeiten zu katalogisieren, die ein Beobachter bei der Zuschreibung von Ursachen für wahrgenommenes Verhalten anwendet. Auch diese Prozesse können im Sinne von Selektion und Inferenz erläutert werden: Welche beobachteten Verhaltensweisen werden zur Meinungsbildung herangezogen und welche nicht? Aus welchen beobachteten Handlungen wird auf entsprechende Dispositionen, d. h. Einstellungen oder Persönlichkeitsmerkmale des Handelnden geschlossen?

Die Attributions-Konzepte fragen eher nach dem «warum» der Zuschreibung einer bestimmten Eigenschaft aufgrund einer bestimmten Handlung, die Hypothesentheorie fragt eher nach dem «wie». PEETERS (1976) hat den Schema-Charakter des Attributionsprozesses in der Personenwahrnehmung hervorgehoben (vgl. auch ROSENBERG & SEDLAK, 1972) und damit auf die Wirksamkeit dominanter Hypothesen aufmerksam gemacht.

5.2. Attitüden und Stereotype

Die Hypothesentheorie der sozialen Wahrnehmung ist von BRUNER & POSTMAN von Anfang an auch als eine Einstellungstheorie begriffen worden; das zentrale Konstrukt dieser Theorie, die Hypothese, wurde im Sinne einer kognitiven Prädisposition zur Vorhersage künftiger Ereignisse erläutert. Damit entspricht sie weitgehend einer kognitiven Definition des Attitüdenbegriffs (vgl. ZIMBARDO & EBBESEN, 1969).

Im Konzept der Hypothesentheorie findet sich u. E. sowohl ein auf konkrete Reizsituationen abhebender (perzeptueller) Attitüdenbegriff, der Variabilität des kognitiven Systems und Anpassung meint, als auch ein nicht-perzeptueller Attitüdenbegriff, der die Stabilität und das Beharrungsvermögen des kognitiven Systems betont. Mit der Betonung der Variabilität von Attitüden ist der Forschungsschwerpunkt Einstellungs-

änderung angesprochen, mit der Betonung der Stabilität der Forschungsschwerpunkt Stereotype, auf den wir kurz eingehen wollen.

Stereotype sind Einstellungen, die die Aufmerksamkeit auf bestimmte
Klassen von Informationen beschränken (Urteilssimplifizierung); diese
Definition entspricht der monopolistischen Hypothese in einer bestimmten Situation. Stereotype werden aber oft auch als gruppenspezifische
Übereinstimmungen des Urteils bezeichnet (Urteilshomogenität); hier
wird darauf abgestellt, daß eine bestimmte Erwartungstendenz über längere Prozesse im Sozialisationsgeschehen entstanden ist. Einen zusam-
menfassenden Überblick geben BERGLER & SIX (1972) und CAUTHEN
et al. (1971). Experimentelle Belege bezüglich Urteilssimplifizierung sind
zahlreich und sehr bekannt; wir können uns hier deshalb mit dem Hinweis auf die berühmte Untersuchung von SECORD et al. (1956) begnügen;
dort wurde gefunden, daß Personen mit Vorurteilen gegen Neger deren
Hautfarbe dunkler einschätzten als sie tatsächlich war.

Ein Experiment bezüglich Urteilshomogenität stammt von COOPER
et al. (1975). Sie untersuchten die Frage, wie der Studienerfolg einer Person eingeschätzt wird, wenn vorab Informationen über die Rassenzuge-
hörigkeit und die soziale Herkunft dieser Person gegeben wurden. Im
Einklang mit dem gängigen Stereotyp wurde dieser Person die Erreichung eines höheren akademischen Grades zugetraut wenn sie aus der
Mittelschicht kam als wenn es sich um eine Unterschicht-Person handelte. Weißen Mittelschicht-Personen wurde größere Selbstverantwortung für Mißerfolg im Studium zugeschrieben als allen anderen Personen. Die Urteile der Vpn zeigten sich umso stärker am gängigen Stereotyp orientiert, je geringer ihre Schulbildung war.

Eine etwas andere Betrachtungsweise eines kognitiven Orientierungs-
systems kommt im Konzept des kognitiven Schemas zum Ausdruck, das
auf BARTLETT (1932) zurückgeht und auch in der sozialen Wahrnehmung
gebräuchlich ist (z. B. VERNON, 1955). Unter einem kognitiven Schema
wird ein generelles «statement» über die regelmäßige Kovariation von
kategorialen Umweltereignissen verstanden, das als Steuerungsmecha-
nismus bei der Umweltbewältigung dient. STOTLAND & CANON (1972)
haben in ihrem Lehrbuch den interessanten Versuch gemacht, die wesentlichen Bereiche der Sozialpsychologie auf der Grundlage dieses Konzepts abzuhandeln.

LILLI & KROLAGE (1976) gingen in ihrer Untersuchung von dem konkreten Schema aus, daß eine niedrige Stirn weniger sympathisch ist als
eine hohe Stirn. Jede Vp hatte anhand einer vorgegebenen Eigenschafts-
liste ein niedrig- und ein hochstirniges Gesicht zu beurteilen, die beide
entweder bildlich, oder verbal präsentiert wurden. Das Vorhandensein
dieses Schemas konnte statistisch signifikant nachgewiesen werden; zur
Beschreibung beider Gesichter wurden eher die mehrdeutigen als die ein-

deutigen Eigenschaften verwendet, was als Tendenz zur **Immunisierung** des Schemas angesehen wurde und im hypothesentheoretischen Sinne als weitere Verstärkung einer Hypothese interpretiert werden kann.

5.3. Informationsverarbeitung

Dieser Forschungszweig stellt u. a. die Beziehungen zwischen Reizaufnahme (sensory input) und Reizwiedergabe (output) in den Vordergrund. Das Individuum wird als ein komplexes System behandelt, das die über die Sinnesorgane empfangenen Informationen (Signale) in eine Ordnung zu bringen versucht (vgl. NORMAN, 1973). Wahrnehmen, Denken und Erinnern werden als Aktivitäten auf einem kognitiven Kontinuum verstanden (HABER, 1969).

Eines der wichtigsten Theoreme ist die Selektivität; sie bezieht sich einerseits auf die Kapazität der Sinnesorgane (channel capacity), andererseits und vor allem aber auf die selektive Aufmerksamkeit gegenüber Umweltsignalen beziehungsweise **auf die selektive Informationssuche.** Zu dieser Problematik ist eine große Zahl von Experimenten durchgeführt worden (vgl. ABELSON et al., 1968, besonders Teil IV, E). Der Hinweis auf die partielle Ähnlichkeit zur Denkweise der Hypothesentheorie soll hier genügen.

Literatur

ABELSON, R. P., ARONSON, E., MCGUIRE, W. J., NEWCOMB, TH. M., ROSENBERG, M. J. & TANNENBAUM, P. H. (Eds.). Theories of cognitive consistency: A sourcebook. Chicago: Rand McNally, 1968.

ALLPORT, F. H. Theories of perception and the concept of structure. New York, London: John Wiley & Sons, 1955.

ALLPORT, G. W. & VERNON, PH. E. Study of values: A scale for measuring the dominant interests in personality. Boston, Mass.: Houghton Mifflin Co., 1931.

ASHLEY, W. R., HARPER, R. S. & RUNYON, D. L. The perceived size of coins in normal and hypnotically induced economic states. American Journal of Psychology, 1951, *54*, 564–572.

ASCH, S. E. Forming impressions of personality. Journal of Abnormal and Social Psychology, 1946, *41*, 258–290.

ASCH, S. E. Effects of group pressure upon the modification and distortion of judgments. In: H. Guetzkow (Ed.): Groups, leadership and men. Pittsburgh: Carnegie Press, 1951, 177–190.

BARON, R. A., BYRNE, D. & GRIFFITT, W. Social Psychology. Boston: Allyn and Bacon, 1974.

BARTLETT, F. C. Remembering. Cambridge: Cambridge University Press, 1932.

BERGLER, R. & SIX, B. Stereotype und Vorurteile. In: G. F. Graumann (Ed.): Handbuch der Psychologie, Band 7, 2. Halbband. Göttingen: Hogrefe, 1972, 1371 bis 1432.

BETZ, D. Psychophysiologie der kognitiven Prozesse. München: E. Reinhardt Verlag (UTB), 1974.

BITTERMAN, M. E. & KNIFFIN, C. W. Manifest anxiety and "perceptual defense". Journal of Abnormal and Social Psychology, 1953, 48, 248–253.

BLAKE, R. R. & VANDERPLAS, J. M. The effect of prerecognition hypotheses on veridical recognition thresholds in auditory perception. Journal of Personality, 1951, 19, 95–115.

BORING, E. G. A history of experimental psychology. New York: Appleton-Century-Crofts Inc., 1950.

BORING, E. G. Sensation and perception in the history of experimental psychology. New York: Appleton-Century-Crofts Inc., 1942.

BRALY, K. W. The influence of past experience in visual perception. Journal of experimental Psychology, 1933, 16, 613–643.

BROADBENT, D. E. Word-frequency effect and response bias. Psychological Review, 1967, 74, 1–15.

BROPHY, J. E. & GOOD, T. L. Teacher-student relationship – causes and consequences. New York, 1974.

BRUNER, J. S. Personality dynamics and the process of perceiving. In: R. R. Blake & G. V. Ramsey (Eds.): Perception, an approach to personality. New York: The Ronald Press, 1951, 121–147.

BRUNER, J. S. On perceptual readiness. Psychological Review, 1957, 64, 123–152.

BRUNER, J. S. & GOODMAN, C. C. Value and need as organizing factors in perception. Journal of Abnormal Social Psychology, 1947, 42, 33–44.

BRUNER, J. S. & KLEIN, G. S. The functions of perceiving: New look retrospect. In: B. Kaplan & S. Wapner (Eds.): Perspectives in psychological theory. New York: International University Press, 1960, 61–77.

BRUNER, J. S. & POSTMAN, L. Emotional selectivity in perception and reaction. Journal of Personality, 1947, 16, 69–77.

BRUNER, J. S. & POSTMAN, L. Symbolic value as an organizing factor in perception. Journal of Social Psychology, 1948, 27, 203–208.

BRUNER, J. S. & POSTMAN, L. Perception, cognition and behavior. Journal of Personality, 1949a, 18, 14–31.

BRUNER, J. S. & POSTMAN, L. On the perception of incongruity: A paradigm. Journal of Personality, 1949b, 18, 206–223.

BRUNER, J. S. & POSTMAN, L. An approach to social perception. In: W. Dennis & R. Lippitt (Eds.): Current trends in social psychology. Pittsburgh: University of Pittsburgh Press, 1951, 71–118.

BRUNER, J. S., POSTMAN, L. & RODRIGUES, J. S. Stimulus appropriateness and ambiguity as factors in judgment. Paper read at Eastern Psychological Association, 1950.

BRUNER, J. S. & TAGUIRI, R. Person perception. In: G. Lindzey (Ed.): Handbook of Social Psychology, Vol. 2. Reading, Mass.: Addison-Wesley, 1954.

BRUNSWICK, E. Remarks on functionalism in perception. Journal of Personality, 1949, 18, 56–65.

CARTER, C. F. & SCHOOLER, K. Value, need and other factors in perception. Psychological Review, 1949, 56, 200–207.

CAUTHEN, N. R., ROBINSON, J. R. & KRAUSS, H. H. Stereotypes: A review of the literature 1926–1968. Journal of Social Psychology, 1971, 84, 103–125.

CHAPMAN, D. W. Relative effects of determinate and indeterminate Aufgaben. American Journal of Psychology, 1932, 44, 163–174.

COOPER, H. M., BARON, R. M. & LOWE, CH. A. The importance of race and social class information in the formation of expectancies about academic performance. Journal of Educational Psychology, 1975, 67, 312–319.

CRONBACH, L. J. Processes affecting scores on "understanding of others" and "assumed similarity". Psychological Bulletin, 1955, 52, 177–193.

DJANG, S. The role of past experience in the visual apprehension of masked forms. Journal of Experimental Psychology, 1937, 20, 29–59.

DUKES, W. F. & BEVAN, W. Size estimation and monetary value: A correlation. Journal of Psychology, 1952, 34, 43–53.

ELASHOFF, J. D. & SNOW, R. E. Pygmalion auf dem Prüfstand. München, 1972.

ERDELYI, M. H. A new look at the new book: Perceptual defense and vigilance. Psychological Review, 1974, 81, 1–25.

ERIKSEN, C. W. Perception and Personality. In: J. M. Wepman & R. W. Heine (Eds.): Concepts of Personality. Chicago: Aldine, 1963.

FULKERSON, S. C. The interaction of frequency, emotional tone, and set in visual recognition. Journal of Educational Psychology, 1957, 54, 188–194.

GIBSON, E. J. Principles of perceptual learning and development. New York: Appleton-Century-Crofts, 1969.

GIBSON, J. J. The senses considered as perceptual systems. Boston: Houghton Mifflin, 1966.

GILCHRIST, J. C. & NESBERG, L. S. Need and perceptual change in need-related objects. Journal of Experimental Psychology, 1952, 44, 369–376.

GOTTSCHALDT, K. Über den Einfluß der Erfahrung auf die Wahrnehmung von Figuren. Psychologische Forschung 1926, 8, 261–317.

GOTTSCHALDT, K. Über den Einfluß der Erfahrung auf die Wahrnehmung von Figuren. Psychologische Forschung, 1929, 12, 1–87.

GRAUMANN, C. F. Social perception: Die Motivation der Wahrnehmung in neueren amerikanischen Untersuchungen. Zeitschrift für experimentelle und angewandte Psychologie, 1956, 3, 605–661.

GRAUMANN, C. F. Nicht-sinnliche Bedingungen des Wahrnehmens. In: W. Metzger (Hrsg.): Handbuch der Psychologie, Band 1, 1. Halbband. Göttingen: Hogrefe, 1966, 1031–1096.

GREEN, D. M. & SWETS, J. A. Signal detection theory and psychophysics. New York: Wiley, 1966.

HABER, R. N. Nature of the effect of set on perception. Psychological Review, 1966, 73, 335–351.

HABER, R. N. (Ed.) Information-processing approaches to visual perception. New York, Toronto, London: Holt, Rinehart & Winston, 1969.

HABER, R. N. & HERSHENSON, M. The psychology of visual perception. London, New York, Sidney, Toronto: Holt, Rinehart & Winston, 1973.

HASTORF, A. H., SCHNEIDER, D. J. & POLEFKA, J. Person Perception. Reading, Mass.: Addison-Wesley, 1970.

HEIDER, F. Social perception and phenomenal causality. Psychological Review, 1944, 51, 358–374.

HEIDER, F. The psychology of interpersonal relations. New York: Wiley, 1958.

HENLE, M. An experimental investigation of past experience as a determinant of visual form perception. Journal of Experimental Psychology, 1942, 20, 1–21.

HENMON, V. A. C. The time of perception as a measure of difference in sensations. Archiv of Philosophy, Psychology and Science Methodology, 1906, No. 8.

HERKNER, W. Einführung in die Sozialpsychologie. Bern, Stuttgart, Wien: Huber, 1975.

HERREL, J. M. Galatea in the classroom: Student expectations affect teacher behavior. Proceeding of the Annual Convention of the APA 6, 1971, 521–522.

HOLZKAMP, R. Das Problem der «Akzentuierung» in der sozialen Wahrnehmung. Zeitschrift für experimentelle und angewandte Psychologie, 1965, 12, 86–97.

HOLZKAMP, R., KEILER, P. & PERLWITZ, E. Die Umkehrung der Akzentuierungs-richtung unter serialen Lernbedingungen: Theoretische und experimentelle Beiträge zum Problem der sozialen Wahrnehmung. Psychologische Forschung, 1968 32, 64–88.

HOWIE, D. 1952. Perceptual defense. Psychological Review, 1952, 59, 308–315.

HULL, C. L. Principles of behavior. New York: Appleton-Century-Crofts, 1943.

IRLE, M. Lehrbuch der Sozialpsychologie. Göttingen, Toronto, Zürich: Verlag für Psychologie, Hogrefe, 1975.

JAHNKE, J. Interpersonale Wahrnehmung. Stuttgart, Berlin, Köln, Mainz: Kohlhammer, 1975.

JOHNSON, R. C., THOMSON, C. W. & FRINCKE, G. Word values, word frequency, and visual deviation thresholds. Psychological Review, 1960, 67, 279–300.

JONES, E. E. & DAVIS, K. E. From acts to dispositions: In: L. Berkowitz (Ed.): Advances in social psychology, 1965, 2, 219–266.

KAUFMANN, H. Social psychology. New York: Holt, Rinehart & Winston, 1973.

KELLEY, H. H. The effects of expectations upon first impressions of persons. American Psychologist, 1949, 4, 252.

KELLEY, H. H. Attribution theory in social psychology. Nebraska symposium on motivation, 1967, 15, 192–238.

KLEIN, G. S., SCHLESINGER, H. & MEISTER, D. E. The effect of personal values on perception: An experimental critique. Psychological Review, 1951, 58, 98–112.

KOFFKA, K. Principles of Gestalt Psychology. New York: Harcourt, Brace & World, 1935.

KÜLPE, O. & BRYAN, W. L. Versuche über Abstraktion. Bericht über den I. Kongreß für experimentelle Psychologie, 1904, 58–68.

LAMBERT, W. W., SOLOMON, R. L. & WATSON, P. Reinforcement and extinction as factors in size estimation. Journal of Experimental Psychology, 1949, 39, 637–641.

LEEPER, R. A study of a neglected portion of the field of learning – the development of sensory organization. Journal of Genetical Psychology, 1935, 46, 41–75.

LEVINE, R., CHEIN, J. & MURPHY, G. The relation of the intensity of a need to the amount of perceptual distortion. A preliminary report. Journal of Psychology, 1942, 13, 283–293.

LILLI, W. Soziale Akzentuierung. Stuttgart, Berlin, Köln, Mainz: Kohlhammer, 1975a.

LILLI, W. Zur Konvergenz der absoluten und der relativen Akzentuierungstheorie. Zeitschrift für Sozialpsychologie, 1975b, 6, 189–201.

LILLI, W. & KROLAGE, J. The functioning of a cognitive schema in the judgment of faces. European Journal of Social Psychology, 1976, 6, 491–494.

LIPPMANN, W. Public opinion. New York: Harcourt, Brace, 1922.

LITTERER, O. F. Stereotypes. Journal of Social Psychology, 1933, 4, 59–69.

MCCLEARY, R. A. & LAZARUS, R. S. Autonomic discrimination without awareness: An interim report. Journal of Personality, 1949, 18, 171–179.

MCCLELLAND, D. C. & LIBERMAN, A. M. The effect of need for achievement on recognition of need-related words. Journal of Personality, 1949, 18, 236–251.

MCCURDY, H. G. Coin perception studies and the concept of schemata. Psychological Review, 1956, 63, 160–168.

MCDAVID, J. W. & HARARI, H. Social Psychology. New York, Evanston and London: Harper & Row, 1968.

MCGINNIES, E. M. Emotionality and perceptual defense. Psychological Review, 1949, 56, 244–251.

MORTON, J. A retest of the response-bias explanation of the word-frequency effect. British Journal of Mathematical and Statistical Psychology, 1968, *21*, 21–33.

NAATZ, T. & HÜMMELINK, W. Zur Realisation einer kognitiven Akzentuierungstheorie: Eine experimentelle Entscheidung zwischen dem serialen Ansatz (Tajfel) und dem modifizierten absoluten Ansatz (Holzkamp) bei serialer Stimuluskonstellation. Zeitschrift für Sozialpsychologie, 1971, *2*, 361–373.

NEISSER, M. Cognitive Psychology. New York: Appleton-Century-Crofts, 1967.

NORMAN, D. A. Aufmerksamkeit und Gedächtnis. Weinheim: Beltz, 1973.

PEETERS, G. In search of schemata underlying the inference of traits from interpersonal sentiment relations. European Journal of Social Psychology, 1976, *6*, 191–205.

PIONTKOWSKI, M. Psychologie der Interaktion. München: Juventa, 1976.

POSTMAN, L. Toward a general theory of cognition. In: J. H. Rohrer & M. Sherif (Eds.): Social psychology at the crossroads. New York: Harper & Brothers, 1951, 242–272.

POSTMAN, L., BRONSON, W. C. & GROPPER, G. L. Is there a mechanism of perceptual defense? Journal of Abnormal and Social Psychology, 1953, *48*, 215–224.

POSTMAN, L. & BRUNER, J. S. Multiplicity of set as a determinant of perceptual organization. Journal of Experimental Psychology, 1949, *39*, 369–377.

POSTMAN, L. & BRUNER, J. S. Hypothesis and the principle of closure: The effect of frequency and recency. Journal of Psychology, 1952, *33*, 113–125.

POSTMAN, L., BRUNER, J. S. & McGINNIES, E. Personal values as selective factors in perception. Journal of Abnormal and Social Psychology, 1948, *43*, 142–154.

POSTMAN, L., BRUNER, J. S. & WALK, R. D. The perception of error. British Journal of Psychology, 1951, *42*, 1–10.

POSTMAN, L. & LEYTHAM, G. Perceptual selectivity and ambivalence of stimuli. Journal of Personality, 1951, *19*, 390–405.

POSTMAN, L. & SCHNEIDER, B. H. Personal value, visual recognition, and recall. Psychological Review, 1951, *58*, 271–284.

PROSHANSKY, H. & MURPHY, G. The effects of reward and punishment on perception. Journal of Psychology, 1942, *13*, 293–305.

RICE, S. A. Stereotypes: A source of error in judging human character. Journal of Personality Research, 1926, *5*, 267–276.

ROCK, J. & FLECK, F. S. A re-examination of the effect of monetary reward and punishment in figure-ground perception. Journal of Experimental Psychology, 1950, *40*, 766–776.

ROSCH, E. Der Einfluß von positiven versus negativen und homogenen versus heterogenen Eigenschaftskombinationen auf die Beurteilung von Personen. Bericht aus dem Sonderforschungsbereich 24 der Universität Mannheim, Mannheim, 1976.

ROSENBERG, S. & SEDLAK, A. Structural representations of implicit personality theory. In: L. Berkowitz (Ed.): Advances in experimental social psychology. New York: Academic Press, 1972, *6*, 235–297.

ROSENTHAL, B. G. Attitude toward money, need, and methods of presentation as determinants of perception of coins from 6 to 10 years of age. American Psychologist, 1951, *6*, 317 (Abstract).

ROSENTHAL, R. & JACOBSON, L. Pygmalion im Unterricht. Weinheim: Beltz, 1971.

ROSENTHAL, R. & JACOBSON, L. Lehrererwartungen als Determinante der IQ-Gewinne ihrer Schüler. In: H. Steiner (Hrsg.): Symbolische Interaktion. Stuttgart, 1973, 208–212.

SANFORD, R. N. The effect of abstinance from food upon imaginal processes. Journal of Psychology, 1936, *2*, 129–136.

SARRIS, V. Wahrnehmung und Urteil. Göttingen: Hogrefe, 1971.

SCHAFER, R. & MURPHY, G. The role of autism in a visual figure-ground relationship. Journal of Experimental Psychology, 1943, *32*, 335–343.

SECORD, P. F. & BACKMAN, C. W. Social Psychology. New York: McGraw-Hill, 1971.

SECORD, P. F., BEVAN, W. & KATZ, B. The negro stereotype and perceptual accentuation. Journal of Abnormal and Social Psychology, 1956, *53*, 78–83.

SHERIF, M. The psychology of social norms. New York: Harper, 1936.

SNYDER, F. W. & SNYDER, C. W. The effects of monetary reward and punishment on auditory perception. Journal of Psychology, 1956, *41*, 177–184.

SODHI, K. S. Urteilsbildung im sozialen Kraftfeld. Göttingen: Hogrefe, 1953.

SOLOMON, R. L. & HOWES, D. H. Word frequency, Personal values, and vidual thresholds. Psychological Review, 1951, *58*, 256–270.

SOMMER, R. The effects of rewards and punishments during perceptual organization. Journal of Personality, 1957, *25*, 550–558.

SPINDLER, H. Die Anwendung unterschiedlicher Attributionsprinzipien bei ethisch normiertem Verhalten. Phil. Dissertation. Universität Mannheim, 1974.

STOTLAND, E. & CANON, L. K. Social psychology, a cognitive approach. Philadelphia, London, Toronto: W. B. Saunders, 1972.

TAJFEL, H. Value and the perceptual judgment of magnitude. Psychological Review, 1957, *64*, 192–204.

TAJFEL, H. Social and cultural factors in perception. In: G. Lindzey & E. Aronson (Eds.): The Handbook of Social Psychology, Vol. 3, Chapter 22. Reading, Mass.: Addison-Wesley, 1969.

TOLMAN, E. C. Cognitive maps in rats and men. Psychological Review, 1948, *55*, 189–208.

VANDERPLAS, J. M. & BLAKE, R. R. Selective sensitization in auditory perception. Journal of Personality, 1949, *18*, 252–266.

VERNON, M. D. The functions of schemata in perceiving. Psychological Review, 1955, *62*, 180–192.

VERNON, M. D. Perception through experience. London: Methuen, 1970,

WELLHÖFER, P. R. Grundstudium Sozialpsychologie. Stuttgart: Enke, 1976.

WOODWORTH, R. S. Reinforcement of perception. American Journal of Psychology, 1947, *60*, 119–124.

WYER, R. S. Cognitive organization and change: An information processing approach. New York: Wiley, 1974.

ZIMBARDO, P. G. & EBBESEN, E. B. Influencing attitudes and changing behavior. Reading, Mass.: Addison-Wesley, 1969.

Freiheitseinengung und psychologische Reaktanz — Einführung

Die Reaktanztheorie ist eine der neueren Theorien der Sozialpsychologie. Davon ausgehend, daß Menschen bestrebt sind, persönliche Freiheit zu bewahren, postuliert JACK BREHM, daß Reaktanz entsteht, wenn Freiheiten (definiert über bestimmte Entscheidungs- oder Wahlalternativen) eingeengt oder eliminiert werden. GNIECH & GRABITZ diskutieren die verschiedenen Bedingungen, unter denen Reaktanz entsteht, sowie die unterschiedlichen Reaktionen auf Freiheitseinengung auf der kognitiven, affektiven und Verhaltensebene. Mit Hilfe dieser Theorie lassen sich Aussagen über eine Vielzahl von Phänomenen machen, mit denen sich Psychologen, Soziologen und Sozialpsychologen beschäftigen: Aggression, Konformität, interpersonale Attraktivität, Apathie, Kaufverhalten, politisches Wahlverhalten, Hilfeverhalten, Bumerangeffekte, Vpn-Verhalten in psychologischen Experimenten usw.

Die neueste Fassung der Reaktanztheorie wurde 1975 von WORTMAN & BREHM präsentiert, die darauf hinweisen, daß Reaktanzeffekte nur dann zu erwarten sind, wenn die Person die Ursachen der Freiheitseinengung als relativ variabel, nicht aber wenn sie sie als konstant wahrnimmt. Durch die Berücksichtigung von Attributionsprozessen in der Reaktanztheorie ist es möglich, mehrere Theorien von geringerer Reichweite zu einer allgemeinen Theorie zu integrieren: SELIGMANNS Theorie der gelernten Hilflosigkeit sagt z. B. vorher, daß Personen auf Freiheitsentzug hilflos und apathisch reagieren, während die Reaktanztheorie vorhersagt, daß Personen auf Freiheitsentzug aktiv reagieren. Es erscheint möglich, die Theorie der gelernten Hilflosigkeit und die Reaktanztheorie in eine allgemeine Theorie kognitiver Kontrolle zu integrieren.

Freiheitseinengung und psychologische Reaktanz

GISLA GNIECH
Universität Bremen

HANS-JOACHIM GRABITZ
Universität Düsseldorf

Das vorliegende Kapitel soll unseren 1973 zur Reaktanz-Theorie geschriebenen Übersichtsaufsatz ergänzen und fortführen (GRABITZ-GNIECH & GRABITZ 1973a). Schwerpunktmäßig sollen zunächst Präzisierungen der Theorie der psychologischen Reaktanz (BREHM 1972, WICKLUND 1974, SHARON S. BREHM 1976) behandelt werden. Dann sollen Anwendungen und Ausweitungen referiert und schließlich kurz die Bedeutung der Reaktanz-Theorie als expost-Erklärung für unerwartete Effekte bei Experimenten zu anderen theoretischen Konzepten dargestellt werden.

1. Die Theorie

Die wesentlichen Aspekte der Reaktanz-Theorie lassen sich in folgenden Sätzen zusammenfassen:
a) Individuen haben die Freiheit, bestimmte Verhaltensweisen auszuführen.
b) Wenn die Person bemerkt, daß eine dieser freien Verhaltensweisen bedroht oder gar unmöglich gemacht wird, entsteht psychologische Reaktanz. Dieses ist ein motivationaler Zustand, die verlorene oder bedrohte Freiheit wiederherzustellen.
c) Die Stärke der Reaktanz hängt von drei Bedingungen ab, nämlich erstens der Wichtigkeit der Freiheit für die Person, zweitens dem Umfang der bedrohten oder eliminierten Freiheit, und drittens der Stärke der Freiheitseinengung.
d) Die Reaktanz-Motivation äußert sich in unterschiedlichen Effekten. Diese Effekte werden weiter unten detailliert dargestellt.

1.1. Determinanten von Reaktanz

Die Aktionsfreiheit einer Person ist bestimmt durch die Möglichkeit und ihre Fähigkeit, mittels einer Entscheidung die augenblickliche Situation zu ändern oder (gegen den Wunsch anderer) beizubehalten, sei es z. B. durch Ausführung einer bestimmten Handlung oder durch Wahl einer bestimmten Alternative oder durch Einnahme einer bestimmten Attitüdenposition. Diese Aktionsfreiheit kann durch verschiedene Beschränkungen gefährdet werden. Darauf reagiert die Person mit einer motivationalen Erregung, nämlich mit psychologischer Reaktanz, die sich dann weiter in den unterschiedlichsten Effekten auswirkt.

Die verschiedenen *Arten von Freiheitseinengungen* klassifiziert WICKLUND (1974) nach sozialem Einfluß, Barrieren sowie selbstverhängter Einengung und S. S. BREHM (1976) nach persönlicher, unpersönlicher sowie selbst-auferlegter Freiheitseinengung. Die Einteilung von WICKLUND bezieht sich auf den Gesichtspunkt, ob die Person dazu gebracht werden soll, etwas bestimmtes zu tun (sozialer Einfluß), oder ob sie daran gehindert wird, etwas bestimmtes zu tun (Barriere, s. dazu auch HAMMOCK 1972). Die Unterscheidung von S. S. BREHM betrifft die Komponente der Absicht bei der Freiheitseinengung: Persönliche Einengungen sind von der Willkür einer Person (oder einer Institution) bestimmt, wohingegen unpersönliche Einengungen unbeabsichtigt zu zufällig auftreten.

Selbstverursachte Freiheitseinengung entsteht dann, wenn eine Person sich zu einer bestimmten Position bekennt oder bezüglich verschiedener Alternativen eine Wahl trifft. Im Moment der Festlegung sind automatisch alle anderen Möglichkeiten aus dem Entscheidungsspielraum herausgenommen. Es existiert keine Entscheidungsfreiheit mehr. Besonders bei irreversiblen Entscheidungen unter relativ gleich-attraktiven Alternativen ist das Auftreten von psychologischer Reaktanz wahrscheinlich. Es findet eine scheinbar unerklärliche Umbewertung der Alternativen statt: Die nichtgewählten Alternativen steigen in der Attraktivität (BREHM 1972, S. 20–22, WICKLUND 1974, S. 149–178).

Die *Stärke der psychologischen Reaktanz* (und damit auch die der Reaktanz-Effekte) ist, wie bereits angeführt wurde, im wesentlichen durch drei Komponenten bestimmt:

1. Die Wichtigkeit der eingeengten Freiheit ist eine Funktion des instrumentellen Werts, den eine Aktion besitzt, ein bestimmtes Bedürfnis der Person zu befriedigen, und der Stärke dieses Bedürfnisses.
2. Der Umfang des (subjektiven) Freiheitsverlustes wird durch die absolute Größe und durch die relative Reduktion des Freiheitsspielraumes (GRABITZ-GNIECH, AUSLITZ & GRABITZ 1975) bestimmt. (S. S. BREHM 1976, S. 17/18 zählt den Freiheitsspielraum unter den Wichtigkeitsdeterminanten auf und bezeichnet die Stärke der Einengung extra als "proportion of freedoms eliminated or threatened with elimination".)
3. Die Stärke der Einengung ist die dritte Variable, die die Stärke der Reaktanz beeinflußt. Je größer die Bedrohung einer Freiheit ist, desto mehr Reaktanz wird mobilisiert und sie ist am größten, wenn eine Freiheit gänzlich ausgeschaltet wird. Dieser Aspekt ist insofern sehr

schwer zu kontrollieren, als Implikationen für weitere Bedrohung der Freiheit eine Rolle spielen.

Die Generalisierung von Situationen und Erlebnissen führt dazu, daß durch die Einengung auch andere, nicht betroffene Freiheiten als bedroht empfunden werden. D. h., erwartet eine Person von einer momentanen Freiheitseinengung Konsequenzen in Form von Einengung bei zukünftigen Situationen, die der momentanen hinsichtlich der Verhaltensfreiheit, der situativen Umstände oder der bedrohenden Person ähnlich sind, dann wirkt die Einengung stärker, als wenn es sich um ein einmaliges begrenztes Ereignis handelt. Freiheitseinengung mit bedrohlichen Implikationen für die Zukunft führt also zu stärkerer Reaktanz.

Um die Wirkung von Implikation handelt es sich offensichtlich auch bei allen Befunden, in denen Personen selbst psychologische Reaktanz-Effekte zeigen, wenn sie Zeuge der Einengung anderer Personen werden (ANDREOLI, WORCHEL & FOLGER 1974), oder sogar psychologische Reaktanz für andere Personen erleben können (attribuieren), wenn sie deren Einengung beobachten (WORCHEL, INSKO, ANDREOLI & DRACHMAN 1974) oder lediglich einen Bericht von der Einengung anderer Personen erhalten (GNIECH, SCHMIDT & DICKENBERGER 1977). Implikation von Freiheitseinengung steht vermutlich auch im Zusammenhang mit der Kontrolle (s. weiter unten), die eine Person bezüglich ihrer Aktivitäten in einer sozialen Umwelt hat und die eine Art Garant für den Freiheitsspielraum darstellt (GRABITZ-GNIECH & GRABITZ 1973b, S. 365). Weitere in der Literatur angeführte Determinanten für psychologische Reaktanz sind indirekt in den bisher aufgezählten enthalten, wie z. B. die Stärke der Überzeugung, eine bestimmte Freiheit (gehabt) zu haben, oder Erwartungen bzw. frühere Erfahrungen sowohl bzgl. Freiheiten als auch bzgl. Einengungen usw.

Neben den situativen Determinanten von Reaktanz wird häufig auch eine individuell unterschiedliche Bereitschaft angenommen, psychologische Reaktanz zu mobilisieren. SCHWARTZ (1974, S. 62) spricht z. B. davon, daß manche Personen möglicherweise eine niedrigere Toleranzschwelle haben, Reaktanz zu erleben. S. S. BREHM (1976, S. 21) meint, daß eine erhöhte Verwundbarkeit in bezug auf Reaktanz-Erregung besonders bei klinischen Gruppen die oft auftretende diffuse Wut und Feindseligkeit erklären helfen kann.

Eine der wesentlichen Bedingungen für das Auftreten von psychologischer Reaktanz liegt bei Fremdeinengung unseres Erachtens nach darin, daß die Person die Freiheitseinengung als illegitim ansieht und sich ihr ausgeliefert fühlt. (GORDON 1974 empfiehlt sogar, bei Reaktanz-Prozessen eher davon zu sprechen, daß das Individuum illegitime Pressionen zu vermeiden sucht, als daß man von Freiheitswiederherstellung spricht.)

Jede Art von Akzeptanz der Einengung, sei es aus sozialen Gründen oder aus der Tatsache, daß der einengenden Instanz in irgendeiner Form ein Glaubwürdigkeits-Kredit zugebilligt wird, ruft keine psychologische Reaktanz hervor.

1.2. Reaktanz-Effekte

Die Person ist bei Freiheitseinengung motiviert, ihre Freiheit wieder verfügbar zu machen. Wenn der Freiheitsspielraum nicht wieder durch die einengende Instanz restauriert wird (s. GRABITZ-GNIECH & GRABITZ 1973b sowie NEZLEK & BREHM 1975), wird die Person selbst reagieren. Die Vielfalt, in der Reaktanz-Abbau sich im Verhalten ausdrücken kann, wird von BREHM (1972) in zwei Klassen eingeteilt: In subjektive Effekte, die der Freiheitswiederherstellung dienen (das sind alle sich nicht im offenen Verhalten ausdrückenden Reaktionen, besonders kognitive Umstrukturierungen; er selbst nennt sie "perceptual or judgmental effects consistent with the motivational change of reactance", S. 3), und Verhaltens-Effekte (das sind alle sich direkt in Aktionen ausdrückenden Reaktanz-Manifestationen wie Attacken gegen den Einenger, die Einengung aufzuheben, oder das Verlassen der Situation). Die sog. subjektiven Effekte sind kaum (wenn überhaupt) durch die Umwelt kontrollierbar. Deshalb ist ihre Auftretenswahrscheinlichkeit größer als die der «öffentlichen» Reaktanz-Effekte, die – oft anti-sozial – auf die Wiederherstellung des individuellen Freiheitsspielraumes gerichtet sind – von einer sozialen Gemeinschaft häufig nicht akzeptiert werden können. Psychologische Reaktanz wird eher im «Denken» als im «Tun» abgebaut (GNIECH, SCHMIDT & DICKENBERGER 1977).

In diesem Zusammenhang sind zwei später noch ausführlicher zu behandelnde Gesichtspunkte von Bedeutung. Dieses sind erstens die Wirkung von «public-private»-Manipulationen in Reaktanz-Experimenten und zweitens die bereits mehrfach in der Literatur angesprochene Reaktanz-Hemmung bzw. -Unterdrückung.

Üblicherweise werden fünf Arten von Reaktanz-Effekten angenommen (Attraktivitätsveränderungen; Verhaltens-Reaktanz; Implikationen I in Form von Engagement in ein dem eingeengten Verhalten ähnliches Verhalten; Implikationen II in Form von Aktivierung einer anderen Person, das eingeengte Verhalten zu zeigen; Aggression), die bei S. S. BREHM (1976) systematisiert werden.

Nach S. S. BREHM liegt die effektivste Art, Freiheit wiederherzustellen und Reaktanz abzubauen in einer Aktion, die direkt auf Freiheitswiederherstellung gerichtet ist. Weiter gibt es indirekte Aktionen, wozu besonders die Implikationen zählen. In Situationen, in denen Freiheitswiederherstellung erschwert ist, kommt es unter anderem zu Attraktivitätsveränderungen. Und schließlich werden Aggressionen als Folge oder Begleiterscheinung von psychologischer Reaktanz genannt.

Eine der Hauptschwierigkeiten bei der Prüfung der Reaktanz-Theorie liegt (wie bei vielen sozialpsychologischen Theorien auch) in den unterschiedlichen Operationalisierungen der abhängigen Variablen (hier: Reaktanz). Die Aussage, daß Reaktanz-Effekte sich in direkter oder indirekter Aktion ausdrücken, gibt wenig Information. Genaugenommen ist zu fordern, daß wie bei vielen theoretischen Aussagen in den Naturwissenschaften auch in den Sozialwissenschaften die Operationalisierung des Konzeptes mit enthalten sein sollte. Die Widersprüche in den empirischen Belegen zu dieser Theorie resultieren vermutlich nicht zuletzt daraus, daß die verschiedenen Experimentatoren ganz unterschiedliche Manifestationen der theoretischen Variablen «Reaktanz» untersucht haben. Inwieweit unterschiedliche Operationalisierungen dabei auf unterschiedliche theoretische Interpretationen des Konzeptes zurückgehen, sei dahingestellt.

Im folgenden sollen die unterschiedlichen Manifestationen von Reaktanz (an Beispielen) näher erläutert werden.

(1) Direkte Wiederherstellung der Freiheit

Wenn jemandem beim Broteinkauf während der Wahl zwischen X und Y gesagt wird, er dürfe heute nur Brot der Marke X kaufen, dann kann die Freiheit durch Kauf der Marke Y wieder hergestellt werden. Die direkte Art, eine Freiheit wiederherzustellen, ist zweifelsohne die effektivste. Allerdings ist diese Vorgehensweise nicht immer realisierbar, z. B. dann nicht, wenn eine irreversible Elimination vor Alternativen vorliegt (wenn z. B. Brot der Marke X nicht mehr produziert wird), oder auch dann nicht, wenn der offene Widerstand zu aversiven Konsequenzen ärgeren Ausmaßes führt, als es die Einengung der Freiheit darstellt. Auf diese öffentliche Freiheitswiederherstellung wird oft zugunsten einer indirekten und weniger durch die einengende Instanz kontrollierbaren Art der Freiheitswiederherstellung verzichtet.

(2) Indirekte Wiederherstellung der Freiheit

Implizierte Freiheitswiederherstellung kann einmal durch Ausführung (oder auch nur Engagement) der Person selbst in entweder ein anderes Verhalten aus derselben Klasse wie das Eingeengte oder aber dasselbe Verhalten in einer anderen Situation geschehen. Außerdem kann die Person nach S. S. BREHM (1976) die Freiheit implizit wiederherstellen, indem sie der *nächsten* Aufforderung der einengenden Person, etwas zu tun oder nicht zu tun, nicht nachkommt. Zum anderen kann die Person die Freiheit durch Beobachtung einer anderen Person, die die eingeengte Handlung ausführt, wiederherstellen.

(3) Aggressionen

Psychologische Reaktanz ist mit einer Abnahme der sozialen Orientierung einer Person und oft mit Aggressionen verbunden. Diese aggressiven Tendenzen, die psychologische Reaktanz begleiten, haben eine zweifache Bedeutung: Einmal dienen sie der Freiheitswiederherstellung, indem die einengende Instanz körperlich oder auch nur psychisch mit dem Ziel attackiert wird, die Freiheitseinengung aufzuheben. Zum anderen sind daneben diffuse Aggressionen (Wut) nachgewiesen worden, die keinem Zweck dienen (WORCHEL 1974), und die als Gegenstück zu dem «Aus-dem-Feld-gehen» bei Einengungen angesehen werden können. WICKLUND (1974, S. 140) bezeichnet diese verschiedenen Reaktanz-begleitenden Aggressions-Arten als «instrumental-» und «angry aggression». WORTMAN & BREHM (1976) nennen sie «functional aggression» und «reflexive fighting», und diskutieren dabei die Frage, ob Aggression als Begleiterscheinung von psychologischer Reaktanz nur dann auftritt, wenn die Freiheitseinengung von Individuen vorgenommen wird, oder ob sie auch bei einer nicht-sozialen Quelle zu beobachten ist. Die funktional der Freiheitswiederherstellung dienende Aggression ist nur sinnvoll bei einengenden Personen anzuwenden; Aggression gegenüber unbelebten reaktanz-erzeugenden Freiheitseinengern deutet auf die zweite Art von Aggression hin, die hauptsächlich der Erregungsabfuhr dienen dürfte.

(4) Attraktivitätsveränderungen

In manchen Situationen ist die Freiheitswiederherstellung durch eine Handlung nicht möglich. S. S. BREHM (1976, S. 19) schreibt dazu, daß der Eingeengte «auf seiner Reaktanz sitzen bleibt». Er kann hoffen, daß sie sich mit der Zeit abbaut. Trotzdem bedeutet das nicht, daß diese psychologische Reaktanz «unentdeckbar» ist. Sie drückt sich in Attraktivitätsveränderungen bzgl. der eingeengten Verhaltensweisen oder der Alternativen bei eingeschränkter Wahl aus. Diese Art der Freiheitswiederherstellung kann der Öffentlichkeit verborgen bleiben. Sie ist besonders bei totaler Freiheits-Ausschaltung (nicht so sehr bei Bedrohung) zu erwarten.

In der Literatur wird häufig von Unterdrückung («suppression» WICKLUND 1974, S. 81–85 sowie S. S. BREHM 1976, S. 61–62, WICKLUND 1977) der Reaktanz geschrieben. Diese tritt auf, wenn eine Hemmung der Reaktanz-Manifestation durch zu starke Kontrolle der einengenden Instanz vorhanden ist, oder aber, wenn die Reaktanz-Reaktion eine sozial stark unerwünschte Komponente enthält. In diesem Zusammenhang ist die Variable «public-private» bzw. «öffentlich-anonym» bei der Reaktion von Bedeutung (RAVEN & KRUGLANSKI 1970, B. E. GOODSTADT 1971,

FREY & GNIECH 1977). Besonders bei sanktionsmächtigen Zeugen des Verhaltens zeigt sich die Reaktanz oft nicht direkt oder nicht sofort. DICKENBERGER & GRABITZ-GNIECH (1972) fanden einen «delay»-Effekt bei psychologischer Reaktanz; BREHM & MANN (1975) fanden dasselbe Phänomen und nennen es «sleeper»-Effekt; die Reaktanz wird sozusagen gespeichert, bis sich die Möglichkeit ergibt, die verlorene Freiheit wiederherzustellen. Die Frage, ob sich psychologische Reaktanz bei Unterdrückung über längere Zeiträume von selbst abbaut, ist noch nicht untersucht worden. Theoretisch könnte man einen solchen Effekt mit einer Abnahme der Wichtigkeit der eingeengten Freiheit erklären. Wichtigkeit einer persönlichen Freiheit wird bei GORDON (1974) in Zusammenhang mit zunehmender Strukturierung des Freiheitsspielraumes gebracht. Bei sinnlosen Bezeichnungen der Alternativen wird der einengende Druck stärker als illegitim und willkürlich erlebt und die Reaktanz-Effekte sind größer.

Von einer Aufgabe der Freiheit, um das soziale Milieu nicht zu stören, ist in einem Experiment von GRABITZ-GNIECH (1971) die Rede. Auch hier spielt indirekt die (fehlende) Willkür bei der Einengung eine Rolle, denn wird die Freiheit von einer vom Individuum akzeptierten Gruppe mit einer Begründung (die die Person selbst miterarbeitet hat) eingeengt, dann zeigen sich keine Reaktanz-Effekte.

Psychologische Reaktanz kann auch, wie schon erwähnt wurde, abgebaut werden, wenn die Freiheitseinengung von außen aufgehoben wird. Diese soziale Intervention kann durch irgendeine Person vorgenommen werden (dann nimmt die Stärke der Einengung implizit für die eingeengte Person ab) oder aber die einengende Instanz kann die eliminierten Alternativen, bzw. die ausgeschalteten Handlungsmöglichkeiten für die Person wieder erreichbar machen. Im letzten Fall wird der Freiheitsspielraum wieder zur Verfügung gestellt und es besteht für die Person kein Anlaß mehr, Reaktanz zu erleben (oder gar Effekte zu zeigen). Dieses Wieder-zur-Verfügung-stellen eliminierter Alternativen darf allerdings nicht zufällig geschehen (GRABITZ-GNIECH & GRABITZ 1973b), sondern die Person muß das Gefühl haben, daß die Freiheit absichtlich und dauerhaft von der einengenden Instanz wieder restauriert wurde (HEILMAN & TOFFLER 1976), da sonst implizit die Möglichkeit besteht, daß in Zukunft unkontrollierbar diese Einschränkung der Wahlfreiheit erneut eintritt und wieder aufgehoben wird. Die Kontrolle über die Situation, ja oft nur die Möglichkeit des Eingreifens der Person in die freiheitsreduzierenden Prozesse wirken offensichtlich so sehr stabilisierend, daß weniger psychologische Reaktanz auftritt (NEZLEK & BREHM 1975). Eine ebenfalls sehr spezielle Interpretation von Reaktanz-Prozessen geben SNYDER & WICKLUND (1976), die schreiben, daß sich eine Freiheitswiederherstellung erübrigt, wenn zu Beginn des Prozesses die Möglichkeit der Freiheitsrückgewinnung deutlich ist. Auch wenn die Freiheit nicht tatsächlich wiederhergestellt werden kann, so reicht eine implizite Freiheitsrestaurierung als Ursache für eine Hemmung der Reaktanz-Effekte offensichtlich aus. Die Freiheit wird nicht aufgegeben, sondern die Effekte schwächen sich ab, weil eine Katharsis der Reaktanz jederzeit möglich erscheint.

2. Empirische Untersuchungen zur Reaktanz-Theorie

Der zweite Teil des Kapitels beschäftigt sich zunächst mit Experimenten, die als Überprüfung der Grundlagen zur Theorie angesehen werden können; anschließend werden Anwendungen der Theorie auf Verhaltensbeobachtungen behandelt. Im darauf folgenden Abschnitt 3 werden Verbindungen der Reaktanz-Theorie zu anderen Theorien dargestellt.

2.1. Grundlagen-Experimente

Theoretische Arbeiten (im Gegensatz zu empirischen) direkt zur Reaktanz-Theorie sind seit 1973 meist nur als Zusammenfassungen der Theorie erschienen (BREHM 1972, GRABITZ-GNIECH & GRABITZ 1973a, GRABITZ-GNIECH 1973 u. 1974, WICKLUND 1974 u. 1977, IRLE 1975, S. 372–379, SCHMIDT, DICKENBERGER & GNIECH 1976). Exemplarisch sollen im folgenden die Ergebnisse einiger Experimente dargestellt werden, die Grundannahmen der Theorie zu klären versuchen.

Ein grundlegendes Problem der Reaktanz-Theorie ist u. E. die bislang unzureichende Analyse der wesentlichen Aspekte von «Freiheit», deren Bedrohung oder Verlust die postulierte Motivation (Reaktanz) erzeugen. Die vorliegende Beschreibung von Freiheit als «Möglichkeit zwischen Alternativen frei wählen zu können», reicht insofern nicht aus, als in zu vielen Fällen auf diese Möglichkeit verzichtet wird, ohne daß Reaktanz entsteht. Eine Spezifizierung, die vorgenommen wurde, ist, daß nicht Verlust von Wahlfreiheit, sondern der Verlust der Kontrolle über die Ereignisse der individuellen Umwelt ausschlaggebend ist. Dieser Gesichtspunkt liegt auch dem Versuch von WORTMAN & BREHM (1976) zugrunde, die die Reaktanz-Theorie und das Konzept der «gelernten Hilflosigkeit» (SELIGMAN 1975) zu integrieren versuchen. Mit der Vorstellung des «Kontrollverlustes» lassen sich manche empirischen Befunde besser erklären als mit der des «Verlustes der Wahlfreiheit». (Z. B. das Ergebnis, daß aktive, willentliche Einengungen der Freiheit weniger Reaktanz erzeugen als vom Zufall gesteuerte. Zwar gehen in beiden Fällen Wahlalternativen verloren, die Kontrolle über die Ursache des Verlustes aber geht nur in einem Fall verloren. Mit «Kontrollverlust» läßt sich auch erklären, unter welchen Bedingungen Zuwachs an Wahlfreiheit – s. BREHM & ROZEN 1971 – Reaktanz erzeugt.) Auf den Integrationsversuch von WORTMAN & BREHM (1976) wird an späterer Stelle noch etwas näher eingegangen. Zunächst einige empirische Befunde, die direkt aus Reaktanz-Experimenten stammen:

Es hat sich gezeigt, daß Freiheitseinengung weniger Reaktanz erzeugt, wenn eine Situation aufgrund externer Maßnahmen verändert wird, als wenn durch interne, persönliche Gründe Veränderungen eintreten.

BERKOWITZ (1969) führte ein Experiment mit den Variablen (a) Abhängigkeit eines Kollegen von der Vp mit den Stufen stark, mittel, kaum, (b) Ursache der Abhängigkeit mit den Stufen selbst verschuldet (intern = durch den Kollegen selbst) und fremdverschuldet (extern = durch den Vl) und (c) Geschlecht der Partner (nämlich alle gleich entweder männlich oder weiblich) durch. Die Vpn sollten den Kollegen in einem Experiment Punkte zuteilen; speziell sollten sie ihn unterstützen, trotz einer geringeren Leistung viele Punkte zu erhalten. Die Verweigerung, der Bitte um Hilfe des Kollegen nachzukommen, sowie ein niedriger Beliebtheitsscore für den Kollegen wurde als Ausdruck für psychologische Reaktanz besonders bei selbstverschuldeter Abhängigkeit erwartet. Die Ergebnisse stützen die Hypothese, daß die bei interner (= selbstverursachter) Abhängigkeit als illegitim angesehene Bitte um mehr Punkte häufiger abgelehnt wird.

In einem Experiment von WORCHEL & ANDREOLI (1974) wurden die Vpn entweder mit einem freundlichen oder mit einem feindseligen Kollegen konfrontiert. Der Vl erklärte, daß die Verhaltensweise des Kollegen mit seinem in einem Persönlichkeitstest gezeigten Ergebnis konsistent war (oder aber er sagte nichts dazu). Die Hypothese, daß die Erwartung, einen Gefallen zurückzuzahlen, Reaktanz erzeugt, und daß diese Reaktanz bei extern verursachter (also situativer) Not des Kollegen geringer ausfällt, als wenn er persönlich dafür verantwortlich gemacht werden kann, konnte aufrecht erhalten werden.

Die Autoren CHERULNIK & CITRIN (1974) verbinden den Gesichtspunkt der Attribution des Kontrollverlustes eines Individuums zu persönlichen und externen Ursachen der Reaktanz-Quelle mit dem Persönlichkeitsmerkmal (s. ROTTER 1966) interne vs. externe Kontrolle bei der Vp. Die Persönlichkeitseigenschaft bezieht sich auf die unterschiedliche Sicht von Personen, wichtige Dinge in ihrem Leben – wie Erfolge und Mißerfolge – als unter persönlicher (intern-orientiert) bzw. unter äußerer (extern-orientiert) Kontrolle stehend zu sehen. Wie vorhergesagt, zeigen Interne stärkere Reaktanz, wenn sie direkt durch eine Person eingeengt werden, wohingegen Externe stärker auf unpersönliche Freiheitseinengungen reagieren. Dieses Ergebnis weist darauf hin, daß im Hinblick auf die Auslösung von Reaktanz ein Zusammenhang zwischen dem

Organisationsselbstverständnis einer Person (nämlich, daß sie Erfolge als aus sich selbst bedingt oder von außen verursacht ansieht) und dem Ursprung der Freiheitseinengung besteht. Je nachdem wie die Person orientiert ist, bewertet sie nach dem Ursprungsort die Schwere der Einflußnahme. Ähnliche Gesichtspunkte finden sich in der Arbeit von RALL (1972), der die Kompetenz («felt competence») als Reaktanz-Ursache angibt. Das Konzept der Kompetenz wurde bereits 1959 von White als «Fähigkeit eines Organismus, sich mit seiner Umwelt wirkungsvoll auseinanderzusetzen», bezeichnet, und stellt einen Spezialaspekt von Kontrolle bzw. Freiheit dar.

2.2. Anwendungen der Reaktanz-Theorie auf einzelne Verhaltensbereiche

2.2.1. Negative Attitüdenänderung (Bumerang-Effekte)

Ein besonders in bezug auf Anwendung der Theorie beachtenswertes Ergebnis stellt die einengende Wirkung von Verhaltens- bzw. Attitüden-Vorhersagen dar. Es existiert eine Reihe theoretischer Arbeiten, die die Reaktanz-Theorie mit der Änderung von Attitüden in Beziehung bringen (BREHM 1968, FREY 1971, GRABITZ & GRABITZ-GNIECH 1973, KIESLER & MUNSON 1975). Neben der reaktanz-erzeugenden Wirkung von Zensuren (etwa Pressezensuren), die den verbotenen Inhalt attraktiver (hörenswerter) macht und eine Attitüdenänderung in die negativ zensierte (= verbotene) Richtung bewirkt (WORCHEL & ARNOLD 1973, WORCHEL, ARNOLD & BAKER 1975), wird in den meisten Fällen gezeigt, daß Personen sich bei Festlegung auf eine Attitüde eingeengt sehen und einen Bumerang-Effekt zeigen, der reaktanz-theoretisch zu erklären ist (RAVEN & KRUGLANSKI 1970, HELLER, PALLAK & PICEK 1973, GNIECH 1978). Eine besondere Art der Festlegung auf eine bestimmte Attitüde (bzw. auf Verhalten) ist in Prognosen zu sehen (BERMANT & STARR 1972, HANNAH, HANNAH & WATTIE 1975, FREY & GNIECH 1977). Es deutet sich in den experimentellen Befunden an, daß Verhaltensvorhersagen und Zensuren unbeabsichtigte Wirkungen haben können, weil sie von den Individuen möglicherweise als freiheitsreduzierender Eingriff aufgefaßt werden, gegen den sie angehen müssen, um ihre Freiheit wiederherzustellen. Der beabsichtigte Effekt einer Anpassung bleibt aus, kann sogar einen Widerstand erzeugen.

2.2.2. Negativistisches Verhalten in psychologischen Experimenten

In jeder empirischen Untersuchung wirken unkontrollierte Aspekte, die die Effekte der unabhängigen Variablen beeinträchtigen. Ein wesentlicher Nebeneffekt (Artefakt) entsteht aus dem Gefühl der Vp, in ihrer Verhaltensweise eingeengt worden zu sein, woraufhin sie die Anweisungen des VI boykottiert, um ihre Freiheit wiederherzustellen: Sie zeigt Reaktanz (BERMANT & STARR 1972, LANGE 1972, MERTENS 1975, GNIECH 1976). Widerstandsverhalten aufgrund psychologischer Reaktanz wird erzeugt einmal durch erzwungene Teilnahme (s. GRABITZ-GNIECH & DICKENBERGER 1975), wozu die ganze Diskussion der Freiwilligkeit bei der Teilnahme an psychologischen Experimenten (ROSENTHAL & ROSNOW 1975) gehört, zweitens ist Argwohn gegenüber Täuschungsmanövern (GRABITZ-GNIECH & SCHMIDT 1973, GRABITZ-GNIECH & DICKENBERGER 1975) ein wesentlicher reaktanz-erzeugender Faktor und drittens ist jede Art von Festlegung auf bestimmte Reaktionen, sei es durch aggressive Instruktionen (GRABITZ-GNIECH & ZEISEL 1974), sei es durch Verhaltensprognosen (BERMANT & STARR 1972) oder nur durch Reaktivität, d. h. das Gefühl, gemessen zu werden (TIMAEUS 1974, GNIECH 1977), gefährlich für den Ablauf eines Experimentes, weil die Ergebnisse durch Reaktanz-Effekte verfälscht werden können.

2.2.3. Territorialverhalten

Die Dynamik bzgl. des persönlichen Lebensraumes ist analog zu sehen zur Einschränkung der persönlichen Freiheit: Je weniger man hat, desto mehr möchte man haben, und das entspricht nach EDNEY (1975) in etwa den Aussagen, die die Reaktanz-Theorie macht. Invasionen des persönlichen Territoriums werden als unangenehm erlebt und die Person versucht, die Einengung zu vermeiden, indem sie den Einflußversuch eines näherrückenden Sprechers zurückweist (ALBERT & DABBS 1970). Wenn Vpn in einem sehr kleinen Raum diskutieren müssen, dann erzeugt die körperliche Nähe feindselige Gefühle und die Person versucht, Reaktanz abzubauen, indem sie durch Argumente aus dieser unangenehmen Situation zu entkommen sucht (DABBS 1971). STOKOLS (1972) schreibt, man müsse bei eingeengtem Territorialverhalten zwischen der physikalischen Dimension, nämlich Dichte («density») und der psychologischen Empfindung, nämlich Gedrängel («crowding») unterscheiden. STOKOLS hat versucht, ein sozialpsychologisches Modell über das Gedrängel zu formulieren. Dabei nennt er u. a. die Reaktanz-Theorie als Erklärung für die unangenehmen Empfindungen bei intensiver Einschränkung der räumlichen Privatsphäre: Der Freiheitsspielraum ist eingeengt und die Person geht dagegen an, versucht den ursprünglichen Bereich wieder verfügbar zu machen. MANDERSCHEID (1975) hat die Ideen von Stokols in eine Theorie räumlicher Effekte aufgenommen. Er hält reaktanz-theoretische Vorhersagen für relevant bzgl. des Verhaltens bei Raum-Restriktionen (dabei sagt er, daß die Reaktanz-Theorie eher auf Verhaltenskonsequenzen anzuwenden sei, die Dissonanz-Theorie eher auf kognitive Elemente). Wenn eine Person einen Raum als bedrohlich voll erlebt, wird sie Reaktanz erleben und zu entkommen versuchen, oder sich bemühen ihre Freiheit in irgendeiner anderen Art wiederzugewinnen. Wenn die Person räumlich bedrängt wird oder ihr räumlich etwas nahegelegt wird, wird sie gegen den Einfluß Widerstand zeigen.

2.2.4. Kaufverhalten

Das klassische Reaktanz-Experiment zum Käuferverhalten wurde von WEINER & BREHM (1966) durchgeführt. Es wurde verbal (s. u.) und mittels Geld (Geldwert des Brotes beigefügt oder ein noch höherer Betrag beigefügt) ein sozialer Einfluß dahingehend ausgeübt, eine bestimmte Brotmarke zu kaufen. Interessant ist, daß in diesem Experiment ein *weniger* starkes Nachgeben bei größerer Bedrohung der Käuferfreiheit als Reaktanz interpretiert wurde. Diese Reaktanz trat nur bei weiblichen Käufern auf, d. h. die Kundinnen des Supermarktes kauften z. B. zu 24 % die Brotmarke X, wenn kein verbaler Einfluß vorgenommen wurde (Kontrollgruppe), bei mäßigem Einfluß («please try») kauften 70 % der Frauen das Brot und bei starkem Einfluß ("you are going to buy") sank diese Anpassung auf 51 %. In einem anderen Kontext, nämlich in der Umfrageforschung wurde ein Experiment in Anlehnung an das von WEINER & BREHM von DOOB & ZABRACK (1971) durchgeführt. Geld erhöhte generell die Rücklaufquote von Fragebogen, aber wenn dem zu beantwortenden Bogen ein relativ hoher Geldbetrag beigefügt wurde – also ein starker monetärer Einfluß stattfand – zeigten die Befragten Reaktanz insofern, als sie zu höherem Prozentsatz entweder das Geld oder den *unausgefüllten* Fragebogen zurücksandten. Die Ergebnisse von WEINER & BREHM konnten also repliziert werden: Einfluß führt zu Konformität innerhalb eines bestimmten, niedrigen Bereiches der Einflußstärke. Darüberhinaus erzeugt Beeinflussung Reaktanz, da die Person sich eingeengt fühlt.

MCGILLIS & BREHM (1973) haben das Experiment von WEINER & BREHM (1966) etwas modifiziert repliziert. Sie setzten ein Modell ein, das die Freiheit implizit für andere Käufer wiederherstellte ("I don't feel that I have to buy ..."). In den Ergebnissen zeigte sich ebenfalls das von WEINER & BREHM gefundene zunehmende Nachgeben bei moderatem Einfluß ("please try" = 40 % Kauf), das bei stärkerer Bedrohung zurückgeht ("you will buy only ..." = 17 % Kauf).

Diese Abnahme der Befolgung des sozialen Einflusses bei zunehmender Bedrohung wird als Reaktanz-Verhalten interpretiert. Wenn ein Modell sich öffentlich weigert, der Empfehlung nachzukommen, scheint die Freiheit der Vpn implizit wiederhergestellt zu werden, denn sie zeigen in diesem Fall *kein* Widerstandsverhalten.

In einem Schuhverkaufs-Experiment hat SCHAPS (1972) Hypothesen aus dem Bereich des prosozialen Verhaltens bzw. Altruismus untersucht. Unabhängige Variablen waren «Abhängigkeit des Hilfesuchenden» und

«Kosten für den Helfer». Als Vpn wurden Schuhverkäufer in Schuhläden aufgesucht. Die Ergebnisse zeigten, daß ein besserer Service bei hoher Abhängigkeit der Kundin (Hacke abgebrochen) und geringen Kosten für den Verkäufer (Laden leer) geleistet wurde. SCHAPS schreibt, daß die Daten nebenbei zeigen, daß bei den Schuhverkäufern keine Reaktanz auftrat.

2.2.5. Konsumentenreaktionen und politisches Verhalten

Einer der ersten Autoren, der die Reaktanz-Theorie auf Konsumentenverhalten angewendet hat, ist KROEBER-RIEHL (1973, 1975), wobei er den Gesichtspunkt des Widerstandes gegen Beeinflussung besonders beachtet. HEILMAN (im Druck, zitiert nach WICKLUND 1977) hat ein Reaktanz-Experiment mit Supermarkt-Kunden durchgeführt. Die Kunden wurden auf dem Weg zum Laden hin oder vom Laden weg angesprochen, eine Petition zu unterzeichnen, die einen Preisstopp für Fleisch und Gemüse forderte. Vor Unterzeichnung wurde den Vpn eine Karte gezeigt, auf der sie gedruckt lasen, entweder lediglich «Raymond T. Finster ... hat sich gegen die Resolution ausgesprochen, weil sie die Wirtschaft gefährdet». Oder aber der Satz war mit dem Zusatz versehen «... Er sagte, daß den Leuten verboten werden sollte, solche Petitionen zu verteilen oder zu unterschreiben». Dieser zweite Kommentar rief einen beachtlichen Bumerang-Effekt hervor, denn signifikant mehr Leute unterzeichneten den Aufruf. Dieser Effekt wird als Widerstand gegen den Einflußversuch interpretiert, mit dem die Vp ihre Entscheidungsfreiheit wiederherstellen will.

Zwei weitere Feldstudien befassen sich mit der Reaktion von Studenten auf die Vorschrift, eine bestimmte Cafeteria (= Mensa) benutzen zu müssen (WEST 1975) und mit der Reaktion von Hausfrauen auf die Maßnahme, phosphathaltige Waschmittel per Gesetz zu verbieten (MAZIS, SETTLE & LESLIE 1973 sowie MAZIS 1975). WEST (1975) fand, daß sich die Einstellung gegenüber dem Essen in einer bestimmten «Mensa» deutlich verbesserte, wenn die Studenten eine Kommunikation erhielten, daß die Mensa A für ca. 2 Wochen aufgrund eines Feuers geschlossen bleiben müsse und daß sie in anderen Häusern essen müßten. West schließt, daß eine an sich nur mäßig attraktive oder sogar negativ beurteilte Alternative (wie das Mensaessen) besser beurteilt wird, wenn sie eliminiert wird und daß dafür wahrscheinlich Reaktanz-Prozesse verantwortlich sind.

In den Untersuchungen von MAZIS (1975) et al. (1973) zeigte sich, daß sich Hausfrauen in einem Distrikt, wo Phosphat-Detergentien verboten worden waren (Miami), im Vergleich zu denen in einem Kontrolldistrikt (Tampa), die weiter alle Waschmittel kaufen konnten, in ihrer Kaufentscheidung eingeengt fühlten. Sie zeigten Reaktanz, indem sie erstens die phosphathaltigen Waschmittel als besser beurteilten und zweitens gegenüber den Umweltschutzmaßnahmen der Regierung negativer eingestellt waren.

Ebenfalls um Reaktionen in einem politischen Bereich ging es bei der Untersuchung von KORNBERG, LINDER & COOPER (1970). Die Daten einer nationalen Vorwahl-Untersuchung der Universität Michigan wurden zur Prüfung der reaktanz-theoretischen Hypothese analysiert, daß Personen mehr am Ausgang der Wahl interessiert sind, wenn sie befürchten müssen, daß der Sieg des von ihnen favorisierten Kandidaten bedroht ist, als wenn sie der Meinung sind, daß «ihr» Kandidat siegen werde. Die Ergebnisse zeigen, daß sowohl die Personen, die sich als Goldwater-Wähler bezeichneten und die dachten, Johnson würde gewinnen, als auch diejenigen, die Johnson-Anhänger waren und glaubten, Goldwater würde gewinnen, größeres Interesse an den Wahlen bekundeten, als jene Personen, die meinten, ihr Kandidat würde Sieger werden. Diese Daten werden als in Einklang mit den Vorhersagen aus der Reaktanz-Theorie diskutiert. Als Nachteil solcher Feldstudien führen die Autoren das Fehlen von echten Kontrollgruppen an.

2.2.6. Interpersonale Attraktivität und romantische Liebe

Eine zunächst nicht unbedingt mit dem Nahelegen- bzw. Eliminations-Paradigma in Zusammenhang zu bringende Form von Alternativen ist in Partnerverhältnissen zu sehen: Als «aufdringlich» oder «erdrückend» empfundene Zuneigung engt den Freiheitsspielraum ein, genau wie der Entzug eines bestimmten Partners bzw. das Verbot, mit ihm zusammensein zu dürfen, als Freiheitsbedrohung erlebt werden. Der erstgenannte Fall der einengenden Liebe wird in der Literatur nicht mit der Reaktanz-Theorie in Zusammenhang gebracht. Wohl aber die Elimination eines Partners bzw. die Bedrohung einer Beziehung.

Besonders das «hard-to-get»-Phänomen (WALSTER, WALSTER, PILIAVIN & SCHMIDT 1973), welches sich auf den Sachverhalt bezieht, daß «Abwesenheit das Herz höher schlagen» läßt, bzw. ein sich rar machender Partner an Attraktivität gewinnt, wird neuerdings des öfteren mit reaktanz-theoretischen Argumenten erklärt. Ein Experiment dazu führten WICKLUND & OGDEN (1974) durch. Studentinnen sollten Fragebogen, die angeblich von 5 Männern ausgefüllt worden waren, lesen, damit von Frauen präferierte männliche Eigenschaften untersucht werden könnten. Es wurde ihnen in Aussicht gestellt, einen der fünf kennenzulernen (Wahl: Vpn durften selbst den Partner aussuchen, den sie kennenlernen wollten; keine Wahl: der Vl bestimmte, wen die Vp kennenlernen würde). Nach einer Attraktivitätseinstufung der Männer wurde den Vpn gesagt, daß ein (bestimmter) Mann überhaupt nicht kommen (Elimination) und ein anderer erst später erscheinen könnte (Bedrohung). Es zeigte sich, daß in der Wahl-Bedingung die Schwer-Zugänglichkeit bestimmter Partner offensichtlich freiheitseinengend wirkte. Nicht oder schwer erreichbare Partner wurden als attraktiv eingestuft.

Ein ähnliches Phänomen wird von DRISCOLL, DAVIS & LIPETZ (1972) als «Romeo-Julia-Effekt» bezeichnet. Dabei handelt es sich um die Beobachtung, daß elterliches (verbietendes) Eingreifen in eine Liebesbeziehung das Gefühl des Verliebtseins (romantic love) bei dem Paar intensiviert. Es wurden Fragebogen-Daten von Paaren, die in einer Longitudinal-Studie untersucht worden waren, analysiert. Es zeigte sich, daß Opposition der Eltern gegen eine Beziehung (meist aus externen sozialen, wie rassischen, religiösen, sozioökonomischen oder moralischen Gründen) die Intensität der Liebesbeziehung erhöht. Dieses wird von den Autoren mit psychologischer Reaktanz der Liebenden gegenüber Freiheitsverlust oder -bedrohung erklärt. Dieses Phänomen ist schon aus der Gruppendynamik bekannt: Bei Bestehen eines äußeren Feindes (Bedrohung) wächst der Zusammenhalt von Gruppen.

2.2.7. Anwendung der Theorie auf Verhalten von klinischen Gruppen

Eine Anwendung sozial-psychologischer Theorien auf die klinische Praxis ist bei S. S. BREHM (1976) dargestellt. Sie geht dabei vor allem auf den therapeutischen Einfluß und seine Wirkung ein. Bzgl. der Reaktanz-Theorie wird nach einem einführenden Kapitel in zwei weiteren Kapiteln einmal die Therapeut-Klient-Beziehung mit dem prosozialen Aspekt, zum anderen paradoxe Effekte in der Therapie und die Vermeidung solcher unerwünschten Ausgänge behandelt.

RICE & SCHOENFELD (1975) verwenden als Erklärungsansatz von Alkoholiker-Verhalten die Reaktanz-Theorie. Sie schreiben, daß die Persönlichkeitsdynamik von Alkoholikern psychologische Reaktanz gegen solche Behandlungsarten hervorruft, die interne Kontrolle vermeiden bzw. verhindern (z. B. Konditionieren). Interne Kontrolle über das Verhalten, d. h. das Gefühl, alle positiven und negativen Ereignisse als Konsequenz seiner eigenen Aktionen zu sehen, ist für eine effektive Therapie bei Alkoholikern offensichtlich sehr wichtig. Einige Beobachtungen zeigen, daß bei aversivem Konditionieren oft Widerstand gegen die Therapie auftrat. Dieses erklären die Autoren mit psychologischer Reaktanz.

3. Verbindungen zu anderen Theorien

Es existiert eine Reihe von Ausweitungen oder Neuformulierungen der Reaktanz-Theorie im Rahmen anderer theoretischer Modelle. Diese sollen im folgenden kurz dargestellt werden.

3.1. Altruismus

Die in unserer Gesellschaft bestehenden rechtlichen und moralischen Normen schreiben vor, daß man in Not geratenen Personen Hilfe gewährt. Seit dem Fall Genovese (s. ROSENTHAL 1964), bei dem 38 Zeugen die Ermordung einer Frau ohne einzugreifen beobachteten, wird das Phänomen der Hilfeverweigerung diskutiert. Es gibt dabei zwei Gesichtspunkte: Die generelle Hilfeverweigerung und die Verweigerung von Unterstützung nach einem Gefallen, der einer Person getan wird. Eine Erklärung für Hilfeverweigerung liefert die Reaktanz-Theorie, wenn die um Hilfe gebetene Person sich durch die Bitte um Hilfe in ihrer freien Entscheidung eingeengt fühlt (BERKOWITZ 1970). Wie SCHWARTZ (1974) in einem Experiment nachwies, wirkt eine starke Bedeutung der Hilfe (z. B. zukünftige Konsequenzen sind impliziert) als illegitimer Druck. Ist sich das Individuum solcher Konsequenzen bewußt, so sinkt seine «Reaktanz-Schwelle» und es wird leichter dazu tendieren, Hilfe zu verweigern.

Implikationen in Form der Verpflichtung, auch in Zukunft Hilfe zu leisten, bestehen z. B. dann, wenn der Hilfesucher sich in großer Abhängigkeit befindet. JONES (1969, 1970) hat gezeigt, daß einer abhängigen Person weniger Hilfe gegeben wurde (wenn es möglich war, Hilfe zu verweigern). Generell zeigt sich, daß Hilfe verweigert wird, wenn man sich eingeengt bzw. moralisch verpflichtet sieht (BERKOWITZ 1973). Nach GUYDOSCH (1974) beeinflußt ein großer Wunsch nach eigener Entscheidung das Hilfeverhalten, bei Einengung wird der Partner als unfair bezeichnet und es wird ihm weniger Hilfe gegeben.

Eine besondere Form der Freiheitseinengung kann darin gesehen werden, daß der Hilfesuchende vorher dem Helfer einen Gefallen getan hat. (DREWS 1970 hat über die Akzeptanz von kleinen Gefälligkeiten eine Arbeit geschrieben, in der sie u. a. die Wirkung von Kosten, die dem Helfer entstehen, um überhaupt Hilfe leisten zu können, untersucht. Solche Kosten für den Helfer mindern die Annahme von Gefälligkeiten. Drews erklärt das mit Reaktanz.) Ein Gefallen kann vom Helfenden als Bestechungsversuch interpretiert werden, durch den er sich in seiner freien Entscheidung eingeengt sieht, ob er überhaupt helfen will oder nicht. Es ist in diesen Fällen wahrscheinlich, daß Reaktanz mobilisiert und zur Demonstration der Freiheit die Hilfe verweigert wird (KAHN & TICE 1973 sowie ORGAN 1974; ex-post geben GERGEN, ELLSWORTH, MASLACH & SEIPEL 1975 eine reaktanz-theoretische Erklärung ihrer Ergebnisse, indem sie einem vorherigen Gefallen die Bedeutung von Bestechung zuschreiben).

Eine theoretische Schwierigkeit bei der Verbindung von Reaktanz und Hilfeverhalten stellt die Reziprozitätsnorm dar, die hinsichtlich der Gewährung von Hilfeleistung existiert. Nach HARRIS & MEYER (1973) sind die aus der Reaktanz-Theorie hinsichtlich Hilfeverhalten ableitbaren Hypothesen überhaupt nicht haltbar. Es scheint eine Modifikation derart notwendig zu sein, daß man zwischen öffentlich-kontrolliertem Verhalten (keine Möglichkeit, Reaktanz in Form von Hilfeverweigerung zeigen zu können) und nicht-kontrolliertem bzw. sogar gänzlich privatem Verhalten unterscheiden muß. In den Arbeiten von JONES (1969,1970) wurde die Hilfe nur dann verweigert, wenn die Vp die Möglichkeit hatte, die Bitte abzulehnen. Gab es keinen Ausweg, wurde die Hilfe gegeben. Über die zugrundeliegenden Attitüden sagt Jones nichts, darüber findet man einiges in den Arbeiten von REGAN (1971), FRASER & FUJITOMI (1972) und GUYDOSCH (1974). FRASER & FUJITOMI (1972) schreiben, daß sich das Reaktanz-Potential bei Freiheitseinengung nicht unbedingt in Hilfeverweigerung ausdrücken muß, sondern sich auch in anderen Variablen zeigen kann. Im Experiment von REGAN (1971) wurde nicht das Reaktanz-Konzept geprüft, dennoch besteht zu dem bisher Gesagten eine Verbindung insofern, als die Ergebnisse des Experimentes zeigen, daß starker normativer Druck immer zu Hilfeleistungen führt, daß allerdings dabei eine Diskrepanz zwischen privater Einstellung und öffentlichem Verhalten bestehen kann.

GUYDOSCH (1974) schreibt, daß sogar Überanpassung als Reaktanz-Manifestation auftreten kann, wenn das erstrebenswertere Antikonformitätsverhalten unmöglich ist. Beachtenswert bei der Untersuchung von Hilfeverweigerung erscheint auch ein von M. S. GOODSTADT (1971) erwähnter Gesichtspunkt. In Anlehnung an HEIDER (1958) unterscheidet er ein Ablehnen von Hilfe wegen Fehlens von Fähigkeiten (lack of can) von einer Ablehnung wegen Fehlens der Absicht (lack of trying). Nur im zweiten Fall erscheint eine Erklärung mit Hilfe der Reaktanz-Theorie überhaupt sinnvoll.

3.2. Gelernte Hilflosigkeit

Ein wesentlicher Aspekt dessen, was unter Freiheit verstanden wird, ist vermutlich die Kontrolle über die eigenen Aktivitäten und damit auch in gewissem Umfang über das Geschehen in der eigenen Umgebung. WORTMAN & BREHM (1976) haben unter theoretischen Gesichtspunkten die Konzepte der psychologischen Reaktanz und der erlernten Hilflosigkeit (SELIGMAN 1975) zueinander in Beziehung gesetzt. Das Verbindungsglied zwischen den Theorien ist dabei die Kontrolle eines Individuums über sich und seine Umwelt (PHARES 1976, S. 71–73 zählt zu den motivationalen Aspekten von Kontrolle die Autonomie, das Machtmotiv und die Kompetenz). Während die Reaktanz-Theorie behauptet, daß Personen bei einem Verlust von Kontrolle (= Freiheit) motiviert werden, diese zu erneuern, und sich als Ausdruck dieser Motivation im Verhalten Feindseligkeit, Aggression und Widerstand zeigen, besagt das Hilflosigkeits-Konzept, daß Organismen, die unkontrollierbaren Ereignissen ausgesetzt sind, passiv werden. Wiederholte Erfahrungen von mangelnder Kontrolle führen nach der zweitgenannten Theorie dazu, daß man lernt, keine Kontrolle zu besitzen (also Resignation anstelle von Widerstand tritt auf). Die Theorien scheinen sich zu widersprechen. WORTMAN & BREHM (1976) versuchen, beide Konzepte auf gemeinsame Parameter zu bringen. Da Reaktanz die Erwartung von Freiheit sowie Wichtigkeit der Freiheit voraussetzt, tritt Widerstand nur auf, wenn eine vorhergehabte, wichtige Freiheit genommen wird. Erwartet die Person aber weder Kontrolle oder handelt es sich um triviale Ereignisse, so wird sie passiv oder depressiv reagieren. Deshalb ist es denkbar, daß Reaktanz und Hilflosigkeit auf einem Verhaltenskontinuum (entsprechend den Streß-Reaktionen Alarm, Widerstand, Resignation) lokalisiert sind. Die Freiheit oder Kontrolle wird erst aufgegeben, wenn das Individuum keine Chance mehr für einen Wiedergewinn derselben durch Gegenangehen sieht. Wenn es nach erlernter Hilflosigkeit passiv wird, so ist das eine durchaus ökonomische Reaktion in dem Sinne, keine weiteren Kräfte zu vergeuden. Die Feststellung, daß in manchen Situationen die Freiheit aufgegeben wird, erhält durch diesen Ansatz eine weitere Erklärung (neben der durch soziale Komponenten).

3.3. Die Güter-Theorie («commodity-theory») von Brock

Das bekannteste experimentelle Paradigma in der Reaktanz-Forschung beinhaltet die Bewertungsveränderung von Objekten (Bilder, Schallplatten, Süßigkeiten usw.). Einige Autoren versuchen diese Attraktivitätsveränderungen unabhängig von der Reaktanz-Theorie zu erklären. Z. B. weisen ZAJONC, SHAVER, TAVRIS & VON KREFELD (1972) einen empirischen Zusammenhang zwischen der Häufigkeit von Reizdarbietungen und einem Attraktivitätsanstieg nach und führen die Reaktanz-Theorie nur am Rande an.

Eine andere Theorie, die im folgenden kurz behandelt werden soll, bringt den Attraktivitätsanstieg von Objekten in Beziehung zu ihrer Knappheit. Diese sog. Güter-Theorie («commodity»-Theorie von BROCK 1968) besagt, daß jedes Gut danach bewertet wird, wie reichlich es zur Verfügung steht: Je unerreichbarer, ausgedrückt in Knappheit, ein Gut ist, desto höher wird es bewertet (diese Argumentation entspricht der im Hinblick auf Individuen geführten Diskussion beim «hard-to-get»-Phänomen).

WORCHEL, LEE & ADEWOLE (1975) führten im Rahmen dieser Theorie ein Experiment durch. Sie ließen Kekse, die entweder reichlich oder knapp vorhanden waren, nach Präferenz beurteilen. Genauer: Es gab entweder konstant viel bzw. konstant wenig Kekse oder aber einen Wechsel (von «wenig nach viel» bzw. von «viel nach wenig»). Die Veränderung der Mengen wurde entweder mit zu schwacher bzw. zu starker Nachfrage oder als zufällig erklärt. Dazu wurde die Zahl der angeblichen Mitbewerber (= andere Vpn) von hoch nach niedrig variiert. Die Ergebnisse zeigen, daß a) Knappheit, b) ein Abnehmen des Vorrates und c) große Nachfrage den Wert des Gutes vergrößern.

Da WORCHEL et al. (1975) die Güter-Theorie nicht für eine eigenständige theoretische Erklärung halten, benutzen sie die Reaktanz-Theorie zur Erklärung ihrer Ergebnisse. Reaktanz wird als intervenierender Prozeß für den Attraktivitätsanstieg angenommen. Knappheit stellt eine Bedrohung der Wahlfreiheit dar.

4. Ex-post-Erklärungen von experimentellen Befunden durch die Reaktanz-Theorie

Bei unerwarteten Ergebnissen gibt es zwei Möglichkeiten, den Wert der Untersuchung noch zu retten. Entweder wird die Operationalisierung als nicht effektiv derart deklariert, daß z. B. unkontrollierte Artefakte wirksam waren, oder aber es wird eine Alternativerklärung der gefundenen Daten geliefert. Sehr häufig wird bei zunächst unplausiblen Ergebnissen die Theorie der psychologischen Reaktanz als ex-post-Erklärung herangezogen.

Besonders im Zusammenhang mit Freiheit oder Wahrnehmung von Wahlmöglichkeit («perceived choice») wird die Reaktanz-Theorie oft erwähnt (HARVEY & JOHNSTON 1973, KRUGLANSKI & COHEN 1974 sowie HARVEY & HARRIS 1975). Im Kontext nachlassender eigener Kontrolle bei zu starkem Kontrolliertwerden durch andere Personen haben folgende Autoren die Reaktanz-Theorie als eine mögliche Interpretation ihrer Ergebnisse angeführt: HOLMES & STRICKLAND (1970), MOSCOVICI & LE-CUYER (1972), SAMUEL (1972) sowie BOWERS (1975) fanden Widerstandseffekte bei einengenden Instruktionen; LEWIS & BLANCHARD (1971) sowie BARON & GANZ (1972) erklären relativ starkes Widerstandsverhalten von intern kontrollierten Personen mit deren größerer Sensibilität gegenüber Freiheitseinengungen. Im Zusammenhang mit Bumerang-Effekten wird die psychologische Reaktanz von McGUIRE (1969) genannt; folgende Autoren erklären unerwartete Bumerang-Effekte als Folge von Freiheitseinengung: ZILLMANN (1972); MILLER, BRICKMAN & BOLEN (1975); HEILMAN & GARNER (1975); WORCHEL, ANDREOLI & EASON (1975) sowie FRANKEL & MORRIS (1976).

5. Schluß

Zwei Gesichtspunkte stehen bei der momentanen Diskussion der Reaktanz-Theorie im Vordergrund. Erstens die Erweiterung der Theorie in Richtung auf das Konzept der Kontrolle (= Kompetenz, Autonomie usw.). Zweitens die sog. Suppression von Reaktanz-Effekten als Folge starken Druckes zu konformen, nicht reaktantem Verhalten.

Zum Abschluß sei darauf verwiesen, daß in der Literatur außer von psychologischer Reaktanz in einem ganz anderen Zusammenhang von *perzeptorischer* Reaktanz («perceptual reactance» PETRIE 1967) die Rede ist. Der Begriff Perzeptorische Reaktanz entstand durch die Beobachtung, daß Personen eine charakteristische Sensitivität gegenüber ankommenden Reizen besitzen. Der Terminus bezieht sich auf den Betrag, mit dem ein bestimmtes Individuum die augenscheinliche Größe von Reizen entweder ausdehnt oder verringert. «Vergrößerer» tendieren dazu, Objekte größer zu sehen, «Reduzierer» tendieren dazu, sie kleiner wahrzunehmen, als sie in Realität sind (MCDONALD 1974). Personen reagieren also auf ankommende Reize konstant «über» oder «unter» verglichen mit der tatsächlichen Größenordnung. Perzeptorische Reaktanz ist ein Konstrukt, das nach MCDONALD (1974) als Maß für den Wahrnehmungsstil angesehen werden kann. Es handelt sich um ein relativ stabiles Merkmal, das mit dem Block-Test von PETRIE gemessen werden kann (MCDONALD 1974), d. h. die Vpn müssen die Größe eines hölzernen Blockes schätzen. Es gibt eine Reihe von Korrelaten: Die überreagierenden Vergrößerer sind sozial introvertiert, haben eine niedrige Schmerz-Toleranz, sind weniger schnell gelangweilt usw.

In einer Reihe von Untersuchungen wurde der Einfluß von Drogen auf perzeptorische Reaktanz (MCDONALD 1972, 1974), bzw. der Zusammenhang von Anästhesie-Stufen und perzeptorischer Reaktanz getestet (MOSTERT 1975). ROSS (1968) übertrug das Konzept auf den auditiven Bereich. OSTROWSKI (1973) untersuchte Diskrepanzen von Selbstbildern und stellte fest, daß perzeptorische Reaktanz in eindeutigem Zusammenhang mit den Selbst-Image-Diskrepanzen steht.

Literatur

ALBERT, S. & DABBS, J. M. jr. Physical distance and persuasion. Journal of Personality and Social Psychology, 1970, *15*, 265–270.
ANDREOLI, V. A., WORCHEL, S. & FOLGER, R. Implied threat to behavioral freedom. Journal of Personality and social Psychology, 1974, *30*, 765–771.
BARON, R. M. & GANZ, R. L. Effects of locus of control and type of feedback on the task performance of lower-class black children. Journal of Personality and social Psychology, 1972, *21*, 124–130.

BERKOWITZ, L. Resistance to improper dependency relationships. Journal of experimental social Psychology, 1969, 5, 283–294.

BERKOWITZ, L. The self, selfishness, and altruism. In: MACAULAY, J. & BERKOWITZ, L. Altruism and helping behavior. New York: Academic Press, 1970.

BERKOWITZ, L. Reactance and the unwillingness to help others. Psychological Bulletin, 1973, 79, 310–317.

BERMANT, G. & STARR, M. On telling people what they are likely to do: Three experiments. Proceedings of the annual convention of the APA, 1972, 7, 171–172.

BOWERS, K. S. The psychology of subtle control. An attributional analysis of behavioural persistance. Canadian Journal of behavioural Science, 1975, 7, 78–95.

BREHM, J. W. Attitude change from threat to attitudinal freedom. In: GREENWALD, A. G., BROCK, T. C. & OSTROM, T. M. (Eds.) Psychological Foundations of Attitudes. N. Y.: Academic Press, 1968.

BREHM, J. W. Responses to loss of freedom. A theory of psychological reactance. Morristown: General Learning Press, 1972.

BREHM, J. W. & MANN, M. Effect of importance of freedom and attraction to group members on influence produced by group pressure. Journal of Personality and social Psychology, 1975, 31, 816–824.

BREHM, J. W. & ROZEN, E. Attractiveness of old alternatives when a new, attractive alternative is introduced. Journal of Personality and social Psychology, 1971, 20, 261–266.

BREHM, S. S. The application of social psychology to clinical practice. N. Y.: Wiley, 1976.

BROCK, T. C. Implications of commodity theory for value change. In: GREENWALD, A. G., BROCK, T. C. & OSTROM, T. M. (Eds.) Psychological foundations of attitudes. N. Y.: Academic Press, 1968.

CHERULNIK, D. & CITRIN, M. M. Individual differences in psychological reactance: The interaction between locus of control and mode of elimination of freedom. Journal of Personality and social Psychology, 1974, 29, 398–404.

DABBS, J. M. Physical closeness and negative feelings. Psychonomic Science, 1971, 23, 141–143.

DICKENBERGER, D. & GRABITZ-GNIECH, G. Restrictive conditions for the occurrence of psychological reactance: Interpersonal attraction, need for social approval, and a delay factor. European Journal of Social Psychology 1972, 2, 177–198.

DOOB, A. & ZABRACK, M. The effect of freedom – threatening instructions and monetary inducement on Compliance. Canadian Journal of Behavioral Science, 1971, 3, 408–412.

DREWS, J. L. Some determinants of favor acceptance. Dissertation Abstracts International, 1970, 30, (7–A), 3094.

DRISCOLL, R., DAVIS, K. E. & LIPETZ, M. E. Parental interference and romantic love: The Romeo and Juliet effect. Journal of Personality and Social Psychology, 1972, 24, 1–10.

EDNEY, J. J. Territoriality and control: A field experiment. Journal of Personality and social Psychology, 1975, 31, 1108–1115.

FRANKEL, A. & MORRIS, W. N. Testifying in one's own defense. The ingratiator's dilemma. Journal of Personality and social Psychology, 1976, 34, 475–480.

FRASER, S. C. & FUJITOMI, I. Perceived prior compliance, psychological reactance and altruistic contributions. Proceedings of the 80th Annual Convention of the A. P. A. 1972, 7, 247–248.

FREY, D. Der augenblickliche Stand der «forced compliance» Forschung. Zeitschrift für Sozialpsychologie, 1971, 2, 323–342.

FREY, D. & GNIECH, G. Negative Attitüdenänderung als Folge von freiheitseinengendem Einfluß. Bericht aus dem SFB 24 der Universität Mannheim, 1977.

GERGEN, K. J., ELLSWORTH, H. P., MASLACH, C. & SEIPEL, M. Obligation, donor resources and reactions to aid in three cultures. Journal of Personality and social Psychology, 1975, 31, 390–400.

GNIECH, G. Störeffekte in psychologischen Experimenten. Stuttgart: Kohlhammer, 1976.

GNIECH, G. Experimenteller Bias (dargestellt am Beispiel der Attitüdenforschung). In: PETERMANN, F. & HORMUTH, S. Einstellungsmessung. Köln: Kiepenheuer & Witsch, 1978.

GNIECH, G., SCHMIDT, B. & DICKENBERGER, D. Antizipierte Reaktanz: Welche Reaktionen auf Freiheitseinengungen erwarten andere? Bericht aus dem Sonderforschungsbereich 24, Universität Mannheim, 1977.

GOODSTADT, B. E. When coercion fails. Dissertation Abstracts International, 1971, Vol. 32, (6–B), 3618–19.

GOODSTADT, M. S. Helping and refusal to help: A test of balance and reactance theories. Journal of Experimentale Social Psychology. 1971b, 7, 610–622,

GORDON, D. A. Some limiting conditions for the theory of psychological reactance: The function of meaningfulness of task and personality. Dissertation Abstracts International, 1974, 34, (12–13), 6210.

GRABITZ, H.-J. & GRABITZ-GNIECH, G. Der kognitive Prozeß vor Entscheidungen: Theoretische Ansätze und experimentelle Untersuchungen. Psychologische Beiträge, 1973, 15, 522–549.

GRABITZ-GNIECH, G. Some restrictive conditions for the occurrence of psychological reactance. Journal of Personality and social Psychology, 1971, 19, 188–196.

GRABITZ-GNIECH, G. A conflict model of the opposing forces concerning psychological reactance. Paper presented at the Eastern Psychological Association Meeting, May 1973, Washington D. C.

GRABITZ-GNIECH, G. Psychologische Reaktanz: Opposition als Folge von Freiheitseinengung. Referat zum 29. Kongreß der DGP in Salzburg, 1974.

GRABITZ-GNIECH, G., AUSLITZ, K. & GRABITZ, H.-J. Die Stärke des Reaktanz-Effektes als Funktion der absoluten Größe und der relativen Reduktion des Freiheitsspielraumes. Zeitschrift für Sozialpsychologie, 1975, 6, 122–128.

GRABITZ-GNIECH, G. & DICKENBERGER, M. Opposition bei Versuchspersonen im psychologischen Experiment, hervorgerufen durch Hypothesenkenntnis, Argwohn gegenüber Täuschung, sowie erzwungene Teilnahme. Psychologische Beiträge, 1975, 17, 392–405.

GRABITZ-GNIECH, G. & GRABITZ, H.-J.: Psychologische Reaktanz: Theoretisches Konzept und experimentelle Untersuchungen. Zeitschrift für Sozialpsychologie, 1973a, 4, 19–35.

GRABITZ-GNIECH, G. & GRABITZ, H.-J. Der Einfluß von Freiheitseinengung und Freiheitswiederherstellung auf den Reaktanz-Effekt. Zeitschrift für Sozialpsychologie, 1973b, 4, 361–365.

GRABITZ-GNIECH, G. & SCHMIDT, B. Der Einfluß von freiheitseinengenden Instruktionen eines psychologischen Experimentes auf das Versuchspersonenverhalten. Archiv für Psychologie, 1973, 125, 153–165.

GRABITZ-GNIECH, G. & ZEISEL, B. Bedingungen für Widerstandsverhalten in psychologischen Experimenten: Ton der Instruktion sowie Einstellung zum Forschungsgegenstand und Studienfach der Versuchsperson. Zeitschrift für Soziologie, 1974, 3, 138–148.

GUYDOSCH, R. M. Overcompliance as a response mode to Psychological reactance. Dissertation Abstracts International, 1974, 34, (10 V–A), G 7, 45.

HAMMOCK, TH. E. The effect of barriers upon the attractiveness of goal objects. Dissertation Abstracts International, 1972, 32 (8A), 4709.

HANNAH, T. E., HANNAH, R. & WATTIE, B. Arousal of psychological reactance as a consequence of predicting an individual's behavior. Psychological Reports, 1975, 37, 411–420.

HARRIS, M. B. & MEYER, F. W. Dependency, threat and helping. Journal of social Psychology, 1973, 90, 239–242.

HARVEY, J. H. & HARRIS, B. Determinants of perceived choice and the relationship between perceived chioce and expectancy about feelings of internal control. Journal of Personality and social Psychology, 1975, 31, 101–106.

HARVEY, J. H. & JOHNSTON, S. Determinants of the perception of choice. Journal of experimental social Psychology, 1973, 9, 164–179.

HEIDER, F. The psychology of interpersonal relations. New York: Wiley, 1958.

HEILMAN, M. E. Oppositional behavior as a function of influence attempt insensity and retaliation threat. To be published in Journal of Personality and social Psychology.

HEILMAN, M. E. & GARNER, K. A. Counteracting the boomerang: The effect of choice on compliance to threats and promises. Journal of Personality and social Psychology, 1975, 31, 911–917.

HEILMAN, M. E. & TOFFLER, B. L. Reacting to reactance: An interpersonal interpretation of the need for freedom. Journal of experimental social Psychology, 1976, 12, 519–529.

HELLER, J. F., PALLAK, M. S. & PICEK, J. M. The interactive effects of intent and threat on boomerang attitude change. Journal of Personality and social Psychology, 1973, 26, 273–279.

HOLMES, J. G. & STRICKLAND, L. H. Choice freedom and confirmation of incentive expectancy as determinants of attitude change. Journal of Personality and social Psychology, 1970, 14, 39–40.

IRLE, M. Lehrbuch der Sozialpsychologie. Göttingen: Hogrefe, 1975.

JONES, R. A. Choice, degree of dependence and possibility of future dependence as determinants of helping behavior. Proceedings of the 77th annual Convention of the APA, 1969, 4, 381–382.

JONES, R. A. Choice, degree of dependence, and possibility of future dependence as determinants of helping behavior. Dissertation Abstracts International, 1970, 30 (8–B), 3857.

KAHN, A. & TICE, T. E. Returning a favor and retaliating harm: The effects of stated intentions and actual behavior. Journal of experimental social Psychology, 1973, 8, 43–56.

KIESLER, C. A. & MUNSON, P. A. Attitudes and Opinions. Annual Review of Psychology 1975, 26, 415–456.

KORNBERG, G. A., LINDER, D. & COOPER, J. Understanding political behavior: The relevance of reactance theory. Midwest Journal of Political Science, 1970, 14, 131–138.

KROEBER-RIEL, W. Werbung als beeinflussende Kommunikation. In: KROEBER-RIEHL, W. (Hrsg.) Konsumentenverhalten und Marketing. Opladen: Westdeutscher Verlag, 1973, 137–162.

KROEBER-RIEL, W. Konsumentenverhalten. München: Vahlen 1975.

KRUGLANSKI, A. W. & COHEN, M. Attributing freedom in the decision context: Effects of the choice alternatives, degree of commitment and predecision uncertainty. Journal of Personality and social Psychology, 1974, 3, 178–187.

LANGE, L. Unkontrollierte sozialpsychologische Faktoren in der Versuchssituation als Beeinträchtigungsmöglichkeiten für die Validität psychologischer Experimente. Probleme und Ergebnisse der Psychologie, 1972, 42, 5–23.

70

LEWIS, P. & BLANCHARD, E. B. Perception of choice and locus of control. Psychological Reports, 1971, 28, 67–70.

MANDERSCHEID, R. W. A theory of spatial effects. In: TRAPPL, R. & PICHLER, F. R. (Eds.) Progress in cybernetics and systems research: Volume I. Washington D. C.: Hemisphere, 1975.

MAZIS, M. B. Antipollution measure and psychological reactance theory: A field experiment. Journal of Personality and social Psychology, 1975, 31, 654–660.

MAZIS, M. B., SETTLE, R. B. & LESLIE, D. C. Elimination of phosphate detergents and psychological reactance. Journal of Marketing Research, 1973, 10, 390–395.

MC DONALD, A. Effects of d-amphetamine on the intelligence test scores of normal human subjects. Proceedings of the annual convention of the APA, 1972, 7, 809–810.

MC DONALD, A. Lack of effect of d-amphetamine on perceptual reactance and personality. Journal of abnormal Psychology, 1974, 83, 87–90.

MC GILLIS, D. B. & BREHM, J. W. Compliance as a function of inducements that threaten freedom and freedom restoration – A field experiment. Unpublished Manuscript: Duke University, 1973.

MC GUIRE, W. J. Suspicionsness of experimenter's intent. In: ROSENTHAL, R. & ROSNOW, R. L. (Eds.) Artifact in behavioral research. New York: Academic Press 1969, 13–57.

MERTENS, W. Sozialpsychologie des Experiments. Das Experiment als soziale Interaktion. Hamburg: Hoffmann & Campe, 1975.

MILLER, R. L., BRICKMAN, P. & BOLEN, D. Attribution versus persuasion as a means for modifying behavior. Journal of Personality and social Psychology, 1975, 31, 430–441.

MOSCOVICI, S. & LECUYER, R. Studies in group decision I: Social space, patterns of communication and group consensus. European Journal of social Psychology, 1972, 2, 221–244.

MOSTERT, J. W. States of awareness during general anesthesia. Perspectives in Biology and Medicine, 1975, 19, 68–76.

NEZLEK, J. & BREHM, J. W. Hostility as a function of the opportunity to counteraggress. Journal of Personality, 1975, 43, 421–433.

ORGAN, D. W. Social exchange and psychological reactance in a simulated superior-subordinate relationship. Organizational Behavior and human Performance, 1974, 12, 132–142.

OSTROWSKI, F. J. Perceptual reactance as predictive of self-image discrepancies. Dissertation Abstracts International, 1973, (7–B), 3290.

PETRIE, A. Individuality in pain and suffering. Chicagoe: University of Chicagoe Press, 1967.

PHARES, E. J. Locus of control in Personality. Morristown: General Learning Press, 1976.

RALL, M. L. Reactance to a threatened loss of freedom in the attitudinal verbal reinforcement situation. Dissertation Abstracts International, 1972, (4–A), 1837.

RAVEN, B. H. & KRUGLANSKI, A. W. Conflict and Power. In: SWINGLE, P. (Ed.) The structure of conflict. New York: Academic Press, 1970.

REGAN, D. T. Effects of a favor and liking on compliance. Journal of experimental social Psychology, 1971, 7, 627–635.

RICE, D. P. & SCHOENFELD, L. S. Aversive conditioning and cognitive mediators with alcoholic respondents. British Journal of Addiction, 1975, 70, 165–174.

ROSENTHAL, A. M. Thirty – eight witnesses. New York: Mc Graw Hill, 1964.

ROSENTHAL, R. & ROSNOW, R. L. The volunteer subject. New York: Wiley, 1975.

71

Ross, S. Impendance at the eardrum, middle-ear transmission, and equal loudness. Journal of the acoustical society of America, 1968, 43, 491–505.

Rotter, J. B. Generalized expectancies for internal versus external control of reinforcement. Psychological Monographs, 1966, 80, (1, Whole No. 609).

Samuel, W. Response to bill of rights paraphrases as influenced by the hip or straight attire of the opinion solicitor. Journal of applied social Psychology, 1972, 2, 47–62.

Schaps, E. Cost, dependency, and helping. Journal of Personality and social Psychology, 1972, 21, 74–78.

Schmidt, B., Dickenberger, D. & Grabitz-Gniech, G. Die Veränderung der Attraktivität von Alternativen durch Einengung der Wahlmöglichkeiten. Bericht aus dem SFB 24: 1976.

Schwartz, S. H. Awareness of interpersonal consequences, responsibility denial, and volunteering. Journal of Personality and social Psychology, 1974, 30, 57–63.

Seligman, M. E. P. Helplessness: On Depression. Development and Death. San Francisco: Freeman, W. H., 1975.

Snyder, M. L. & Wicklund, R. A. Prior exercise of freedom and reactance. Journal of experimental social Psychology, 1976, 12, 120–130.

Stokols, D. A social psychological model of human crowding phenomena. Journal of the American Institute of Planners, 1972, 38, 72–85.

Timaeus, E. Experiment und Psychologie. Zur Sozialpsychologie psychologischen Experimentierens. Göttingen: Hogrefe, 1974.

Walster, E., Walster, G. W., Piliavin, J. & Schmidt, L. "Playing hard to get": Understanding an elusive phenomenon. Journal of Personality and social Psychology, 1973, 26, 113–121.

Weiner, J. & Brehm, J. W. Buying behavior as a function of verbal and monetary inducements. In: Brehm, J. W. A theory of psychological reactance. New York: Academic press, 1966, 82–90.

West, S. G. Increasing attractiveness of college cafeteria food: A reactance theory perspective. Journal of applied Psychology, 1975, 60, 656–658.

White, R. W. Motivation reconsidered: The concept of competence. Psychological Review, 1959, 66, 297–333.

Wicklund, R. A. Freedom and reactance. N. Y.: John Wyley, 1974.

Wicklund, R. A. The negativistic and rebellious human: Psychological reactance. In: Petermann, F. & Hormuth, S.: Sozialpsychologie der Einstellungsänderung. Köln: Kiepenheuer & Witsch, 1977.

Wicklund, R. A. & Ogden, J. The effect of unavailability on liking for the opposite sex. In: Wicklund, R. A. Freedom and reactance. New York: Wiley, 1974, 113–115.

Worchel, S. Three types of arbitrary thwarting on the instigation to aggression. Journal of Personality, 1974, 42, 300–318.

Worchel, S. & Andreoli, V. A. Attribution of causality as a means of restoring behavioral freedom. Journal of Personality and social Psychology, 1974, 29, 237–245.

Worchel, S., Andreoli, V. & Eason, J. Is the medium message? A study of the effects of media, communicator, and message characteristics on attitude change. Journal of applied social Psychology 1975, 5, 157–172.

Worchel, S. & Arnold, S. E. The effects of censorship and attractiveness of the censor on attitude change. Journal of experimental social Psychology, 1973, 9, 365–377.

Worchel, S., Arnold, S. E. & Baker, M. The effects of censorship on attitude change: The influence of censor and communication characteristics. Journal of applied social Psychology, 1975, *5*, 227–239.

WORCHEL, S., INSKO, C. A., ANDREOLI, V. & DRACHMAN, D. Attribution of attitude as a function of behavioral direction and freedom: Reactance in the eye of the observer. Journal of experimental social Psychology, 1974, *10*, 399–414.

WORCHEL, S., LEE, J. & ADEWOLE, A. Effects of supply and demand on ratings of object value. Journal of Personality and social Psychology, 1975, *32*, 906–914.

WORTMAN, C. B. & BREHM, J. W. Responses to uncontrollable outcomes: An integration of reactance theory and the learned helplessness model. In: BERKOWITZ, L. E. (Ed.) Advances in experimental social Psychology, Volume 9, New York: Academic Press, 1976.

ZAJONC, R. B., SHAVER, PH., TAVRIS, C. & VAN KREFELD, D. Exposure, satiation, an stimulus discriminability. Journal of Personality and social Psychology, 1972, *71*, 270–280.

ZILLMANN, D. Rhetorical elicitation of agreement in persuasion. Journal of Personality and social Psychology, 1972, *21*, 159–165.

73

Die Theorie der sozialen Vergleichsprozesse — Einführung

Die Theorie der sozialen Vergleichprozesse von Leon Festinger gehört neben der Hypothesentheorie der sozialen Wahrnehmung zu den «ältesten» der in diesem Band dargestellten Theorien. Die Theorie der sozialen Vergleichsprozesse geht auf mehrere Wurzeln zurück: Einerseits auf Festingers Theorie des Gruppendrucks sowie den Ansätzen zur Anspruchsniveauforschung, andererseits auf die soziologischen Arbeiten zur Bezugsgruppentheorie. Entsprechend den Ansätzen der Theorie, haben Personen das Bedürfnis eigene Meinungen und Fähigkeiten zu vergleichen und zu bewerten. Dieses Bedürfnis ist um so stärker, je unsicherer die Personen über die Richtigkeit oder soziale Angemessenheit und der Einschätzung ihrer Fähigkeiten sind. Eine weitere Ausdehnung des Anwendungsbereiches der Theorie (neben den Überprüfungen der Meinungen und Fähigkeiten) hat die Theorie der sozialen Vergleichsprozesse durch die Arbeiten von Schachter erfahren. Schachter vermutet, daß soziale Vergleichsprozesse einen starken Einfluß auf die Beurteilung der Angemessenheit von Emotionen haben (vgl. dazu den Beitrag von Grabitz & Gniech in diesem Buch). Einige Annahmen der Theorie der sozialen Vergleichsprozesse wurden später von Festinger in seine Theorie der kognitiven Dissonanz integriert (vgl. dazu auch den Beitrag von Frey in diesem Buch). Wie Haisch & Frey darlegen, wurde interessanterweise ein großer Teil der Prämissen der Theorie bisher noch nicht adäquat überprüft. Die Theorie wurde mehr zur Ex-post-Erklärung von bestimmten Sachverhalten herangezogen, als daß sie selbst Gegenstand stringenter empirischer Überprüfung war. Insbesondere wurde die Bedeutung der Attraktivität von Vergleichspersonen für soziale Vergleichsprozesse überprüft. Trotz der mangelnden empirischen Prüfung dieser Theorie wird sie von vielen Sozialpsychologen als eine der «besten» sozialpsychologischen Theorien bezeichnet.

Die Theorie sozialer Vergleichsprozesse[1]

JOCHEN HAISCH   DIETER FREY
Universität Düsseldorf   Universität Mannheim

1. Einleitung

Nach FESTINGER (1954a) ist die Stabilität und Kontinuität in hierarchisch strukturierten Gesellschaften dadurch gewährleistet, daß sich Personen im allgemeinen mit Personen ihrer eigenen gesellschaftlichen Stellung vergleichen und sich relativ wenig an der Tatsache stören, daß es im Vergleich zu ihrer Position gesellschaftlich unter- und überprivilegierte Gruppierungen gibt. Gruppierungen unterschiedlichster Art und mit verschiedensten Interessen können gemeinsam nebeneinander existieren, ohne daß Konflikte auftreten, da enge soziale Kontakte und ein Interesse an Kommunikation vorrangig *innerhalb* der gesellschaftlichen Gruppierungen, selten aber *zwischen* ihnen existieren.

Im folgenden werden die von der Theorie der sozialen Vergleichsprozesse (FESTINGER, 1954a) genannten Gründe dieses reduzierten sozialen Kontaktes und Kommunikationsinteresses besprochen und einige relevante empirische Ergebnisse vorgestellt.

2. Theorie

2.1. Entwicklung der Theorie der sozialen Vergleichsprozesse

Die Grundlagen der Theorie der sozialen Vergleichsprozesse sind a) von FESTINGER (1942) mit seiner Anspruchsniveauforschung sowie b) von FESTINGER (1950) und FESTINGER, SCHACHTER & BACK (1950) mit der Erforschung informeller Gruppenstrukturen gelegt worden. Eng verbunden mit der Entstehung der Theorie der sozialen Vergleichsprozesse waren auch die soziologischen Arbeiten zur Bezugsgruppentheorie. Auf diese Forschungsrichtungen soll kurz eingegangen werden.

---

[1] Folgende Personen haben eine erste Fassung zu diesem Beitrag durchgelesen und uns wertvolle Hinweise gegeben, für die wir uns bedanken wollen: G. ETZEL, G. GNIECH, J. GRABITZ, W. KREFT, M. KUMPF, I. KROLAGE, C. SAUER, A. SCHMELZLE, N. SCHWARZ.

a) Die Anspruchsniveauforschung

Nach FESTINGER (1942) ist das Anspruchsniveau ein Standard zur Beurteilung von Leistungen; er besagt, wie gut jemand in einer Leistungssituation sein will und ist in erheblichem Maße von Vergleichen mit anderen Personen beeinflußt. Als wichtigste Ergebnisse experimenteller Untersuchungen von FESTINGER (1942) sowie LEWIN et al. (1944) können genannt werden:

1. Personen sind zufrieden, wenn ihre Leistung ihr Anspruchsniveau erreicht oder übertrifft und unzufrieden, wenn ihre Leistung unterhalb ihres Anspruchsniveaus liegt.
2. Nach Erfolgserlebnissen steigt das Anspruchsniveau einer Person, nach Mißerfolg sinkt es.
3. Wenn Personen im Vergleich mit einer für sie relevanten Gruppe (Vergleichsgruppe) überdurchschnittlich gut abschneiden, verringern sie ihr Anspruchsniveau; liegen sie unter dem Gruppendurchschnitt erhöhen sie es.

b) Die Theorie des informellen Gruppendrucks

Die empirische Untersuchung der Kommunikationsstrukturen in Studentenwohnheimen durch FESTINGER, SCHACHTER & BACK (1950) schließt mit der Formulierung einer Theorie der Gruppenstrukturen bzw. einer Theorie des informellen Gruppendrucks. Diese Theorie befaßt sich mit Prozessen informeller Kommunikation und betont vor allem Prozesse, nach denen Uniformität in Gruppen entsteht. Sie beschäftigt sich mit der Uniformität von Meinungen und Überzeugungen als Kriterium für ihre Richtigkeit; ebenso beinhaltet sie Hypothesen über die Kommunikationsrate und Kommunikationsrichtung zwischen Gruppenmitgliedern. Die Theorie des informellen Gruppendrucks umfaßt auch bereits die zentralen Hypothesen der Theorie der sozialen Vergleichsprozesse von FESTINGER (1954a), nämlich die Voraussetzungen und die Konsequenzen der Prüfung der Richtigkeit einer *Meinung* anhand der sozialen Realität.

In der Arbeit von FESTINGER (1950), auf die sich FESTINGER (1954a) bei der endgültigen Abfassung der Theorie der sozialen Vergleichsprozesse beruft, werden Uniformität der Meinungen und Überzeugungen ebenfalls als Prüfstein für die Korrektheit individueller Meinungen bereits genannt und auch Hypothesen bezüglich der Kommunikationsrate und -richtung zwischen Gruppenmitgliedern expliziert (ähnlich SCHACHTER, 1951).

c) Die Bezugsgruppentheorie

Eng verbunden mit der Entstehung der Theorie der sozialen Vergleichsprozesse waren die soziologischen Arbeiten zur Bezugsgruppentheorie. Diese Theorie versucht nach MERTON & ROSSI (1949) und MER-

TON & KITT (1950), Determinanten und Konsequenzen der Bewertungs- und Selbsteinschätzungsprozesse, in denen ein Individuum die Werte und Standards anderer Individuen und Gruppen als Bezugsrahmen verwendet, zu systematisieren. Ähnlich wie in der Theorie von FESTINGER (1954a) sind die Grundannahmen der Bezugsgruppentheorie:

1. Menschen erfahren etwas über sich selbst, indem sie sich mit anderen vergleichen;
2. Der Prozeß zur sozialen Bewertung führt zu positiven, neutralen oder negativen Selbstbewertungen, welche relativ zu den Standards sind, die von den Bezugspersonen gesetzt werden.

Als Bezugsindividuen oder Bezugsgruppe werden die sozialen Einheiten definiert, mit denen sich ein Individuum vergleicht. Zunächst beschränkte sich die «alte» Bezugsgruppentheorie auf die Klassifikation der Funktionen, die Gruppen für das Individuum einnehmen können. So stellte z. B. HYMAN (1942) fest, daß der subjektive Status nicht nur von objektiven Eigenschaften wie Einkommen oder Bildungsgrad abhängt, sondern auch von der Gruppe, mit der man sich vergleicht. HYMAN unterscheidet zwischen «membership group» (Gruppe, der das Individuum angehört) und «reference group» (jene Gruppe, die als Maßstab für die Selbstbewertung verwendet wird – unabhängig ob man Mitglied in dieser Gruppe ist oder nicht). Nach KELLEY (1952) kann zwischen normativen und komparativen Bezugsgruppen unterschieden werden. Normative Bezugsgruppen sind Gruppen, die Einstellungs- und Verhaltensnormen setzen, während komparative Bezugsgruppen Gruppen sind, die Vergleichsnormen für die Selbsteinschätzung setzen (vgl. zu ähnlichen Klassifikationen SHIBUTANI, 1955; TURNER, 1956 sowie JONES & GERARD, 1967).

Durch den Vergleich mit einer Bezugsgruppe kann ein Gefühl der relativen Deprivation entstehen. Relative Deprivation entsteht, wenn sich eine Gruppe oder ein Individuum im Vergleich zu einer relevanten Bezugsgruppe benachteiligt fühlt. Deprivation ist also nicht vom absoluten Niveau abhängig, sondern vom perzipierten Niveau der Bezugsgruppe. Als klassisch gelten die Untersuchungen zur relativen Deprivation von STOUFFER et al. (1949a, b) bei Soldaten des 2. Weltkrieges (als Überblick siehe HYMAN & SINGER, 1968).

2.2. Die Theorie sozialer Vergleichsprozesse

2.2.1. Das Vergleichsbedürfnis

Nach FESTINGER (1954a) ist ein großer Teil von Gruppenprozessen und Prozessen menschlichen Zusammenlebens mit dem Bedürfnis der beteiligten Individuen verbunden, eigene Meinungen und Fähigkeiten zu vergleichen und zu bewerten. ("There exists in human organism a drive to evaluate his opinions and abilities", FESTINGER, 1954a, S. 117). Das Vergleichsbedürfnis wird um so stärker sein, je unsicherer Personen über die Richtigkeit ihrer Meinung und der Einschätzung ihrer Fähigkeiten sind.

Der Grund des Vergleichs liegt nach FESTINGER (1954a) darin, daß ungenaue Einschätzungen der eigenen Fähigkeiten und Meinungen kurz- oder langfristig erhebliche negative Konsequenzen haben können. Personen wollen Sicherheit und Gewißheit haben, daß ihre Meinungen und die Einschätzung ihrer Fähigkeiten korrekt sind, denn sie wollen in der Realität adäquat reagieren und ihre Umwelt und sich selbst erkennen.

Eine vage Kenntnis der Umgebung und der eigenen Handlungsmöglichkeiten reicht nicht aus. Jeder Mensch muß nach FESTINGER (1954a) überzeugt sein, daß sein Wissen ausreichend und angemessen ist. Nimmt er an, daß seine Meinungen teilweise unzutreffend bzw., daß seine Einschätzungen der eigenen Fähigkeiten z. T. unpräzise sind, dann wird er die unzutreffenden und unpräzisen Teile nach FESTINGER (1954a) ausschließen und korrekte neue Teile aufnehmen.

2.2.2. Die Überprüfung anhand der sozialen und physikalischen Realität
Nach FESTINGER (1954a) gibt es zwei Arten von Tests, mit denen eine Person die Richtigkeit ihrer Meinungen und der Einschätzung ihrer Fähigkeiten überprüfen kann: Überprüfung anhand der *physikalischen Realität* oder Überprüfung anhand der *sozialen Realität*. Wenn die Korrektheit von Meinungen und die Präzision der Einschätzungen von Fähigkeiten durch die Personen in der physikalischen Realität überprüft werden können, werden Personen Sicherheit bezüglich der Korrektheit aller Einschätzungen leicht erreichen können. Es steht dann nämlich zur Prüfung eine reale relevante physikalische Dimension zur Verfügung, mit deren Hilfe die Personen ihre Meinungen und Fähigkeiten überprüfen und gegebenenfalls korrigieren können (Test anhand der *physikalischen Realität).*

Können allerdings Meinungen und Fähigkeiten nicht direkt in der physikalischen Realität geprüft werden, dann können Personen Sicherheit bezüglich der Korrektheit ihrer Einschätzungen nur durch soziales Handeln erreichen. Einer Person steht in diesem Falle lediglich der Vergleich mit den Fähigkeiten und Meinungen anderer, für sie entscheidender Personen, zur Verfügung. Je nachdem, ob die Person von diesen stark abweicht, oder mit ihnen übereinstimmt, wird sie ihre Einschätzungen und Bewertungen ändern oder als korrekt akzeptieren (Test anhand der *sozialen Realität).*

Physikalische Realität und soziale Realität können als komplementär angesehen werden: Steht eine Dimension der physikalischen Realität zum Meinungs- und Fähigkeiten-Test zur Verfügung, dann ist die soziale

Realität ohne Einfluß auf diese Einschätzungen. Erst mit fehlender physikalischer Grundlage gewinnt die soziale Realität an Einfluß: Die Person beginnt, sich mit anderen Personen zu vergleichen. Bei völligem Fehlen jeglicher relevanter physikalischer Vergleichsdimension ist die Person bei der Prüfung ihrer Meinungen und Fähigkeiten völlig auf Meinungen und Fähigkeiten anderer angewiesen. ("To the extent that objective non social means are not available people evaluate their opinions and abilities by comparison respectively with the opinions and abilities of others", FESTINGER 1954a, S. 118).

FESTINGERS (1954a) Theorie befaßt sich in der Hauptsache mit den *sozialen* Vergleichsprozessen und untersucht diese wiederum in solchen Situationen, in denen Personen die Gelegenheit zum Test der Meinungen oder Fähigkeiten noch nicht gehabt hatten.

Entsteht eine *neue* Situation, in der eine Person ihre Fähigkeiten und Meinungen durch Vergleich mit anderen überprüfen muß, dann wählt sie hierfür ihr nahestehende, ihr ähnliche und für sie attraktive Personen aus. Je unähnlicher andere Personen der Person in ihren Meinungen und Fähigkeiten werden, desto schwächer wird die Neigung der Person, sich mit diesen zu vergleichen. ("The tendency to compare oneself with some others decreases as a difference between his opinion or ability and one's own increases." FESTINGER, 1954a, S. 120).

Die Übereinstimmung mit anderen Personen vermittelt ein Gefühl der Korrektheit der eigenen Meinung, der Angemessenheit der Fähigkeit, so wie es beim Test anhand der physikalischen Realität zu erreichen ist. Da in diesem Falle für die Person kein Anlaß besteht, ihre Meinung oder ihre Einschätzung einer Fähigkeit zu ändern, wird ein hohes und relativ unveränderliches Maß an Konsens zwischen Gruppe und Person entstehen. FESTINGER (1954a) postuliert deshalb, daß Personen Interaktionen um so attraktiver finden, je ähnlicher die Interaktionspartner hinsichtlich ihrer Meinung(en) und Fähigkeit(en) sind.

Der Vergleich mit anderen Personen bestimmt also nicht nur, welches die korrekte Einschätzung der Meinungen und Fähigkeiten ist, sondern auch, wie stabil bzw. variabel diese Einschätzungen sind. Je weniger eine Person weder physikalische noch soziale Mittel der Bewertung hat, um so mehr kann man nach FESTINGER erwarten, daß ihre Kognition über persönliche Meinungen und die Einschätzung ihrer Fähigkeiten instabil und unpräzise sein werden.

2.2.3. Das Streben nach Leistungsverbesserung

Stellt eine Person im Laufe des Vergleichsprozesses fest, daß sie sich in ihren Meinungen und Fähigkeiten von anderen (relevanten) Gruppenmitgliedern unterscheidet, so wird sie diese Diskrepanz zu reduzieren versuchen, indem sie entweder ihre eigene Position in Richtung auf die

Position der anderen ändert oder aber indem sie versucht, die Position der anderen ihrer eigenen Position näher zu bringen. Ist beides unmöglich, so erwartet FESTINGER, daß der Vergleich aufgegeben wird und die Person u. U. aus der Gruppe ausscheidet. Für das tatsächliche Erreichen von Übereinstimmung (Uniformität) gibt es zwischen Meinungen und Fähigkeiten einen Unterschied: Bei unterschiedlichen Meinungen und Überzeugungen sind die Hindernisse für das Erreichen von Uniformität im wesentlichen sozialer Natur und können somit durch soziale Einflußprozesse beseitigt werden. Ist Uniformität tatsächlich erreicht, enden die Beeinflussungsprozesse. Ein relativ stabiler Gleichgewichtszustand (ein allgemein akzeptierter Gruppenstandard) ist erreicht.

Die Hindernisse auf dem Weg zur Uniformität der Fähigkeiten und Leistungen dagegen sind weitgehend nicht-sozialer Natur. Als Schüler beispielsweise kann man zwar davon überzeugt sein, daß es notwendig wäre, bessere Noten zu erzielen, jedoch ist man dazu nicht ohne weiteres in der Lage. In diesem Fall werden der Person zusätzlich zu ihren Bemühungen die übrigen Gruppenmitglieder zur Seite stehen, um die abweichenden Fähigkeiten der Norm der Gruppe – etwa durch Hilfeleistung – anzupassen. Sollte auf diesem Wege Uniformität der Fähigkeiten und Leistungen erreicht werden, ist trotzdem kein stabiler Gleichgewichtszustand erreicht: FESTINGER (1954a) postuliert, daß Menschen bestrebt sind, ihre Fähigkeiten und Leistungen zu verbessern ("There is a unidirectional drive upwards in the case of abilities which is largely absent in opinions." S. 124). Diese menschliche Motivation zur ständigen Verbesserung der Fähigkeiten steht der allgemeinen Akzeptanz eines Gruppenstandards entgegen. Der Wettkampf, der aus dem Vergleich der Fähigkeiten entsteht, endet also auch im Falle erreichter Uniformität nicht vollständig. Er endet nur für die Personen, die im Vergleich mit den anderen bessere Fähigkeiten und Leistungen zeigen können sowie für diejenigen, deren Fähigkeiten und Leistungen im Gruppenvergleich stark über- oder stark unterlegen bleiben. Uniformität kann damit – neben den Änderungen der Positionen der Gruppenmitglieder (wobei es ein Recht der Mehrheit gibt: Sie erwartet die Positionsänderung der Minderheit) – auch durch den Ausschluß Abweichender aus der Gruppe erreicht werden. Ausschluß aus der (Mitgliedschafts-) Gruppe bei stark *abweichenden Fähigkeiten* führt zu einer allgemein akzeptierten Hierarchie (welchen Anfänger in einer Sportart stört es, daß es Könner gibt? Welchen Könner stört der Anfänger?) von Gruppen unterschiedlicher Leistung. Dem stark Meinungsabweichenden begegnet die ausschließende Gruppe dagegen feindlich, da er für sie im Falle fortgesetzter Vergleiche die Gefahr bedeutet, daß die zum Gruppenstandard erhobene Gruppenmeinung falsch sein könnte.

Da der Vergleich mit anderen Personen die subjektive Prüfung der

Korrektheit von Meinungen und der Angemessenheit von Fähigkeiten zum Ziel hat, spielen Gruppen, die für die Einschätzung einer spezifischen Fähigkeit oder die Prüfung einer bestimmten Meinung hohe Relevanz besitzen, eine hervorragende Rolle: Die Motivation zum sozialen Vergleich und damit der Uniformitätsdruck wächst mit der Relevanz und Attraktivität einer Vergleichsgruppe. Dies gilt verstärkt dann, wenn die zu vergleichende spezifische Fähigkeit oder Meinung von hoher allgemeiner oder besonderer aktueller Bedeutung für die attraktive Vergleichsgruppe oder die vergleichende Person ist.

2.2.4. Zusammenfassung der Theorie

Die wichtigsten Postulate der Theorie der Vergleichsprozesse können wie folgt zusammengefaßt werden:

1. Es besteht ein Bedürfnis, Meinungen und Fähigkeiten zu bewerten und zu vergleichen.
2. Sind objektive, nicht soziale Bewertungsstandards nicht vorhanden, dann treten Vergleiche mit anderen auf.
3. Bei Abwesenheit physikalischer und sozialer Vergleiche kommt es zu unstabilen Meinungen und Einschätzungen von Fähigkeiten.
4. Je höher die Differenz zwischen ego und alter hinsichtlich einer Meinung und einer Fähigkeit ist, um so geringer ist die Tendenz zum Vergleich. Vergleiche finden also nur mit Personen statt, die ähnlich sind.
5. Bei Diskrepanzen hinsichtlich Meinungen und Fähigkeiten besteht eine (von bestimmten Randbedingungen abhängende)
   a) Tendenz, die eigene Position zu ändern, um sie näher an die der anderen zu bringen,
   b) Tendenz, die anderen zu ändern, um sie näher an sich selbst zu bringen,
   c) Tendenz, den Vergleich aufzugeben und die Vergleichspersonen auszuschließen.
6. Der Druck zur Reduktion von Diskrepanz ist um so höher, je höher die Wichtigkeit und Relevanz der Meinung und Fähigkeit ist.
7. Mit zunehmender Attraktivität der Gruppen nimmt der Uniformitätsdruck zu.

2.2.5. Neue Aspekte der Theorie im Vergleich zu früheren Theorien

Neben einigen modifizierenden Formulierungen ist in der Theorie sozialer Vergleichsprozesse (FESTINGER, 1954a) wesentlich neu die Annahme eines Motives zur Bewertung der eigenen Meinungen und *Fähigkeiten* ("... drive to evaluate his opinions and his abilities", S. 117). Weshalb wird diese vielfach als problematisch angesehene (vgl. den Kommentar von NISSEN, 1954, zu FESTINGERS Beitrag, 1954b) Annahme gemacht? Der Grund liegt darin, daß es nach FESTINGER dem Menschen nicht genügt, zu wissen, daß er eine Meinung hat bzw. daß er eventuell zu bestimmten Leistungen fähig ist, sondern daß er über die Korrektheit seiner Meinungen und über die Angemessenheit seiner Leistungen informiert sein will, was er ausschließlich durch den Vergleich mit der physikalischen und sozialen Realität erreichen kann. Ziel dieses Vergleiches ist es also, die umgebende Welt und sich selbst kennenzulernen, um eigene Handlungsmöglichkeiten zu erkennen. Ein solches Ziel könnte man auch «Kontrolle über die Umwelt und die eigenen Handlungsalternativen» nennen (siehe HERKNER, 1975, S. 338).

Gegenüber der früheren Formulierung (1950) ist auch neu, daß für den Fall der Bewertung von *Fähigkeiten* ein bei den Meinungen nicht vorzufindendes kulturspezifisches (daher wohl erlerntes) Motiv (von FESTINGER, 1954a, ebenfalls «Trieb» genannt) zur ständigen Verbesserung, dem allerdings nichtsoziale Hindernisse entgegenstehen, postuliert wird. Eine weitere Ausdehnung des Anwendungsbereiches hat die Theorie der sozialen Vergleichsprozesse durch SCHACHTER (1959) erfahren. SCHACHTER vermutet im Anschluß an soziale Vergleichsprozesse zum Zwecke des Realitätstests einen Uniformitätsdruck auch im Falle von *Emotionen* (ähnlich bereits FESTINGER, 1950).

Ein Realitätstest mit Hilfe sozialer Vergleichsprozesse kann also:
1. Kenntnis über die Korrektheit von Meinungen (1950),
2. über die Angemessenheit von Fähigkeiten (1954) und
3. über die Angemessenheit von Emotionen (1959) vermitteln.

2.3. Empirische Prüfung der Theorie

SCHNEIDER (1976) weist darauf hin, daß die Theorie sozialer Vergleichsprozesse mehr benutzt als bewiesen gilt ("Despite its power social comparison theory has been used more than it has been proved." S. 360). Im folgenden soll über die wichtigsten Untersuchungen zur Theorie berichtet werden, die sich allerdings nur auf einige Postulate der Theorie konzentrieren[2]. Nicht alle genannten Postulate waren Gegenstand der Prüfung.

2.3.1. Vergleichsprozesse anhand physikalischer und sozialer Realität: Untersuchungen zum Uniformitätsdruck

Die Wirkung sozialer Vergleichsprozesse in Form eines Uniformitätsdrucks hat eine Vielzahl von Untersuchungen u. a. von LINTON (1954) und ENDLER (1960) zum autokinetischen Effekt gezeigt (siehe z. B. SHE-

---

[2] Nach Fertigstellung dieses Manuskriptes ist der folgende Reader erschienen: SULS, J. M. & MILLER, R. L. Social comparison processes. Theoretical and empirical perspectives. Washington, DC 1977.

RIF, 1935). Der autokinetische Effekt ist für soziale Vergleichsprozesse deshalb gut geeignet, weil hier physikalische Grundlagen bzw. ein nichtsoziales Bezugssystem fehlen. ROHRER, BARON, HOFFMAN & SWANDER (1954) etwa zeigen eine Uniformierung der Urteile zur wahrgenommenen autokinetischen Lichtbewegung in 2-Personen-Gruppen auch für den Fall, daß die Personen zuvor in Einzelsitzungen mit guter physikalischer Grundlage (der Lichtpunkt konnte im Rahmen eines relevanten Bezugssystems beurteilt werden) trainiert wurden. Die Autoren konnten den Effekt der durch die Uniformierung in der Gruppensitzung gebildeten Urteilsnorm bei den Vpn noch ein Jahr später nachweisen. Mit einem anderen experimentellen Paradigma wiesen z. B. LONDON & LIM (1964) ähnliche Resultate nach. Damit können soziale Vergleichsprozesse für den Fall eines Mangels an Testmöglichkeiten anhand der physikalischen Realität als demonstriert angesehen werden. Entgegen der Erwartung zeigen aber einige Konformitätsexperimente soziale Vergleichsprozesse und Uniformitätsdruck auch im Falle der Möglichkeit des Tests anhand der physikalischen Realität (siehe den Übersichtsartikel von MOSCOVICI & FAUCHEUX, 1972).

LUCHINS (1944) fand, daß sich eine Vp bei der Beurteilung einer physikalischen Dimension (Vergleich von Streckenlängen) von *einer* abweichenden anderen Vpn in ihrem Urteil nicht beeinflussen läßt. Dieses Ergebnis wird jedoch von ASCH (1955, 1956) mit Hilfe einer ähnlichen experimentellen Anordnung modifiziert: Sobald sich eine *Mehrheit* mit abweichender Meinung gegenüber der urteilenden Vp bildet, entsteht für die Vp Uniformitätsdruck (siehe auch DEUTSCH & GERARD, 1955). ASCH (1955, 1956) fand, daß bei einer Mehrheit von drei Personen gegenüber einer Person bereits ein maximaler Uniformitätsdruck und Konformität zur ursprünglich abweichenden Mehrheitsgruppe bei der Beurteilung einer physikalischen Dimension (im Einzelversuch eindeutig unterscheidbare Streckenlängen) entstand. Die durch Instruktion offensichtlich falsch urteilende Mehrheit erzielte bei etwa einem Drittel der Vpn Konformität (wobei es keineswegs sozialer Unterstützung der falsch urteilenden 3-Personen-Mehrheit durch den Versuchsleiter wie bei LUCHINS & LUCHINS [1955] bedurfte. In deren Experiment war die Uniformitätsrate jedoch höher als bei Asch und zwar lag sie bei etwa 67 % der Vpn). Die von der abweichend urteilenden Mehrheitsgruppe ausgelöste Tendenz zur Uniformität war allerdings entscheidend schwächer, wenn die an die Mehrheitsmeinung sich anpassende Vp mit ihrer Meinung nicht alleine stand, sondern eine weitere Vp ebenfalls von der Mehrheit abwich (ASCH, 1951; neuerdings u. a. ALLEN & LEVINE, 1969, 1971; MORRIS & MILLER, 1975).

MORIARTY (1974) erweckte bei seinen Vpn den Eindruck, daß sie von der Mehrheitsmeinung abweichen. Es zeigte sich, daß insbesondere Einzelpersonen, deren Abweichung offenkundig war, den Wunsch zur Änderung ihrer Meinung und Anpassung an die Majorität äußerten (48 % aller Vpn gegenüber 20 % der Vpn bei verdeckter Abweichung). Im Einklang mit FESTINGERS (1954a) Vorhersage ergab sich weiter, daß sich diejenigen Meinungsabweichenden mit den anderen Nonkonformen uniform verhielten (eine konsistent von der Majorität abweichende Minoritätsgruppe bildeten), die andere abweichende anhand äußerer Merkmale als solche erkennen konnten. Diese Resultate sprechen für die Vermutung von LINTON (1954), daß sich der Uniformitätsdruck zwar auf die abzugebenden Urteile auswirken kann, jedoch die tatsächliche Wahrnehmung der Objekte vom sozialen Einfluß frei bleibt, da z. B. die zu vergleichenden Strecken in den Experimenten von ASCH (1955, 1956) eindeutig unterscheidbar waren und auch – bei fehlendem sozialen Einfluß – korrekt unterschieden wurden. Eine Untersuchung von ROSENHAN, DE WILDE & MCDOUGAL (1963) stützt die Argumentation von LINTON (1954): Unter Verwendung einer ähnlichen experimentellen Anordnung wie bei Asch sollten die Vpn einfache logische Probleme lösen. Dabei zeigte sich, daß 49 % der Vpn entsprechend der instruierten Mehrheit falsche Lösungen angaben, während die Fehlerquote bei fehlendem Uniformitätsdruck lediglich 0,5 % betrug. Eine experimentelle Prüfung, ob es sich um Wahrnehmungs- oder um Urteilseffekte handelt, führten UPMEYER und Mitarbeiter mittels der Signal-Detektionsmethode durch. Wenn eine Person feststellt, daß die Mehrheit in der Gruppe andere Urteile abgibt als sie selbst, kann sie dieses Dilemma auf zwei Arten zu lösen versuchen: 1) Sie kann den zu beurteilenden Reizen mehr Aufmerksamkeit schenken, d. h. die eigenen Urteile besser mit der physikalischen Realität in Einklang bringen. 2) Sie kann ihre Urteile dem Gruppenurteil annähern, d. h. mit der sozialen Realität in Einklang bringen. UPMEYER (1971) fand, daß beide Möglichkeiten genutzt werden: Vpn *verbesserten* ihre Wahrnehmungsleistung und gaben gleichzeitig dem Gruppendruck nach. Der unter 1) genannte Effekt wurde auch von UPMEYER & LAYER (1972) und UPMEYER & SCHREIBER (1972) gefunden. Gleichzeitig wurde festgestellt, daß trotz objektiver Leistungsverbesserung das Vertrauen der Vpn in die Richtigkeit ihrer Urteile stark abnahm. Dies könnte eine Erklärung dafür sein, daß der unter 2) genannte Effekt auftritt. (Einen Überblick über soziale Bedingungen der Nonkonformität gibt ALLEN, 1975.)

CRUTCHFIELD (1955), der eine alternative experimentelle Anordnung für Konformitätsexperimente (ohne direkten Kontakt der Personen) vorschägt, berichtet von einem hohen Maß an Beeinflussung durch sozialen Vergleich bei Meinungen und Urteilen im Falle mangelnder physikalischer Realität, aber auch bei Urteilen und Meinungen angesichts hinreichender physikalischer Grundlage. Unter Verwendung der Crutch-field-Anordnung erhielten u. a. BRAGG & ALLEN (1972), DIVESTA (1959) und WIENER, CARPENTER & CARPENTER (1957) bezüglich der Uniformierungstendenz vergleichbare Resultate.

TAKATA (1974) konnte in einem direkten Test der Hypothese FESTINGERS (1954a), daß soziale Vergleichsprozesse erst im Falle mangelnder physikalischer Vergleichsdimensionen einsetzen, die Resultate der Konformitätsexperimente bestätigen. Auch er kam zu dem Ergebnis, daß soziale Vergleichsprozesse und Uniformitätsdruck nicht ausschließlich im Falle fehlender relevanter physikalischer Dimensionen wirksam sind. Aufgrund dieser experimentellen Resultate muß die Hypothese FESTINGERS (1954a: "When an objective, non-social basis for the evaluation of one's ability or opinion is readily available persons will *not* evaluate their opinions or abilities by comparison with others", S. 12) als falsifiziert gelten.

2.3.2. Interaktionsprozesse zwischen normkonformen und nicht normkonformen Gruppenmitgliedern

Vergleichsprozesse in Gruppen können zu Versuchen führen, im Falle von Meinungsdiskrepanzen andere von der eigenen Meinung zu überzeugen. FESTINGER et al. (1952) bildeten Kleingruppen mit dem Ziel, diese über einen strittigen Punkt diskutieren zu lassen. Die Vpn erhielten falsches Feedback über die Meinungen der anderen Gruppenmitglieder: Sie dachten entweder, sie wichen mit ihrer Meinung von der Gruppennorm ab, oder aber sie ständen mit den Meinungen aller Gruppenmitglieder in Übereinstimmung. Bei Vpn, die einen Konsens mit der Gruppenmeinung annahmen, gab es während der Gruppendiskussion keine Meinungsänderung. Sie kommunizierten vor allem mit auffallend «nichtnormkonformen» Gruppenmitgliedern. Vpn, die selbst glaubten, nicht normkonform zu sein, paßten zu 23 % ihre eigene Meinung der Gruppenmeinung an. Sie versuchten weniger, diejenigen Mitglieder zu überzeugen, die die am häufigsten geäußerte Meinung (Gruppenmeinung) vertraten, sondern kommunizierten mit den Individuen, die eine Meinung zwischen dem Modus und ihrer eigenen vertraten.

Das Experiment von FESTINGER et al. zeigt: Änderungen der eigenen Meinung und Versuche, die Meinung anderer zu verändern, werden nicht durch dieselben Personen unternommen. Personen, die annehmen, daß sie die Gruppenmeinung vertreten, versuchen diejenigen zu überzeugen, die extrem abweichende Positionen einnehmen. Personen, die eine extreme abweichende Position haben, zögern damit, andere zu beeinflussen, besonders wenn diese einen relativ hohen Grad an sozialer Unterstützung durch die Gruppenmeinung haben. Diese Vpn ändern eher ihre eigene Meinung.

Die Abhängigkeit des Beeinflussungsprozesses von der Attraktivität der Gruppe wurde in einem Experiment von SCHACHTER (1951) nachgewiesen. Es zeigte sich, daß Einflußversuche gegenüber Nonkonformen in kohäsiven (= attraktiv, viele gegenseitige soziometrische Wahlen) Gruppen häufiger auftraten als in nicht kohäsiven (= nicht attraktiv, wenige gegenseitige Wahlen) Gruppen. Allerdings werden bei erfolglosem Einflußversuch weiterhin nicht meinungskonforme Personen in kohäsiven Gruppen auch stärker abgelehnt.

Der Uniformitätsdruck ist demnach in kohäsiven Gruppen größer. GOOD, GOOD & GOLDEN (1973), KNOWLES & BASSETT (1976) und LOTT & LOTT (1961) fanden eine ähnliche Beziehung zwischen Kohäsion und Tendenz zur Uniformität. Die Resultate von DOWNING (1958) zeigen dagegen keinen direkten Zusammenhang zwischen Gruppenkohäsion und Druck zu Uniformität. Der Autor interpretiert sein Resultat als direkten Widerspruch zu SCHACHTERS (1951) und FESTINGERS (1950, 1954a) Auffassungen, insbesondere weil er eine schwache Tendenz fand, daß sich der Druck zur Uniformität in wenig kohäsiven Gruppen stärker auswirkte als in kohäsiven Gruppen. Der Widerspruch in den Resultaten läßt sich eventuell durch KIESLER & CORBINS (1965) Ergebnis einer nicht monotonen Beziehung zwischen Kohäsion und Uniformitätstendenz aufheben. Auf diese Untersuchung wird später noch eingegangen.

Eine alternative Erklärung dafür, daß bei attraktiven Gruppenmitgliedern der soziale Vergleich und damit die Tendenz zur Uniformität von Meinungen (bei mangelnder physikalischer Urteilsgrundlage) verstärkt auftritt, während bei unattraktiven Personen die Vergleichstätigkeit abgebrochen wird, bieten SAMPSON & INSKO (1964) an. Im Rahmen konsistenztheoretischer Überlegungen nehmen die Autoren an, daß im Falle der Balance in einem P (Person) – O (andere Person) – X (Urteilsgegenstand)-System (HEIDER, 1958) Personen übereinstimmende Meinungen anstreben, wenn sie sich gegenseitig als attraktiv einstufen, hingegen abweichende Meinungen tolerieren, wenn sie sich gegenseitig nicht als attraktiv beurteilen. Im Falle der Imbalance (P findet O attraktiv, beurteilt X aber anders als O; P findet O unattraktiv, beurteilt X aber ebenso wie O) des Systems wird die Person bemüht sein, Balance wiederherzustellen. Das kann sie erreichen, indem sie ihre Einschätzung von O ändert, die Einschätzung Os von X ändert (sozialer Einflußversuch) oder ihre eigene Einschätzung von X ändert. Welches Element des Systems geändert wird, hängt u. a. von der Änderungsresistenz der Elemente ab.

SAMPSON & INSKO (1964) konnten experimentell demonstrieren, daß die größte Uniformierungstendenz im Falle unbalancierter P-O-X-Systeme eintrat. Die Vpn änderten in einem Experiment zum autokinetischen Effekt ihre Meinungen am stärksten, wenn P O attraktiv fand, X (die Lichtbewegung) aber von ihm von O verschieden beurteilt wurde, bzw. wenn P O als unattraktiv einstufte, X aber wie dieser beurteilte.

2.3.3. Die Stärke der Vergleichsmotivation

Der Druck zur Uniformität wächst dann, wenn eine Gruppe für die Gruppenmitglieder ein hohes Maß an Attraktivität besitzt, wenn eine Person oder Gruppe einer bestimmten Meinung oder Fähigkeit hohe Relevanz zumißt, und wenn eine Meinung oder Fähigkeit einen engen Bezug zu tatsächlichem, aktuellem Verhalten hat.

Den Einfluß der Attraktivität einer Gruppe auf die Tendenz zur Meinungs- und Fähigkeits-Uniformierung zeigt u. a. ein Experiment von KIESLER & CORBIN (1965). Sie zeigen, daß eine monotone Beziehung zwischen Gruppenattraktivität und Uniformitätstendenz (Beeinflußbarkeit in Richtung auf den Gruppenstandard) nur für solche Personen gilt, die sich nicht festgelegt haben, Mitglieder der Gruppe zu bleiben. Bei Personen, die die Gruppenmitgliedschaft aufrecht erhalten wollten, zeigte sich eine nicht-monotone Beziehung zwischen Attraktivität und Beeinflußbarkeit durch die Gruppe: Mit abnehmender Gruppenattraktivität nahm zunächst auch die Beeinflußbarkeit durch die Gruppe bis zu einem bestimmten Punkt ab, von da an stieg die Beeinflußbarkeit jedoch wieder an. HOFFMAN, FESTINGER & LAWRENCE (1954) zeigen, daß sich bei Personen, denen eine Fähigkeit (Intelligenz) relativ wichtig ist, stärkere soziale Vergleichsprozesse nachweisen lassen als bei Personen, denen diese Fähigkeit weniger wichtig ist. Die Vpn fanden sich in Dreiergruppen für einen «Intelligenztest» zusammen. Eine Person (Mitwisser) wurde zu Beginn als hoch intelligent vorgestellt. Im Verlauf des Experiments konnten die beiden anderen Vpn die Leistung des Mitwissers im «Intelligenztest» vollkommen bestimmen. Wenn sie seine anfänglich behauptete überragende Intelligenz anerkannten, dann gestatteten sie eine hohe Leistung des Mitwissers, anerkannten sie seine Überlegenheit nicht, verglichen sie sich also weiterhin mit ihm, erlaubten sie ihm nur eine relativ schlechte Leistung. Es zeigte sich, daß sich Personen, denen durch die Instruktion hohe Wichtigkeit des «Intelligenztests» suggeriert wurde, weit häufiger mit dem überlegenen Mitwisser verglichen als Personen, denen der «Intelligenztest» als unwichtig vorgestellt wurde (ähnliche Resultate erhielten TERBORG, CASTORE & DE NINNO, 1976, in einer Längsschnittuntersuchung).

In einem Experiment von JONES & REAGAN (1974) sollten die Vpn einen «cognitive flexibility»-Test durchführen (eine zweifelhafte Dimension, über die die Vpn wenig wußten). Sie erhielten Feedback über ihre Leistung, wobei sie allerdings nicht wußten, wie sie sich im Vergleich zu den anderen Vpn einzuschätzen hatten. Anschließend sollten sie sich an einem zweiten Test über die kognitive Flexibilität beteiligen. Hier konnten sie aber aus zehn Tests mit verschiedenen Schwierigkeitsgraden einen auswählen. Die Vpn hatten kaum eine objektive Grundlage für ihre Entscheidung, daher war das Bedürfnis nach sozialem Vergleich hoch. Die Vpn wurden dann gefragt, ob sie vor der Wahl des Schwierigkeitsgrades Informationen über das Abschneiden anderer wünschten, was bei 93 % der Vpn der Fall war. Eine andere Gruppe mußte dagegen den Schwierigkeitsgrad des Tests wählen, bevor sie die Möglichkeit hatte, die Werte der anderen Versuchsteilnehmer zu sehen. Nach FESTINGERS Theorie sollte der soziale Vergleich für diese Gruppe wesentlich weniger wichtig sein.

Bei JONES & REAGAN (1974) wollten in der Tat nur 14 % der Vpn dieser Gruppe die Werte der anderen Vpn sehen.

Dieses Experiment zeigt, daß ein Vergleich dann vorgenommen wird, wenn er für die Situation funktional bzw. persönlich wichtig ist. In einem zweiten Experiment von JONES & REAGAN (1974) machten die Vpn wieder den «cognitive flexibility»-Test, erhielten jedoch kein sofortiges Feedback. Auch diese Vpn sollten den Schwierigkeitsgrad für den zweiten Test wählen. Sie konnten mit einem Partner, der aus zwei möglichen Partnern ausgesucht werden konnte, über Aspekte der zu erwartenden Testsituation reden. In dieser Situation wurde die Wichtigkeit der Vergleichsgruppe bei JONES & REAGAN manipuliert: Unter der niedrigen Wichtigkeitsbedingung nahmen die potentiellen Partner nicht am zweiten Test teil und konnten auch nichts darüber erfahren. In der hohen Wichtigkeitsbedingung hatten beide potentielle Partner schon den zweiten Test gemacht und deshalb Informationen darüber. Den Vpn wurde gesagt, daß einer der beiden potentiellen Partner im ersten Test ungefähr gleich abgeschnitten hätte wie sie, während der andere Partner anders abgeschnitten hätte. Die Vpn präferierten den leistungsähnlichen Partner dann stärker, wenn der andere eine wichtige Quelle sozialen Vergleichs war, d. h. wenn er den zweiten Test gemacht hatte.

2.3.4. Ähnlichkeit als Selektionsprinzip für eine Vergleichsperson

WHEELER (1966) gab seinen Vpn einen bestimmten Punktwert in einem Persönlichkeitstest und teilte jeder Vp mit, daß sie bei dieser Persönlichkeitsvariable in einer Gruppe von sieben Personen an vierter Stelle stünde. Den Vpn wurde außerdem gesagt, daß sie den Wert eines anderen Gruppenmitglieds erfahren könnten. Nahezu 50 % wollten den Wert der Person, die auf dem dritten Rang stand, sehen, d. h. also gerade einen Rang über ihnen lag und 7 % wollten den Wert der Person sehen, die eine Rangstufe unter ihnen war.

Nach RUNCIMAN (1961) vergleichen nur $1/8$ der englischen Arbeiter ihr Einkommen mit dem von Nichtarbeitern; ähnliches gilt in Frankreich.

DAVIS (1966) weist trotz enormer Unterschiede zwischen einzelnen

Colleges nach, daß Collegestudenten ihre Leistungen an denen ihrer Mitstudenten am gleichen College messen. WHEELER et al. (1969) zeigen, daß sich Vpn, die die Testresultate aller anderen Vpn im Experiment kennen, mit ähnlichen anderen vergleichen. Wenn sie aber die Resultate extremer Vpn nicht kennen und selbst eher durchschnittliche Resultate erhalten haben, dann möchten sie diese extremen Resultate kennenlernen und haben weniger Interesse an Testresultaten, die den eigenen ähnlich sind. Das Wissen, wie weit man vom Extrem entfernt ist, ist ein weiterer wichtiger Anhaltspunkt (Anker) für die Einschätzung der Realität.

2.3.5. Unähnlichkeit als Selektionsprinzip für eine Vergleichsperson

GOETHALS & NELSON (1973) konfrontierten die Theorie FESTINGERS (1954a) mit der attributionstheoretischen Formulierung von KELLEY (1967). Ihrer Feststellung nach läßt sich sowohl aus der Formulierung von Kelley als auch aus der Theorie von FESTINGER ableiten, daß Personen dann Sicherheit bezüglich der Korrektheit ihrer Meinungen erlangen, wenn ihnen andere Personen zustimmen. Nach GOETHALS & NELSON (1973) ergibt sich jedoch – abweichend von FESTINGERS theoretischer Formulierung – aus der Attributionstheorie von KELLEY (1967), daß merkmalsähnliche Zustimmende aufgrund dieser gleichen bzw. ähnlichen Merkmale möglicherweise die gleichen Fehlurteile abgeben wie die vergleichende Person, weshalb ein Vergleich mit ähnlichen Personen die Sicherheit bezüglich der Korrektheit von Meinungen *nicht* erhöht. Ein Vergleich mit nicht merkmalsähnlichen Personen, die der Meinung der Person zustimmen, kann dagegen die Sicherheit der Person bezüglich der Korrektheit ihrer Meinung erhöhen, da bei diesen Vergleichspersonen die Gefahr identischer Fehlschlüsse nicht gegeben ist. D. h., daß die Zustimmung nicht merkmalsähnlicher Personen auf die Meinungen von Personen stabilisierend wirken kann, da Personen in diesem Fall ihre Meinung auf den Konsens verschiedenartiger Personen zurückführen können.

GOETHALS & NELSON (1973) (vgl. auch GOETHALS, 1972) erwarten, daß diese attributionstheoretischen Überlegungen bei in der Realität testbaren Meinunen bestätigt werden können, während bei Werthaltungen die von der Theorie sozialer Vergleichsprozesse gemachten Vorhersagen zutreffen sollen. Eine Untersuchung der Autoren unterstützt die entsprechenden Hypothesen: Die Zustimmung nicht merkmalsähnlicher Personen erhöht die Sicherheit von Personen bezüglich der Richtigkeit ihrer (in der Realität testbaren) *Meinungen,* die Zustimmung merkmalsähnlicher Personen erhöht die subjektive Sicherheit im Falle von *Werthaltungen.*

Die am Anschluß an Formulierungen der Attributionstheorie von

GOETHALS & NELSON (1973) angestellten Überlegungen können möglicherweise für eine – angesichts der Fakten notwendige – Modifizierung der Hypothesen Festingers über den Vergleichsprozeß herangezogen werden.

2.3.6. Bedingungen für Vergleiche nach «Oben» und «Unten»

Entgegen der Annahme der Theorie sozialer Vergleichsprozesse, daß sich Personen in ihren *Fähigkeiten* mit den Leistungsstärkeren vergleichen, fand HAKMILLER (1966), daß Personen sich mit Schwächeren vergleichen und Leistungswerte von Personen kennenlernen wollen, die schlechter sind als sie. Und zwar wollten die Vpn um so eher wissen, wer noch schlechter abgeschnitten hätte als sie selbst, je schlechter ihre eigenen Leistungen waren. Durch die aktive Suche nach noch schlechteren Leistungen kann das Selbstwertgefühl in gewissem Rahmen aufrechterhalten werden.

Festingers Theorie macht insbesondere Vorhersagen über Fähigkeiten, die normalerweise positiv bewertet werden. Experimentelle Ergebnisse zeigen, daß Festingers Theorie vermutlich nicht uneingeschränkt auf negativ bewertete Fähigkeiten anwendbar ist: THORNTON & ARROWOOD (1966) zeigen, daß Vergleiche «nach oben» für positive Eigenschaften gelten, aber nicht für negative, während WHEELER et al. (1969) nachwiesen, daß positive Eigenschaften «nach oben» und negative Eigenschaften «nach unten» verglichen werden.

Vergleichsinformationen können sowohl zur Erhöhung des Selbstwertgefühls als auch zur Selbstverteidigung dienen. Wenn man annimmt, daß Personen herausfinden wollen, wo sie tatsächlich stehen, und wenn sie gleichzeitig ein angenehmes Gefühl haben wollen, so liegt es nahe, daß sie sich sowohl solche Personen aussuchen, die besser sind als sie selbst, als auch solche, die schlechter sind.

2.3.7. Affiliation, Angst und Bezug zum sozialen Vergleich

Personen haben das Bedürfnis, mit anderen Personen in Kontakt zu treten. 1959 veröffentlichte SCHACHTER («Psychology of Affiliation») einige bezüglich der Determinanten des Gesellungsbedürfnisses (Affiliation) relevante experimentelle Untersuchungen (vgl. den Beitrag von GRABITZ & GNIECH). Es zeigte sich eine enge Beziehung zwischen Angst und Affiliation: In dem klassischen Experiment von SCHACHTER (1959) wurde weiblichen Vpn die Erwartung induziert, daß sie extrem schmerzhaften (bzw. schwachen) Elektroschocks ausgesetzt sein würden. Daraufhin wurden sie gefragt, ob sie mit anderen Vpn gemeinsam auf das Experiment warten wollten. Bei starker Angst (Erwartung schmerzhafter Schocks) gab es eine stärkere Präferenz, mit anderen gemeinsam zu warten, als bei geringer Angst. Eine zweite Untersuchung zeigte, daß diese

Präferenz noch stärker war, wenn die andere Person auf dasselbe bedrohende Ereignis wartete. Zusammen mit Personen, die mit dem zu erwartenden angsterzeugenden Experiment nichts zu tun hatten, wollte dagegen keine Vp warten.

Eine Interpretation dieses Ergebnisses von SCHACHTER kann mit Hilfe der sozialen Vergleichstheorie gegeben werden: Emotionen werden genauso wie Fähigkeiten und Meinungen mit Hilfe des sozialen Vergleichs bewertet. Eine Person, die mit einer höchst bedrohlichen Situation konfrontiert wird, weiß ihre emotionalen Reaktionen nicht korrekt einzuschätzen und hat deshalb das Bedürfnis, Vergleiche mit in ähnlicher Lage befindlichen Personen anzustellen. Ein Experiment von WRIGHTSMAN (1960) zeigt ebenfalls die Anwendbarkeit der Theorie der sozialen Vergleichsprozesse auf die Beurteilung von Emotionen. Bei WRIGHTSMAN (1960) erwarteten die Vpn eine Serie von Injektionen, die angeblich den Glukosespiegel verändern und ziemlich unangenehme Nebenwirkungen haben sollten. Die Frage von WRIGHTSMAN war, ob die Gruppenerfahrung den Angstzustand reduziert, oder ob die Erfahrung mehr eine soziale Vergleichsfunktion in Gang setzt. Es gab einen ausgezeichneten Beweis dafür, daß sich Vpn in sozialen Vergleichsprozessen engagierten: Während der Gruppendiskussion gab es eine klare Homogenisierung des Angstniveaus, so daß sich die Gruppenmitglieder am Ende einer Sitzung in der Stärke ihrer Angst ähnlicher waren.

3. Diskussion

Neben der Tatsache, daß nicht alle Postulate der Theorie sozialer Vergleichsprozesse von FESTINGER (1954a, b) unbeschadet aus der kritischen Prüfung hervorgingen, sind insbesondere die grundlegenden Axiome der Theorie kritisiert worden. HAKMILLER (1966) fand einen Vergleich «nach unten» bei den Fähigkeitsvergleichen, was er als Selbstverteidigungsprozeß interpretiert. Die Theorie des sozialen Vergleichsprozesses sagt zwar nicht vorher, daß «downward comparison» aufgrund von defensiven oder anderen Motiven unmöglich ist; sie sagt nur vorher, daß mit steigender Motivation, sich mit anderen zu vergleichen, eher ein Vergleich mit ähnlichen anderen angestrebt wird. Zukünftige Forschungen müssen diese Frage näher untersuchen.

Eine andere Ausnahme wurde von WHEELER, SHAFFER, JONES, GOETHALS, COOPER, ROBINSON, GRUDER & OUTZINE (1969) gefunden: Wenn die Vpn einen Test gemacht hatten und über die Streuung der Punktwerte nichts wußten, wollten sie zunächst eher den Skalenbereich und weniger den Punktwert von ähnlichen Personen erfahren. Dieses Ergebnis weist auf eine mögliche Ambiguität der ursprünglichen Theorie hin. Das

Hauptmotiv besteht darin, eine sichere Bewertung der eigenen Fähigkeit zu erreichen; es ist besser, den eigenen relativen Platz in der ganzen Hierarchie zu kennen, als den Punktwert einer bestimmten Vp. Dieser Aspekt wurde bei der ursprünglichen Theorie vernachlässigt. Die meisten Situationen, die bisher Gegenstand der Forschung waren, haben zumindest implizit die Kenntnis des Spektrums der Fähigkeiten und Meinungen beinhaltet.

DEUTSCH & KRAUSS (1965) melden Zweifel an der Existenz eines allgemeinen Bedürfnisses nach Uniformität, das Festinger postuliert, an. Die Autoren gehen davon aus, daß viele Interaktionen gerade wegen ihrer Neuigkeit und Vielseitigkeit gesucht werden. PETTIGREW (1967) schränkt die Theorie aufgrund experimenteller Ergebnisse folgendermaßen ein: Individuen neigen dazu, Bezugspersonen, die ihnen ähnlich sind, dann zu wählen (und damit Uniformität zu bevorzugen), wenn es sich um die Einschätzung einer positiven Eigenschaft mit sozialer Relevanz handelt und wenn sich die Individuen in ihrer Einschätzung unsicher sind. Merkmalsähnliche Bezugspersonen werden dann aber nicht gewählt (d. h. Uniformität wird gemieden), wenn die Individuen emotional hoch erregt und mit sich selbst beschäftigt sind oder wenn sie die Verteilung der relevanten Merkmale in der Bezugsgruppe kennen.

PROSE & MITRANSKY (1973) stellen dem Konzept der Uniformierung von Meinungen und Fähigkeiten das Konzept der «Sozialen Erwünschtheit», d. h. die Tendenz, sich normkonform zu verhalten, da erwartet wird, daß dies zu sozialer Zustimmung (social approval) führt, zur Seite. Im Anschluß an CROWNE & MARLOWE (1964) versuchen die Autoren, Tendenz zur Uniformität und Soziale Erwünschtheit auf ein gemeinsames motivationales Konzept zurückzuführen. Demnach sind uniformes und sozial erwünschtes Verhalten Manifestation der allgemeinen Zielsetzung, von relevanten Personen Billigung und Zustimmung zu erhalten. Besteht daher ein starkes Bedürfnis nach sozialer Zustimmung, so kann dem durch konformes Verhalten entsprochen werden, da dieses Verhalten die Gefahr der Ablehnung durch die relevante Gruppenmitglieder minimiert (siehe auch HIGBEE, 1973). Das Streben nach sozialer Akzeptanz könnte demnach die Tendenz zur Uniformität erklären. Die Vermutung eines Zusammenhanges von Konformität und der Tendenz zu sozial erwünschtem Verhalten konnte in einer experimentellen Untersuchung von PROSE & MITRANSKY (1973) allerdings nicht bestätigt werden.

FESTINGER gibt mehrere Strategien an, wie Personen auf Meinungs- und Fähigkeitsdiskrepanzen reagieren können. Er behauptet, daß Personen entweder versuchen, andere von der eigenen Meinung zu überzeugen oder die eigene Meinung ändern, um anderen ähnlich zu werden oder aber die Vergleichspersonen austauschen. Es wird jedoch an keiner

Stelle spezifiziert, von welchen Faktoren die jeweilige Reaktion abhängig ist. Die später (1957) entwickelte Theorie der kognitiven Dissonanz von FESTINGER (vgl. FREY, in diesem Band) geht auf diese Frage präziser ein. SAMPSON & INSKO (1964) weisen auf eine weitere Überlegenheit konsistenztheoretischer Formulierungen gegenüber der Theorie sozialer Vergleichsprozesse hin. Die Autoren zeigen, daß sich die aus konsistenztheoretischen Formulierungen abgeleiteten Hypothesen bezüglich der bei der empirischen Prüfung bewährten Elemente mit den aus der sozialen Vergleichstheorie abgeleiteten Hypothesen weitgehend decken, jedoch die empirisch nicht bewährten Erklärungen und Prognosen der Theorie sozialer Vergleichsprozesse vermeiden und diese durch allgemeinere und präzisere ersetzen (ähnlich: MILLER & NORMAN, 1976).

Eine Reduktion auf allgemeinere Theorien bietet eventuell die Möglichkeit, die nach der empirischen Prüfung unbeschadet gebliebenen Elemente der Theorie der sozialen Vergleichsprozesse zu bewahren, sie aber gleichzeitig mit Hilfe allgemeinerer Konzepte präziser zu erklären.

Literatur

ALLEN, V. L. Social support for nonconformity. In: BERKOWITZ, L. (ed.) Advances in experimental social psychology, Vol. 8, New York: Academic Press, 1975.

ALLEN, V. L. & LEVINE, J. M. Consensus and conformity. Journal of Experimental Social Psychology, 1969, 5, 389–399.

ALLEN, V. L. & LEVINE, J. M. Social support and conformity: The role of independent assessment of reality. Journal of Experimental Social Psychology, 1971, 7, 48–58.

ASCH, S. E. Effects of group pressure on the modification and distortion of judgments. In: GUETZKOW, H. (ed.) Groups, leadership, and men. Pittsburgh: Carnegie, 1951.

ASCH, S. E. Opinions and social pressure. Scientific American 1955, 193, 31–35.

ASCH, S. E. Studies of independence and conformity: A minority of one against an unanimous majority. Psychological Monographs, 1956, 70, No. 9.

BRAGG, B. W. E. & ALLEN, V. L. Role of public and private social support on conformity. Psychonomic Science, 1972, 29, 81–82.

BYRNE, D. The attraction paradigm. New York: Academic Press, 1971.

CROWNE, D. P. & MARLOWE, D. The approval motive. Studies in evaluative dependence. New York: Wiley, 1964.

CRUTCHFIELD, R. S. Conformity and character. American Psychologist, 1955, 10, 191–198.

DEUTSCH, M. & GERARD, H. B. A study of normative and informational social influences upon individual judgment. Journal of Abnormal and Social Psychology, 1955, 51, 629–636.

DEUTSCH, M. & KRAUSS, R. M. Theories in social psychology. New York: Basic Books, 1965.

DIVESTA, F. J. Effects of confidence and motivation on susceptibility to informational social influence. Journal of Abnormal and Social Psychology, 1959, 59, 204–209.

DOWNING, J. Cohesiveness, perception, and values. Human Relations, 1958, *11*, 157–166.

ENDLER, N. S. Social conformity in perception of the autokinetic effect. Journal of Abnormal and Social Psychology, 1960, *61*, 489–490.

FESTINGER, L. Wish, expectation, and group standards as factors influencing level of aspiration. Journal of Abnormal and Social Psychology, 1942, *37*, 184–200.

FESTINGER, L. Informal social communication. Psychological Review, 1950, *57*, 271–282.

FESTINGER, L., SCHACHTER, S. & BACK, K. Social pressures in informal groups. New York: Harper, 1950.

FESTINGER, L., GERARD, H. B., HYMOVITCH, B., KELLEY, H. H. & RAVEN, B. H. The influence process in the presence of extreme deviates. Human Relations, 1952, *5*, 327–346.

FESTINGER, L. A theory of social comparison processes. Human Relations, 1954a, *7*, 117–140.

FESTINGER, L. Motivations leading to social behavior. In: JONES, M. R. (ed.) Nebraska Symposium on Motivation, 1954. Lincoln: University of Nebraska Press, 1954b.

FESTINGER, L. A theory of cognitive dissonance. Stanford, California: Stanford University Press, 1957.

GOETHALS, G. R. Consensus and modality in the attribution process: The role of similarity and information. Journal of Personality and Social Psychology, 1972, *21*, 84–92.

GOETHALS, G. R. & NELSON, R. E. Similarity in the influence process: The belief-value distinction. Journal of Personality and Social Psychology, 1973, *25*, 117–122.

GOOD, L. R., GOOD, K. C. & GOLDEN, S. B. Similarity of attitudes and attraction to a community. Psychological Reports, 1973, *32*, 975–981.

HAKMILLER, K. L. Threat as a determinant of downward comparison. Journal of Experimental Social Psychology, supplement 1, 1966, 32–39.

HEIDER, F. The psychology of interpersonal relations. New York: Wiley, 1958.

HELM, B., NACCI, P. & TEDESCHI, J. T. Attraction, expertise, and coalition choices. Journal of Psychology, 1976, *92*, 39–44.

HERKNER, W. Einführung in die Sozialpsychologie. Bern: Huber, 1975.

HIGBEE, K. L. Group influence on self-disclosure. Psychological Reports, 1973, *32*, 903–909.

HOFFMAN, P. J., FESTINGER, L. & LAWRENCE, D. H. Tendencies toward group comparability in competitive bargaining. Human Relations, 1954, *7*, 141–159.

HYMAN, H. H. The psychology of status. Archives of Psychology, Columbia University, 1942, 269.

HYMAN, H. H. & SINGER, E. Readings in reference group theory and research. The Free Press, Toronto, Ontario, 1968.

JONES, S. C. & REAGAN, D. T. Ability evaluation through social comparison. Journal of Experimental Social Psychology, 1974, *10*, 133–146.

JONES, S. C. & GERARD, H. B. Foundations of Social Psychology. New York: John Wiley & Sons, Inc., 1967.

KELLEY, H. H. Two functions of reference groups. In: G. E. SWANSON, T. M. NEWCOMB & E. L. HARTLEY (eds.) Readings in Social Psychology, 2nd ed., New York: Holt, Rinehart & Winston, 1952, 410–414.

KELLEY, H. H. Attribution theory in social psychology. In: LEVINE, D. (ed.) Nebraska Symposium on Motivation. Lincoln: University of Nebraska Press, 1967.

KIESLER, C. A. Attraction to a group and conformity to group norms. Journal of Personality, 1963, *31*, 559–569.

KIESLER, C. A. & CORBIN, L. H. Commitment, attraction, and conformity. Journal of Personality and Social Psychology, 1965, *2*, 890–895.

KNOWLES, E. S. & BASSETT, R. L. Groups and crowds as social entities: Effects of activity, sizes, and member similarity on nonmembers. Journal of Personality and Social Psychology, 1976, *34*, 837–845.

LEWIN, K., DEMBO, T., FESTINGER, L. & SEARS, P. Level of aspiration. In: J. McV. HUNT (ed.) Personality and behavior disorders. New York: Ronald Press, 1944, 333–378.

LINTON, H. B. Autokinetic judgment as a measure of influence. Journal of Abnormal and Social Psychology, 1954, *49*, 464–466.

LONDON, P. & LIM, H. Yielding reason to social pressure: Task complexity and expectation in conformity. Journal of Personality, 1964, *32*, 75–89.

LOTT, A. J. & LOTT, B. E. Group cohesiveness, communication level, and conformity. Journal of Abnormal and Social Psychology, 1961, *62*, 408–412.

LUCHINS, A. S. On agreement with another's judgment. Journal of Abnormal and Social Psychology, 1944, *39*, 97–111.

LUCHINS, A. S. & LUCHINS, E. H. On conforming with true and false communications. Journal of Social Psychology, 1955, *42*, 283–303.

MERTON, K. M. & ROSSI, A. K. Contributions to the theory of reference group behavior. In: R. K. MERTON (Ed.) Social theory and social structure, rev. ed., The Free Press, 1949, 225–275.

MERTON, R. K. & KITT, A. Contributions to the theory of reference group behavior. In: R. K. MERTON & P. F. LAZARSFELD (eds.) Continuities in social research: Studies in the scope and method of "The American soldier". New York: Free Press of Glencoe, 1950, 40–105.

MILLER, C. E. & NORMAN, R. M. G. Balance, agreement, and attraction in hypothetical social situations. Journal of Experimental Social Psychology, 1976, *12*, 109–119.

MORIARTY, T. Role of stigma in the experience of deviance. Journal of Personality and Social Psychology, 1974, *29*, 849–855.

MORRIS, W. N. & MILLER, R. S. The effects of consensus-breaking and consensus-preempting partners on reduction of conformity. Journal of Experimental Social Psychology, 1975, *11*, 215–223.

MOSCOVICI, S. & FAUCHEUX, C. Social influence, conformity bias, and the study of active minorities. In: L. BERKOWITZ (ed.) Advances in Experimental Social Psychology, Vol. 6, New York: Academic Press, 1972.

NISSEN, W. Comments on Dr. Festinger's paper. In. M. R. JONES (ed.) Nebraska Symposium on Motivation, 1954. Lincoln: University of Nebraska Press, 1954.

PETTIGREW, T. F. Social evaluation theory: Convergences and applications. In: D. LEVINE (ed.) Nebraska Symposium on Motivation, 1967. Lincoln: University of Nebraska Press, 1967.

PROSE, J. E. & MITRANSKY, U. Soziale Erwünschtheit und Konformität unter simuliertem Gruppendruck. Zeitschrift für Sozialpsychologie, 1973, *4*, 124–135.

ROHRER, J. H., BARON, S. H., HOFFMAN, E. L. & SWANDER, D. The stability of autokinetic judgments. Journal of Abnormal and Social Psychology, 1954, *49*, 595–597.

ROSENHAN, D., DEWILDE, D. & MCDOUGAL, S. Pressure to conform and logical problem solving. Psychological Reports, 1963, *13*, 227–230.

RUNCIMAN, W. G. Problems of research on relative deprivation. The European Journal of Sociology, 1961, *2*, 315–323.

SAMPSON, E. E. & INSKO, C. A. Cognitive consistency and conformity in the auto-kinetic situation. Journal of Abnormal and Social Psychology, 1964, 68, 184–192.

SCHACHTER, S. Deviation, rejection, and communication. Journal of Abnormal and Social Psychology, 1951, 46, 190–207.

SCHACHTER, S. The psychology of affiliation. Minneapolis: University of Minnesota Press, 1959.

SCHNEIDER, D. J. Social Psychology. Reading, Massachusetts: Addison-Wesley Publishing Company, 1976.

SHERIF, M. A study of some social factors in perception. Archives of Psychology, 1935, 27, Nr. 187.

SHIBUTANI, T. Reference groups as perspectives. American Journal of Sociology, 1955, 60, 562–569.

STOUFFER, S. A., SUCHMAN, E. A., DEVINNEY, L. C., STAR, S. A. & WILLIAMS, R. M. The American soldier: Adjustment during army life, Vol. I, Princeton, N. Y.: Princeton University Press, 1949a.

STOUFFER, S. A., LUNSDALE, A. A., WILLIAMS, R. M., SMITH, M. B., JANIS, I. J., STAR, S. A. & COTHELL, L. S. The American soldier: Combat and its aftermath, Vol. II, Princeton, N. Y.: Princeton University Press, 1949b.

TAKATA, T. A fundamental study on the theory of social comparison processes. Japanese Journal of Experimental Social Psychology, 1974, 14, 132–138.

TERBORG, I. R., CASTORE, C. & DENINNO, I. M. A longitudinal field investigation of the impact of group composition on group performance and cohesion. Journal of Personality and Social Psychology, 1976, 34, 782–790.

THORNTON, D. A. & ARROWOOD, A. J. Self-evaluation, self-enhancement, and the focus of social comparison. Journal of Experimental Social Psychology, 1966, supplement 1, 40–48.

TURNER, R. H. Role-taking, role standpoint and reference group behavior. American Journal of Sociology, 1956, 61, 329 f.

UPMEYER, A. Social perception and signal detectability theory: Group influence on discrimination and usage of scale. Psychologische Forschung, 1971, 34, 283–294.

UPMEYER, A. & LAYER, H. Effects of inferiority and superiority in groups on recognition memory and confidence. Psychologische Forschung, 1972, 35, 277–290.

UPMEYER, A. & SCHREIBER, W. K. Effects of agreement and disagreement in groups on recognition memory performance and confidence. European Journal of Social Psychology, 1972, 2, 5–23.

WHEELER, L., SHAVER, K. G., JONES, R. A., GOETHALS, G. R., COOPER, J., ROBINSON, J. E., GRUDER, L. C. & OUTZINE, K. W. Factors determining the choice of a comparison other. Journal of Experimental Social Psychology, 1969, 5, 219–232.

WHEELER, L. Motivation as a determinant of upward comparison. Journal of Experimental Social Psychology, 1966, supplement 1, 27–31.

WIENER, M., CARPENTER, J. T. & CARPENTER, B. Some determinants of conformity behavior. Journal of Social Psychology, 1957, 45, 289–297.

WRIGHTSMAN, L. Effects of waiting with others on changes in level of felt anxiety. Journal of Abnormal and Social Psychology, 1960, 61, 216–222.

Die Attributionstheorie — Einführung

MEYER & SCHMALT weisen zu Recht darauf hin, daß in den letzten fünf Jahren kein anderer theoretischer Ansatz in der Sozialpsychologie soviel Aufmerksamkeit gefunden hat wie die Attributionstheorie. Diese Theorie hat sich aus den Forschungen der Personenwahrnehmung entwickelt und hat zum Gegenstand, wie es zur Wahrnehmung von Ursachen eigenen und fremden Verhaltens kommt sowie welche Konsequenzen die Wahrnehmung dieser Ursachen hat. Konkreter: Die Attributionstheorie beschäftigt sich mit «naiver Psychologie», mit Verhaltenserklärungen, wie sie der «Mann auf der Straße» vornimmt. Dabei geht die Theorie von einem Motiv aus, beobachtbare Ereignisse auf zugrundeliegende Ursachen zurückzuführen. Bloßes Registrieren des Verhaltens in der sozialen Umgebung reicht nicht aus sofern das Individuum in einer kontrollierbaren und strukturierbaren Welt leben möchte. Attributionen haben also die Funktion, Ereignissen in der sozialen Umgebung Bedeutung zu verleihen und Verhalten voraussagbar und erklärbar zu machen. Die Attributionstheorie macht in ihrer bisherigen Fassung noch keine Vorhersagen, welches die affektiven, motivationalen und kognitiven Konsequenzen sind, wenn eine Person chronisch Ereignisse nicht vorhersagen oder nicht beeinflussen kann, wenn sie also in einem Zustand mangelnder Kontrolle lebt. Für diesen Sachverhalt macht eher die Dissonanztheorie oder die von FREY, KUMPF, OCHSMANN, ROST-SCHAUDE & SAUER entwickelte Theorie der kognitiven Kontrolle Vorhersagen.

HEIDERS Attributionstheorie und FESTINGERS Dissonanztheorie wurden nahezu zur selben Zeit veröffentlicht (1958 bzw. 1957), sofern man von früheren Arbeiten zur Attribution von HEIDER, die bereits 1944 erschienen, absieht. Interessanterweise blieb die Entwicklung der Attributionstheorie nach der Veröffentlichung von 1958 aber nahezu 10 Jahre ohne Einfluß. Ein Grund mag wahrscheinlich darin liegen, daß HEIDER im Gegensatz zu FESTINGER selbst kaum empirische Forschung betrieb. Erst nach den Veröffentlichungen von JONES & DAVIS sowie von HAROLD KELLEY stieg die Attraktivität der Theorie und das Forschungsinteresse an dieser Theorie stark an.

Die Attributionstheorie

WULF-UWE MEYER
Universität Bielefeld

HEINZ-DIETER SCHMALT
Ruhr-Universität Bochum

In den letzten fünf Jahren hat wohl kein anderer theoretischer Ansatz in der Sozialpsychologie – gemessen an der Anzahl empirischer Untersuchungen – soviel Aufmerksamkeit gefunden wie die Attributionstheorie. Attributionstheoretische Überlegungen zielen darauf ab, wie es zur Wahrnehmung von Ursachen eigenen und fremden Verhaltens kommt. Wie gelangen Sie beispielsweise zu der Ansicht, daß eine an Sie ergangene Einladung auf Sympathie des Gastgebers und nicht auf reine Höflichkeit zurückgeht? Wie kommt ein Lehrer zu der Schlußfolgerung, daß die schlechte Zeugnisnote eines Schülers auf dessen mangelnde Begabung zurückzuführen ist? Warum glauben Sie, daß das Nicht-Verstehen eines Textes an Ihnen und nicht am Autor liegt? Unter welchen Bedingungen ist man sich sicher, die richtigen Ursachen von Verhalten erkannt zu haben? Auf diese und ähnliche Fragen versucht die Attributionstheorie zu antworten, jedoch geben Attributionstheoretiker manchmal unterschiedliche Antworten oder – aufgrund der ausschließlichen Beschäftigung mit Teilaspekten der Attribution – zum Teil gar keine Antworten, so daß es eine gewisse Vereinfachung darstellt, wenn hier und im folgenden von «der» Attributionstheorie die Rede ist. Wir halten diese Vereinfachung jedoch aus zwei Gründen für zulässig. Zum einen knüpfen sämtliche einschlägigen Theorieansätze an die grundlegenden Überlegungen von Fritz HEIDER (1958) an, die dann nachfolgend systematisiert und erweitert wurden, ohne daß eine gänzlich neue theoretische Perspektive eingeführt wurde. Damit zusammenhängend sind zweitens diesen Ansätzen eine Anzahl von Annahmen gemeinsam, so daß sie lediglich Varianten einer recht homogenen Attributionstheorie sind.

Auf Gegenstand und gemeinsame Annahmen der Theorievarianten wird im ersten Abschnitt dieses Beitrages eingegangen. Daran anschließend werden die drei wichtigsten Ansätze von HEIDER (1958), JONES & DAVIS (1965) und H. H. KELLEY (1967, 1973) dargestellt. Im dritten Abschnitt wird ein Tatbestand aufgegriffen, der für alle jene herausfordernd sein dürfte, die anderen Personen aus professionellem Interesse als Beobachter entgegentraten, nämlich Unterschiede der Ursachenerklärung zwischen Handelndem (für sein eigenes Verhalten) und Beobachter (für Verhalten des Handelnden). Im vierten Abschnitt wird die Zuschreibung von Verantwortlichkeit und Schuld behandelt. Im fünften Abschnitt wird knapp auf Voreingenommenheiten der Attribution im

Sinne differentieller Personmerkmale eingegangen. Im sechsten Abschnitt schließlich wird der eigentliche Gegenstand der Attributionstheorie verlassen, und es werden anhand ausgewählter Beispiele Verhaltensauswirkungen von Attributionen aufgezeigt.

Der Leser sollte nicht erwarten, einen vollständigen Überblick der Problemvielfalt im Bereich der Attributionstheorie zu bekommen. In diesem Beitrag werden lediglich einige grundlegende Konzepte referiert. Zur weiterführenden Lektüre bieten sich die Sammelbände von JONES et al. (1972) und von HARVEY et al. (1976) an.

1. Gegenstand und allgemeine Orientierung der Theorie

Gegenstand attributionstheoretischer Überlegungen sind diejenigen Prozesse, aufgrund derer Personen die Ursachen von eigenem und fremdem Verhalten schlußfolgern. Die Attributionstheorie beschäftigt sich daher mit «naiver Psychologie» (HEIDER, 1958), nämlich mit Verhaltenserklärungen, wie sie «der Mann auf der Straße» vornimmt. Historisch hat sich die Attributionstheorie aus einem Teilbereich der Sozialpsychologie entwickelt, nämlich der Wahrnehmung *anderer* Personen (person perception). Attributionstheoretische Konzepte haben daher insbesondere Eingang in die Analyse der Beziehungen von Personwahrnehmung und zwischenmenschlichem Verhalten gefunden. Sie sind aber auch auf die der *Selbst*wahrnehmung zugrundeliegenden Prozesse anwendbar (HEIDER, 1958, S. 79; KELLEY, 1973, S. 107; JONES & McGILLIS, 1976, S. 413).

In der Attributionstheorie werden demnach «naive Psychologien» zum Gegenstand wissenschaftlicher Psychologie. Dieser Beschäftigung mit naiven Psychologien liegt die Annahme zugrunde, daß das Ergebnis der Ursachenanalyse des «Mannes auf der Straße» dessen Verhalten tiefgreifend beeinflußt und daß daher eine wissenschaftlich befriedigende Erklärung und Voraussage des so beeinflußten Verhaltens nur gelingen kann, wenn Attributionen und deren zugrundeliegende kognitive Prozesse mit in die psychologische Theorienbildung einbezogen werden (HEIDER, 1958). Eine solche sog. kognitive Theorie hat folgende Grobstruktur (BALDWIN, 1969; WEINER, 1972):

$$S \longrightarrow C \longrightarrow R$$

Sie besagt, daß Verhalten (R) nicht unmittelbar von Reizgegebenheiten der Außenwelt oder des Organismus in Gang gesetzt und gesteuert wird (S → R). Reizgegebenheiten werden vielmehr zunächst einmal verarbeitet und zu einer Kognition (C, hier Attribution) integriert. Von diesen Kognitionen ist dann mit abhängig, ob und welches Verhalten zustandekommt, welche Dauer und welche Stärke es hat.

Attributionstheoretische Ansätze umfassen nicht dieses gesamte allgemeine Modell, sondern lediglich die Verbindungen von S und C, d. h. von eingehenden Informationen, Verarbeitung dieser Informationen und resultierender Kognition (Attribution). Der Betrachtungsschwerpunkt liegt daher auf Attributionen als von Prozessen der Informationsaufnahme und Informationsverarbeitung *abhängigen* Variablen. Die funktionale Bedeutung von Attributionen im Hinblick auf verschiedene Verhaltensaspekte (die Verbindung zwischen C und R) ist nicht Gegenstand der Attributionstheorie, sondern von umfassenderen Verhaltenstheorien.

Grundannahmen über den Menschen. Insbesondere zwei Annahmen sind sämtlichen Ansätzen im Bereich der Attributionstheorie gemeinsam. Die erste bezieht sich auf ein allgemeines Motiv, nämlich beobachtete Ereignisse auf zugrundeliegende Ursachen zurückzuführen. HEIDER (1958, S. 81) meint, das Individuum gebe sich «im allgemeinen nicht damit zufrieden, das in seiner Umgebung Beobachtbare einfach zu registrieren; es hat vielmehr ein Bedürfnis, (das Beobachtbare) auf die Invarianzen seiner Umgebung zurückzuführen». Ebenso macht KELLEY (1967, S. 193) die Annahme, daß «das Individuum motiviert ist, eine kognitive Bemeisterung der kausalen Struktur seiner Umgebung zu erlangen». Das Herstellen von Ursache-Effekt-Beziehungen, das hier einer Motivdisposition zugeordnet wird, wurde von KANT einer Eigenart des «menschlichen Verstandes» zugeschrieben, die zur erkenntnisbedingenden, wohl angeborenen Ausstattung des Menschen gehört.

Eine zweite Annahme besagt, daß der Mensch als *rationales* Wesen bestrebt ist, seine Umgebung wirklichkeitsgetreu zu begreifen. Das heißt nicht, daß es nicht auch zu Attributionsfehlern kommt aufgrund unzureichender Informationen, Mängeln der Informationsverarbeitung oder aufgrund bestimmter motivationaler Gegebenheiten (beispielsweise Tendenzen, das eigene Selbstbewußtsein möglichst hoch zu halten). Allgemein wird jedoch davon ausgegangen, daß Individuen um realitätsangemessene Ursachenerklärungen bemüht sind (KELLEY, 1973).

Die Attributionstheorie hat mit diesen beiden Annahmen ein ganz bestimmtes Bild vom Menschen, das sich von dem behavioristischer Theorien, aber auch psychoanalytischer Theorien unterscheidet. Das Individuum wird als *Wissenschaftler* begriffen (s. auch G. A. KELLY, 1955), als – wenn auch «naiver» – Psychologe, der rational die Ursachen von Ereignissen ergründet. Dazu stellt er Hypothesen über die Ursachen von Verhalten auf, holt Informationen ein und prüft seine Hypothesen ähnlich wie der Wissenschaftler anhand von Erfahrungsdaten. Falsche Annahmen werden fallengelassen, da sie keine tauglichen Instrumente zur Realitätsorientierung sind.

Dazu steht in mehr oder weniger ausgeprägtem Gegensatz das Menschenbild der Psychoanalyse, je nachdem, welche Phase und Richtung der psychoanalytischen Theorienentwicklung man betrachtet. Allgemein wird das Verhalten von Individuen dort nicht so sehr von Situationsanalysen, Ursachenerklärungen und Bewertungen abhängig gemacht, es wird vielmehr in hohem Maße als von unbewußten Triebkräften und Inhalten gesteuert angenommen. Im wohl schärfsten Gegensatz zum Bild des Menschen als Wissenschaftler stehen die radikalen behavioristischen Lerntheorien, wonach das Individuum aufgrund von Gewohnheitsbildungen – ohne zwischengeschaltete kognitive Prozesse – auf bestimmte Reize hin automatisch bestimmte Reaktionen zeigt.

Attribuierung wozu? Warum geben sich – wie HEIDER meint – Individuen nicht damit zufrieden, Ereignisse einfach zu registrieren? Welchen Zweck erfüllen naive Psychologien als Theorien über das Zustandekommen dieser beobachteten Ereignisse? Bloßes Registrieren des vielfältigen Verhaltens in der sozialen Umgebung unter Einschluß der eigenen Person würde offensichtlich dazu führen, daß am Individuum ein Strom von Verhaltensepisoden vorbeizieht, den es im einzelnen nicht *verstehen,* nicht *voraussagen* und daher nicht *kontrollieren* kann. Um sich in der sozialen (und nicht-sozialen) Umgebung zurechtzufinden und angemessen zu verhalten, ist es notwendig, innerhalb dieses Ereignisstromes Ordnung zu schaffen. Naiv-psychologische Theorien sind solche ordnungstiftenden Annahmegefüge (s. HEIDER, 1958). Indem Verhalten bestimmten Ursachen (z. B. Motiven oder Dispositionen) zugeordnet (attribuiert) wird, erhält Verhalten für das Individuum Bedeutung; gleichzeitig wird ihm die Möglichkeit eröffnet, den Wiedereintritt des in Frage stehenden Verhaltens vorauszusagen und unter bestimmten Bedingungen zu kontrollieren. Attributionen als Bestandteile naiver Psychologien haben daher (ebenso wie wissenschaftliche Verhaltenstheorien) die *Funktion,* Ereignissen in der sozialen Umgebung Bedeutung zu verleihen und Verhalten mehr oder weniger voraussagbar und kontrollierbar zu machen.

2. Theoretische Ansätze

Nachfolgend werden die wichtigsten Ansätze im Bereich der Attributionstheorie in historischer Reihenfolge knapp dargestellt. Auf daran anknüpfende Formalisierungsversuche (z. B. ANDERSON, 1974; AJZEN & FISHBEIN, 1975) wird nicht eingegangen, da deren Darstellung den Rahmen eines in die Theorie einführenden Kapitels sprengen würde. Unerörtert bleibt auch die Selbstwahrnehmungstheorie von BEM (1967, 1972), wonach Attributionen lediglich Epiphänomene von Verhalten, nicht aber Determinanten für Handlungen sind; diesem Ansatz ist ein eigenes Kapitel in diesem Band gewidmet.

2.1. Fritz Heider

Kräfte der Person und der Umgebung. HEIDER (1958) geht davon aus, daß in der naiven Psychologie ebenso wie in der wissenschaftlichen Psychologie Verhalten bzw. Handlungsausgänge (x) vom Einfluß (ff, effektive Kraft) zweier Faktorengruppen abhängig gemacht werden, nämlich Person- und Umgebungsfaktoren (S. 82):

$$x = f \text{ (ff Person, ff Umgebung)}$$

Effektive Kraft der Person und der Umgebung werden dabei als additiv verknüpft angesehen, d. h. als jeweils hinreichende Bedingungen für das Zustandekommen eines Resultats.

Konstituenten der effektiven Kraft der Person sind *Fähigkeit* und *Motivation,* wobei Motivation zweierlei umfaßt, nämlich was eine Person zu tun versucht *(Intention)* und wie stark sie es zu tun versucht *(Anstrengung).* Fähigkeit und Motivation sind nach HEIDER in der naiven Psychologie multiplikativ verknüpft, so daß die effektive Kraft der Person Null wird, wenn einer von beiden Faktoren den Wert Null hat. Denn «wenn eine Person die Fähigkeit hat, sich aber überhaupt nicht anstrengt, dann wird sie auch keine Fortschritte auf dem Weg zum Ziel machen» (HEIDER, 1958, S. 83). Ebenso wie HEIDER auf der Personseite einen zeitlich relativ stabilen (Fähigkeit) und einen zeitlich relativ variablen Faktor (Motivation) unterscheidet, trennt er auf der Situationsseite den stabilen Faktor *Schwierigkeit* vom variablen Faktor *Zufall;* beide machen die effektive Kraft der Umgebung aus.

Ob die Perzeption entsteht, daß eine Person ein bestimmtes Resultat herbeiführen *kann,* hängt vom wahrgenommenen Stärkeverhältnis des nicht-motivationalen Personfaktors Fähigkeit zur effektiven Kraft der Umgebung ab; die Wahrnehmung des Könnens entsteht nur dann, wenn die Fähigkeit ausgeprägter als die handlungshemmenden Umgebungsfaktoren ist, insbesondere ausgeprägter als die Schwierigkeit, so daß folgendes gilt (HEIDER, 1958, S. 86):

$$\text{Können} = f \text{ (Fähigkeit} - \text{Schwierigkeit)}$$

Die vier von HEIDER genannten Ursachenfaktoren sind zusammen mit den von ihm eingeführten Klassifikationsgesichtspunkten dieser Faktoren und den wichtigsten von ihm erwähnten vorauslaufenden Bedingungen in der Tabelle 1 zusammengefaßt. Hinweisreiz für Schwierigkeits- und Fähigkeitsperzeptionen ist danach insbesondere das Ausmaß der Übereinstimmung des Resultats bzw. Verhaltens einer in Frage stehenden Person mit dem anderer Personen. Hohe Übereinstimmung legt eine Attribution des Resultats bzw. Verhaltens auf Charakteristika der Aufgabe bzw. der Situation nahe, geringe Übereinstimmung auf Charakteristika der in Frage

Tabelle 1. Klassifikation und vorauslaufende Bedingungen wahrgenommener Ursachenfaktoren für Verhalten nach HEIDER (1958).

Ursache	Klassifikation	vorauslaufende Bedingungen
Schwierigkeit (difficulty)	dispositioneller Faktor Umgebungsfaktor	Ausmaß der Übereinstimmung mit Resultaten oder Verhalten anderer Personen
Fähigkeit (power, ability)	dispositioneller Faktor Personfaktor	Ausmaß der Übereinstimmung mit Resultaten oder Verhalten anderer Personen
		Fähigkeit = Schwierigkeit/ Anstrengung
Anstrengung (trying)	variabler Faktor Personfaktor kontrollierbarer Faktor	Anstrengung = Schwierigkeit/ Fähigkeit
Zufall (luck)	variabler Faktor Umgebungsfaktor	Variabilität von Resultaten; Inkonsistenz eines Resultats mit vorauslaufenden Resultaten

stehenden Person: wenn beispielsweise die Person X bei einer Aufgabe Erfolg hat und alle anderen Personen entweder auch Erfolg (hohe Übereinstimmung) oder aber Mißerfolg (geringe Übereinstimmung) haben, dann liegt es nahe, das Resultat im ersten Fall mit der geringen Schwierigkeit der Aufgabe, im zweiten Fall mit der besonderen Fähigkeit der Person X zu begründen. KELLEY (1967; s. hier Abschnitt 2.3.1.) nennt diese Art von Hinweisreizen «Konsensus-Information». Zufallsattribuierungen erfolgen besonders dann, wenn Resultate sehr starken Schwankungen unterliegen oder wenn Inkonsistenz eines Resultats mit vorauslaufenden Resultaten gegeben ist (z. B. wenn Mißerfolg nach einer Reihe von Erfolgen eintritt).

Schlußfolgerungen über den Ausprägungsgrad möglicher Ursachenfaktoren für ein Resultat können aber auch aus dem Verhältnis bereits bekannter Faktoren gezogen werden, so etwa über die Fähigkeit einer Person aus Informationen über die Schwierigkeit der Aufgabe und über das Ausmaß der Anstrengung (s. Tab. 1): erzielen zwei Personen bei einer Aufgabe gleicher Schwierigkeit dasselbe Resultat und hat die eine Person sich mehr angestrengt als die andere, dann wird bei Vorliegen geringerer Anstrengung auf höhere Fähigkeit geschlossen. In ähnlicher Weise sind Schlußfolgerungen über das Ausmaß der Anstrengung aufgrund von Informationen über Schwierigkeit und Fähigkeit möglich (s. Tab. 1).

Diese Überlegungen HEIDERS sind später insbesondere von KELLEY (1967, 1973) und von WEINER und Mitarbeitern (WEINER et al., 1971; WEINER, 1974) erweitert und systematisiert worden. KELLEY hat die der Attribution zugrundeliegenden Prozesse genauer analysiert (s. hier Abschnitt 2.3). WEINER sowie ROSENBAUM (1972) haben unter Rückgriff auf die von HEIDER spezifizierten Ursachenfaktoren und Klassifikationsgesichtspunkte eine Taxonomie von Ursachen zur Erklärung von Erfolg und Mißerfolg im Leistungsbereich entwickelt.

Persönliche und nicht-persönliche Kausalität. Attributionen haben die Funktion, Verhalten verstehbar, voraussagbar und kontrollierbar zu machen (s. Abschnitt 1). Voraussagbarkeit und möglicherweise Kontrollierbarkeit ist im interpersonellen Bereich besonders dann gegeben, wenn die Ursache für das in Frage stehende Verhalten bzw. Verhaltensresultat in stabilen Dispositionen, insbesondere den *Motiven,* anderer Personen gesehen wird. Motiv-Attributionen enthalten die meiste Information im Hinblick auf zukünftiges Verhalten der Person; sie erlauben nämlich die Voraussage, daß das Verhalten selbst unter wechselnden Situationsgegebenheiten wieder auftreten wird, und ermöglichen es dem Individuum daher, sich darauf einzurichten. Attributionen von Verhalten auf Motive anderer Personen beinhalten die Perzeption, daß das Verhalten *absichtlich (intentional)* geschah und daher *persönliche Kausalität* auf seiten des Handelnden gegeben ist. Da das Anliegen HEIDERS eine attributionstheoretische Analyse zwischenmenschlichen Verhaltens unter dem Aspekt der Voraussagbarkeit und Kontrollierbarkeit ist, liegt sein Hauptaugenmerk auf der Unterscheidung zwischen persönlicher und nicht-persönlicher Kausalität.

Es sind nach HEIDER zwei Momente, die beide Kausalitäten trennen, nämlich Equifinalität und lokale Kausalität. *Equifinalität* meint, daß «Invarianz des Ziels und Variabilität der Mittel» (HEIDER, 1958, S. 101) gegeben ist. Das heißt, ein angestrebter Endzustand kann auf ganz unterschiedlichen Wegen erreicht werden (s. Abb. 1): Die Person X mit der Intention, einen Zustand e herbeizuführen (mit einem Bekannten Kontakt aufzunehmen), wählt in Abhängigkeit von den Umständen c_1, c_2

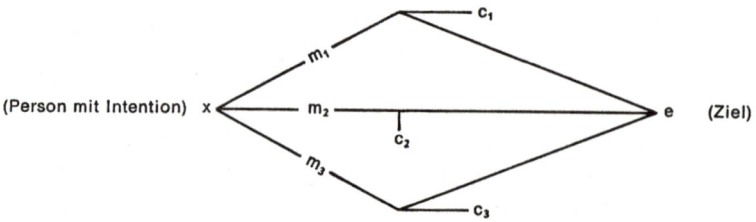

Abbildung 1. Equifinalität im Falle persönlicher Kausalität (nach HEIDER, 1958, S. 108).

104

oder c_3 die Mittel m_1 (Brief), m_2 (Besuch) oder m_3 (Anruf). Equifinalität ist zwar eine notwendige, aber keine hinreichende Bedingung persönlicher Kausalität. Denn Equifinalität kann auch in physikalischen Systemen gegeben sein, wie HEIDER anhand des Beispiels der Kugel in einer Schüssel veranschaulicht: unabhängig davon, wo die Kugel gestartet wird, kommt sie auf einer Vielzahl möglicher Wege immer am tiefsten Punkt der Schüssel zum Stillstand. Die Kräfte, die zu diesem Endzustand führen, werden hier nicht durch einen Teil des Systems kontrolliert, sie liegen vielmehr außerhalb des Systems (Schwerkraft). Im Falle persönlicher Kausalität dagegen werden die «kausalen Wege» von der Person als Teil des Systems kontrolliert *(lokale Kausalität)*. Equifinalität und lokale Kausalität sind daher notwendige Bedingungen persönlicher Kausalität.

2.2 Edward E. Jones & Keith E. Davis

JONES & DAVIS (1965) haben das HEIDERsche Konzept der persönlichen Kausalität wieder aufgegriffen und eine detaillierte Theorie darüber entwickelt, wie der Prozeß der Motiv-Attribuierung abläuft. Ein solcher Prozeß geht normalerweise von den Handlungen des Interaktionspartners aus und kommt dann zum Stillstand, wenn in bestimmten geschlußfolgerten Intentionen oder Motiven des Handelnden eine hinreichende Verhaltensbegründung gefunden ist.

Wie sieht nun ein solcher Schlußfolgerungsprozeß aus, anhand dessen aus beobachtbarem Verhalten auf bestimmte, mehr oder weniger stabile Personmerkmale geschlossen wird? Ausgangspunkt sind in jedem Fall die beobachteten Tatbestände: Handlungen und Handlungseffekte (vgl. Abb. 2). Bei diesen letzten setzt denn auch bereits die kognitive Inferenzarbeit des Beobachters ein:

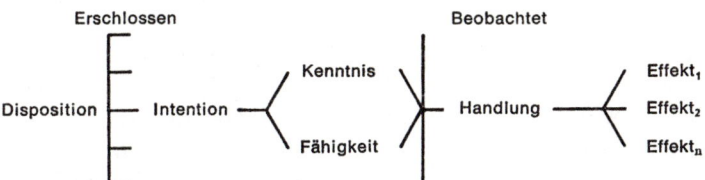

Abbildung 2. Das Handlungs-Ursachen-Paradigma (nach JONES & DAVIS, 1965, S. 222).

Um überhaupt in verläßlicher Weise auf das Vorhandensein von Intentionen beim Handelnden schließen zu können, muß der Beobachter annehmen, daß der Handelnde von den verschiedenen (nicht notwendigerweise sämtlichen) Handlungseffekten vorausschauende *Kenntnis* hatte und daß er auch die *Fähigkeit* besitzt, die beobachteten Handlungseffekte herbeizuführen. Die Verwirklichung dieser beiden Annahmen ist die Voraussetzung dafür, daß Intentions- bzw. Motiv-Attribuierungen vorgenommen werden können. Zum einen sind nämlich unvorhergesehene und unwissentlich eingetretene Effekte per Definition von intentionaler Verursachung ausgenommen; zum anderen muß angenommen werden, daß die handelnde Person die Fähigkeit[1] besitzt, die eingetretenen Handlungseffekte auch tatsächlich herbeizuführen, um diese von nur zufällig eingetretenen Effekten abzuheben.

Um zu Intentionsattribuierungen zu gelangen, ist es gleichgültig, ob Informationen zu diesen beiden Parametern vorliegen oder ob der Beobachter das Vorhandensein von Kenntnissen und Fähigkeiten auf der Seite des Handelnden durch Annahmen überbrücken muß. Von diesen Intentionsattribuierungen schreitet der Inferenzprozeß fort zu den stabilen und zeitinvarianten Persondispositionen, deren Kenntnis allein die personale Umwelt stabilisieren hilft und in höherem Ausmaße vorhersagbar macht.

Hierauf aufbauend haben JONES & DAVIS (1965) ihre sog. *Theorie korrespondierender Inferenzen* formuliert, in der die Frage im Mittelpunkt steht, welche Faktoren denn Art und Ausmaß der Korrespondenz zwischen beobachteten Handlungseffekten und den daraus geschlußfolgerten Verhaltensursachen, nämlich den Intentionen und den Persondispositionen, bestimmen. Bei diesem Korrespondenzkonzept handelt es sich um eine informationstheoretische Größe; es beschreibt nämlich das Ausmaß an Information bzw. Informationsgewinn, das aus einer Handlung im Hinblick auf den Handlungsträger gewonnen werden kann. Die Korrespondenz ist hoch, wenn der angenommene Wert eines zugeschriebenen Merkmals von der durch den Beobachter gemutmaßten Position einer Durchschnittsperson auf dieser Merkmalsdimension stark abweicht; die Korrespondenz ist entsprechend niedrig, wenn beides zusammenfällt.

Wie kommt nun dieser Inferenzprozeß in Gang und welche Faktoren bestimmen die Art dieses Prozesses? Ausgangspunkt ist in jedem Fall die Analyse der herbeigeführten Handlungseffekte, wobei die zumeist zahlreich eintretenden Handlungseffekte daraufhin untersucht werden, inwieweit sie für den weiteren Inferenzprozeß bedeutsam sind. Dabei geht die Theorie von der Annahme aus, daß der Handelnde vor Ausführung einer Handlung die Möglichkeit der Wahl zwischen verschiedenen Handlungsalternativen hatte (im einfachsten Fall, eine Handlung auszuführen oder sie zu unterlassen). Bei dem Entscheidungsprozeß auf seiten des

---

[1] Dieser Begriff entspricht etwa dem «Können» von HEIDER (1958; s. hier Abschnitt 2.1).

Beobachters, ob die ausgeführte Handlung auf Dispositionen der handelnden Person schließen läßt, werden in einem *ersten Schritt* die Effekte der ausgeführten Handlung mit denen der unterbliebenen Alternativen daraufhin verglichen, ob den Handlungsalternativen *gemeinsame* Effekte gegeben sind. Nur jene Effekte, die ausschließlich mit der ausgeführten Handlungsalternative verbunden sind, können für die Wahl dieser Alternative ausschlaggebend gewesen sein. Ein kleines Beispiel mag dieses verdeutlichen (vgl. Abb. 3). Nehmen wir an, eine Person hätte die Möglichkeit, zwischen den Handlungsalternativen X und Y zu wählen, und X brächte die Effekte a, b und c, Y die Effekte a, b, d und e mit sich; im Fall der Wahl von X sollte der nicht-gemeinsame Effekt c, im Fall der Wahl von Y sollten die nicht-gemeinsamen Effekte d und e zur Dispositionsinferenz herangezogen werden. Dabei wäre im Fall der Wahl von X mit nur einem nicht-gemeinsamen Effekt der Schluß auf eine Disposition zwingender als im Fall der Wahl von Y, wo zwei Handlungseffekte in bezug auf die Dispositionsinferenz miteinander konkurrieren.

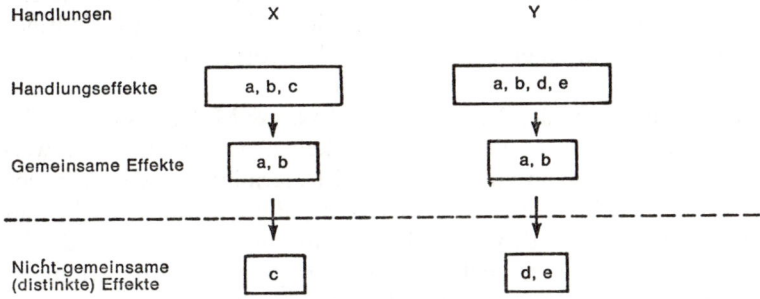

Abbildung 3. Analyse der inferenz-wirksamen Effekte.

In einem *zweiten Schritt* auf dem Wege zur Dispositionsinferenz wird durch den Beobachter die *Erwünschtheit* eines Effekts für den Handelnden eingeschätzt. Als Grundlage für diesen Einschätzungsprozeß dient die gemutmaßte Erwünschtheit des in Frage stehenden Effekts für die Bezugsgruppe des Handelnden. Je stärker der Effekt hinsichtlich seiner Erwünschtheit von der für die Bezugsgruppe erwarteten Erwünschtheit abweicht, desto eher ist eine Handlung Indikator für eine Persondisposition.

Die Korrespondenz der Inferenzen von Handlungen auf Dispositionen ist demnach eine inverse Funktion von zwei Größen: (a) der Anzahl nicht-gemeinsamer Effekte und (b) der gemutmaßten Wünschbarkeit dieser Effekte (vgl. Abb. 4). Wenn die Anzahl gemeinsamer Effekte hoch ist, kann die Rückführung auf eine einzige Disposition bestenfalls mehrdeutig sein; wenn dagegen die Anzahl gemeinsamer Effekte gering ist, ist auch die Ursachenzuschreibung relativ eindeutig.

		Erwünschtheit von Effekten (Erwartete Valenz von Effekten)	
		Hoch	Niedrig
Anzahl nicht-gemeinsamer Effekte	Hoch	Triviale Mehrdeutigkeit	Interessante Mehrdeutigkeit
	Niedrig	Triviale Klarheit	Hohe Korrespondenz

Abbildung 4. Erwünschtheit und Anzahl nicht-gemeinsamer Handlungseffekte als Determinanten der Korrespondenz.

Ist auf der anderen Seite die Erwünschtheit der eingetretenen Effekte hoch, d. h. werden Effekte erzielt, die jedermann in der Bezugsgruppe gerne erreicht, so enthüllt dies wenig über zugrundeliegende Dispositionen der handelnden Person, sondern eher etwas über die Situation, in der sich alle Mitglieder der Bezugsgruppe befinden. Ist hingegen die Erwünschtheit der Effekte niedrig, so ergibt sich bei gleichzeitig niedriger Anzahl nicht-gemeinsamer Effekte eine hohe Korrespondenz, d. h. der zwingende Schluß auf eine Persondisposition.

In einer Neufassung der Theorie haben JONES & McGILLIS (1976) die ursprüngliche Konzeption der Wünschbarkeit abgewandelt und erweitert. Sie gehen nun davon aus, daß es zwei Determinanten der Wünschbarkeit gibt: Ansichten über das, was kulturell als erwünscht gilt, und Wissen darüber, was für den Handelnden selbst erwünscht ist. Beide Ereignisklassen werden nun noch mit Erwartungsparametern verbunden und zu dem Konzept der *erwarteten Valenz* von Effekten zusammengefaßt. Es ersetzt das Konzept der Wünschbarkeit.

Eine explizite empirische Überprüfung der Theorie von JONES & DAVIS (1965) hat bis auf den heutigen Tag nicht stattgefunden; jedoch berichten die Autoren in ihrer Arbeit eine Reihe von bereits früher durchgeführten Untersuchungen, die oftmals jedoch nur einen recht indirekten Bezug zu der Theorie haben. Ein Experiment, das in recht eindeutiger Weise Unterstützung für die Theorie bringt, wurde bereits 1961 von JONES, DAVIS & GERGEN durchgeführt. Studenten als Versuchspersonen wurden Tonbandaufnahmen von Interviews vorgespielt, in denen sich die interviewten Personen als U-Boot-Fahrer oder als Astronauten bewerben sollten. Zu Anfang der Tonbandaufnahme hörte die eine Gruppe von Versuchspersonen eine Beschreibung des idealen U-Boot-Fahrers, in der dieser als ein eher anschlußsuchender, außengeleiteter Mensch («other-directed», OD) gekennzeichnet wurde, wohingegen die andere Gruppe eine Beschreibung des idealen Astronauten hörte, in der dieser als ein eher unabhängiger, innengeleiteter Mensch («inner-directed», ID) geschildert wurde. In jeweils der Hälfte der Interviews äußerten sich nur die interviewten Personen im Sinne der jeweils entsprechenden Charakterisierung bzw. in jeweils entgegengesetzter Weise, so daß sich insgesamt 4 Versuchsgruppen ergaben: Astronaut-OD (rolleninadäquat); Astronaut-ID (rollenadäquat); U-Boot-Fahrer-OD (rollenadäquat); U-Boot-Fahrer-ID (rolleninadäquat). Nachdem die Vpn diese Interviews angehört hatten, sollten sie die interviewten Personen auf den Dimensionen «Anschluß» und «Konformität» einstufen. Die Resultate sind in der Tabelle 2 zusammengefaßt:

Tabelle 2. Mittlere Anschluß- und Konformitätseinschätzungen (nach JONES et al., 1961).

	Astronaut (A)		U-Boot-Fahrer (U)	
	OD	ID	OD	ID
Anschluß	15.27	11.12	12.00	8.64
Konformität	15.91	13.09	12.58	9.41

Wenn Verhalten mit Rollenvorschriften übereinstimmt, d. h. von hoher Erwünschtheit ist, (s. Tab. 2; A-ID, U-OD), werden die Personen als mäßig anschlußbezogen und konform charakterisiert. Auf der anderen Seite werden die Personen, die sich in der Astronauten-Bedingung entgegen den Rollenvorschriften in anschluß- und konformitätsbezogener Weisen verhalten (s. Tab. 2; A-OD), auch deutlich mit solchen Persondispositionen ausgestattet. Dies gilt in analoger Weise für die U-Boot-Fahrer: Personen, die sich in nicht rollenadäquater Weise wenig anschlußbezogen und wenig konformistisch verhalten (U-ID), werden deutlich als wenig anschluß- und konformitätsbezogen gesehen.

2.3 Harold H. Kelley

Zwar basiert die Attributionstheorie KELLEYS (1967, 1972, 1973) ebenso wie die von JONES & DAVIS auf der grundlegenden Arbeit Fritz HEIDERS; beide Ansätze unterscheiden sich jedoch nicht unerheblich. Zum einen ist das KELLEYsche Modell umfassender: während JONES & DAVIS lediglich Voraussagen darüber machen, unter welchen Bedingungen *Intentions-* bzw. *Motiv*attribuierungen erfolgen, spezifiziert das KELLYsche Modell darüber hinaus Bedingungskonstellationen, unter denen Verhalten mit verschiedenen Umgebungsfaktoren (wie der Schwierigkeit einer Aufgabe oder Zufall) in ursächlichen Zusammenhang gebracht wird. Zum anderen impliziert der Ansatz von JONES & DAVIS –

im Gegensatz zu dem von KELLEY – durch Einbeziehung des Kriteriums der «sozialen Erwünschtheit» bzw. neuerdings der «erwarteten Valenz» ein bereits informiertes Individuum, das nämlich bestimmte Attribuierungen im Hinblick auf die Situation schon vorgenommen hat, wobei die Bedingungen für deren Zustandekommen im Modell nicht angegeben sind.

Bei JONES & DAVIS ist Grundlage der Attribution stets die *einmalige* Beobachtung eines Ereignisses; im theoretischen Ansatz von KELLEY kommen ganz unterschiedliche Attributions-Prinzipien in Abhängigkeit davon zum Tragen, ob dem erklärenden Individuum Informationen lediglich aus einer *einmaligen* Beobachtung zur Verfügung stehen oder aus *mehrfachen* Beobachtungen. Im Falle einer einmaligen Beobachtung basiert die Attribution auf der *Konfiguration* derjenigen Faktoren, die als mögliche Ursachen für den beobachteten Effekt in Frage kommen. (Sie haben einmal beobachtet, wie die Person X die Aufgabe A nicht gelöst hat, und Sie wissen, daß die Aufgabe leicht war und X sich angestrengt hat.) Im Falle mehrfacher Beobachtungen basiert die Attribution auf der *Kovariation* von beobachteten Effekten mit möglichen Ursachen. (Sie haben die Person X auch vorher schon beobachtet und möglicherweise Informationen darüber, ob sie dieselbe Aufgabe früher gelöst hat oder nicht, ob sie andere Aufgaben gelöst hat oder nicht, usw.)

2.3.1 Kovariations-Konzepte

In Anlehnung an HEIDER, der den Attributionsprozeß als in «gewisser Weise analog zu experimentellen Methoden» beschrieb (1958, S. 297), geht KELLEY davon aus, daß sich der «Mann auf der Straße» bei der Ursachenerklärung aufgrund mehrfacher Beobachtungen einer einfachen Form der Varianzanalyse bedient (KELLEY, 1967). Diese «naive» Version der Varianzanalyse ist zwar unvollständig, sie weist jedoch gewisse Gemeinsamkeiten mit der in den Verhaltenswissenschaften gebräuchlichen auf (KELLEY, 1973, S. 109 f.). Die möglichen Ursachen sind dabei die unabhängigen Variablen, der Effekt ist die abhängige Variable. Als Klassen von Ursachenfaktoren, mit denen sich eine Vielzahl von Attributionsproblemen abdecken lassen, nimmt KELLEY a) *Entitäten* an, d. h. Umweltgegebenheiten wie z. B. Aufgaben oder Personen, auf die Verhalten gerichtet ist; b) *Personen,* die mit den Entitäten interagieren; sowie c) den Kontext oder die besonderen Umstände zu bestimmten *Zeitpunkten,* in denen solche Interaktionen gegeben sind (s. Abb. 5). Das Kovariationsprinzip besagt, daß ein Effekt derjenigen der möglichen Ursachen zugeschrieben wird, mit der er über die Zeit hinweg kovariiert. Dieses Prinzip läßt sich am besten anhand eines Beispiels verdeutlichen. Stellen Sie sich vor, Sie beobachten, daß der Schüler P_2 einen Klassenkameraden schlägt. Stellen Sie sich weiter vor, daß Sie aus diesen und vorauslaufen-

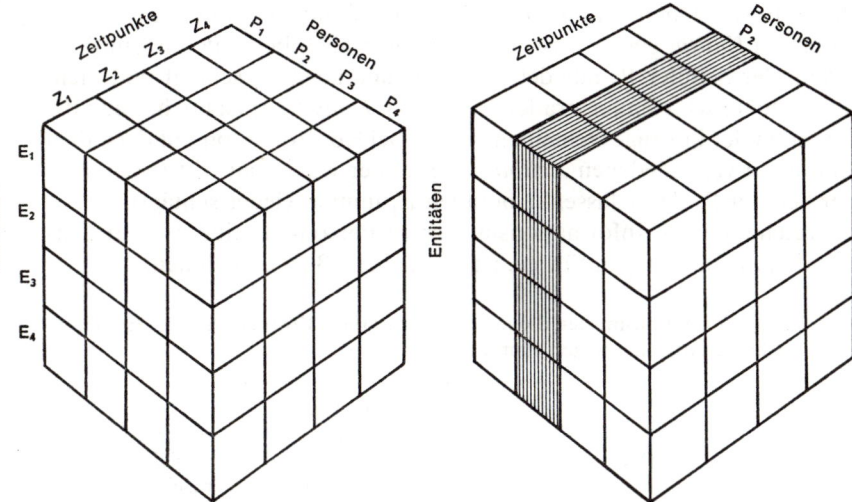

Abbildung 5. Varianzanalytisches
Modell der Ursachenerklärung bei
mehrfachen Beobachtungen
(nach KELLEY, 1973, S. 110).

Abbildung 6. Daten-Muster, das zu
Person-Attribuierungen führt
(nach KELLEY, 1973, S. 110).

den mehrfachen Beobachtungen folgende weitere Informationen haben:
kein anderer Schüler *(Personen)* aus der Klasse schlägt diesen Klassenkameraden; auch früher *(Zeitpunkte)* hat P_2 den Klassenkameraden
geschlagen; auch andere Klassenkameraden *(Entitäten)* hat P_2 bereits
geschlagen. Diese Informationen sind in der Abbildung 6 zusammengefaßt, wobei die schraffierten Flächen das Vorliegen des Effektes *(Schlagen)* symbolisieren. Es ist ersichtlich, daß keine Kovariation des Effektes mit Zeitpunkten oder Entitäten gegeben ist; denn der Schüler P_2 hat
den in Frage stehenden Klassenkameraden zu verschiedenen Zeitpunkten konstant geschlagen und ebenfalls andere Klassenkameraden. Allerdings variiert der Effekt über Personen; denn das aggressive Verhalten
ist nur bei der Person P_2 gegeben, nicht dagegen auch bei anderen Personen. Entsprechend dem Kovariationsprinzip dürfte der Effekt bei Vorliegen dieses Informationsmusters mit Eigentümlichkeiten der Person P_2
in ursächlichen Zusammenhang gebracht werden.

Allgemeiner formuliert hängt die Attribution bei mehrfacher Beobachtung von Informationen über Konsensus, Distinktheit und Konsistenz
von Effekten ab: *Konsensus* ist hoch, wenn die Reaktion der in Frage
stehenden Person mit der anderer *Personen* bei Konfrontation mit derselben Entität übereinstimmt (wenn also nicht nur der Schüler P_2 den
Klassenkameraden schlägt, sondern das ebenfalls fast alle oder alle anderen Schüler P_1, P_3 bis P_n tun). *Distinktheit* ist hoch, wenn die Reaktion

111

der in Frage stehenden Person lediglich bei Konfrontation mit einer bestimmten *Entität* gegeben ist, nicht dagegen auch bei anderen Entitäten (wenn der Schüler P_2 nur den Klassenkameraden E_1 schlägt und nicht auch andere Klassenkameraden E_2 bis E_n). *Konsistenz* ist hoch, wenn die Reaktion der in Frage stehenden Person bei Konfrontation mit derselben Entität zu verschiedenen *Zeitpunkten* immer wieder auftritt (wenn also der Schüler P_2 den Klassenkameraden E_1 immer wieder schlägt).

Welche idealen Informationsmuster zu Person-, Entitäten- und Umstände-Attribuierungen führen, ist der Tabelle 3 zu entnehmen.

Tabelle 3. Informationsmuster, die nach KELLEY (1967, 1973) zu Person-, Entitäten- und Umstände-Attribuierungen führen.

Ursachen	Informationen		
	Konsensus (Vergleich über Personen)	*Distinktheit* (Vergleich über Entitäten)	*Konsistenz* (Vergleich über Zeitpunkte)
Person	niedrig	niedrig	hoch
Entität	hoch	hoch	hoch
Umstände	niedrig	hoch	niedrig

Überprüfungsversuche dieses KELLEYschen Ansatzes haben zwar eine weitgehende Bestätigung der in der Tabelle enthaltenen Voraussagen erbracht (z. B. MCARTHUR, 1972); die relative Gewichtigkeit der drei Informationsarten, der Einfluß der Abfolge der Information und die Rolle des Kontextes, in dem die Information erfolgt, ist jedoch noch unklar (s. z. B. FELDMAN et al., 1976).

2.3.2 Konfigurations-Konzepte

Der anhand des varianzanalytischen Modells veranschaulichte Attributionsprozeß ist sicherlich für die meisten Alltagssituationen nicht charakteristisch; denn dem erklärenden Individuum dürfte meist die Gelegenheit, Zeit und Motivation fehlen, die für eine «ideale» Analyse notwendigen Informationen durch mehrfache Beobachtungen einzuholen (s. KELLEY, 1972). Aber auch im Falle einer einmaligen Beobachtung ist eine Attribution nicht unmöglich, da das Individuum aufgrund vorauslaufender varianzanalyse-ähnlicher Informationsverarbeitungsprozesse bestimmte Vorstellungen über das Zusammenwirken mehrerer Ursachenfaktoren erworben hat. KELLEY faßt solche Vorstellungen unter dem Terminus «kausale Schemata» zusammen. «Kausale Schemata sind Konzeptionen über die Art des Zusammenwirkens von zwei oder mehreren Ursachenfaktoren im Hinblick auf eine bestimmte Art von Effekt» (KELLEY, 1972, S. 152).

Aus der Vielzahl dieser von KELLEY vorgestellten attributionswirksamen kognitiven Strukturen seien hier nur zwei herausgegriffen, nämlich die Kausalschemata für "multiple necessary causes" und für "multiple sufficient causes" (s. Abb. 7 und 8).

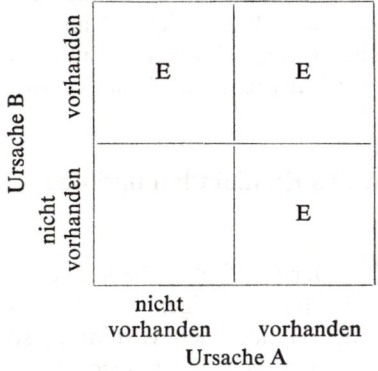

Abbildung 7. Kausalschema für "multiple sufficient causes" (nach KELLEY, 1972, S. 2).

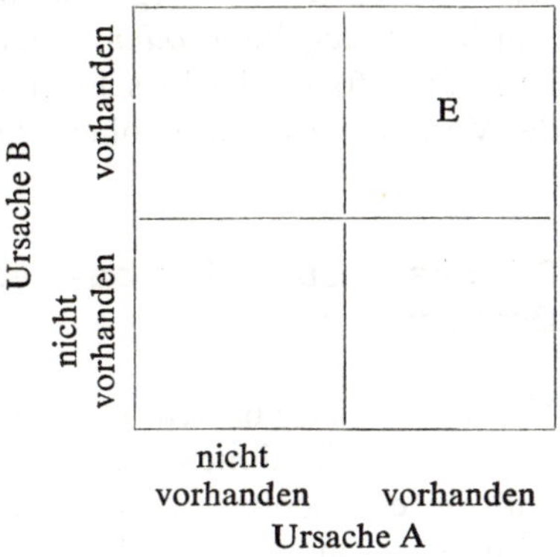

Abbildung 8. Kausalschema für "multiple necessary causes" (nach KELLEY, 1972, S. 6).

Das Kausalschema für "multiple sufficient causes" besagt, daß das Vorhandensein eines der beiden Ursachenfaktoren als *hinreichend* angenommen wird, damit der Effekt (E) eintritt; nur wenn beide Ursachenfaktoren nicht vorhanden sind, ist kein Effekt gegeben. Das Kausalschema für "multiple necessary causes" impliziert, daß das Vorhandensein beider Ursachenfaktoren als *notwendig* angesehen wird, damit der Effekt eintritt. Die Bedeutung solcher Schemata besteht darin, daß sie dem Individuum gestatten, a) Effekte in Abhängigkeit vom Vorhandensein bzw. Nicht-Vorhandensein bestimmter Ursachen vorauszusagen, sowie b) bei Vorliegen eines Effektes Schlußfolgerungen über bestimmte Ursachenfaktoren vorzunehmen.

Beide hier wiedergegebenen Schemata führen zu unterschiedlichen Attributionen: Wenn das schlußfolgernde Individuum weiß, daß ein Effekt E vorliegt, dann wird es bei Gebrauch eines Schemas für "multiple necessary causes" zu der Schlußfolgerung kommen, daß die beiden Ursachen A und B vorhanden waren; bei Gebrauch eines Schemas für "multiple sufficient causes" ist dagegen Unsicherheit gegeben, ob A, ob B oder ob A und B als Ursachen vorhanden waren. In Abhängigkeit vom Gebrauch des einen oder anderen Schemas ergeben sich auch unterschiedliche Effektvoraussagen: Wenn das Individuum weiß, daß A vorhanden ist, B aber nicht, dann wird es nur bei Gebrauch eines Kausalschemas für "multiple sufficient causes" den Eintritt von E erwarten.

Kausalschemata für "multiple sufficient causes" sollen nach KELLEY bei der Erklärung von gewöhnlichen Ereignissen zum Tragen kommen, für "multiple necessary causes" bei der Erklärung von extremen oder ungewöhnlichen Ereignissen. Belege dafür liefert eine Studie von KUN & WEINER (1973) zur Attribution von Leistungsresultaten: Für Erfolg bei sehr leichten Aufgaben (gewöhnliches Ereignis) wird das Vorhandensein von hoher Begabung *oder* hoher Anstrengung als hinreichend angesehen, für Erfolg bei sehr schweren Aufgaben (ungewöhnliches Ereignis) das Vorhandensein von hoher Begabung *und* Anstrengung als notwendig.

3. Verhaltensursachen aus der Sicht des Handelnden und des Beobachters

Vergleicht man auf dem Hintergrund der hier referierten theoretischen Ansätze Attributionen, die der Handelnde für sein eigenes Verhalten und die ein Beobachter für Verhalten des Handelnden vornimmt, so könnte eine auf der Hand liegende Vermutung die sein, daß sich Handelnder und Beobachter in ihren Schlußfolgerungen nicht wesentlich unterscheiden, daß aber der Handelnde für sein eigenes Verhalten sehr viel präzisere Attributionen vornehmen kann, weil er mehr und zudem validere Informationen besitzt. JONES & NISBETT (1971) setzen dieser scheinbar plausiblen Annahme die Hypothese entgegen, daß sich Handelnde und Beobachter grundlegend in der Wahrnehmung von Verhaltensursachen unterscheiden: der Handelnde soll dazu neigen, seine Handlungen in *Situationsmerkmalen* begründet zu sehen, während der Beobachter dazu tendieren soll, die gleichen Handlungen in stabilen *Personmerkmalen* der handelnden Person begründet zu sehen. Die Autoren führen dies auf zweierlei zurück: 1) Handelndem und Beobachter stehen *unterschiedliche Informationen* zur Verfügung, um zu Schlußfolgerungen über die Ursachen von Verhalten zu gelangen. 2) Beide unterscheiden sich darüber hinaus in der *Verarbeitung von Informationen,* insbesondere solcher Informationen, die sich auf den Kontext beziehen, in dem das Verhalten auftritt.

Zunächst hat der Handelnde mehr Informationen; er hat einen größeren Überblick über die gesamten situativen Antecedenzien seiner Handlung, während der Beobachter oftmals nur die der Handlung *unmittelbar* vorauslaufenden Bedingungen kennt. Darüber hinaus hat der Handelnde Informationen aus seiner zurückliegenden Lebensgeschichte, die dem Beobachter entweder gar nicht oder nur in begrenztem Maße zur Verfügung stehen: Im Gegensatz zum Betrachter weiß der Handelnde, wie er sich in zurückliegenden Situationen verhalten hat, ob er dasselbe, ähnliches oder unterschiedliches Verhalten an den Tag gelegt hat. In der Terminologie KELLEYS ausgedrückt hat der Handelnde Konsistenz- und

Distinktheits-Informationen: Er weiß, ob sein Verhalten über Situationen und über Entitäten variierte. Der Beobachter dagegen hat in der Regel vornehmlich Konsensus-Informationen, d. h. Informationen darüber, inwieweit das Verhalten des Handelnden mit dem anderer Personen übereinstimmt. Diese unterschiedlichen Informationen führen nach JONES & NISBETT dazu, daß Handelnder und Beobachter Verhalten anhand verschiedenartiger Bezugssysteme erklären: Der Handelnde hat eher ein *ipsativ-idiographisch* verankertes Bezugssystem; er vergleicht sein augenblickliches Verhalten mit früherem Verhalten in ähnlichen oder andersartigen Situationen und stellt möglicherweise Verhaltensunterschiede fest, die dann mit Besonderheiten der Situation begründet werden. Der Beobachter dagegen ist charakteristischerweise *normativ-nomothetisch;* er vergleicht den Handelnden mit anderen Handelnden, stellt Unterschiede zwischen verschiedenen Personen fest und ist geneigt, diese Unterschiede mit Eigentümlichkeiten der entsprechenden Personen zu begründen.

Neben diesen Unterschieden in *Menge* und *Art* der zur Verfügung stehenden Informationen gibt es nach JONES & NISBETT darüber hinaus Unterschiede in der *Verarbeitung* der verfügbaren Informationen zwischen Handelndem und Beobachter, die deren divergierende Attributionen mitbedingen. Für beide sollten nämlich unterschiedliche Aspekte der vorhandenen Information thematisch oder herausragend sein. Aus der Sicht des Beobachters ist das Verhalten des Handelnden Figur vor dem Hintergrund seiner Umgebung; die Umgebung ist stabil, hat Kontext-Charakter; das Verhalten des Handelnden ist demgegenüber dynamisch-bewegt und hat Figur-Charakter. Aus der Sicht des Handelnden dagegen ist seine Umgebung, auf die er sich in seinem Verhalten einzustellen hat und die er zu berücksichtigen hat, thematisch und figurhaft. Der Handelnde erlebt sein Verhalten daher in starkem Maße als abhängig von Umgebungs- bzw. Situationscharakteristika, etwa als bedingt durch bestimmte attraktive Gegenstände, einschränkende Bedingungen, situative Zwänge usw. Der Beobachter mit seiner andersartigen Aufmerksamkeitszentrierung dagegen sieht Verhalten als Manifestationen des Handelnden, als Hinweis auf bestimmte Eigenschaftsqualitäten, die der Handelnde hat.

Diese Formulierungen von JONES & NISBETT (1971) haben in vielerlei Hinsicht herausfordernd gewirkt, weil sie wohl alle jene betreffen, die aus naiv-psychologischem oder professionellem Interesse anderen Personen als Beobachter entgegentreten; denn sie enthalten die Implikation, daß der Beobachter aufgrund seiner perspektive-bedingten Tendenz zu Personattribuierungen oftmals zu falschen Schlußfolgerungen über die beobachtete Person kommt. Aus anderen Überlegungen heraus hatte bereits MISCHEL (1968) diesen Vorwurf in Richtung auf die wissenschaftlich betriebene Persönlichkeitspsychologie formuliert: Sie statte das Individuum in unangemessener Weise mit einem Bündel von stabilen Merkmalen (Eigenschaften) aus, denen über die Existenz in den Köpfen der Persönlichkeitspsychologen (d. i.: der Beobachter) hinaus keinerlei reale Grundlage zukomme. Diese Kritik hat nachhaltige Wirkungen gehabt, so daß heute in vielen Bereichen theoretische und methodische Ansätze überdacht und neu formuliert werden (MISCHEL, 1973; ENDLER & MAGNUSSON, 1976; SCHMALT, 1976).

Eine der ersten Untersuchungen, die die von JONES & NISBETT (1971) beschriebenen, unterschiedlichen Ursachenzuschreibungen bei Handelnden und Beobachter belegte, stammt von NISBETT, CAPUTO, LEGANT & MARECEK (1973). In dieser Studie wurden College-Studenten gebeten, kleine Aufsätze zu schreiben, in denen sie (a) die Gründe für die Wahl ihres Studienfaches darlegen und (b) erklären sollten, warum sie ihre Freundin besonders schätzen. In gleicher Weise sollten sie die entsprechenden Präferenzen ihres besten Freundes begründen. Die Autoren erwarteten, daß die eigene Wahl eher mit Merkmalen des Objekts, die entsprechende Wahl durch den Freund eher mit Personmerkmalen des Freundes begründet wird. Die Ergebnisse dieser Untersuchung bringen hierfür zum Teil eine recht deutliche Bestätigung. Wenn die Vpn ihre eigene Wahl in bezug auf die Freundin begründen, tun sie dies deutlicher mit Merkmalen des Objekts. Im Hinblick auf die Wahl des Studienfaches durch den besten Freund, begründen sie dessen Wahl hauptsächlich mit Personmerkmalen.

STORMS (1973) hat die vermittelnden Prozesse solcher Attributionsunterschiede zwischen Handelndem und Beobachter näher untersucht. Er nimmt unter Rückgriff auf die Überlegungen von JONES & NISBETT an, daß die unterschiedlichen Attributionen auf Seiten des Handelnden und des Beobachters durch deren – im wörtlichen Sinne – unterschiedlichen Standpunkt bedingt seien. Wenn nämlich der Handelnde wahrnehmungsmäßig eher auf seine Umgebung, der Beobachter hingegen eher auf das Verhalten des Handelnden zentriert ist, dann müßte es möglich sein, die Attribuierungen von Handelnden und Beobachtern zu ändern, vielleicht sogar umzukehren, wenn man nur ihre Perspektive ändert. STORMS führte in seiner Untersuchung Gruppen von jeweils vier einander unbekannten Versuchspersonen im Labor zusammen, wobei sich zwei Personen in einer 5 Minuten dauernden Unterhaltung miteinander bekannt machen sollten. Die beiden anderen Versuchspersonen waren stille Beobachter dieses Geschehens und beobachteten jeweils eine der interagierenden Personen. Zwei Videokameras filmten jeweils eine der handelnden Personen. Anschließend wurde den Handelnden und den Beobachtern die Videoaufnahme einer der beiden handelnden Personen wieder vorgeführt, was eine wichtige experimentelle Manipulation ermöglichte, nämlich die *gleiche Perspektive* wie in der 5-minütigen Unterhaltung beizubehalten oder eine *neue Perspektive* einzuführen. In der Bedingung «gleiche Perspektive» sieht einer der Handelnden in der Videoaufzeichnung den Konversationspartner (Handelnder/gleiche Perspektive); einer der Beobachter sieht in der Aufzeichnung den gleichen Handelnden, den er schon in der ursprünglichen Situation gesehen hat (Beobachter/gleiche Perspektive). In der Bedingung «neue Perspektive» sieht der andere Handelnde sich selbst in der Videoaufzeichnung (Handelnder/neue Perspektive); der andere Beobachter sieht eine Aufzeichnung desjenigen Handelnden, den er in der ursprünglichen Situation nicht gesehen hat (Beobachter/neue Perspektive). Einer Kontrollgruppe wurde nach der Interaktion keine Videoaufzeichnung vorgeführt. Anschließend hatten alle Versuchspersonen anzugeben, inwieweit Verhalten auf Charakteristika der Person und der Situation zurückgeht: die Handelnden schätzten jeweils ihr eigenes Verhalten ein, die Beobachter das Verhalten des jeweils in der ursprünglichen Situation zugeordneten Handelnden. Tabelle 4 zeigt die Ergebnisse dieses Experiments. Zu-

Tabelle 4. Mittlere Differenzen zwischen Person- und Situationsattributionen. Höhere Werte bedeuten relativ ausgeprägtere Person- gegenüber Situationsattributionen (nach STORMS 1973).

Attribution	Bedingung		
	gleiche Perspektive	keine Aufzeichnung	neue Perspektive
Handelnder attribuiert eigenes Verhalten	.15^{a} *	2.25^{ab}	6.80^{c}
Beobachter attribuiert Verhalten des zugeordneten Handelnden	4.90^{bc}	4.80^{bc}	1.60^{ab}

* Werte mit ungleichen Indices sind signifikant voneinander verschieden.

nächst bestätigen die relativ höheren Personattribuierungen, die der Beobachter in den Bedingungen «gleiche Perspektive» und «keine Aufzeichnung» vornimmt, die Vermutungen von JONES & NISBETT (1971). Die Umkehrung dieser Konstellation in der Bedingung «neue Perspektive» zeigt die Wirksamkeit der den Versuchspersonen zugänglich gemachten Information: Nun attribuieren die Handelnden selbst stärker auf Personfaktoren, die Beobachter stärker auf Situationsfaktoren.
Allerdings bleibt auch in dieser Untersuchung ungeklärt, ob für die gefundenen Unterschiede lediglich die unterschiedlichen Informationsmengen oder – durch unterschiedliche Akzentuierungen der Informa-

tion – unterschiedliche Informationsverarbeitungsprozesse verantwortlich sind. REGAN & TOTTEN (1975) haben diese Frage zu klären versucht, indem sie die Perspektive von Beobachtern änderten, *ohne* dabei jedoch die objektiv zugängliche Information zu verändern. Die Autoren haben hierzu eine ähnliche Versuchstechnik wie STORMS (1973) benutzt. Sie haben den Beobachter in einer ihrer beiden Versuchsbedingungen jedoch zusätzlich aufgefordert, sich in die Lage der beobachteten Person zu versetzen (Empathie-Bedingung). Sie vermuten, daß dieser Perspektivewechsel die zur Empathie angeregten Beobachter dazu bringen müßte, stärker als die Beobachter in einer Kontroll-Bedingung wie der Handelnde selbst, nämlich situativ zu attribuieren. Die Ergebnisse bestätigen klar die Hypothesen: Zur Empathie aufgeforderte Beobachter attribuieren nach dem Betrachten einer Filmaufnahme (ähnlich der von STORMS) deutlicher situativ als normale Beobachter. Hierbei spielt es keine Rolle, ob in den Filmaufnahmen einer Bekanntmachungs-Unterhaltung *beide* Interaktionspartner oder nur *einer* zu sehen war. Dies deutet nach REGAN & TOTTEN (1975) darauf hin, daß bloße Unterschiede in den zur Verfügung stehenden *Informationsmengen* die aufgetretenen Unterschiede nicht erklären können, sondern daß zumindest eine gewisse Mitverursachung durch unterschiedliche Mechanismen der *Informationsverarbeitung* angenommen werden muß.

4. Die Zuschreibung von Schuld und Verantwortlichkeit

Bei vielen Problemen im sozialen Interaktionsgeschehen ist es wichtig, über eine bloße Ursachenzuschreibung hinaus auch eine Verantwortlichkeitszuschreibung vorzunehmen. Während bei einer Ursachenzuschreibung auf Personfaktoren die Person lediglich als notwendiger und hinreichender Grund für das Zustandekommen eines Effekts gesehen wird, beruht eine Verantwortlichkeitszuschreibung auf der Annahme, daß die Handlungseffekte von der handelnden Person herbeigeführt *(initiiert)* wurden, von ihr *absehbar* und auch *intendiert* waren (HEIDER, 1958, S. 113). Alltagserfahrungen und experimentelle Untersuchungen zeigen jedoch, daß sowohl in der Eigen- als auch in der Fremdattribuierung oftmals Verantwortlichkeitszuschreibungen vorgenommen werden, obwohl sie keinesfalls zwingend sind und obwohl die zur Verfügung stehenden Informationen einer solchen Attribuierung sogar entgegenstehen – etwa, wenn ganz offenkundig ist, daß Handlungsresultate bzw. der Grad der Betroffenheit an bestimmten Ereignissen zufällig zustandegekommen sind.

So wird häufig berichtet, daß Personen, die unschuldige Opfer von Unglücksfällen wurden, gehäuft mit einem Gefühl von Schuld und persönlicher Verantwortlichkeit reagierten (WORTMAN, 1976, S. 38). Dies gilt in ähnlicher Weise für die Fremdperspektive (LERNER, 1974). Schuldgefühle und das Erleben persönlicher Verantwortlichkeit entstehen auch, wenn das eigene Verhalten Anlaß zu einem Unglück einer anderen Person wird. So ist wohl niemandem das Gefühl von Schuld und Verantwortung ganz fremd, wenn er sich etwa vorstellt, einen guten Freund zum Abendessen eingeladen zu haben und erfahren zu müssen, daß dieser auf dem Weg zu ihm von einem zu schnell fahrenden Auto erfaßt und schwer verletzt wurde. Hier kommt es also, ohne daß Effekte absehbar gewesen oder gar intentional herbeigeführt worden wären, zu einer Verantwortlichkeitszuschreibung allein aufgrund der Assoziation der Handlungsinitiation mit dem Eintreten negativer Handlungseffekte. PIAGET (1932) hat dieses Phänomen mit «objektiver Verantwortlichkeit» bezeichnet (vgl. HEIDER, 1958, S. 113–114).

Ein wichtiger Faktor, der die Verantwortlichkeitszuschreibung beeinflußt, ist die wahrgenommene Freiheit, die man bei der Entscheidung für eine Handlungsalternative hatte. So fanden SOGIN & PALLAK (1976), daß Verantwortlichkeit für vorhersehbare und unvorhersehbare negative Ereignisse nur dann übernommen wird, wenn man ursprünglich freie Wahlmöglichkeiten hatte.

WORTMAN (1975) hat in einer Studie untersucht, inwieweit die persönliche Initiierung einer Handlung und die Absehbarkeit erwünschter Handlungsausgänge auf die erlebte Verantwortlichkeit Einfluß nehmen. In diesem Experiment konnten die Versuchspersonen durch Entnahme einer von zwei farblich unterschiedlichen Kugeln aus einer Kanne (also eine deutlich zufallsabhängige Situation) einen Preis von hoher bzw. niedriger Attraktivität gewinnen. Einem Drittel der Vpn wurde gesagt, der Vl werde die Kugeln entnehmen und welche Kugel für welchen Preis steht (keine *H*andlungs*i*nitiation/*A*bsehbarkeit; Hi–; A+). Dem zweiten Drittel der Vpn wurde mitgeteilt, sie selbst könne die Kugel entnehmen und welche Kugel für welchen Preis steht (*H*andlungs*i*nitiation/*A*bsehbarkeit; Hi+; A+). Dem letzten Drittel wurde gesagt, sie könne die Kugel selbst entnehmen, aber nicht, welche Kugel für welchen Preis steht (*H*andlungs*i*nitiation/keine *A*bsehbarkeit; Hi+; A–). Jeweils zur Hälfte gewannen die Vpn entweder den attraktiven oder den weniger attraktiven Preis. Die Mittelwerte der anschließenden Skalierungen in bezug auf das Ausmaß erlebter Verantwortlichkeit sind in Tabelle 5 dargestellt. Die Ergebnisse zeigen deutlich, daß Versuchspersonen, die die Handlung selbst initiierten und auch die verschiedenen Handlungskonsequenzen kannten, mehr Verantwortlichkeit berichten. Eigene Handlungsinitiation und Absehbarkeit der Handlungsergebnisse sind deshalb hier Voraussetzungen für das Erlebnis der Verantwortlichkeit – selbst in einer klar zufallsabhängigen Situation.

Tabelle 5. Mittelwerte erlebter Verantwortlichkeit in sechs Versuchsbedingungen (nach WORTMAN, 1975, S. 288).

Attraktivität	Hi–/A+	Hi+/A+	Hi+/A–
gering	2.00	8.80	1.00
hoch	0.00	6.50	3.13

Nach diesen informellen und systematischen Beobachtungen sieht es so aus, als hätten Personen eine ausgesprochene Abneigung, Zufallsattribuierungen vorzunehmen und als würden sie unter bestimmten Bedingungen in unangemessener Weise persönliche Verantwortung für Ereignisse übernehmen, die sie gar nicht verantworten müssen. Dies wird häufig auf eine Tendenz (Motivation) zurückgeführt, Kontrolle über die Umgebung, wenn auch nur vorstellungsmäßig, zu erhalten (WALSTER, 1966; LERNER, 1974; WORTMAN, 1976).

Ein Bereich, in dem diese Annahmen nähere empirische Überprüfung erfahren haben, ist die Verantwortlichkeitszuschreibung bei Unfällen. Ausgangspunkt war hier ein Experiment von WALSTER (1966). In dieser Studie wird ein Fahrzeugbesitzer, dessen Wagen wegen versagender Bremsen eine abschüssige Straße hinunterrollt, für um so verantwortlicher gehalten, je schwerwiegender die Unfallfolgen sind. Die Autorin erklärt dies mit der Tendenz eines Beobachters, dem unangenehmen Gedanken, selbst in ein solches unkontrollierbares Geschehen verwickelt werden zu können, zu entgehen: Ein solches unabwendbares Ereignis kann nämlich jedem – auch dem Beobachter – widerfahren. Bei einem leichten Unfall ist diese Vorstellung aufgrund der geringen Konsequenzen wenig bedrückend, dagegen sehr bedrückend bei einem schweren Unfall. Die ausgeprägte Zuschreibung von persönlicher Verantwortlichkeit bei einem schweren Unfall hat in diesem Sinne eine entlastende Funktion; sie führt auf seiten des Beobachters zu dem Glauben, daß *er* ganz anders ist und *ihm* daher so etwas nicht passieren kann. Replikationsversuche dieser Untersuchung sind oftmals gescheitert, jedoch haben LOWE & MEDWAY (1976) eine Reihe von Randbedingungen spezifizieren können, unter denen die beschriebenen Effekte wieder auftreten: Die gegebenen Kausalinformationen müssen, was die Rolle situativer bzw. persönlicher Faktoren anbelangt, mehrdeutig sein; die Auftretenswahrscheinlichkeit für das Ereignis darf nicht zu niedrig sein; und schließlich muß die Situation von hoher Relevanz für den Beobachter sein.

LERNER (LERNER & MATTHEWS, 1967; LERNER, 1974) hat ein ähnliches Konzept vorgestellt, das «just-world»-Paradigma, das sich auf durch Beobachter vorgenommene Verantwortlichkeitszuschreibungen bei offensichtlich unschuldigen Opfern von Unglücksfällen oder Gewalttätigkeiten bezieht. Danach wird diesen Opfern Verantwortlichkeit an ihrem Schicksal zugeschrieben, nach dem Prinzip, daß Leute das bekommen, was sie verdient haben, und das, was sie verdient haben, auch bekommen («just-world»). Auch dieser Art der Verantwortlichkeitszuschreibung soll eine motivationale Entlastungstendenz zugrunde liegen: Denn würde man den Zufall verantwortlich machen, müßte das zu dem unangenehmen Gedanken führen, selbst möglicherweise Opfer eines solchen Geschehens werden zu können, was wiederum den individuellen Kontrollbedürfnissen entgegensteht. Die Befunde zu diesem Komplex sind relativ gesichert, jedoch wird jüngst in Frage gestellt, ob sie auf den «just-world» Mechanismus zurückgeführt werden können oder ob andere motivationale Tendenzen hierfür verantwortlich gemacht werden müssen (CIALDINI et al., 1976).

5. Attributionsvoreingenommenheiten

Die Wahrnehmung der Ursachen eigenen und fremden Verhaltens wurden hier bislang unter der Perspektive der *allgemeinen* Bedingungen ihres Zustandekommens gesehen. Merkmale der Person hatten dabei, im Sinne differentiell wirksamer Einflußgrößen, keine Rolle gespielt. Als einer der ersten hat ROTTER (1954, 1966) ein solches differentialpsychologisches Konzept innerhalb einer ausformulierten Theorie vorgestellt. In der von ihm entwickelten Verhaltenstheorie, die er als «Soziale Lerntheorie» bezeichnet, stellt er eine Verhaltensgleichung auf, in der das Verhaltenspotential (BP) als Funktion einer Erwartung (subjektive Wahrscheinlichkeit, E), daß einer Handlung ein bekräftigendes Ereignis folgen wird, und als Funktion des Bekräftigungswertes (RV) dieses Ereignisses dargestellt wird:

$$BP = f (E, RV)$$

In welcher Weise bekräftigende Ereignisse im Laufe eines Lernprozesses verhaltenswirksam werden, hängt nach ROTTER ganz wesentlich davon ab, inwieweit die Bekräftigung als abhängig von eigenem Verhalten (internal) oder als abhängig von äußeren Kräften (external) gesehen wird. Hinsichtlich des Ausmaßes, in dem Personen geneigt sind, bestimmte Bekräftiger als abhängig von eigenem Verhalten zu sehen, nimmt ROTTER stabile interindividuelle Unterschiede an. Er bezeichnet diese Personvariable als eine generalisierte Voreingenommenheit für internale oder externale Bekräftigungskontrolle (*"generalized expectancy for internal versus external control of reinforcement"*). Auf eine Kurzformel gebracht, beinhaltet internale vs. externale Kontrolle, inwieweit eine Person glaubt, Einfluß zu haben auf das, was mit ihr geschieht.

121

Auf vorauslaufende Untersuchungen aufbauend hat ROTTER (1966) die I-E-Skala, ein 29 Items umfassendes Instrument zur Erfassung dieser Personvariablen, vorgestellt. Mit dieser Skala werden für ganz unterschiedliche Bedürfnis- und Ereignisfelder (Leistung, Anerkennung, soziales und politisches Geschehen usw.) solche Attributionsvoreingenommenheiten erfaßt. Die psychometrischen Qualitäten dieser Skala sind nicht sehr beeindruckend, was jedoch deren vielfältigen Einsatz nicht gehindert hat, so daß heute zur internalen vs. externalen Bekräftigungskontrolle eine sehr umfangreiche Literatur existiert, in der das Konzept in Fragestellungen aus nahezu sämtlichen Gegenstands- und Anwendungsbereichen der Psychologie einbezogen wurde (vgl. PHARES, 1976). Jedoch ist in diesen Untersuchungen der Bezug zu Erwartungen bzw. Erwartungsänderungen, jenen Größen, auf die das Konzept ursprünglich bezogen sein sollte, nicht mehr gegeben. Differenzierte Studien, in denen Verhaltensursachen nicht nur nach internal-external, sondern gleichzeitig nach stabil-variabel unterschieden wurden, haben gezeigt, daß Erwartungsänderungen nicht – wie von ROTTER vermutet – von der Dimension internal-external, sondern stabil-variabel beeinflußt werden (vgl. MEYER, 1973; WEINER, NIERENBERG & GOLDSTEIN, 1976).

CRANDALL, KATKOVSKY & CRANDALL (1965) haben ohne direkten Bezug auf die soziale Lerntheorie ROTTERS ein Konzept elaboriert – *Selbstverantwortlichkeit für Erfolg und Mißerfolg* –, das sich an das von ROTTER entwickelte Konstrukt der Bekräftigungskontrolle anlehnt. Im Gegensatz zu ROTTER gehen die Autoren jedoch nicht davon aus, daß die Selbstverantwortlichkeit über viele Bedürfnis- bzw. Ereignisfelder generalisiert ist. Sie haben das Selbstverantwortlichkeits-Konzept für den Bereich intellektueller Leistungstüchtigkeit (Intellectual Achievement Responsibility; IAR) spezifiziert. In einem entsprechenden Meßinstrument wird darüber hinaus das Ausmaß der internalen Orientierung für positive (Erfolg) und negative (Mißerfolg) Ereignisse getrennt berücksichtigt. Beide Orientierungen sind in unterschiedlicher Weise mit verschiedenen Leistungs-, Motivations- und Erziehungsvariablen verbunden (vgl. MEYER, 1973; PHARES, 1976).

Unter gänzlich neuer Bezeichnung, nämlich «origin-pawn», hat DECHARMS (1968) noch einmal ein etwas abgewandeltes Konzept formuliert. Danach ist ein «origin» jemand, der sein Verhalten durch seine eigenen Wahlen beeinflußt sieht; er hat ein ausgeprägtes Gefühl persönlicher Verantwortung. Ein «pawn» sieht hingegen sein Verhalten vornehmlich als durch externale Kräfte bestimmt, die sich jenseits seiner Einflußmöglichkeiten befinden. Er hat ein starkes Gefühl eigener Machtlosigkeit und Ineffektivität. Dieses Konzept sagt eine Reihe von leistungs- und motivbezogenen Verhaltensweisen im sozialen Feld der Schulklasse vorher (s. DECHARMS, 1976).

Ebenfalls in diesem Zusammenhang ist ein Phänomen zu sehen, das MAIER, SELIGMAN & SOLOMON (1969) als «gelernte Hilflosigkeit» bezeichnen. Sie haben Hunden traumatisierende elektrische Schocks, denen diese nicht ausweichen konnten, verabreicht. Wenn die derart behandelten Hunde in eine neue Lernsituation kamen, in der sie der erneuten Traumatisierung durch eine einfache Fluchtreaktion entgehen konnten, unternahmen diese Tiere im Gegensatz zu «naiven» Versuchstieren keinen Versuch, die Situation zu verlassen. Sie «gaben auf» und nahmen alle Schocks passiv hin. Die Autoren meinen, daß die vorauslaufende Erfahrung, keine Kontrolle über das zu haben, was mit ihnen geschieht, für das Verhalten der Tiere verantwortlich ist. In einer Erweiterung dieses ursprünglichen Ansatzes hat SELIGMAN (1973, 1975) der Entstehung von Depressionen beim Menschen einen ähnlichen Lernmechanismus, der in dem Gefühl gelernter Hilflosigkeit resultiert, unterlegt und Hilflosigkeit als eigenschafts-ähnliches Konzept formuliert (HIROTO & SELIGMAN, 1975).

6. Attributionen als vermittelnde Variable: Verhaltensauswirkungen

In diesem Abschnitt wird der eigentliche Gegenstand der Attributionstheorie, nämlich die zwischen eingehender Information und resultierender Attribution stattfindenden Prozesse (die Verbindung S → C), verlassen. Attributionen werden hier nicht länger als von Prozessen der Informationsaufnahme und Informationsverarbeitung *abhängige* Variable betrachtet, sondern als *vermittelnde* Größen, die neben anderen Gegebenheiten beobachtbares Verhalten mitdeterminieren.

Attributionstheoretische Konzepte haben Eingang in die verschiedenen Teilbereiche der Psychologie gefunden, wobei über der Untersuchung von Verhaltensauswirkungen die weitere Klärung der Bedingungen für das Zustandekommen von Attributionen – und damit die systematische Weiterentwicklung der Attributionstheorie – etwas ins Hintertreffen geraten ist. Insbesondere in Bereichen der Motivationstheorien (WEINER, 1974; DECI, 1975), der Analyse von Lernvorgängen (ROTTER, 1954, 1966; WEINER et al. 1976; REST, 1976), der klinischen Psychologie (VALINS & NISBETT, 1972; LIEBHART, 1974), der Analyse von Hilfeverhalten (ICKES & KIDD, 1976) – um nur einige Beispiele zu nennen – hat sich die Einbeziehung von Attributionsvariablen als für die Verhaltenserklärung außerordentlich fruchtbar erwiesen.

In diesem Abschnitt werden Verhaltensauswirkungen von Attributionen anhand von drei Beispielen aufgezeigt; diese Beispiele vermitteln kein repräsentatives Bild der vielfältigen Untersuchungsansätze und Befunde.

6.1 Attributionen und Sanktionen in Leistungssituationen

Ob jemand für ein Leistungsresultat positiv oder negativ sanktioniert wird, hängt nicht nur von der Güte des Resultats (Erfolg oder Mißerfolg) ab. Zwar wird Mißerfolg im allgemeinen weniger positiv sanktioniert als Erfolg. Aber auch übereinstimmende Handlungsergebnisse zweier Personen (z. B. Mißerfolge) können ganz unterschiedliche Sanktionen zur Folge haben in Abhängigkeit davon, von welchem Ursachenfaktor der Sanktionierende das Resultat jeweils abhängig macht. So wird Mißerfolg im allgemeinen weniger negativ sanktioniert, wenn er auf mangelnde Begabung zurückgeführt wird, als wenn die Ursache in mangelnder Anstrengung gesehen wird. Ebenso ist die Sanktion eine andere, wenn Erfolg in einem Falle als anstrengungsbedingt wahrgenommen wird, im anderen Falle als aufgabenbedingt. Für das Sanktionsverhalten ist offensichtlich mitentscheidend, ob das Individuum für das Resultat verantwortlich gemacht wird oder nicht (persönliche Kausalität). Für das Ausmaß der Anstrengung werden Personen im allgemeinen als verantwortlich angesehen, nicht dagegen für ihre Begabung oder die Schwierigkeit bzw. Leichtigkeit von Aufgaben.

LANZETTA & HANNAH (1969) haben im Experiment versucht, unterschiedliche Sanktionsauswirkungen von Begabungs- und Anstrengungsattributionen zu überprüfen: Studenten hatten als Versuchspersonen mit einem Kommilitonen eine Diskriminationsaufgabe durchzuführen. Dieser Kommilitone war ein Vertrauter des Versuchsleiters; seine Leistungen bei der Aufgabe waren bei allen Versuchspersonen gleich. Vor Durchführung der Aufgabe wurde er einer Versuchspersonen-Gruppe als besonders fähig für diese Art von Aufgabe vorgestellt, einer anderen Gruppe als besonders unfähig. Wiederum jeweils die Hälfte dieser beiden Gruppen hatte entweder eine leichte oder eine schwere Aufgabe durchzuführen, so daß insgesamt vier experimentelle Bedingungen (2 Begabungsstufen × 2 Schwierigkeitsstufen) vorlagen. Die Autoren gingen von der Vermutung aus, daß Mißerfolg eines begabten Kommilitonen bei der leichten Aufgabe am ausgeprägtesten negativ sanktioniert wird, da in dieser Bedingung auf mangelnde Anstrengung als Ursache für das Resultat geschlossen wird. Dagegen sollten negative Sanktionen dann besonders niedrig sein, wenn ein unbegabter Kommilitone bei einer schweren Aufgabe Mißerfolg hat, da hier das Resultat auf mangelnde Begabung zurückgeführt wird. Die Befunde der Autoren bestätigen diese Voraussagen recht gut.

Untersuchungen von WEINER & KUKLA (1970) knüpfen an diese Studie an. Versuchspersonen wurden gebeten, sich vorzustellen, sie seien Lehrer in einer Klasse und hätten Schülern nach Abschluß einer Arbeit Rückmeldungen zu geben. Über jeden Schüler wurden drei Informatio-

nen gegeben: ob er begabt ist oder nicht, ob er sich angestrengt hat oder
nicht und wie seine Leistungen in der Arbeit waren (hervorragend, gut,
einigermaßen, teilweise mißlungen, vollständig mißlungen). Durch voll-
ständige Kombination dieser Faktoren (2 Begabungsstufen × 2 Anstren-
gungsstufen × 5 Resultatsstufen) ergaben sich 20 experimentelle Bedingungen, für die jeweils Sanktionspunkte zu vergeben waren. So hatte die
Versuchsperson zum Beispiel einem fiktiven Schüler eine Rückmeldung
zu geben, der unbegabt ist, sich angestrengt hat und dessen Arbeit teilweise mißlungen ist.

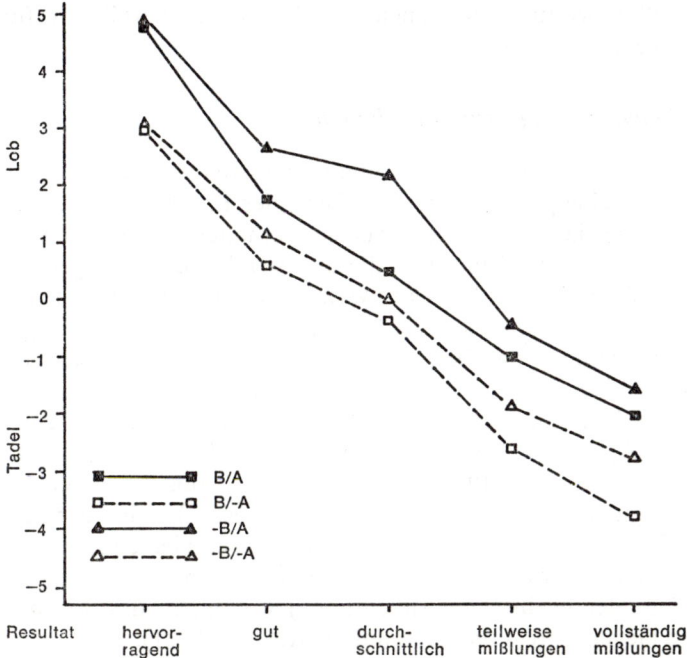

Abbildung 9. Bewertungen (Tadel, Lob) als Funktion vorhandener bzw. nicht-vorhandener Begabung (B und –B) und Anstrengung (A und –A) des Schülers und
dessen Resultat in einer Prüfungsarbeit (nach WEINER & KUKLA, 1970, S. 3).

Ein typischer Befund aus diesen Untersuchungen ist in der Abbildung 9 dargestellt. Danach ist das Resultat der gewichtigste Faktor bei
der Bewertung: Erfolg wird positiv sanktioniert, Mißerfolg negativ. Von
den beiden möglichen Ursachenfaktoren Begabung und Anstrengung hat
das Ausmaß der Anstrengung den größten Einfluß auf die Bewertung:
bei vorhandener Anstrengung (A) erfolgen mehr positive und weniger
negative Sanktionen als bei nicht-vorhandener Anstrengung (–A). Darüberhinaus hat hier die Höhe der Begabung einen Einfluß auf die Sank-

tion: bei nicht-vorhandener Begabung (–B) erfolgt eine positivere Bewertung als bei vorhandener Begabung (B).

Im Anschluß an die Studie von WEINER & KUKLA wurden eine Reihe weiterer Untersuchungen mit dem gleichen experimentellen Paradigma durchgeführt (ESWARA, 1972; KAPLAN & SWANT, 1973; REST et al., 1973; SIMONS, 1974). Übereinstimmend findet sich in allen diesen Experimenten der beschriebene Einfluß der Anstrengung auf die Sanktion, während der Begabungseffekt nur in ungefähr der Hälfte der Studien zu finden ist. Dieser über unterschiedliche Stichproben und experimentelle Anordnungen hinweg konsistente Anstrengungseffekt auf die Sanktion zeigt recht klar, daß Bewertungsreaktionen von der Ursachenerklärung für Resultate mitgesteuert werden.

6.2 Attributionen und aggressives Verhalten

Im Bereich der theoretischen Ansätze zum aggressiven Verhalten werden auch heute noch eine ganze Reihe grundlegender Probleme diskutiert, die sich vor allem darauf beziehen, welche Verhaltensweisen denn als «aggressiv» anzusehen sind und was die auslösenden Bedingungen für «aggressives» Verhalten sind (BERKOWITZ, 1965, 1974; RULE, 1974; TEDESHI et al., 1974; STONNER, 1976). Zwar bestand schon früh allgemeine Übereinstimmung darüber, daß aggressives Verhalten etwas mit der Schädigung eines Objekts oder einer Person zu tun haben müßte; man war sich jedoch uneinig darüber, ob bei der Kennzeichnung eines Verhaltens als Aggression die Intentionen des Handelnden mitberücksichtigt werden müssen (FESHBACH, 1964, S. 257). Probleme dieser Art wurden insbesondere in dyadischem Interaktionsgeschehen bei der Perzeption der Ursachen einer aggressiven Verhaltensweise bedeutsam, weil die Wahrnehmung einer durch die Aggression bedingten Schädigung als unbeabsichtigt oder beabsichtigt (intentional) wesentlich das Ausmaß der gezeigten Gegenaggression determiniert (KELLEY, 1971).

Probleme dieser Art sind Kernstück der Frustrations-Aggressions-Theorie. In diesem Kontext haben zum ersten Mal EPSTEIN & TAYLOR (1967) auf die Bedeutung der wahrgenommenen Handlungsintention hingewiesen. Sie führen die vielfach uneinheitliche Datenlage darauf zurück, daß in einer Reihe von Untersuchungen das tatsächlich bestehende Ausmaß der Frustration mit der wahrgenommenen Intentionalität des Frustrierenden konfundiert worden sei (EPSTEIN & TAYLOR, 1967, S. 287). Im Experiment haben die Autoren dann versucht, die Wirkungen beider Komponenten getrennt zu bestimmen. Drei Versuchspersonen-Gruppen trafen in einem simulierten Wettkampf auf jeweils drei Gegner, wobei sich diese Gegner zwischen den Gruppen dadurch unterschieden, daß sie den Versuchspersonen in unterschiedlichem Maße überlegen waren (unterschiedliche Frustrationen). *Innerhalb* jeder Gruppe unterschieden sich die Gegner durch das Schockniveau, welches sie dem Mitspieler im Falle einer Niederlage verabreichten. Einer setzte stets das niedrigste Schockniveau (niedrige feindselige Intention), ein anderer setzte stets das höchste Schockniveau (ungehemmte feindselige Intention) und ein dritter jeweils das vorher von der Versuchsperson festgesetzte Schockniveau (rationale feindselige Intention). Die Ergebnisse im Hinblick auf nachfolgendes aggressives Verhalten der Versuchspersonen zeigten, daß das Ausmaß der Frustration – also die Häufigkeit, mit der die Versuchspersonen Schocks erfuhren – keinen Einfluß auf die nachfolgend gezeigte Aggression hatte. Wohl aber hatte die wahrgenommene Intention des Spielgegners einen Einfluß darauf und zwar unabhängig davon, wie häufig die verschiedenen Schockintensitäten erlebt worden waren. Demnach hängt der Anreiz zur Aggression in einer Wettbewerbssituation im wesentlichen von der wahrgenommenen aggressiven Intention des Gegners ab, gleichgültig, ob dieser seine Absichten verwirklichen kann oder nicht, das heißt, ob eine Frustration zustandekommt oder nicht.

NICKEL (1974) hat das Ausmaß der Frustration und die perzipierte aggressive Intention eines Spielgegners beim Zustandekommen aggressiven Verhaltens analysiert und *direkt* miteinander verglichen. Versuchspersonen wurden hohen und niedrigen Schockintensitäten ausgesetzt und jeweils zur Hälfte in den Glauben versetzt, die Schocks seien vom Gegenspieler intendiert bzw. nicht intendiert, sondern durch eine fehlerhafte Einstellung am Versuchsgerät bedingt. Anschließend konnten die Versuchspersonen selbst Schocks austeilen. Es zeigte sich, daß die Wahrnehmung der Intentionen des Partners und nicht das Ausmaß der tatsächlichen Frustration die wesentlichste Determinante für nachfolgendes aggressives Verhalten und den erlebten Ärgeraffekt darstellte. MALLICK & MCCANDLESS (1966) hatten bereits in anderem Zusammenhang nachgewiesen, daß Versuchspersonen, die durch eine frustrierende Person an der Fertigstellung einer Aufgabe gehindert und damit um den Gewinn eines Geldpreises gebracht wurden, mit nur geringer Aggression antworteten, wenn sie die Information bekamen, daß die frustrierende Person schläfrig und unaufmerksam war, die Störung also nicht intendiert war.

Eine noch ungeklärte Frage ist, wie man zu solchen Intentionsattribuierungen kommt, wenn sie nicht – wie in den zitierten Untersuchungen – in direkter Form manipuliert werden. Nach JONES & DAVIS (1965) wäre zu vermuten, daß die Beurteilung der Wahlfreiheit des Handelnden, sowie die Vorhersehbarkeit der Konsequenzen die wahrgenommene Intentionalität beeinflussen. Nach den Untersuchungsergebnissen zur Verantwortlichkeitszuschreibung, der ja auch eine Intentionalitätsattribuierung zugrunde liegt (s. o.), wäre zu erwarten, daß Beobachter unter sonst gleichen Bedingungen, insbesondere bei schwerwiegenden aggressiven Handlungen, eine entsprechende Handlungsintention auf seiten des Handelnden anzunehmen bereit sind.

KELLEY & STAHELSKI (1970a, b) sind bislang die einzigen, die den Determinanten wahrgenommener, aggressiv-kompetitiver Handlungsintentionen empirisch nachgegangen sind. Sie vermuteten, daß eine (aggressive) Handlungsintention insbesondere dann unterstellt wird, wenn aggressives Verhalten bei einer Person konsistent auftritt und wenn für dieses Verhalten gleichzeitig keine anderen situativen Faktoren verantwortlich gemacht werden können (vgl. KELLEY, 1967, 1973; s. o.). Die Autoren überprüften ihre Vermutungen in einer Gefangenen-Dilemma-Spielsituation und fanden sie im wesentlichen bestätigt: Aggressives Verhalten, für das es keine Begründung aus der Spielsituation gibt, wird dem Handelnden intentional zugeschrieben; dieses gilt insbesondere dann, wenn das Verhalten initiativ ist, d. h. von dem vorauslaufenden Verhalten des Interaktionspartners abweicht.

In den bisher referierten Untersuchungen erwiesen sich Ursachenzuschreibungen *fremden* Verhaltens als bedeutsam für die Aggression. Darüber hinaus sind Ursachenzuschreibungen *eigener* Zuständlichkeiten zu berücksichtigen. In einer von BERKOWITZ (1965) revidierten Fassung der Frustrations-Aggressions-Hypothese wird dem Ärgeraffekt eine vermittelnde Funktion zwischen Frustration und Aggression zugewiesen: Dieser Affekt schafft eine Bereitschaft für aggressive Handlungen, deren konkrete Realisation von der Stärke des Ärgers und seiner Attribution abhängt. In einer dazu von BERKOWITZ & TURNER (1974) durchgeführten Untersuchung wurden Versuchspersonen Schocks verabreicht. Anschließend bekamen die Versuchsteilnehmer manipulierte Rückmeldungen über ihre eigenen physiologischen Reaktionen (HGR, Herzschlag, Blutdruck), die das Ausmaß des Ärgeraffekts indizieren sollten. Die nachfolgend gezeigte Aggression stand in einer deutlichen – allerdings nicht linearen – Beziehung zu dem induzierten Ärgerniveau. Außerdem wurde die Aggression nur gegenüber jener Person geäußert, die ursprünglich die Schocks (vermeintlich) ausgeteilt hatte. BERKOWITZ & TURNER (1974, S. 186–187) interpretieren diese Resultate dahingehend, daß Personen geneigt sind, eine Zielperson zu attackieren, wenn sie (a) ihren inneren Zustand als «Ärgeraffekt» interpretieren und (b) glauben, daß die Zielperson diesen Ärgeraffekt verursacht hat. Diese Interpretation steht auf relativ gesichertem Boden (s. zusammenfassend RULE & NESDALE, 1976).

Auch Attributions-Voreingenommenheiten schienen nach ersten Befunden einen Einfluß auf das Ausmaß gezeigter Aggression zu haben. DENGERINK et al. (1975) sind von der Vermutung ausgegangen, daß Internal-Kontrollierte (ROTTER, 1966), wenn sie einer Aggression ausgesetzt sind, mit stärkerer Gegenaggression antworten, weil sie glauben, hierdurch die Aggressionen eines Gegners wirksam unterbinden zu können. Tatsächlich neigen Internal-Kontrollierte mehr als External-Kontrollierte dazu, auf unterschiedliche Aggressionsstärken mit jeweils entsprechender Intensität zu antworten, während External-Kontrollierte auf unterschiedliche Aggressionsstärken eher gleichförmig, jedoch insgesamt mit nicht geringerer Intensität als Internal-Kontrollierte reagieren. Ob diese Befunde allerdings im Sinne des von ROTTER (1954, 1966, s. o.) vorgestellten Konzepts interpretiert werden können, ist fraglich. Vielmehr scheint es, daß Internal-Kontrollierte in subtilerer Form Situationsanalysen betreiben, um dann jeweils situationsangemessen handeln zu können. Ähnlich wurden bereits die unterschiedlichen Reaktionen Internal- und External-Kontrollierter auf Erfolg und Mißerfolg in zufalls- und tüchtigkeitabhängigen Situationen interpretiert (LEFCOURT, 1972).

6.3 Attributionen und leistungsbezogenes Verhalten

Im Bereich der Theorien leistungsmotivierten Verhaltens dominierte lange Zeit das Risikowahl-Modell von J. W. ATKINSON (1957, 1964; s. zusammenfassend SCHNEIDER, 1976). Es gehört zur Klasse der sog. Erwartung × Nutzen – Theorien, in denen die verhaltenswirksame Motivation a) vom subjektiven Wert oder Nutzen abhängig gemacht wird, den eine Person bestimmten Handlungszielen zuordnet, und b) von der Erwartung der Person, die in Frage stehenden Ziele zu erreichen. Die beiden Nutzenparameter im Modell von ATKINSON (1964) sind die positiven bzw. negativen Attraktivitäten (Valenzen) von Erfolg bzw. Mißerfolg, die sich jeweils aus der multiplikativen Verknüpfung der als relativ überdauernd gedachten Personfaktoren Erfolgsmotiv bzw. Mißerfolgsmotiv und des Anreizes von Erfolg bzw. Mißerfolg ergeben. Die beiden Erwartungsparameter werden als subjektive Wahrscheinlichkeiten von Erfolg bzw. Mißerfolg operationalisiert.

Eine Erweiterung dieses Modells von ATKINSON, aber auch eine Abkehr davon bedeutet der von WEINER und Mitarbeitern (WEINER et al., 1971; WEINER et al., 1972; WEINER, 1972, 1974) vorgestellte attributions-theoretische Ansatz der Erklärung leistungsmotivierten Verhaltens: eine Erweiterung insofern, als Attributionen der handelnden Person als Determinanten für die Ausprägung der beiden Modellparameter «Erwartung» und «Anreiz» spezifiziert werden; und eine Abkehr, weil das Erfolgsmotiv und das Mißerfolgsmotiv nicht wie bei ATKINSON als Affektdispositionen definiert sind, sondern als Attributionsdispositionen, das heißt als Dispositionen, Leistungsresultate in relativ überdauernder Weise bestimmten Ursachenfaktoren zuzuschreiben. Erfolgsmotivierte sollen nach WEINER mehr als Mißerfolgsmotivierte dazu neigen, eigene Erfolge den internalen Ursachenfaktoren Begabung und Anstrengung zuschreiben. Mißerfolge sollen Erfolgsmotivierte besonders mit mangelnder Anstrengung begründen, Mißerfolgsmotivierte dagegen besonders mit mangelnder eigener Begabung.

Das von WEINER und Mitarbeitern entwickelte attributionstheoretische Modell leistungsmotivierten Verhaltens ist in der Abbildung 10 zusammengefaßt. Es wird davon ausgegangen, daß Attributionen von Erfolg und Mißerfolg von einer Anzahl vorauslaufender Bedingungen abhängig sind: von spezifischen Hinweisreizen wie Konsensus-, Distinktheits- und Konsistenzinformationen (s. hier Abschnitt 2.3.1); von kausalen Schemata (s. hier Abschnitt 2.3.2); von individuellen Unterschieden der Ursachenerklärung (s. hier Abschnitt 5), unter anderem auch motivabhängigen Unterschieden; und von anderen Gegebenheiten. Im Kontext der Erklärung von Leistungsresultaten sollen insbesondere die vier bereits von HEIDER (s. hier Abschnitt 2.1) spezifizierten Kausalfaktoren Begabung, Anstrengung, Aufgabenschwierigkeit und Zufall herangezogen werden. Diese vier Faktoren lassen sich nach den ebenfalls bereits von HEIDER spezifizierten Dimensionen Stabilität über Zeit und Personabhängigkeit gleichzeitig klassifizieren (WEINER et al., 1971): Begabung ist ein personabhängiger (internaler) und stabiler Faktor; Anstrengung ist ein internaler und variabler Faktor; Aufgabenschwierigkeit ist personunabhängig (external) und stabil; Zufall ist external und variabel.

Die Höhe und besonders die Veränderung subjektiver Wahrscheinlichkeiten von Erfolg und Mißerfolg (des Erwartungsparameters in Erwartung × Nutzen-Theorien) hängt nach diesem Modell davon ab, inwieweit Resultate mit stabilen Faktoren in ursächlichen Zusammenhang gebracht werden: die Veränderung von Erwartungen ist um so ausgeprägter, je mehr die eigene Begabung und die Schwierigkeit bzw. Leichtigkeit einer Aufgabe zur Erklärung zurückliegender Resultate herangezogen werden. Die Stärke leistungsthematischer Affekte (des Anreizparameters) ist davon abhängig, inwieweit personabhängige (internale) Faktoren zur Ursachenerklärung herangezogen werden: Stolz über die eigene Tüchtigkeit bzw. Unzufriedenheit mit der eigenen Untüchtigkeit sind dann besonders ausgeprägt, wenn Erfolg bzw. Mißerfolg mit starker bzw. zu geringer eigener Anstrengung und hoher bzw. geringer eigener Begabung erklärt werden. Diese attributionsabhängigen Erwartungen und Affekte determinieren im Modell dann gemeinsam Richtung, Dauer und Stärke leistungsbezogenen Verhaltens.

Die einzelnen in das Modell eingehenden Annahmen sind in unterschiedlicher Weise empirisch gestützt. Am besten gesichert ist die Annahme, daß Erwartungsänderungen von der Zugehörigkeit eines Ur-

Vorauslaufende Bedingungen	Kausalfaktoren	Dimensionen	dimensionale Konsequenz	Verhalten
spezifische Hinweisreize	Begabung			
kausale Schemata	Anstrengung			Richtung
individuelle Unterschiede	Aufgabenschwierigkeit	Stabilität ⟶	Erwartung	Dauer
Bekräftigungsraten	Zufall	Personabhängigkeit ⟶	Affekt	Stärke
Bekräftigungspläne	u. a.			

Abbildung 10. Attributionstheoretisches Modell leistungsmotivierten Verhaltens (nach WEINER, 1974).

sachenfaktors zur Dimension stabil-variabel abhängen (s. z. B. MEYER, 1973; WEINER et al., 1976). Darüber hinaus gibt es Belege dafür, daß die Stärke leistungsthematischer Affekte von der Zugehörigkeit eines Ursachenfaktors zur Dimension internal-external abhängt, wobei allerdings noch strittig ist, welcher von den beiden internalen Faktoren Begabung und Anstrengung in ausgeprägterer Weise Affekte determiniert (s. z. B. MEYER, 1973; NICHOLLS, 1976). Zusammenfassend hat sich die Einbeziehung attributionstheoretischer Konzepte in die verschiedensten Verhaltensmodelle wohl nirgendwo so fruchtbar erwiesen wie im Bereich von Theorien leistungsmotivierten Verhaltens und so rasch zu einer weithin akzeptierten theoretischen Neuorientierung geführt.

Literatur

AJZEN, I. & FISHBEIN, M. A Bayesian analysis of attribution processes. Psychological Bulletin, 1975, 82, 261–277.

ANDERSON, N. H. Cognitive algebra: Integration theory applied to social attribution. In: BERKOWITZ, L. (Hrsg.). Advances in experimental social psychology. Vol. 7. New York: Academic Press, 1974, S. 1–101.

ATKINSON, J. W. Motivational determinants of risk-taking behavior. Psychological Review, 1957, 64, 359–372.

ATKINSON, J. W. An introduction to motivation. Princetown, N. J.: Van Nostrand, 1964.

BALDWIN, A. L. A cognitive theory of socialisation. In: GOSLIN, D. A. (Hrsg.). Handbook of socialisation theory and research. Chicago: Rand McNally, 1969, S. 325–346.

BEM, D. J. Self-perception: An alternative interpretation of cognitive dissonance phenomena. Psychological Review, 1967, 74, 183–200.

BEM, D. J. Self-perception theory. In: BERKOWITZ, L. (Hrsg.). Advances in experimental social psychology. Vol. 6. New York: Academic Press, 1972, S. 1–62.

BERKOWITZ, L. The concept of aggressive drive: Some additional considerations. In: BERKOWITZ, L. (Hrsg.). Advances in experimental social psychology. Vol. 2. New York: Academic Press, 1965, S. 301–329.

BERKOWITZ, L. External determinants of impulsive aggression. In: deWIT, J. & HARTUP, W. W. (Hrsg.). Determinants and origins of aggressive behavior. The Hague: Mouton, 1974, S. 147–165.

BERKOWITZ, L. & TURNER, CH. Perceived anger level, instigating agent, and aggression. In: LONDON, H. & NISBETT, R. E. (Hrsg.). Thought and feeling. Cognitive alteration of feeling states. Chicago: Aldine, 1974, S. 174–189.

CIALDINI, R. B., KENRICK, D. T. & HOERIG, J. H. Victim derogation in the Lerner paradigm: Just world or just justification? Journal of Personality and Social Psychology, 1976, 33, 719–724.

CRANDALL, V. C., KATKOVSKY, W. & CRANDALL, V. J. Children's beliefs in their own control of reinforcements in intellectual-academic achievement situations. Child Development, 1965, 36, 91–109.

DeCHARMS, R. Personal causation. New York: Academic Press, 1968.

DeCHARMS, R. Enhancing motivation. Change in the classroom. New York: Irvington, 1976.

DECI, E. L. Intrinsic motivation. New York: Plenum Press, 1975.

DENGERINK, H. A., O'LEARY, M. R. & KASNER, K. H. Individual differences in aggressive responses to attack: Internal-external locus of control and field dependence-independence. Journal of Research in Personality, 1975, 9, 191–199.

ENDLER, N. S. & MAGNUSSON, D. Toward an interactional psychology of personality. Psychological Bulletin, 1976, 83, 956–974.

EPSTEIN, S. & TAYLOR, S. P. Instigation to aggression as a function of degree of defeat and perceived aggressive intent of the opponent. Journal of Personality, 1967, 35, 265–289.

ESWARA, H. S. Administration of reward and punishment in relation to ability, effort, and performance. Journal of Social Psychology, 1972, 87, 139–140.

FELDMAN, N. S., HIGGINS, E. T., KARLOVAC, M. & RUBLE, D. N. Use of consensus information in causal attributions as a function of temporal presentation and availability of direct information. Journal of Personality and Social Psychology, 1976, 34, 694–698.

FESHBACH, S. The function of aggression and the regulation of aggressive drive. Psychological Review, 1964, 71, 257–272.

HARVEY, J. H., ICKES, W. J. & KIDD, R. F. New directions in attribution research. Vol. 1. Hillsdale, N. J.: Erlbaum, 1976.

HEIDER, F. The psychology of interpersonal relations. New York: Wiley, 1958.

HIROTO, D. S. & SELIGMAN, M. E. P. Generality of learned helplessness in man. Journal of Personality and Social Psychology, 1975, 31, 311–327.

ICKES, W. J. & KIDD, R. F. An attributional analysis of helping behavior. In: HARVEY, J. H., ICKES, W. J. & KIDD, R. F. (Hrsg.). New directions in attribution research. Vol. 1. Hillsdale, N. J.: Erlbaum, 1976, S. 311–334.

JONES, E. E. & DAVIS, K. E. From acts to dispositions: The attribution process in person perception. In: BERKOWITZ, L. (Hrsg.). Advances in experimental social psychology. Vol. 2. New York: Academic Press, 1965, S. 219–266.

JONES, E. E., DAVIS, K. E. & GERGEN, K. J. Role playing variations and their informational value for person perception. Journal of Abnormal and Social Psychology, 1961, 63, 302–310.

JONES, E. E., KANOUSE, D. E., KELLEY, H. H., NISBETT, R. E., VALINS, S. & WEINER, B. Attribution: Perceiving the causes of behavior. Morristown, N. J.: General Learning Press, 1972.

JONES, E. E. & McGILLIS, D. Correspondent inferences and the attribution cube: A comperative reappraisal. In: HARVEY, J. H., ICKES, W. J. & KIDD, R. F. New directions in attribution research. Vol. 1. Hillsdale, N. J.: Erlbaum, 1976, S. 389–420.

JONES, E. E. & NISBETT, R. E. The actor and the observer: Divergent perceptions of the causes of behavior. Morristown, N. J.: General Learning Press, 1971.

KAPLAN, R. M. & SWANT, S. G. Reward characteristics in appraisal of achievement behavior. Representative Research in Social Psychology, 1973, 4, 11–17.

KELLEY, H. H. Attribution theory in social psychology. In: LEVINE, D. (Hrsg.). Nebraska symposium on motivation, 1967. Lincoln: University of Nebraska Press, 1967, S. 192–238.

KELLEY, H. H. Attribution in social interaction. New York: General Learning Press, 1971.

KELLEY, H. H. Causal schemata and the attribution process. New York: General Learning Press, 1972.

KELLEY, H. H. The processes of causal attribution. American Psychologist, 1973, 28, 107–128.

KELLEY, H. H. & STAHELSKI, A. J. Errors in perception of intentions in a mixed-motive game. Journal of Experimental Social Psychology, 1970a, 6, 379–400.

KELLEY, H. H. & STAHELSKI, A. J. The inference of intentions from moves in the Prisoner's Dilemma Game. Journal of Experimental Social Psychology, 1970b, 6, 401–419.

KELLY, G. A. The psychology of personal constructs. Vols. 1 und 2. New York: Norton, 1955.

KUN, A. & WEINER, B. Necessary versus sufficient causal schemata for success and failure. Journal of Research in Personality, 1973, 7, 197–207.

LANZETTA, J. T. & HANNAH, T. E. Reinforcing behavior of "naive" trainers. Journal of Personality and Social Psychology, 1969, 11, 245–252.

LEFCOURT, H. M. Recent developments in the study of locus of control. In: MAHER, B. (Hrsg.). Progress in experimental personality research. Vol. 6. New York: Academic Press, 1972, S. 1–39.

LERNER, M. J. Social psychology of justice and interpersonal attraction. In: HUSTON, T. (Hrsg.). Foundations of interpersonal attraction. New York: Academic Press, 1974, S. 331–351.

LERNER, M. J. & MATTHEWS, G. Reactions to suffering of others under conditions of indirect responsibility. Journal of Personality and Social Psychology, 1967, 5, 319–325.

LIEBHART, E. H. Attributionstherapie. Beeinflussung herzneurotischer Beschwerden durch Externalisierung kausaler Zuschreibungen. Zeitschrift für klinische Psychologie, 1974, 3, 71–94.

LOWE, CH. A. & MEDWAY, F. J. Effects of valence, severity, and relevance on responsibility and dispositional attribution. Journal of Personality, 1976, 44, 518–538.

MCARTHUR, L. A. The how and what of why: Some determinants and consequences of causal attribution. Journal of Personality and Social Psychology, 1972, 22, 171–193.

MAIER, S. F., SELIGMAN, M. E. P. & SOLOMON, R. L. Pavlovian fear conditioning and learned helplessness: Effects on escape and avoidance behavior of (a) the CS-US contingency and (b) the independence of the US and voluntary responding. In: CAMPBELL, B. A. & CHURCH, R. M. (Hrsg.). Punishment and aversive behavior. New York: Appleton-Century-Crofts, 1969, S. 299–342.

MALLICK, S. & MCCANDLESS, B. A study of carthasis of aggression. Journal of Personality and Social Psychology, 1966, 4, 591–596.

MEYER, W.-U. Leistungsmotiv und Ursachenerklärung von Erfolg und Mißerfolg. Stuttgart: Klett, 1973.

MISCHEL, W. Personality and assessment. New York: Wiley, 1968.

MISCHEL, W. Toward a cognitive social learning reconceptualization of personality. Psychological Review, 1973, 80, 252–283.

NICHOLLS, J. G. Effort is virtuous, but it's better to have ability: Evaluative responses to perceptions of effort and ability. Journal of Research in Personality, 1976, 10, 306–315.

NICKEL, T. W. The attribution of intention as a critical factor in the relation between frustration and aggression. Journal of Personality, 1974, 42, 482–492.

NISBETT, R. E., CAPUTO, C., LEGANT, P. & MARECEK, J. Behavior as seen by the actor and as seen by the observer. Journal of Personality and Social Psychology, 1973, 27, 154–164.

PHARES, E. J. Locus of control in personality. Morristown, N. J.: General Learning Press, 1976.

PIAGET, J. The moral judgment of the child. New York: Harcourt, Brace, 1932.

REGAN, D. T. & TOTTEN, J. Empathy and attribution: Turning observers into actors. Journal of Personality and Social Psychology, 1975, *32*, 850–856.

REST, S. Schedules of reinforcement: An attributional analysis. In: HARVEY, J. H., ICKES, W. J. & KIDD, R. F. New directions in attribution research. Vol. 1. Hillsdale, N. J.: Erlbaum, 1976, S. 97–120.

REST, S., NIERENBERG, R., WEINER, B. & HECKHAUSEN, H. Further evidence concerning the effects of perceptions of effort and ability on achievement evaluation. Journal of Personality and Social Psychology, 1973, *28*, 187–191.

ROSENBAUM, R. M. A dimensional analysis of perceived causes of success and failure. Unveröffentlichte Dissertation. University of California, Los Angeles, 1972.

ROTTER, J. B. Social learning and clinical psychology. Englewood Cliffs, N. J.: Prentice-Hall, 1954.

ROTTER, J. B. Generalized expectancies for internal versus external control of reinforcement. Psychological Monographs, 1966, 80, No. 1 (Whole No. 609).

RULE, B. G. The hostile and instrumental fuctions of human aggression. In: de WIT, J. & HARTUP, W. W. (Hrsg.). Determinants and origins of aggressive behavior. The Hague: Mouton, 1974, S. 125–145.

RULE, B. G. & NESDALE, A. R. Moral judgment of aggressive behavior. In: GEEN, R. G. & O'NEAL, E. C. (Hrsg.). Perspectives on aggression. New York: Academic Press, 1976, S. 37–60.

SCHMALT, H.-D. Die Messung des Leistungsmotivs. Göttingen, Hogrefe, 1976.

SCHNEIDER, K. Leistungsmotiviertes Verhalten als Funktion von Motiv, Anreiz und Erwartung. In: SCHMALT, H.-D. & MEYER, W.-U. (Hrsg.). Leistungsmotivation und Verhalten. Stuttgart: Klett, 1976, S. 33–59.

SELIGMAN, M. E. P. Fall into helplessness. Psychology Today, 1973, *6*, 43–48.

SELIGMAN, M. E. P. Helplessness. On depression, development and death. San Francisco: Freeman, 1975.

SIMONS, G. Kausalattribuierung und Sanktionierung. Unveröffentlichte Diplom-Arbeit. Psychologisches Institut der Ruhr-Universität Bochum, 1974.

SOGIN, S. R. & PALLAK, M. S. Bad dicisions, responsibility, and attitude change: Effects of volition, foreseeability, and locus of causality of negative consequences. Journal of Personality and Social Psychology, 1976, *33*, 300–306.

STONNER, D. M. The study of aggression: Conclusions and prospects for the future. In: GEEN, R. G. & O'NEAL, E. C. (Hrsg.). Perspectives on aggression. New York: Academic Press, 1976, 235–260.

STORMS, M. D. Videotape and the attribution process: Reversing actors' and observers' points of view. Journal of Personality and Social Psychology, 1973, *27*, 165–175.

TEDESCHI, J. T., SMITH, R. B. & BROWN, R. C. A reinterpretation of research on aggression. Psychological Bulletin, 1974, *81*, 540–562.

VALINS, S. & NISBETT, R. E. Attribution processes in the development and treatment of emotional disorders. In: Jones, E. E. et al. Attribution: Perceiving the causes of behavior. Morristown, N. J.: General Learning Press, 1971, S. 137–150.

WALSTER, E. Assignment of responsibility for an accident. Journal of Personality and Social Psychology, 1966, *3*, 73–79.

WEINER, B. Theories of motivation. From mechanism to cognition. Chicago: Markham, 1972.

WEINER, B. Achievement motivation and attribution theory. Morristown, N. J.: General Learning Press, 1974.

WEINER, B. An attributional interpretation of expectancy-value theory. In: WEINER, B. (Hrsg.). Cognitive views of human motivation. New York: Academic Press, 1974, S. 51–69.

WEINER, B., FRIEZE, I., KUKLA, A., REED, L., REST, S. & ROSENBAUM, R. M. Perceiving the causes of success and failure. New York: General Learning Press, 1971.

WEINER, B., HECKHAUSEN, H., MEYER, W.-U. & COOK, R. E. Causal ascriptions and achievement behavior: A conceptual analysis of effort and reanalysis of locus of control. Journal of Personality and Social Psychology, 1972, *21*, 239–248.

WEINER, B. & KUKLA, A. An attributional analysis of achievement motivation. Journal of Personality and Social Psychology, 1970, *15*, 1–20.

WEINER, B., NIERENBERG, R. & GOLDSTEIN, M. Social learning (locus of control) versus attributional (causal stability) interpretations of expectancy of success. Journal of Personality, 1976, *44*, 52–68.

WORTMAN, C. B. Some determinants of perceived control. Journal of Personality and Social Psychology, 1975, *31*, 282–294.

WORTMAN, C. B. Causal attributions and personal control. In: HARVEY, J. H., ICKES, W. J. & KIDD, R. F. (Hrsg.). New directions in attribution research. Vol. 1. Hillsdale, N. J.: Erlbaum, 1976, S. 23–52.

Die Theorie der Selbst-Wahrnehmung — Einführung

Die Theorie der Selbstwahrnehmung von BEM wurde bewußt in einem gesonderten Beitrag behandelt und nicht dem Beitrag über die Attributionstheorie zugeordnet, und zwar aus zwei Gründen: Zum einen kommt dieser Theorie eine relativ große Bedeutung zu, insbesondere in ihrer Konfrontation mit der Theorie der kognitiven Dissonanz, zum zweiten ist in neuerer Zeit die Zahl der Forschungsarbeiten zur Attributionstheorie und zur Theorie der Selbstwahrnehmung so stark angestiegen, daß es entsprechend des augenblicklichen Trends gerechtfertigt erscheint, beide Theorien gesondert darzustellen. BEM nennt sich selber einen «radikalen Behavioristen», obwohl seine Argumentation oft sehr kognitivistisch klingt.

Die Theorie der Selbstwahrnehmung beruht auf einer sehr knappen und einfachen Prämisse. Nach BEM verhalten sich Personen wie externe Beobachter: Menschen schließen aus der Beobachtung ihres eigenen Verhaltens und/oder den Umständen, unter denen dieses Verhalten stattfindet, auf ihre eigenen Einstellungen und Emotionen oder andere interne Zustände. Es besteht ein starker Zusammenhang zwischen BEMS Theorie und der Theorie SCHACHTERS, und zwar insofern, als beide Theorien annehmen, daß externe Variablen die Zuschreibung von internen Zuständen beeinflussen. Je geringer die externen Gründe sind, ein Verhalten auszuführen, um so eher schließt eine Person, daß das Verhalten ihre eigenen Attitüden und Stimmungen widerspiegelt. Der Paradigma-Wechsel von motivations- und konsistenzzentrierten Ansätzen zu attributions-orientierten Fragestellungen hat die Theorie von BEM stark begünstigt.

Die Theorie der Selbst-Wahrnehmung bietet für mehrere Phänomene, die früher mit Dissonanz erklärt wurden, eine alternative Interpretation, wie z. B. «forced compliance», «forbidden toy», «foot-in-the-door-technique», «door-in-the-face-technique», «overjustification» usw. Welche der beiden Theorien mehr Gültigkeit beanspruchen kann, ist bis heute eine ungelöste Frage. Theoretiker wie GREENWALD sind sogar der Ansicht, daß eine Lösung letztendlich nicht möglich ist, da beide Theorien nicht falsifizierbar seien.

Die Theorie
der Selbst-Wahrnehmung von Bem

HANS-JOACHIM GRABITZ
Universität Düsseldorf

1. Theorie

Die Theorie der Selbst-Wahrnehmung von BEM (1965, 1967b, 1972) besteht aus folgenden zwei Behauptungen: Individuen lernen ihre eigenen
Einstellungen, Emotionen und andere interne Zustände teilweise dadurch kennen, daß sie sie aus der Beobachtung ihres eigenen Verhaltens
und/oder den Umständen, unter denen dieses Verhalten stattfindet, erschließen. D. h., in dem Maß, in dem die internen Hinweise schwach,
zweideutig oder uninterpretierbar sind, ist das Individuum funktional in
derselben Lage wie ein außenstehender Beobachter, der sich notwendigerweise auf jene selben externen Hinweise verlassen muß, um die
internen Zustände des Individuums zu erschließen (nach BEM, 1972).

BEMS Theorie der Selbst-Wahrnehmung stellt eine Antwort auf die
Frage nach den Grundlagen jener Behauptungen und Feststellungen dar,
die Individuen über sich selbst treffen. Worauf z. B. stützt eine Person
die Behauptung «ich bin müde»? Ist diese Feststellung das Ergebnis einer Beobachtung oder einer Schlußfolgerung oder entspricht sie unmit-
telbarer interner Evidenz?

Die Vorstellungen, die BEM in Form der Selbst-Wahrnehmungs-Theorie im Zusammenhang mit dieser Frage entwickelt, knüpfen an SKINNERS
(1953) Versuch zur Einordnung sog. «privater Vorgänge» in eine behavioristische Verhaltenserklärung an.

Private Vorgänge sind nach SKINNER all jene den Organismus beein-
flussenden Ereignisse, die in der «Welt in unserer Haut» stattfinden. Diese Ereignisse stellen für die Erklärung von Verhalten als Funktion der
Umwelt insofern ein Problem dar, als sie allein für den betroffenen Organismus, nicht aber für die äußere Umwelt zugänglich sind. Der Vorgang der operanten Diskrimination setzt aber voraus, daß sowohl der
Organismus, als auch die verstärkende Instanz Kenntnis vom Vorhandensein bzw. Nicht-Vorhandensein des diskriminativen Reizes haben.
Damit entsteht die Frage, wie operantes Verhalten (etwa in Form von
Feststellungen über sich selbst) unter die Kontrolle diskriminativer Stimuli (der internen Vorgänge) gelangen kann, wenn eine bedingte Verstärkung mangels Kenntnis der Bedingung nicht möglich ist.

Nach SKINNER (1953) hat die (verstärkende) Umwelt gewisse Möglichkeiten. So kann z. B. eine Verstärkung nur dann gegeben werden, wenn die privaten Vorgänge mit Begleiterscheinungen einhergehen, die für die Umwelt zugänglich sind. Eine andere Möglichkeit besteht darin, verbale Reaktionen, die im Zusammenhang mit zugänglichen Ereignissen erworben werden, aufgrund gemeinsamer Eigenschaften auf private Vorgänge zu übertragen. Jedoch stellen diese Möglichkeiten Kompromisse dar, die in ihrer Anzahl begrenzt sind, und deren Effektivität oft gering ist. Diese Tatsache hat Konsequenzen sowohl für die verstärkende Umwelt, als auch für das betroffene Individuum. Die Umwelt (die soziale Gemeinschaft) auf der einen Seite kann das Vorhandensein eines privaten Vorgangs nicht mit Sicherheit feststellen. Sie hegt demgemäß Zweifel bezüglich der verbalen Reaktionen des Individuums, die solche Vorgänge beschreiben. Die Selbsterkenntnis des Individuums auf der anderen Seite ist zwangsläufig begrenzt durch die Kontingenzen, die die Umwelt erzeugen kann.

SKINNERS Analyse privater Vorgänge ergibt also, daß wir möglicherweise ziemlich weit davon entfernt sind, direkte und unfehlbare Information über unsere internen Zustände zu haben und gleichzeitig, daß wir praktisch überhaupt keine solche Information hätten, wenn wir nicht explizit trainiert worden wären. Diese Begrenztheit und Ungenauigkeit bei der Identifikation eigener interner Zustände implizieren nach BEM (1965, 1972) die Vermutung, daß viele der Feststellungen, die Individuen über sich selbst treffen, und die ausschließlich unter der Kontrolle interner Stimuli zu stehen scheinen, in Wirklichkeit durch dieselben Begleitereignisse von privaten Vorgängen kontrolliert werden, die externe Beobachter benutzen, um die internen Zustände des Individuums zu erschließen. Empirische Hinweise für das Zutreffen dieser Vermutung liefern nach BEM Untersuchungen wie die von SCHACHTER & SINGER (1962) oder VALINS (1966).

Ein wichtiges Begleitereignis privater Vorgänge ist das beobachtbare Verhalten des Individuums. Dem externen Beobachter liefert diese Variable gewöhnlich die wichtigsten Hinweise. In Anwendung der oben genannten Vermutung ergibt sich, daß ein Individuum, das wissen möchte, was es fühlt, ebenfalls beobachtet, was es tut.

Jedoch stehen Fremd- wie Selbstbeobachter für Schlußfolgerungen neben dem Verhalten überdies die Umstände zur Verfügung, unter denen das beobachtete Verhalten stattfindet. Besondere Wichtigkeit in der Menge solcher Umstände erlangen Variablen, von denen das gezeigte Verhalten offensichtlich eine Funktion ist. Nach BEM bilden diese Variablen innerhalb nicht behavioristisch orientierter Ansätze die Grundlage für eine Einteilung von Verhalten in Klassen unterschiedlicher Bedeutung. Eine Einteilung gezeigten Verhaltens, wenngleich entsprechend der Qualität der kontrollierenden Variable, nimmt auch BEM (1965) vor.

Mit SKINNER (1957) bezeichnet BEM ein (verbales) Verhalten, das unter der diskriminativen Kontrolle eines Teiles der Umwelt ist als «tact». Zur Umwelt zählen dabei auch interne Stimuli. Ein Verhalten hingegen, das unter der Kontrolle eines spezifischen Verstärkers steht, wird «mand» (von demand) genannt.

Ein von BEM (1965, 1972) verwendetes Beispiel zur Illustration dieser Unterscheidung ist der Redner (Kommunikator). Ein Redner, von dem bekannt ist, daß er für seine Äußerungen bezahlt worden ist oder sie gezwungenermaßen macht, dessen Verhalten also durch spezifische Verstärker gesteuert wird, wirkt wenig glaubwürdig und überzeugend. Der Redner hingegen, dessen Äußerungen durch den diskriminativen Stimulus «entspricht seinen Überzeugungen» kontrolliert werden, wirkt glaubwürdig. Allerdings ist dieser Stimulus, zumindest für den externen Beobachter, nicht direkt zugänglich; sein Vorhandensein wird aber mit dem Verschwinden spezifischer Verstärkerkontingenzen wahrscheinlicher.

Die Anwendung der Argumentation der Selbst-Wahrnehmungs-Theorie auf dieses Beispiel führt zu dem Schluß, daß auch für den Redner der diskriminative Stimulus nicht in allen Fällen zugänglich ist, jedenfalls nicht direkt. Nach der Selbst-Wahrnehmungs-Theorie erschließt der Redner seine Überzeugungen und Einstellungen nämlich in dem Maße ebenfalls aus seinem eigenen Verhalten, in dem dieses frei von der Kontrolle expliziter Verstärker erscheint.

2. Experimentelle Prüfungen von Vorhersagen der Selbst-Wahrnehmungs-Theorie

Zur Überprüfung der Behauptung der Selbst-Wahrnehmungs-Theorie, daß die Einstellung einer Person eine Funktion des gezeigten Verhaltens und der dieses Verhalten kontrollierenden Variablen ist, wurde eine Reihe von Experimenten durchgeführt.

BEM (1965) variierte die Selbst-Glaubwürdigkeit des gezeigten Verhaltens (als diskriminativen Stimulus) und die Art des gezeigten Verhaltens. Abhängige Variable war die Einstellung zu einer Reihe von Cartoons.

Die Selbst-Glaubwürdigkeit wurde über einen konditionierten Stimulus gesteuert. Der Konditionierungsprozeß verlief folgendermaßen: Die Vpn wurden aufgefordert, Fragen über sich selbst zu beantworten. Während sie die Antworten auf Tonband sprachen, leuchtete ein gelbes oder ein grünes Licht auf. Bei gelbem Licht sollten die Fragen wahrheitsgemäß, bei grünem Licht hingegen falsch beantwortet werden. Die Vpn lernten also einen Zusammenhang zwischen der Glaubwürdigkeit ihrer Behauptungen und der Farbe des Lichtes.

Im eigentlichen Versuch sollten die Vpn zu jedem einer Reihe von Cartoons, die sie ursprünglich als «neutral» eingestuft hatten, auf Anweisung des Vl entweder sagen «dies ist sehr lustig» oder «dies ist überhaupt nicht lustig». Während die Vpn diese Behauptungen auf Tonband sprachen, leuchtete jeweils wieder eines der beiden Lichter auf. Jedoch sollte, so die Instruktion, auf die Lichter nicht geachtet werden. Im Anschluß hieran gaben die Vpn ihre tatsächliche Einstellung zu den Cartoons auf einer Einstellungsskala an.

Die Ergebnisse entsprachen den Vorhersagen der Selbst-Wahrnehmungs-Theorie. Die Vpn änderten ihre Einstellung in Gegenwart des «Wahrheits-Lichtes» signifikant mehr in Richtung auf den Inhalt der abgegebenen Behauptung als in Gegenwart des «Lügen-Lichtes».

In einer ähnlichen Untersuchung stellte BEM (1966) fest, daß in Gegenwart des «Lügen-Lichtes» falsche Bekenntnisse hinsichtlich eines vergangenen Verhaltens (im Vergleich zu Kontrollversuchen) keinen Effekt auf die Erinnerung des tatsächlichen Verhaltens hatten. Bei Präsentation des «Wahrheits-Lichtes» führten falsche Bekenntnisse hingegen zu vergleichsweise mehr Fehlern bei der Erinnerung und zu einer reduzierten Sicherheit hinsichtlich der Richtigkeit des abgegebenen Urteils. Diese Ergebnisse wurden von MASLACH (1971) in einer Replikation bestätigt.

BANDLER, MADARAS & BEM (1968) konnten die aus der Selbst-Wahrnehmungs-Theorie ableitbare Hypothese bestätigen, daß Personen, die einen elektrischen Schock durch Knopfdruck beenden, diesen Schock dann als schmerzhafter einstufen als einen objektiv gleichstarken Schock, den sie aushalten, wenn sie den Schock auf eigenen Entschluß hin beenden. Wird die Unterbrechung auf Anweisung des Vl vorgenommen, so zeigte sich dieser Unterschied nicht. CORAH & BOFFA (1970) konnten die Ergebnisse von BANDLER et al. (1968) unter Verwendung von Lärm als aversiven Reiz bestätigen. Verhalten dient also nur dann als Indikator für einen internen Vorgang, wenn es nicht als unter der Kontrolle spezifischer Verstärker wahrgenommen wird.

Nicht voll bestätigt wurden die Ergebnisse von BANDLER, MADARAS & BEM (1968) durch eine neuere Untersuchung von BROWN, KLEMP & LEVENTHAL (1975), die fanden, daß Schocks, die unterbrochen wurden, nur dann als schmerzhafter eingestuft wurden als Schocks, die ausgehalten wurden, wenn es sich um intensive Schocks handelte. Bei schwachen Schocks wurde keine Schlußfolgerung aus dem gezeigten Verhalten gezogen.

Eine Variation sowohl der Selbst-Glaubwürdigkeit als auch der Verstärkerkontingenz beinhaltet ein Experiment von LINDER & JONES (1969). Ähnlich wie im Experiment von BEM (1965) lernten die Vpn von LINDER & JONES, daß sie ihren eigenen Äußerungen glauben konnten in

Gegenwart eines «Wahrheits-Lichtes» und nicht glauben konnten in Gegenwart eines «Lügen-Lichtes». Alle Vpn sollten alsdann einen Aufsatz einstellungskonträren Inhaltes lesen, wobei der einen Hälfte der Vpn freigestellt war, dies zu tun, die andere Hälfte hingegen keine Wahl hatte. Bei der abschließenden Erhebung der Einstellung zeigte sich, daß die im Aufsatz vertretene Einstellung dann signifikant stärker übernommen wurde, wenn freie Wahl bestanden hatte und das «Wahrheits-Licht» brannte. Nach BEM (1972) deutet dieses darauf hin, daß die kontrollierenden Variablen, die die Glaubwürdigkeit des Verhaltens bestimmen, einen multiplikativen Zusammenhang bilden.

3. Selbst-Wahrnehmung versus Reduktion kognitiver Dissonanz

Nach Auffassung von BEM (1965, 1967b, 1972) lassen sich die Ergebnisse einer Reihe von Experimenten, die zur Überprüfung von Vorhersagen der Theorie der kognitiven Dissonanz (FESTINGER 1957) durchgeführt wurden, mit Hilfe der Selbst-Wahrnehmungs-Theorie ebenfalls erklären. BEM erläutert seine Argumentation vorzugsweise am Experiment von FESTINGER & CARLSMITH (1959). In dieser Untersuchung sollten Vpn, die an einer langweiligen experimentellen Aufgabe teilgenommen hatten, für eine Bezahlung von einem bzw. zwanzig Dollar einer anderen, wartenden Vp (in Wirklichkeit ein Mitwisser) erzählen, daß die Aufgabe im Experiment interessant und vergnüglich sei. Im Anschluß daran gaben die Vpn eine Bewertung darüber ab, wie interessant sie die Aufgabe selbst gefunden hatten.

Wie von der Dissonanz-Theorie vorhergesagt, bewerteten die Vpn, die nur einen Dollar erhalten hatten, die Aufgabe als signifikant interessanter als die Vpn, die zwanzig Dollar erhalten hatten. Nach der Dissonanz-Theorie erleben nämlich die Personen, die nur einen Dollar erhalten, stärkere Dissonanz und reduzieren diese durch eine Veränderung ihrer Meinung in Richtung auf das gezeigte Verhalten.

Nach der Selbst-Wahrnehmungs-Theorie kommt dieses Ergebnis zustande, weil die Person ähnlich wie ein externer Beobachter vorgeht, der hört, wie jemand sich positiv über die Aufgabe im Experiment äußert, und der außerdem weiß, daß für diese Äußerungen ein geringer bzw. größerer Geldbetrag gezahlt worden ist. Würde ein solcher Beobachter zu einer Einschätzung der tatsächlichen Meinung der Vp hinsichtlich der experimentellen Aufgabe aufgefordert, so würde er, in Abhängigkeit vom gezahlten Geldbetrag, zu unterschiedlichen Ergebnissen kommen. Die Äußerungen, für die zwanzig Dollar gezahlt wurden, würden nicht als unter der diskriminativen Kontrolle der experimentellen Aufgabe gesehen. Diese Äußerungen sind daher wenig glaubwürdig und lassen keinen Schluß auf die tatsächliche Einstellung zu. Die beste Schätzung, die der Beobachter in diesem Fall vornehmen kann, besteht nach BEM darin, die Einstellung einer zufällig ausgewählten Person zu unterstellen. Wird nur ein Dollar gezahlt, so kann der finanzielle Anreiz als motivierende Variable für die Äußerungen ausgeschlossen werden, und der Schluß, daß die Einstellung mit dem gezeigten Verhalten übereinstimmt, liegt näher.

Nach der Selbst-Wahrnehmungs-Theorie gehen die Personen im Experiment von FESTINGER & CARLSMITH bezüglich der Einschätzung ihres eigenen Verhaltens und der dieses Verhalten kontrollierenden Variablen ebenso vor wie ein äußerer Beobachter und erschließen mittels derselben Überlegungen ihre eigene Einstellung.

Das Zutreffen der Erklärung der Selbst-Wahrnehmungs-Theorie demonstrieren nach BEM vor allem Ergebnisse von «forced-compliance» Experimenten (KIESLER, NISBETT & ZANNA 1969), in denen eine Erklärung mittels Dissonanzreduktion nicht möglich ist, da einstellungskonforme Äußerungen gefordert werden.

3.1. Interpersonelle Simulationen

Wenn die Behauptung der Selbst-Wahrnehmungs-Theorie zutrifft, daß sich eine Person in dem Maß in derselben Lage befindet wie ein Fremdbeobachter, in dem interne Hinweise schwach, zweideutig oder uninterpretierbar sind, dann müßten, in diesen Fällen, die betroffene Person und ein Beobachter dieselben Ergebnisse produzieren.

BEM (1976b) führte eine «interpersonelle Replikation» des Experimentes von FESTINGER & CARLSMITH (1959) durch. Unter dem Hinweis, daß festgestellt werden solle, «wie genau Personen eine andere Person beurteilen können», hörten die Vpn eine Bandaufnahme, auf der ein College-Student Bob Downing beschrieben wurde, der an einem Experiment über motorische Aufgaben teilgenommen hatte. Die Aufgaben wurden detailliert, aber sachlich beschrieben. Die Vpn der Kontrollgruppe mußten, versehen mit dieser Instruktion, die Einstellung von Downing zu der (experimentellen) Aufgabe einschätzen. Den Vpn der Experimental-Bedingungen wurde zusätzlich mitgeteilt, daß Downing eine Belohnung von einem (bzw. zwanzig) Dollar dafür angenommen habe, einer im Nebenraum wartenden weiteren Person zu erzählen, daß die Aufgabe interessant sei. Es wurde dann das Tonband mit der Unterhaltung zwischen Downing und der anderen Person vorgespielt. Im Anschluß hieran sollten die Vpn dieser Bedingungen ebenfalls die Einstellung von Downing zu der Aufgabe einschätzen.

Wie von der Selbst-Wahrnehmungs-Theorie vorhergesagt, schätzten die Vpn mit der Information «ein Dollar Belohnung» die Einstellung von Downing zur Aufgabe als signifikant positiver ein als die Vpn mit der Information «zwanzig Dollar Belohnung» oder die Vpn der Kontrollgruppe.

Es wurde eine Reihe anderer Replikationen durchgeführt, in denen die Vpn entweder, wie geschildert, eine Beschreibung der Durchführung eines Experimentes erhielten, oder tatsächlich die Durchführung eines Experimentes beobachteten. In der Literatur werden diese Untersuchungen als «interpersonelle Simulationen» bezeichnet (s. Bem 1965, 1967a, 1967b, 1967c, 1968a, 1968b, 1968c, Bem & McConnell 1970, Alexander & Knight 1971).

Nicht in allen Simulationen konnten jedoch die Ergebnisse der ursprünglichen Experimente repliziert werden (z. B. Jones, Linder, Kiesler, Zanna & Bem 1968, Piliavin, Piliavin, Loewenton, McCanley & Hammond 1969). Der Erfolg der Simulation hängt offensichtlich auch von Details bei der Reproduktion der ursprünglichen Situation ab. In einer Erwiderung auf einen Einwand von Mills (1967) betonte Bem (1967a), daß Simulationen, wenn sie die Hypothese der funktionalen Ähnlichkeit von interpersoneller- und Selbst-Wahrnehmung prüfen sollen, die originale experimentelle Situation reproduzieren müssen und zwar so, wie die Vp und nicht, wie der Experimentator sie erlebt hat. Dies ist nach Bem (1972) am ehesten zu erreichen, wenn, wie bei Harris & Tamler (1971), die Simulation zusammen mit dem tatsächlichen Experiment durchgeführt wird.

Diese Charakterisierung von Simulationen durch Bem erwies sich allerdings nicht als geeignet, Meinungsverschiedenheiten bezüglich der konkreten Realisierung von Simulationen auszuräumen, da über die subjektive Befindlichkeit der Vp im Experiment hinsichtlich einer Reihe von Aspekten ebenfalls nur Vermutungen existieren. Die Untersuchung von Jones et al. (1968) rückte diesbezüglich die Frage in den Mittelpunkt der Kontroverse, ob dem Beobachter die anfängliche Einstellung des Akteurs explizit mitgeteilt werden muß oder nicht. Nach Bem (1968c) würde eine Hervorhebung der anfänglichen Einstellung kurz vor der Abgabe der postmanipulativen Bewertung auch in den ursprünglichen Dissonanz-Experimenten die Effekte zerstören. Von diesem Standpunkt aus argumentiert Bem (1972) auch gegen das Experiment von Piliavin et al. (1969), während Piliavin et al. sich darauf berufen, daß die Beobachter genau in dem Fall, in dem die Original-Prozedur von Cohen (Brehm & Cohen 1962) verwendet wurde, die Werte der Akteure nicht reproduzierten.

Eine mögliche Basis zur Entscheidung der Frage, ob Beobachtern die anfängliche Attitüde eines Akteurs mitgeteilt werden sollte, liefert eine Untersuchung von Bem & McConnell (1970). Bem & McConnell fanden, daß die Vpn in einem «forced-compliance» Experiment nicht nur nicht in der Lage sind, ihre anfängliche Einstellung korrekt zu erinnern, sondern ihre postmanipulative und anfängliche Einstellung für identisch halten, also die Veränderung ihrer Einstellung gar nicht realisieren. Jedoch bedarf dieses Ergebnis der weiteren Bestätigung. Eine Untersuchung von ZANNA (1973) nämlich liefert Hinweise dafür, daß die Schlußfolgerung der Einstellung nicht nur auf dem Verhalten (der Leistung) basiert, sondern auch auf der anfänglichen Einstellung.

3.2. Experimente zur Entscheidung zwischen Dissonanz-Theorie und Selbst-Wahrnehmungs-Theorie

BEM & MCCONNELL (1970) betonen, daß das Ergebnis, daß Vpn ihre anfänglichen Einstellungen nicht erinnern können, keinen Beleg gegen das Zutreffen der Dissonanz-Theorie darstellt. Vielmehr könne man argumentieren, daß das Vergessen einer früheren, abweichenden Einstellung selbst ein Vorgang von Dissonanz-Reduktion ist. Die alternativen Erklärungsansprüche von Dissonanz- und Selbst-Wahrnehmungs-Theorie betreffend, vertreten BEM & MCCONNELL die Auffassung, daß es nicht möglich und nicht notwendig sei, eine Entscheidung zwischen beiden Theorien zu treffen. Sie glauben, daß innerhalb des Überschneidungsbereichs beider Theorien, wo beide Theorien die selben Ergebnisse vorhersagen, die Bevorzugung der einen oder anderen Erklärung eine Geschmacksfrage sei.

Nichtsdestoweniger wurden einige solcher Entscheidungsexperimente durchgeführt. SNYDER & EBBESEN (1972) benutzten den Effekt der freien Wahl, der Hervorhebung der anfänglichen Einstellung und der Hervorhebung einstellungskonträren Verhaltens zur Ableitung eines Musters von teilweise unterschiedlichen und teilweise gleichen Vorhersagen beider Theorien. Insbesondere sagt die Dissonanz-Theorie vorher, daß der Effekt der freien Wahl («Wahl» versus «keine Wahl») durch eine Hervorhebung der anfänglichen Einstellung verstärkt wird, während nach der Selbst-Wahrnehmungs-Theorie der Wahl-Effekt durch eine solche Hervorhebung abgeschwächt bzw. eliminiert werden müßte.

In teilweiser Übereinstimmung mit der Selbst-Wahrnehmungs-Theorie zeigten bei einer Hervorhebung der anfänglichen Einstellung die Vpn bei freier Wahl weniger Einstellungsänderung in Richtung auf das ausgeführte Verhalten und ohne Wahl mehr Änderung in Richtung auf das ausgeführte Verhalten als ohne Hervorhebung der anfänglichen Einstellung. Insgesamt erlauben die Ergebnisse von SNYDER & EBBESEN aber keine klare Entscheidung zugunsten der einen oder anderen Theorie. SNYDER & EBBESEN (1972) schlagen eine «self-estimate»-Theorie zur Erklärung ihrer Ergebnisse vor.

ROSS & SHULMAN (1973) variierten in einer 2 × 2 Anordnung ebenfalls die Wahlfreiheit und die Hervorhebung der anfänglichen Einstellung. Die Ergebnisse von ROSS & SHULMAN stützen die Dissonanz-Theorie. Eine Hervorhebung der anfänglichen Einstellung führte zu keiner Reduktion des Dissonanz-Effektes.

GREEN (1974) benutzte als unabhängige Variable die Extremität der anfänglichen Einstellung und die Möglichkeit der Rechtfertigung einer Festlegung auf ein einstellungsdiskrepantes Verhalten. Die Ergebnisse sprechen für die Dissonanz-Theorie als angemessene Erklärung: Mit zunehmender Extremität der anfänglichen Einstellung wächst die nachfolgende Einstellungsänderung.

Eine ähnliche Auffassung wie BEM & MCCONNELL (1970) vertritt GREENWALD (1975). Er glaubt, daß die durchgeführten Entscheidungsexperimente nicht schlüssig sind, weil die Selbst-Wahrnehmungs-Theorie und die Dissonanz-Theorie keine Vorhersagen machen, die einander unzweideutig widersprechen. Nach GREENWALD sind die abweichenden Ergebnisse von SNYDER & EBBESEN (1972) und ROSS & SHULMAN (1973) auf unterschiedliche Operationalisierungen der Hervorhebung der anfänglichen Einstellung und auf unterschiedliche Zeitpunkte der Hervorhebung (vor bzw. nach Ausführung des einstellungsdiskrepanten Verhaltens) zurückzuführen. Überdies lassen sich nach GREENWALD die aus beiden Theorien abgeleiteten Vorhersagen der Experimente von SNYDER & EBBESEN und ROSS & SHULMAN bei leichter Abwandlung der Argumentation auch umkehren. Nach Auffassung von GREENWALD gehören beide Theorien zu den Theorien, die nicht widerlegbar sind; damit ist auch eine Entscheidung zwischen beiden Theorien nicht möglich.

4. Andere Phänomene, auf die die Selbst-Wahrnehmungs-Theorie als Erklärungsansatz anwendbar ist

4.1. Fehl-Attributionen

BEM (1972) verweist auf eine Reihe von Untersuchungen, in denen externe Variablen die Zuschreibung von internen Zuständen beeinflussen (z. B. SCHACHTER & SINGER 1962, VALINS 1966, VALINS & RAY 1967, BERKOWITZ & TURNER 1974, KOENIG & HENRIKSEN 1974, DAVISON & VALINS 1969, BOWERS 1971). In diesen Experimenten beruht die Selbst-Attribution meist auf Hinweisen aus der Situation (z. B. bei SCHACHTER & SINGER 1962) oder auf Informationen über den physiologischen Zustand der Person (z. B. bei VALINS 1966 oder KOENIG & HENRIKSEN 1974). Nur in einem Teil der Experimente bezieht sich die Selbst-Wahrnehmung der Person auf ihr eigenes Verhalten und die Variablen, unter deren Kontrolle dieses Verhalten steht (z. B. DAVISON & VALINS 1969

146

und BOWERS 1971). Kennzeichnend für diese Untersuchungen ist überdies, daß die Werte der kontrollierenden Variablen meist nur experimentell vorgetäuscht sind, so daß es sich um offensichtlich, aber nicht tatsächlich kontrollierende Variablen und bei der Zuschreibung um Fehlzuschreibungen handelt (s. auch ROSS, INSKO & ROSS 1971). Nach BEM lassen sich die Ergebnisse all dieser Experimente durch die Selbst-Wahrnehmungs-Theorie erklären.

4.2. «Foot-in-the-door» und «Door-in-the-face»

Einen anderen Tatbestand, dessen Erklärung im Rahmen der Selbst-Wahrnehmungs-Theorie naheliegt, stellt das von FREEDMAN & FRASER (1966) entdeckte «foot-in-the-door»-Phänomen dar. Dieses Phänomen beinhaltet den Tatbestand, daß eine Person, die dazu gebracht werden kann, auf eine geringfügige Bitte einzugehen, anschließend stärker geneigt ist, einer größeren Forderung, die an sie gestellt wird, nachzukommen.

Die Erklärung durch die Selbst-Wahrnehmungs-Theorie geht dahin, daß die Person aus ihrem Nachgeben gegenüber der ersten Forderung schließt, daß sie eine positive Einstellung bezüglich solcher an sie gestellten Forderungen hat, ein Schluß, der den Weg bahnt für eine Zustimmung zu massiveren Forderungen.

SNYDER & CUNNIGHAM (1975) variierten die Größe der anfänglichen Forderung. Die Personen sollten 8 Fragen (geringe Forderung) bzw. 50 Fragen (große Forderung) bei einer Telefonumfrage beantworten. Die Personen beider Bedingungen, sowie die Personen einer Kontrollgruppe (keine anfänglichen Fragen) wurden später mit einer Forderung mittleren Umfangs (30 Fragen) konfrontiert. Wie von der Selbst-Wahrnehmungs-Theorie vorhergesagt, lag die Zustimmungsrate unter der Bedingung «geringe anfängliche Forderung» am höchsten, während unter der Bedingung «große anfängliche Forderung» die Rate noch unter der der Kontrollgruppe lag. Im Gegensatz zu SNYDER & CUNNINGHAM fanden allerdings SELIGMAN, BUSH & KIRSCH (1976), daß nur hohe anfängliche Forderungen stärkere spätere Zustimmung erzeugten als überhaupt keine anfänglichen Forderungen.

LEPPER (1973) argumentiert, daß konzeptuell analoge Effekte in einer Vielfalt anderer Situationen wirksam sind. Er demonstrierte dies anhand eines «forbidden toy» (ARONSON & CARLSMITH 1963) Experimentes: Kinder, denen unter milder Bedrohung das Spielen mit einem attraktiven Spielzeug verboten worden war (geringe Rechtfertigung) widerstanden einige Wochen später der Versuchung, in einem Spiel durch Mogeln attraktive Preise zu gewinnen, stärker als Kinder, denen unter starker Bedrohung das Spielen mit dem Spielzeug verboten worden war (hohe

Rechtfertigung). Ähnliche Ergebnisse fand URANOWITZ (1975). Frauen, die in einem Einkaufs-Zentrum dazu gebracht wurden, einem Experimentator unter Bedingungen geringer Rechtfertigung zu helfen, halfen einem zweiten Experimentator eher als Frauen, die dem ersten Experimentator unter Bedingungen hoher Rechtfertigung geholfen hatten. Keinen «foot-in-the-door»- bzw. «gradation»-Effekt konnte hingegen SCHMIDT (1973) finden.

In scheinbarem Widerspruch zum «foot-in-the-door»-Effekt hinsichtlich Technik und theoretischer Erklärung befindet sich die von CIALDINI, VINCENT, LEWIS, CATALAN, WHEELER & DARBY (1975) so benannte «door-in-the-face»-Technik. CIALDINI et al. postulieren eine Mechanismus der reziproken Zugeständnisse, der besagt, daß eine Person, die eine anfängliche hohe Forderung abgelehnt hat, dazu neigt, mit erhöhter Wahrscheinlichkeit einer reduzierten Forderung zuzustimmen, da sie sieht, daß der Forderer seine anfängliche Position geändert hat. CIALDINI et al. fanden u. a., daß nach einer Ablehnung einer anfänglich hohen Forderung die Zustimmung zu einer gemäßigten Forderung höher ausfiel als wenn die gemäßigte Forderung allein gestellt wurde (Kontrollbedingung). Wichtig dabei ist, daß die anfängliche Forderung abgelehnt wird. Der Widerspruch zu den Ergebnissen von SNYDER & CUNNINGHAM (1975), in deren Bedingung «große anfängliche Forderung» ebenfalls 24 von 32 Personen die anfängliche Forderung abgelehnt hatten, erklärt sich nach CIALDINI et al. dadurch, daß im Experiment von SNYDER & CUNNINGHAM eine für das Auftreten des «door-in-the-face»-Effektes ebenfalls notwendige Voraussetzung nicht gegeben ist, nämlich, daß anfängliche und spätere Forderung von ein und derselben Person gestellt werden. Bei SNYDER & CUNNINGHAM (1975) stellten zwei unterschiedliche Personen die Forderungen.

CANN, SHERMAN & ELKES (1975) fanden denselben Effekt wie CIALDINI et al., allerdings nur dann, wenn die zweite Forderung der ersten unmittelbar folgt, nicht, wenn ein zeitlicher Abstand von bis zu 10 Tagen bestand. CANN, SHERMAN & ELKES halten daher den zeitlichen Abstand für die entscheidende Variable für den Unterschied in den Ergebnissen von CIALDINI et al. und von SNYDER & CUNNINGHAM. In der Untersuchung von SNYDER & CUNNINGHAM war die zweite Forderung zwei Tage später gestellt worden, bei CIALDINI et al. sofort nach der ersten.

4.3. Intrinsische und extrinsische Motivation

NISBETT & VALINS (1971) weisen darauf hin, daß Situationen, in denen ein Verhalten sowohl durch die Stimulus-Bedingungen, als auch durch die Umstände gerechtfertigt ist (overjustification), in besonderem Maße eine Überprüfung von Vorhersagen der Selbst-Wahrnehmungs-Theorie

148

Vorgänge und auch nicht für Theorien der Fremd-Attribution, sondern entstehen in dem Moment, in dem behauptet wird, das Individuum wende eben die Überlegungen, die es bezüglich anderer Personen anstellt, auch auf sich selbst an.

Nach der Analyse von SKINNER befindet sich nur die verstärkende Umwelt (der Fremd-Beobachter), nicht das Individuum, in derselben Lage wie der Selbst-Wahrnehmer bei BEM. Für die Umwelt bleibt es gleich, ob es sich beim internen Stimulus um einen Gefühlszustand oder um eine Einstellung handelt. In jedem Fall hat sie, anders als etwa bei der Beschreibung eines Objektes (durch ein Individuum) als «rot», keine direkte Möglichkeit, die Präsenz des diskriminativen Reizes zu überprüfen. Das Individuum betreffend hingegen ist es sinnvoll, eine Unterscheidung von Gefühlszuständen und Einstellungen vorzunehmen. Für beide ist es möglich, daß sie vom Individuum nur vorgetäuscht werden. Bei Gefühlszuständen, nicht aber bei Einstellungen, kann das Individuum überdies außerstande sein, diese adäquat zu beschreiben. Die Folge davon ist, daß die Verstärkung des Verhaltens (der Selbstbeschreibung) möglicherweise nur in lockerem Zusammenhang mit dem Vorhandensein des diskriminativen Reizes steht, d. h. die Diskrimination wird nur unvollständig erlernt. Dieser Zustand betrifft den Fall, daß wir Gefühle haben, zu deren Kennzeichnung uns keine verbale Kategorie zur Verfügung steht.

Die Behauptung, daß das Individuum bezüglich sich selbst in derselben Lage ist wie der Fremdbeobachter heißt, bezogen auf SKINNERS Analyse, daß auch das Individuum selbst keinen direkten Zugang zum diskriminativen Stimulus hat. Damit erhebt sich die Frage, welche Qualität sog. «private Vorgänge» überhaupt haben können.

Zu einem ähnlichen Ergebnis kommt man, wenn man die Fragen untersucht, die sich nach BEM der Fremd- und der Selbst-Wahrnehmer stellen. Der Fremd-Wahrnehmer fragt: «Was muß die Einstellung dieses Mannes sein, wenn er gewillt ist, sich in dieser Situation in dieser Weise zu verhalten?» Der Beobachter unterstellt also, daß die Einstellungen des Individuums mit dem Verhalten des Individuums zusammenhängen. Das Problem für den Beobachter besteht «nur» darin, daß sich eine Zuschreibung von Einstellungen auf der Basis von Verhalten und Verhaltenskontext nicht stets gleich gut vornehmen läßt.

Der Selbst-Wahrnehmer fragt: «Was muß meine Einstellung sein, wenn ich gewillt bin, mich in dieser Situation in dieser Weise zu verhalten?» Auch der Selbst-Wahrnehmer unterstellt offensichtlich (und macht damit die ganze Frage erst sinnvoll), daß sein Verhalten in irgendeiner Form durch seine Einstellungen bedingt wird. Gleichzeitig fragt er nach seinen Einstellungen. Er kennt sie nicht, was paradox erscheint. Die Paradoxie verschwindet, wenn man annimmt, daß die Einstellungen zwar das Verhalten bestimmen können, selbst jedoch unbewußt sind. Allerdings entsteht dann sofort die Frage, in welchem Verhältnis die aufgrund des Verhaltens erschlossenen und die das Verhalten bestimmenden Einstellungen stehen.

6.2. Die Bedingungen von Einstellungsänderungen

Bestimmen nur die Einstellungen das Verhalten, dann fällt dies stets so aus, daß der Schluß vom Verhalten auf die Einstellungen diese bestätigt. Gerät das Verhalten zusätzlich unter die Kontrolle einer externen Verstärkung, welche das Vertreten einer abweichenden Einstellung verlangt, so dürfte dies nach der Selbst-Wahrnehmungs-Theorie genau genommen keine Einstellungsänderungen bewirken, da angenommen wird, daß die Validität des gezeigten Verhaltens als Indikator für die (zu erschließenden und als verursachend angesehenen) Einstellungen mit dem Ausmaß der direkten Verstärkung abnimmt. Auch eine unterschiedliche Höhe der Belohnung z. B. dürfte im Rahmen der sog. «insufficient justification»-Experimente nicht zu unterschiedlicher Einstellungsänderung führen, da der Geldbetrag bei hoher Belohnung, der die Person geradeeben zur Einwilligung bewegt, bei geringerer Belohnung durch anderweitige Bemühungen des Vl ausgeglichen werden muß. Reicht der Betrag bei geringer Belohnung ebenfalls zur Einwilligung aus oder übersteigt der Betrag bei hoher Belohnung die «Einwilligungsschwelle» weit, dann liegen bereits die Bedingungen für «overjustification» vor.

Nur in diesem Bereich der «overjustification» aber dürften gemäß Selbst-Wahrnehmungs-Theorie unterschiedliche Einstellungsänderungen (bei einstellungsdiskrepantem Verhalten) bzw. unterschiedliche Stärkung oder Schwächung von vorhandenen Einstellungen (bei einstellungskonformem Verhalten) vorkommen.

Die Bestätigung einer Einstellung durch einstellungskonformes Verhalten verhält sich nach der Selbst-Wahrnehmungs-Theorie invers zum Ausmaß der externen Verstärkung. Dieser Zusammenhang wird durch Ergebnisse der Untersuchung von KIESLER & SAKUMURA (1966) gestützt. Auf die Bedeutung dieses Sachverhaltes für die Induzierung von Widerstand gegen Überredung (MCGUIRE 1964) weist WYER (1974) hin. Ob es allerdings, wie WYER annimmt, bei geringer Verstärkung zu einer Festigung der vorhandenen Einstellung kommt oder, wie Ergebnisse aus Untersuchungen zur intrinsischen Motivation vermuten lassen, zu einer Schwächung der vorhandenen Einstellung bei großer Verstärkung, bedarf der detaillierten Klärung. Das Zutreffen der zweiten Alternative enthielte die Möglichkeit, jemanden «um seine Einstellung zu bringen», indem man ihn zunächst hoch für das Vertreten dieser Einstellung belohnt, d. h. eine direkte Verstärkerkontingenz aufbaut und, sobald diese etabliert ist, eine Extinktionsphase anschließt.

154

6.3. Die weitere Entwicklung

Die weitere Entwicklung der Selbst-Wahrnehmungs-Theorie liegt, soweit sich das abschätzen läßt, vermutlich in geringerem Maße auf der Ebene einer Reformulierung des Konzeptes, sondern eher in der Anwendung dieses Erklärungsansatzes auf weitere psychologische Teilbereiche sowie möglicherweise in der Nutzbarmachung der Theorie für therapeutische Ansätze (s. KOPEL & ARKOWITZ 1975). Überdies kann die zukünftige Diskussion und Anwendung der Theorie nicht ganz unabhängig von der der Attributions-Theorien gesehen werden. Diese stellen, hält man sich an die Zahl der einschlägigen Publikationen, zur Zeit einen expandierenden Forschungsansatz dar. Wie groß, langfristig gesehen, der Nutzen dieses Ansatzes sein wird, ist kaum einzuschätzen. Als nicht ganz unwesentlich wird sich bei Beantwortung dieser Frage vermutlich der Zusammenhang von Attribution und Verhalten erweisen (s. BEM 1972, 1974, KELLEY 1973).

Literatur

ALEXANDER, N. C. & KNIGHT, G. W. Situated identities and social psychological experimentation. Sociometry, 1971, 34, 65–82.

ARKIN, R. M. & DUVAL, S. Focus of attention and causal attributions of actors and observers. Journal of Experimental Social Psychology, 1975, 11, 427–438.

ARONSON, E. & CARLSMITH, J. M. Effect of severity of threat on the valuation of forbidden behavior. Journal of Abnormal and Social Psychology, 1963, 66, 584–588.

BANDLER, R. J. Jr., MADARAS, G. R. & BEM, D. J. Self-observation as a source of pain perception. Journal of Personality and Social Psychology, 1968, 9, 205–209.

BEM, D. J. An experimental analysis of self-persuasion. Journal of Experimental Social Psychology, 1965, 1, 199–218.

BEM, D. J. Inducing belief in false confessions. Journal of Personality and Social Psychology, 1966, 3, 707–710.

BEM, D. J. Reply to Judson Mills. Psychological Review, 1967a, 74, 536–537.

BEM, D. J. Self-perception: An alternative interpretation of cognitive dissonance phenomena. Psychological Review, 1967b, 74, 183–200.

BEM, D. J. Self-perception: The dependent variable of human performance. Organizational Behavior and Human Performance, 1967c, 2, 105–121.

BEM, D. J. Attitudes as self-descriptions: Another look at the attitude-behavior link. In A. G. GREENWALD, T. C. BROCK & T. M. OSTROM (Eds.), Psychological foundations of attitudes. New York: Academic Press, 1968a.

BEM, D. J. Dissonance reduction in the behaviorist. In R. P. ABELSON, E. ARONSON, W. J. McGUIRE, T. M. NEWCOMB, M. J. ROSENBERG & P. H. TANNENBAUM (Eds.), Theories of cognitive consistency: A sourcebook, Chicago: Rand McNally, 1968b.

BEM, D. J. The epistemological status of interpersonal simulations: A reply to Jones, Linder, Kiesler, Zanna and Brehm. Journal of Experimental Social Psychology, 1968c, 4, 270–274.

BEM, D. J. Self-perception theory. In L. BERKOWITZ (Ed.), Advances in experimental social psychology, Vol. 6. New York: Academic Press, 1972.

BEM, D. J. Cognitive alteration of feeling states: A discussion. In H. LONDON & R. E. NISBETT (Eds.), Thought and feeling. Chicago: Aldine, 1974.

BEM, D. J. & MCCONNELL, H. K. Testing the self-perception explanation of dissonance phenomena: On the salience of premanipulation attitudes. Journal of Personality and Social Psychology, 1970, 14, 23–31.

BERKOWITZ, L. & TURNER, C. Perceived anger level, instigating agent, and aggression. In H. LONDON & R. E. NISBETT (Eds.), Thought and feeling. Chicago: Aldine, 1974.

BOWERS, K. S. An attributional analysis of operant conditioning: The problem of behavioral persistence. Unpublished manuscript, University of Waterloo, 1971 (zitiert nach BEM 1972).

BREHM, J. W. & COHEN, A. R. Explorations in cognitive dissonance. New York: Wiley, 1962.

BROWN, D., KLEMP, G. & LEVENTHAL, H. Are evaluations inferred directly from overt actions? Journal of Experimental Social Psychology, 1975, 11, 112–126.

CALDER, B. J. & STAW, B. M. Interaction of intrinsic and extrinsic motivation: Some methodological notes. Journal of Personality and Social Psychology, 1975a, 31, 76–80.

CALDER, B. J. & STAW, B. M. Self-perception of intrinsic and extrinsic motivation. Journal of Personality and Social Psychology, 1975b, 31, 599–605.

CANN, A., SHERMANN, S. J. & ELKES, R. Effects of initial request size and timing of a second request on compliance: The foot in the door and the door in the face. Journal of Personality and Social Psychology, 1975, 32, 774–782.

CIALDINI, R., VINCENT, J. E., LEWIS, S. K., CATALAN, J., WHEELER, D. & DARBY, B. L. Reciprocal concessions procedure for inducing compliance: The door in the face technique. Journal of Personality and Social Psychology, 1975, 31, 206–215.

CORAH, N. L. & BOFFA, J. Perceived control, self-observation, and response to aversive stimulation. Journal of Personality and Social Psychology, 1970, 16, 1–4.

DAVISON, G. C. & VALINS, S. Maintenance of self-attributed and drug-attributed behavior change. Journal of Personality and Social Psychology, 1969, 11, 25–33.

DE CHARMS, R. Personal causation: The internal affective determinants of behavior. New York: Academic Press, 1968.

DECI, E. Effects of externally mediated rewards on intrinsic motivation. Journal of Personality and Social Psychology, 1971, 18, 105–115.

DECI, E. L. Intrinsic motivation, extrinsic reinforcement, and inequity. Journal of Personality and Social Psychology, 1972a, 22, 113–120.

DECI, E. L. The effects of contingent and noncontingent rewards and controls on intrinsic motivation. Organizational Behavior and Human Performance, 1972b, 8, 217–229.

DECI, E. L. Intrinsic motivation. New York: Plenum Press, 1975.

DECI, E. L., CASCIO, W. F. & KRUSELL, J. Cognitive evaluation theory and some comments on the Calder and Staw critique. Journal of Personality and Social Psychology, 1975, 31, 81–85.

DUVAL, S. & WICKLUND, R. A. A theory of objective self-awareness. New York: Academic Press, 1972.

FEINGOLD, B. D. & MAHONEY, M. J. Reinforcement effects on intrinsic interest. Behavior Therapy, 1975, 6, 367–377.

FESTINGER, L. A theory of cognitive dissonance. Stanford: Stanford University Press, 1957.

156

FESTINGER, L. & CARLSMITH, J. M. Cognitive consequences of forced compliance. Journal of Abnormal and Social Psychology, 1959, 58, 203–210.

FREEDMAN, J. L. & FRASER, S. C. Compliance without pressure: The foot-in-the-door technique. Journal of Personality and Social Psycholgy, 1966, 4, 195–202.

GALPER, R. E. Turning observers into actors: Differential causal attributions as a function of "empathy". Journal of Research in Personality, 1976, 10, 328–335.

GREEN, D. Dissonance and self-perception analyses of "forced-compliance": When two theories make competing predictions. Journal of Personality and Social Psychology, 1974, 29, 819–828.

GREENE, D. & LEPPER, M. R. Effects of extrinsic rewards on children's subsequent self-interest. Child Development, 1974, 45, 1141–1145.

GREENWALD, A. G. On the inconclusiveness of "crucial" cognitive tests of dissonance versus self-perception theories. Journal of Experimental Social Psychology, 1975, 11, 490–499.

GURWITZ, S. B. & PANCIERA, L. Attributions of freedom by actors and observers. Journal of Personality and Social Psychology, 1975, 32, 531–539.

HARRIS, V. A. & TAMLER, H. Reinstatement of initial attitude and forced-compliance attitude change. Journal of Social Psychology, 1971, 84, 127–134.

HARVEY, J. H., ARKIN, R. M., GLEASON, J. M. & JOHNSTON, S. Effect of expected and observed outcome of an action on the differential causal attributions of actor and observer. Journal of Personality, 1974, 42, 62–77.

IRLE, M. Lehrbuch der Sozialpsychologie. Göttingen: Hogrefe, 1975.

JONES, R. A., LINDER, D. E., KIESLER, C. A., ZANNA, M. & BREHM, J. W. Internal states or external stimuli: Observers' attitude judgments and the dissonance theory-self-persuasion controversy. Journal of Experimental Social Psychology, 1968, 4, 247–269.

JONES, E. E. & NISBETT, R. E. The actor and the observer: Divergent perceptions of the causes of behavior. In E. E. JONES, D. E. KANOUSE, H. H. KELLEY, R. E. NISBETT, S. VALINS & B. WEINER (Eds.), Attribution: Perceiving the causes of behavior. New York: General Learning Press, 1971.

KELLEY, H. H. The processes of causal attribution. American Psychologist, 1973, 28, 107–128.

KIESLER, C. A., NISBETT, R. E. & ZANNA, M. P. On inferring one's beliefs from one's behavior. Journal of Personality and Social Psychology, 1969, 11, 321–327.

KIESLER, C. A. & SAKUMURA, J. A test of a model for commitment. Journal of Personality, 1966, 3, 458–467.

KOENIG, K. P. & HENRIKSEN, K. Cognitive manipulation of GSR extinction: Analogues for conditioning therapies. In H. LONDON & R. E. NISBETT (Eds.), Thought and feeling. Chicago: Aldine, 1974.

KOPEL, S. & ARKOWITZ, H. The role of attribution and self-perception in behavior change. Implications for behavior therapy. Genetic Psychology Monographs, 1975, 92, 175–212.

KRUGLANSKI, A. W., FRIEDMAN, I. & ZEEVI, G. The effect of extrinsic incentive on some qualitative aspects of task performance. Journal of Personality, 1971, 39, 606–617.

KRUGLANSKI, A. W., RITER, A., ARAZI, D., AGASSI, R., MONTEQIO, J., PERI, I. & PERETZ, M. Effects of task-intrinsic rewards upon extrinsic motivation. Journal of Personality and Social Psychology, 1975, 31, 699–705.

LEPPER, M. R. Dissonance, self-perception, and honesty in children. Journal of Personality and Social Psychology, 1973, 25, 65–74.

LEPPER, M. R. & GREENE, D. Turning play into work: Effects of adult surveillance and extrinsic rewards on children's intrinsic motivation. Journal of Personality and Social Psychology, 1975, *31*, 479–486.

LEPPER, M. R. & GREENE, D. On understanding "overjustification": A reply to Reiss and Sushinsky. Journal of Personality and Social Psychology, 1976, *33*, 25–35.

LEPPER, M. R., GREENE, D. & NISBETT, R. E. Undermining children's intrinsic interest with extrinsic reward: A test of the "overjustification" hypothesis. Journal of Personality and Social Psychology, 1973, *28*, 129–137.

LINDER, D. E. & JONES, R. A. Discriminative stimuli as determinants of consonance and dissonance. Journal of Experimental Social Psychology, 1969, *5*, 467–482.

MASLACH, C. The "truth" about false confessions. Journal of Personality and Social Psychology, 1971, *20*, 141–164.

MCGUIRE, W. J. Inducing resistance to persuasion: Some contemporary approaches. In L. BERKOWITZ (Ed.), Advances in experimental social psychology, Vol. 1. New York: Academic Press, 1964.

MILLER, D. T. & NORMAN, S. A. Actor-observer differences in perceptions of effective control. Journal of Personality and Social Psychology, 1975, *31*, 503–515.

MILLS, J. Comment on Bem's "Self-perception: An alternative interpretation of cognitive dissonance phenomena". Psychological Review, 1967, *74*, 535.

MONSON, T. C. & SNYDER, M. Actors, observers, and the attribution process. Journal of Experimental Social Psychology, 1977, *13*, 89–111.

NISBETT, R. E., CAPUTO, G., LEGANT, P. & MARECEK, J. Behavior as seen by the actor and as seen by the observer. Journal of Personality and Social Psychology, 1973, *27*, 154–164.

NISBETT, R. E. & VALINS, S. Perceiving the causes of one's own behavior. In E. E. JONES, D. E. KANOUSE, H. H. KELLEY, R. E. NISBETT, S. VALINS & B. WEINER (Eds.), Attribution: Perceiving the causes of behavior. New York: General Learning Press, 1971.

PILIAVIN, J. A., PILIAVIN, I. M., LOEWENTON, E. P., MCCAULEY, C. & HAMMOND, P. On observer's reproductions of dissonance effects: The right answers for the wrong reasons? Journal of Personality and Social Psychology, 1969, *13*, 98–106.

PLINER, P. L., HART, H., KOHL, J. & SAARI, D. Compliance without pressure. Some further data on the foot-in-the-door technique. Journal of Experimental Social Psychology, 1974, *10*, 17–22.

REGAN, D. T. & TOTTEN, J. Empathy and attribution: Turning observers into actors. Journal of Personality and Social Psychology, 1975, *32*, 350–356.

REISS, S. & SUSHINSKY, L. W. Overjustification, competing responses, and the acquisition of intrinsic interest. Journal of Personality and Social Psychology, 1975, *31*, 1116–1125.

REISS, S. & SUSHINSKY, L. W. The competing response hypothesis of decreased play effects: A reply to Lepper and Greene. Journal of Personality and Social Psychology, 1976, *33*, 233–244.

ROSS, M., INSKO, C. A. & ROSS, H. S. Self-attribution of attitude. Journal of Personality and Social Psychology, 1971, *17*, 292–297.

ROSS, M. & SHULMAN, R. F. Increasing the salience of initial attitudes: Dissonance versus self-perception theory. Journal of Personality and Social Psychology, 1973, *28*, 138–144.

SALANCIK, G. R. & CONWAY, M. Attitude inferences from salient and relevant cognitive content about behavior. Journal of Personality and Social Psychology, 1975, *32*, 829–840.

SCHACHTER, S. & SINGER, J. E. Cognitive, social, and physiological determinants of emotional state. Psychological Review, 1962, *69*, 379–399.

SCHMIDT, L. G. The foot-in-the-door effect: An inquiry. Dissertation Abstracts International, 1973, *34* (4-B), 1780–1781.

SELIGMAN, C., BUSH, M. & KIRSCH, K. Relationship between compliance in the foot-in-the-door paradigm and size of first request. Journal of Personality and Social Psychology, 1976, *33*, 517–520.

SHERROD, D. R. & FARBER, J. The effect of previous actor/observer role experience on attribution of responsibility for failure. Journal of Personality, 1975, *43*, 231–247.

SKINNER, B. F. Science and human behavior. New York: Macmillan, 1953.

SKINNER, B. F. Verbal behavior. New York: Appleton, 1957.

SNYDER, M. & CUNNINGHAM, M. R. To comply or not comply: Testing the self-perception explanation of the "foot-in-the-door" phenomenon. Journal of Personality and Social Psychology, 1975, *31*, 64–67.

SNYDER, M. & EBBESEN, E. Dissonance awareness: A test of dissonance theory versus self-perception theory. Journal of Experimental Social Psychology, 1972, *8*, 502–517.

STAW, B. M. Intrinsic and extrinsic motivation. Morristown, N. J.: General Learning Press, 1976.

STEPHAN, W. G. Actor vs observer: Attributions to behavior with positive or negative outcomes and empathy for the other role. Journal of Experimental Social Psychology, 1975, *11*, 205–214.

STORMS, M. D. Videotape and the attribution process: Reversing actor's and observer's point of view. Journal of Personality and Social Psychology, 1973, *27*, 165–175.

TAYLOR, S. E. On inferring one's attitudes from one's behavior: Some delimiting conditions. Journal of Personality and Social Psychology, 1975, *31*, 126–131.

TAYLOR, S. E. & KOIVUMAKI, J. H. The perception of self and others: Acquaintanceship affect, and actor-observer differences. Journal of Personality and Social Psychology, 1976, *33*, 403–408.

URANOWITZ, S. W. Helping and self-attributions: A field experiment. Journal of Personality and Social Psychology, 1975, *31*, 852–854.

VALINS, S. Cognitive effects of false heart-rate feedback. Journal of Personality and Social Psychology, 1966, *4*, 400–408.

VALINS, S. & RAY, A. A. Effects of cognitive desensitization of avoidance behavior. Journal of Personality and Social Psychology, 1967, *7*, 345–350.

WEGNER, D. M. & FINSTUEN, K. Observer's focus of attention in the simulation of self-perception. Journal of Personality and Social Psychology, 1977, *35*, 56–62.

WICKLUND, R. A. Objective self-awareness. In L. BERKOWITZ (Ed.), Advances in experimental social psychology, Vol. 8. New York: Academic Press, 1975.

WYER, R. S. Jr. Cognitive organization and change: An information processing approach. New York: Wiley, 1974.

ZANNA, M. P. On inferring one's belief from one's behavior in a low-choice setting. Journal of Personality and Social Psychology, 1973, *26*, 386–394.

Die kognitiv-physiologische Theorie der Emotion von Schachter — Einführung

SCHACHTER postuliert unter Einbeziehung einiger Annahmen von FE-STINGERS Theorie der sozialen Vergleichsprozesse, daß bei Personen, bei Zuständen physiologischer Erregung ein «Bedürfnis nach Bewertung» besteht, d. h. ein Bestreben, die körperlichen Erscheinungen zu verstehen. Diese Interpretation wird mittels kognitiver oder situativer Faktoren vorgenommen. Die Grundannahme der Theorie SCHACHTERS ist, daß Emotionen eine Funktion sowohl kognitiver oder situativer Faktoren als auch physiologischer Erregung sind. Dieselben physiologischen Erregungszustände können psychologisch unterschiedlich interpretiert werden, je nachdem, wie dieser Erregungszustand kognitiv etikettiert wird (cognitive labelling). Gerade die Theorie von SCHACHTER zeigt den Zusammenhang zwischen physiologischen und kognitiven Prozessen.

Das Hauptproblem der Theorie von SCHACHTER besteht darin, daß nicht immer genau spezifiziert werden kann, welche Informationen salient sind. Angenommen, eine Person wird gleichzeitig mit mehreren cues konfrontiert, unter welchen Bedingungen sind welche cues dann salient? Dieses Problem betrifft nicht nur die SCHACHTERsche Theorie, sondern im Prinzip alle in diesem Reader behandelten Theorien. Trotz dieser Probleme kann die Theorie von SCHACHTER als einer der bedeutendsten theoretischen Fortschritte in der Sozialpsychologie in den letzten Jahren bezeichnet werden.

Die kognitiv-physiologische Theorie der Emotion von Schachter

Hans-Joachim Grabitz
Universität Düsseldorf

Gisla Gniech
Universität Bremen

1. Einleitung

Eine der andauernden Kontroversen im Untersuchungsbereich «Emotion» betrifft die Frage, welche Faktoren am Zustandekommen des jeweiligen gefühlsmäßigen Erlebens beteiligt sind und wie sie zusammenwirken. Ist das, was wir als Emotion erleben, allein Ausdruck physischer Veränderungen? Oder sind die feststellbaren körperlichen Vorgänge Folgeerscheinungen oder gar nur Begleiterscheinungen des emotionalen Erlebens?

Räumt man körperlichen Vorgängen die ursächliche Priorität ein, so kann man fragen, welcher Art diese Vorgänge sind, z. B., ob es sich um periphere oder um zentrale Prozesse handelt und auf welche Weise sie die erlebnismäßig unterscheidbaren Gefühlszustände bewirken.

Es gibt eine Reihe von Theorien, die Lösungsvorschläge zu diesem Problem anbieten. Wir wollen uns in diesem Kapitel näher mit der Emotions-Theorie von SCHACHTER befassen. SCHACHTER (1959, 1964, 1965, 1970, 1971a sowie SCHACHTER & SINGER 1962) gilt als Hauptvertreter der Sichtweise, daß kognitive Faktoren eine entscheidende Rolle bei emotionalen Zuständen spielen (s. auch RUCKMICK 1936, HUNT, COLE & REIS 1958). Bevor wir die Theorie von SCHACHTER beschreiben, erscheint es uns zweckmäßig, auf einige der früher formulierten theoretischen Ansätze und mit diesen zusammenhängende Fragen einzugehen.

2. Emotions-Theorien

2.1. Ältere Emotions-Theorien

2.1.1. Die James-Lange-Theorie

Nach der James-Lange-Theorie (JAMES 1884, LANGE 1885) löst die Perzeption entsprechender Ereignisse der Umwelt in den Viszera und der Skelettmuskulatur Veränderungen aus, deren Ablauf seinerseits über sensorische Impulse an die Hirnrinde rückgemeldet wird. Die damit gegegebene bewußte Wahrnehmung der organischen Veränderungen *ist* die Emotion.

Die James-Lange-Theorie stand im Widerspruch zu der in jener Zeit verbreiteten Auffassung, nach der die Perzeption erregender externer Ereignisse die Emotion und diese die organischen Veränderungen auslöst. Gegen die Theorie von JAMES und LANGE wurde, insbesondere von CANNON (1927, 1929) eine Reihe von Einwänden erhoben. Diese betreffen folgende Punkte: (1) Die künstliche Erzeugung viszeraler Veränderungen, wie sie normalerweise bei heftigen Emotionen beobachtbar sind, ruft diese Emotionen nicht hervor. (2) Dieselben viszeralen Veränderungen liegen bei ganz unterschiedlichen emotionalen Zuständen vor. (3) Die Viszera sind wenig sensitiv, Veränderungen können nur ungenau wahrgenommen werden. (4) Die viszeralen Veränderungen sind zu langsam, um als Ursache des meist unmittelbar vorhandenen gefühlsmäßigen Erlebens in Frage zu kommen. (5) Totale Trennung der Viszera vom zentralen Nervensystem (ZNS) verändert das emotionale Verhalten nicht.

2.1.2. Die Cannon-Bard-Theorie

CANNON (1927, 1929, 1931) stellte eine alternative Theorie auf, in der nicht wie bei JAMES-LANGE periphere Prozesse im Vordergrund stehen, sondern die Aktivierung bestimmter Strukturen des zentralen Nervensystems als Ursache emotionaler Zustände angesehen wird. BARD (1934, 1950) reformulierte den Entwurf CANNONS. Die Cannon-Bard-Theorie, auch als «Thalamische Theorie der Emotionen» bezeichnet, geht davon aus, daß im Zwischenhirn, insbesondere im Thalamus, eine Reihe neuraler Erregungsmuster existieren, die normalerweise dem hemmenden Einfluß der Hirnrinde unterliegen. Die Hemmung wird aufgehoben, wenn im Cortex von den Rezeptoren «emotionsauslösende» Impulse eintreffen. In diesem Fall kommt es zur nervösen Entladung des Thalamus zu den Eingeweiden und der Skelettmuskulatur und gleichzeitig zum Cortex. Die Entladung zu den Körperorganen bewirkt die körperlichen Symptome, die Entladung zur Hirnrinde das emotionale Erlebnis. Eine direkte Überwindung der Hemmung des Thalamus ist gemäß der Cannon-Bard-Theorie durch Impulse möglich, die von sehr intensiven Reizen stammen.

2.2. Die Aktivierungs-Theorie

Als das eine Ende eines Kontinuums von Erregung werden Emotionen von der Aktivierungs-Theorie (LINDSLEY 1950, 1951) beschrieben. DUFFY (1934, 1941, 1962), die eine verhaltensorientierte Aktivierungs-Theorie vertritt, bestreitet demgemäß, daß Emotionen eine besondere Klasse von Verhalten darstellen und ist wiederholt für die Elimination des Begriffs «Emotion» aus dem wissenschaftlichen Sprachgebrauch eingetreten.

Indikatoren unterschiedlicher Erregung (arousal) sind physiologische Veränderungen, z. B. des elektrischen Hautwiderstandes, der Herzfrequenz, des Blutdrucks und für LINDSLEY (1951) vor allem Änderungen im Rhythmus des Elektroenzephalogramms (EEG). Im Zustand der Erregung treten an die Stelle des bei einer wachen, aber entspannten Person beobachtbaren sog. Alpha-Rhythmus (8–12 Wellen in der Sekunde bei mäßiger Amplitude) Wellen mit hoher Frequenz und niedriger Amplitude. Dieses Aktivierungsmuster im EEG kann auch durch elektrische Stimulation der Formatio reticularis im Hirnstamm erzeugt werden (MORUZZI & MAGOUN 1949). Läsionen dieser Neuronen Formation hingegen führen zu apathischem Verhalten und EEG-Rhythmen, die typischerweise im Schlaf auftreten (LINDSLEY, BOWDEN & MAGOUN 1949). Die Formatio reticularis sendet Nervenimpulse zur Hirnrinde, ins vegetative Nervensystem und zur Skelettmuskulatur. Nach LINDSLEY (1957, 1970) werden Emotionen dementsprechend auf drei Weisen ausgedrückt, (1) cortikal (z. B. in Form von Angst), (2) viszeral (z. B. durch Schwitzen) und (3) somato-motorisch (z. B. durch Muskelanspannung).

2.3. Die Emotions-Theorie von Schachter

Der Einwand von Cannon gegen die James-Lange-Theorie, daß künstliche Erzeugung viszeraler Prozesse keine entsprechenden Emotionen auslöst, stützt sich auf die Ergebnisse einer Untersuchung von MARANON (1924). MARANON injizierte 210 Patienten Adrenalin, was im Effekt einer Entladung des sympathischen Nervensystems sehr nahe kommt (Anstiegen des systolischen Blutdrucks, Erhöhung der Blutzucker- und Milchsäurekonzentration, beschleunigter Herzschlag, schnelleres Atmen, Zittern usw.) und protokollierte anschließend ihre Introspektionen. 71 % der Patienten beschrieben lediglich physische Erscheinungen, 29 % berichteten von Emotionen, allerdings in einer «als ob» Form («es ist, als ob ich Angst hätte»). Echte emotionale Reaktionen konnte MARANON nur dann feststellen, wenn er mit den Patienten über gefühlsträchtige Situationen (z. B. die verstorbenen Eltern) sprach, Situationen, die im Normalzustand, d. h. ohne Adrenalin, keine Emotionen auslösten.

Die Ergebnisse MARANONS regten SCHACHTER (SCHACHTER & SINGER 1962, SCHACHTER 1964) zu der Frage an, was passieren würde, wenn man Personen «verdeckt» Adrenalin injizieren würde. Die Personen würden in diesem Fall Anzeichen physiologischer Erregung an sich feststellen, ohne daß sie, wie bei MARANON, in der Injektion eine angemessene Erklärung für ihren Zustand hätten. SCHACHTER (1959) postulierte in Anlehnung an FESTINGER (1954), daß in diesem Fall ein «Bedürfnis nach Bewertung», d. h. ein Bestreben, die körperlichen Erscheinungen zu verstehen und zu kennzeichnen, bei der Person entstehen würde und, daß die Interpretation der körperlichen Erscheinungen mittels kognitiver bzw. situativer Faktoren vorgenommen werden würde.

Die Grundannahme der Theorie SCHACHTERS ist also, daß Emotionen eine Funktion sowohl kognitiver oder situativer Faktoren als auch physiologischer Erregung sind. Aus dieser Grundannahme werden folgende Behauptungen abgeleitet:

(1) Befindet sich ein Individuum in einem Zustand physiologischer Erregung, für den es keine selbstverständliche Erklärung hat, dann wird es diesen Zustand entsprechend der ihm zur Verfügung stehenden Kognitionen kennzeichnen. Auf diese Weise kann derselbe Erregungszustand, in Abhängigkeit von den kognitiven Aspekten der Situation, ganz unterschiedlich gekennzeichnet werden.

(2) Befindet sich ein Individuum in einem physiologischen Erregungszustand, für den es eine plausible Erklärung hat, so entsteht kein Bedürfnis zur Bewertung und das Individuum wird seinen Zustand nicht mittels alternativer Kognitionen erklären.

(3) Sind emotionsträchtige Kognitionen vorhanden, so wird das Individuum nur in dem Maße emotional reagieren oder emotionales Erleben berichten, in dem gleichzeitig ein Zustand physiologischer Erregung vorhanden ist.

3. Die Untersuchung von Schachter & Singer (1962) und Folge-untersuchungen

In ihrem inzwischen klassischen Experiment variierten SCHACHTER & SINGER (1962) 1. das Ausmaß physiologischer Erregung, 2. den Umfang, in dem die Vpn eine angemessene Erklärung für physiologische Erregung hatten und 3. die situativen Faktoren, die gegebenenfalls als Erklärung für eine physiologische Erregung dienen konnten. Da Elemente der experimentellen Anordnung dieser Untersuchung auch in späteren Experimenten verwendet wurden, soll diese Untersuchung hier etwas ausführlicher geschildert werden.

Den Vpn wurde mitgeteilt, daß der Effekt von «Suproxin» (angeblich ein Vitamin Präparat) auf das Sehvermögen untersucht werden sollte und daß dazu eine Injektion des Präparates notwendig sei. Tatsächlich wurde entweder Epinephrin (Adrenalin) oder als Placebo eine Salzlösung injiziert. Epinephrin führt zu ganz ähnlichen Effekten wie eine Entladung des sympathischen Nervensystems. Die subjektiven Symptome sind Herzklopfen, Zittern, zeitweilig das Gefühl des Errötens und beschleunigtes Atmen. Diese Begleiterscheinungen setzen, subkutan injiziert, 3–5 Minuten nach der Injektion ein und halten 10 bis 60 Minuten an.

164

Die Angemessenheit der Erklärung für die körperliche Erregung wurde in drei Stufen variiert. Eine Gruppe wurde über die tatsächlichen Nebeneffekte der Injektion informiert (Epi Inf). Einer zweiten Gruppe (Epinephrin ignorant) wurde mitgeteilt, daß das Präparat harmlos sei und keine Nebeneffekte verursache (Epi Ign). Unter einer dritten Bedingung (Epinephrin misinformed) schließlich wurden den Vpn falsche, tatsächlich nicht auftretende Effekte wie taube Füße, Jucken und Kopfschmerzen als mögliche Begleiterscheinungen genannt (Epi Mis). Diese Bedingung wurde eingeführt, da nicht ausgeschlossen werden konnte, daß die Mitteilung von Nebeneffekten die Vpn zu introspektiver, möglicherweise beunruhigter Selbstbeobachtung veranlaßt und die zwischen den Epi Inf und Epi Ign beobachtbaren Unterschiede durch dieses Verhalten und nicht durch die Angemessenheit der Erklärung verursacht wird. Die Vpn der Placebo Bedingung erhielten dieselbe Erklärung wie die Vpn der Epi Ign Bedingung.

Zur Manipulation der externen Hinweise, die zur Erklärung einer autonomen Erregung dienen konnten, wurden zwei emotional unterschiedlich gestaltete Situationen gewählt. Bei der Realisierung wurde davon ausgegangen, daß Personen ihre Gefühle durch Vergleich mit anderen Personen bewerten (SCHACHTER 1959, WRIGHTSMAN 1960). In der einen Bedingung wurden die Vpn unter dem Vorwand, die Wirkung des Präparates abzuwarten, mit einer anderen angeblichen Versuchsperson zusammengebracht, die sich euphorisch verhielt, in der zweiten Bedingung mit einer Person, die ein zunehmend verärgertes Verhalten zeigte. Die Epi Mis Bedingung wurde nur zusammen mit der euphorischen Situation verwirklicht, so daß insgesamt sieben unterschiedliche Bedingungen im Experiment bestanden.

Der emotionale Zustand der Vpn als abhängige Variable wurde durch eine standardisierte Verhaltensbeobachtung und durch Selbstbeurteilung der Vpn auf Skalen, die u. a. Fragen nach dem emotionalen Befinden enthielten, gemessen.

Sowohl unter der Euphorie-, als auch unter der Ärger-Bedingung zeigten die Epi Ign und die Epi Mis Vpn stärkere Emotionen als die entsprechenden Epi Inf Vpn. Die Ergebnisse der Placebo Bedingungen erwiesen sich insofern als nicht hypothesenkonform, als die Werte dieser Gruppen zwischen denen der Epi Ign und denen der Epi Inf lagen und sich unter der Euphorie-Bedingung bei beiden Formen der Messung von keiner der anderen Gruppen signifikant unterschieden. SCHACHTER & SINGER führen zur Erklärung dieser Ergebnisse zwei Argumente an: Erstens können die autonom erregten, aber ohne plausible Erklärung gelassenen Epi Ign Vpn ihre Erregung auf die Injektion selbst zurückgeführt haben, sich selbst informiert haben und deshalb weniger Emotion gezeigt haben. Dies stellte sich anhand einer nachträglichen Analyse der Fragebogen-

Ergebnisse tatsächlich heraus. Zweitens ist es möglich, daß in der Placebo Bedingung physiologische Erregung durch die dramatische Situation hervorgerufen wurde. Wird ein Ansteigen der Puls-Frequenz als Indikator für Erregung verwendet, so zeigt sich, daß Vpn mit gestiegener Puls-Frequenz auch mehr Emotion berichten. Zur besseren empirischen Absicherung dieser Argumente führten SCHACHTER und Kollegen einige Folgeuntersuchungen durch.

Zur Stützung der Vermutung, daß bei den Vpn der Placebo Bedingung im Experiment von SCHACHTER & SINGER (1962) ein gewisses Ausmaß an physiologischer Erregung vorlag, verglichen SCHACHTER & WHEELER (1962) eine Epinephrin-, eine Placebo- und eine Chlorpromazin Gruppe in ihrer Reaktion auf einen humoristischen Film. Chlorpromazin unterdrückt die Sympathicus-Aktivierung und wirkt als Tranquilizer. SCHACHTER & WHEELER fanden, daß die Epinephrin Gruppe das meiste Vergnügen (die stärkste Emotion) bei Betrachten des Films zeigte, gefolgt von der Placebo und schließlich der Chlorpromazin Gruppe.

Um die im Experiment von SCHACHTER & SINGER (1962) vorhandene Möglichkeit, physiologische Erregung auf eine Injektion zurückzuführen, auszuschließen, verwendete SINGER (1963) Ratten. SINGER konnte zeigen, daß Ratten, denen Epinephrin injiziert worden war, unter furchterzeugenden Bedingungen stärkere Anzeichen von Furcht zeigten, als Ratten, denen Placebo injiziert worden war. Unter nicht furchterzeugenden Bedingungen unterschieden sich die Gruppen nicht. LATANE & SCHACHTER (1962) fanden, daß Ratten, denen Epinephrin injiziert worden war, Vermeidungsreaktionen besser lernten als eine Placebo Gruppe.

Das Experiment von SCHACHTER & SINGER (1962) wurde von verschiedenen Autoren kritisiert. PLUTCHIK & AX (1967) erheben eine ganze Reihe methodischer Einwände, so u. a., daß vermutlich das Erregungsniveau in den vergleichbaren experimentellen Bedingungen unterschiedlich war, daß die Selbstbeurteilungen nicht eindeutig interpretierbar sind und daß die Ergebnisse übergeneralisiert worden sind. IRLE (1975) bemängelt die Unvollständigkeit des Versuchsplanes. STRICKLER (1967) nimmt Bezug auf einen Befund von NOWLIS & NOWLIS (1965), wonach physiologisch erregte Individuen dazu neigen, das Verhalten anderer Personen zu imitieren. Verhaltensänderungen der Vpn in Richtung auf das Verhalten eines Mitwissers, wie sie im Experiment von SCHACHTER & SINGER (1962) beobachtet wurden, müssen daher nicht unbedingt Veränderungen im emotionalen Erleben anzeigen.

4. Schachters Theorie im Lichte der Kritikpunkte Cannons

Auch in SCHACHTERS Theorie ist physiologische Erregung notwendige Voraussetzung von emotionaler Erregung. Damit entsteht die Frage, ob sich die Kritik CANNONS an der James-Lange-Theorie auch gegen den Ansatz SCHACHTERS vorbringen läßt.

Der Einwand CANNONS, daß die künstliche Erzeugung viszeraler Veränderungen keine Emotionen nach sich zieht, ist auf SCHACHTERS Theorie nicht anwendbar, da die kognitiv-physiologische Formulierung ja gerade die Bedingungen spezifiziert, unter denen viszerale Erregung eine Komponente emotionaler Erregung darstellt. Auch der Einwand, daß dieselben viszeralen Veränderungen ganz unterschiedlichem emotionalen Erleben zugrundeliegen, wird durch die Annahme der kognitiven Interpretation physiologischer Erregung, wie sie SCHACHTER macht, hinfällig. Für einen rein viszeralen Standpunkt, wie er von JAMES und LANGE vertreten wurde, war dieser Einwand hingegen schwerwiegend, da die frühen Versuche, emotionale Zustände physiologisch zu unterscheiden, durchweg zu negativen Ergebnissen führten. Erst neuere Untersuchungen lieferten Hinweise auf eine mögliche Differenzierung. WOLF & WOLFF (1943) konnten bei einem Patienten mit einer Magenfistel verschiedene Arten der Magenaktivität feststellen, je nachdem, ob der Patient zornig oder ängstlich war. Differenzierungen von Ärger und Furcht (und Schmerz) mit Hilfe physiologischer Indikatoren gelangen auch Ax (1953) und SCHACHTER (1957). Ebenso wurde ein Zusammenhang zwischen Emotionen wie Furcht und Ärger und der Freisetzung der adrenalinen Hormone Epinephrin und Norepinephrin festgestellt (FUNKENSTEIN 1955). Insgesamt läßt der Stand der Untersuchung jedoch keine schlüssige Folgerung zu, da viele Experimente keine Unterschiede erbrachten.

Den Einwand CANNONS, daß die Viszera wenig sensitive Strukturen sind, betrachtet SCHACHTER als für seine Theorie irrelevant. Er meint, daß solange überhaupt viszerale oder kardiovasculäre Erregung vorhanden sei, die kognitiv-physiologische Hypothese anwendbar sei.

Die beiden übrigen Einwände CANNONS, nämlich, daß viszerale Veränderungen zu langsam vor sich gehen, um Ursache von Emotionen zu sein, und daß die Trennung der Viszera vom zentralen Nervensystem das emotionale Verhalten nicht verändert, treffen die Theorie SCHACHTERS in gleicher Weise wie die von JAMES. Beide Einwände beziehen sich auf Bedingungen, unter denen offensichtlich emotionale Erregung ohne physiologische Erregung auftritt. CANNON hatte seine Einwände auf Ergebnisse von Untersuchungen mit Sympathektomien (Funktionsausfall des sympathischen Nervensystems durch Unfall, Operation usw.) an Hunden (SHERRINGTON 1900) und Katzen (CANNON, LEWIS & BRITTON 1927) gestützt sowie auf den Bericht über eine Frau, die infolge eines

Sturzes vom Pferd vom Hals abwärts gelähmt war und, obwohl sie keine Körperempfindungen mehr hatte, laut Darstellung zu normalem emotionalen Erleben fähig war (DANA 1921). Nach SCHACHTER (1964) ist jedoch bei diesen Beispielen nicht auszuschließen, daß emotionales Verhalten vor dem Funktionsausfall gelernt wird und deshalb später auch ohne Wahrnehmung viszeraler Veränderungen gezeigt wird. Unterstützt wird diese Vermutung durch eine Untersuchung von WYNNE & SOLOMON (1955), bei der gezeigt werden konnte, daß operativ erzeugte Funktionsunfähigkeit des sympathischen Systems bei Hunden zu einem (im Vergleich zu Kontrolltieren) verlangsamten Erlernen und zu schnellerer Extinktion einer Vermeidungsreaktion führt. Wird die Sympathektomie nach dem Erlernen der Vermeidungsreaktion ausgeführt, so unterscheidet sich der Löschprozeß nicht von dem der Kontrolltiere.

Denkbar ist auch, daß nach einer Sympathektomie zwar noch emotionales Verhalten gezeigt wird, jedoch kein emotionales Erleben mehr vorhanden ist. Für diese These sprechen Ergebnisse von HOHMANN (1966) über das per Introspektion untersuchte emotionale Erleben von Querschnittsgelähmten und Quadriplegikern (Quadriplegie = Lähmung aller vier Extremitäten). Je höher die Verletzung im Bereich des Rückenmarks eingetreten war und je geringer demgemäß die verbliebenen viszeralen Empfindungen waren, desto größer war der nach der Verletzung eingetretene Abfall im emotionalen Erleben.

5. Kognitiv-physiologischer Ansatz versus Identitäts-Annahme

SCHACHTER (1971a) sieht in den Introspektionen der Patienten von HOHMANN und denen der Patienten von MARANON die zwei Seiten ein und derselben Münze. MARANONS Personen berichten die körperlichen Erscheinungen physiologischer Erregung, beschreiben sich aber wegen des Fehlens entsprechender Kognitionen nicht als emotional empfindend. HOHMANNS Patienten beschreiben die angemessene Reaktion auf eine emotionsträchtige Situation, sehen sich selbst wegen des Fehlens viszeraler Erregung aber offensichtlich nicht als emotional erregt. Nach SCHACHTER (1971a) entsprechen diese Ergebnisse genau dem, was man aus einer Konzeption von Emotion als gemeinsamer Funktion von kognitiven und physiologischen Faktoren vorhersagen würde. Er wendet sich daher gegen die Annahme der «Identität» (SCHACHTER 1970), d. h. gegen die Vorstellung einer direkten Beziehung zwischen Mustern physiologischer Prozesse oder biochemischer Vorgänge und psychischen Zuständen, wie sie von JAMES-LANGE bezüglich peripherer Vorgänge und von CANNON-BARD sowie von neueren, hirn-physiologisch orientierten Theorien hinsichtlich zentraler Vorgänge in unterschiedlichen Strukturen des ZNS, angenommen wird. Er glaubt, daß weder ein rein peripherer, noch ein rein zentralistischer Standpunkt in der Lage ist, die vorhandenen Tatsachen zu erklären und daß ein zentralistischer Standpunkt denselben Einwänden ausgesetzt ist wie ein peripherer. Nach SCHACHTER haben Vertreter zentraler Theorien zwar zahlreiche Demonstrationen geliefert, daß Verletzungen bzw. Stimulationen von Teilen des ZNS zu intensiven emotionalen Zuständen führen können, es bleibt seiner Meinung nach jedoch die Frage, ob solche Manipulationen unausweichlich zu bestimmten emotionalen Veränderungen führen oder ob die Art der Konsequenzen dieser Manipulationen abhängig von situativen bzw. kognitiven Faktoren ist. SCHACHTER ist der Auffassung, daß die externen Umstände eine wichtige Rolle dabei spielen, ob erzeugte Veränderungen im ZNS zu emotionalen oder motivationalen Effekten führen. Er verweist auf Experimente von MILLER, BAILEY & STEVENSON (1950) und TEITELBAUM (1955), die zeigen konnten, daß Läsionen im ventromedialen Bereich des Hypothalamus (VMH-Läsionen) bei Tieren nur dann zu Überfressen und Fettleibigkeit führen, wenn das zur Verfügung stehende Futter schmackhaft ist. Ist das Futter unangenehm, so fressen die Tiere der Experimentalbedingungen weniger als Tiere der Kontrollgruppen. In ähnliche Richtung lassen sich die Ergebnisse von Untersuchungen von VON HOLST & SAINT PAUL (1962) sowie HUTCHINSON & RENFREW (1966) interpretieren.

6. Weitere Entwicklungen auf der Grundlage der Theorie Schachters

6.1. Falsche Rückmeldung physiologischer Erregung

Die von CANNON vorgebrachten Kritikpunkte an der JAMES-LANGE Theorie, die sich auf das Auftreten von Emotionen ohne viszerale Erregung beziehen, können auch von SCHACHTER nicht vollständig ausgeräumt werden.

SCHACHTERS Auffassung von der Rolle physiologischer Erregung als notwendiger Voraussetzung für die Existenz von Emotionen wird auch von anderer Seite in Frage gestellt. Für VALINS (1966) sind Kognitionen für das Entstehen von Emotionen völlig hinreichend. Autonome Erregung ist lediglich durch ihre Funktion als Stimulus für kognitive Information an der Emotion beteiligt. Für VALINS hat dementsprechend die nicht-veridikale (nur kognitiv erzeugte, nicht auf tatsächlich existierende Zustände zurückgehende) Repräsentation von physiologischer Erregung denselben Effekt wie die Registrierung einer tatsächlich vorhandenen Erregung. Zur Überprüfung dieser Behauptung lieferte VALINS (1966) seinen Vpn Information, die diese glauben ließ, sie seien in einem Zustand autonomer Erregung. Im Experiment von VALINS konnten die (männlichen) Vpn ihren «eigenen» Herzschlag beim Betrachten von Dia-Projektionen weiblicher Halb-Akte wahrnehmen. Tatsächlich waren die Herztöne vorprogrammiert und genau auf die Bilder abgestimmt. In der Experimentalbedingung wurde bei der Hälfte der Dias eine Veränderung der Herz-Frequenz (Beschleunigung oder Verlangsamung) vorgegeben, d. h. der Zustand physiologischer Erregung vorgetäuscht. Den Vpn der Kontrollbedingung wurden die Töne als bedeutungslose Geräusche deklariert. Eine Beurteilung der Attraktivität der abgebildeten Frauen ergab, daß Bilder, die mit einer Veränderung der Herzfrequenz gekoppelt waren, von den Vpn der Experimentalbedingung als attraktiver eingestuft wurden und häufiger als Geschenk ausgewählt wurden.

Nach VALINS würde man diese Ergebnisse auch genau dann erwartet haben, wenn man die Herzfrequenz-Änderungen bei einigen Bildern pharmakologisch induziert hätte. Der Mechanismus, der abläuft und diese Effekte hervorruft, ist nach VALINS derselbe für veridikale und nicht-veridikale Rückmeldung. Bestreitet also SCHACHTER die Möglichkeit einer Erklärung von Emotionen allein durch Prozesse peripherer oder zentraler Erregung, so bestreitet VALINS die Notwendigkeit zumindest peripherer Prozesse für ein Zustandekommen von Emotionen überhaupt.

Manche Autoren sehen in der Vorstellung und den Ergebnissen von VALINS lediglich eine Erweiterung der Theorie SCHACHTERS (z. B. STRONGMAN 1973, HARRIS & KATKIN 1975), andere eine Erschütterung (z. B. WEINER 1972). Ob es sich um eine Erweiterung oder um eine Erschütterung der Position SCHACHTERS handelt, hängt von der Beurteilung verschiedener Faktoren ab.

Zunächst läßt sich feststellen, daß aus SCHACHTERS Darstellung seiner Theorie nicht hervorgeht, ob eine kognitive Repräsentation tatsächlicher physiologischer Erregung als vermittelnde Stufe abgelehnt wird. Eindeutig erscheint aber, daß eine lediglich nicht-veridikale Repräsentation physiologischer Erregung nicht hinreichend ist. Die bei SCHACHTER vorgesehene Interpretation (und Fehlinterpretation) von Erregung schließt die physiologische Erregung selbst nicht ein.

Ein zweiter Aspekt betrifft die Vorgehensweise von VALINS. Die von VALINS (1966) gegebene Beschreibung seiner Ergebnisse läßt nämlich Zweifel daran aufkommen, daß die Behauptung, nicht-veridikale Repräsentation physiologischer Erregung führe in gleicher Weise zu emotionaler Erregung wie eine veridikale Repräsentation, die allein mögliche Erklärung seiner Ergebnisse ist. VALINS (1966) berichtet, daß eine Reihe von Vpn bei Rückmeldung von verändertem Herzschlag die dargebotenen Bilder eingehend inspizierten, offensichtlich um sich zu überzeugen, daß die Darstellung tatsächlich besonders attraktiv war. Gelang dies nicht, so wurde auch nach anderen Erklärungen für die veränderte Herz-Frequenz gesucht. BAREFOOT & STRAUB (1971) konnten in diesem Zusammenhang feststellen, daß eine Veränderung des Attraktivitätsurteils in Abhängigkeit von der Änderung der Herz-Frequenz nur dann eintrat, wenn den Vpn genügend Zeit zur Betrachtung der Bilder gelassen wurde. VALINS (1966, 1974) beschreibt diesen Vorgang als Prozeß der «Selbst-Überredung» (self-persuasion) und beruft sich auf das von SCHACHTER (1959) postulierte Bedürfnis nach Bewertung eines physiologischen Erregungszustandes. BAREFOOT & STRAUB (1971) glauben, daß die Selbst-Überredung wesentlich komplexer ist als ein Inferenz-Prozeß der Art: «Ich reagiere physiologisch auf das Bild, also mag ich es.» Nun muß das Geschehen in den Experimenten von VALINS (1966) und anderen nicht unbedingt die Form der Selbst-Wahrnehmung haben, wie sie BEM (1967, 1972, 1974) behauptet (s. auch NISBETT & VALINS 1971). Die Annahme, daß es sich um die kognitive Interpretation «physiologischer» Erregung handelt, wie sie SCHACHTER postuliert, ist jedoch ebenfalls nicht zwingend. Während nämlich etwa bei SCHACHTER & SINGER (1962) von den Vpn für eine vorhandene Erregung eine passende Erklärung gesucht wird, suchen die Vpn im Experiment von VALINS (1966) eine Erklärung für zwei nicht passende (inkonsistente) Kognitionen. Mit anderen Worten, die Befunde von VALINS sind möglicherweise gar nicht das Ergebnis eines emotionalen Prozesses, sondern stellen Attitüdenänderungen bezüglich der Bilder als Folge von Inkonsistenzreduktion dar, wobei lediglich die bedeutungsmäßigen Inhalte dem emotionalen Bereich entstammen. Dieser Deutung widerspricht nicht, daß VALINS (1967b) zeigen konnte, daß die falsche Rückmeldung der Herztöne sich auf die Attraktivitätsurteile stärker bei Personen auswirkte, die aufgrund eines Fragebogens als besonders emotional eingestuft worden waren und sie steht auch im Einklang mit dem Ergebnis von VALINS (1974), daß der Prozeß der Selbst-Überredung durch Aufklärung der Vpn über die experimentelle Irreführung nicht rückgängig gemacht wird.

Es gibt eine Reihe anderer Einwände gegen das Experiment von VALINS (1966), die sich auf unterschiedliche Teile des Zusammenhangs von falscher Rückmeldung, Stärke des emotionalen Stimulus und tatsächliche physiologische Erregung beziehen. STERN, BOTTO & HERRICK (1972) führen die Variable «Aufmerksamkeit» als Alternativerklärung der Ergebnisse von VALINS an. GOLDSTEIN, FINK & METTEE (1972) glauben, daß in stark emotionalen Situationen nicht die induzierte Kognition physiologischer Erregung, sondern die tatsächliche Erregung entscheidend bei der Vermittlung von Emotionen ist. HIRSCHMANN (1975) und DETWEILER & ZANNA (1976) vertreten die Auffassung, das falsche physiologische Rückmeldung tatsächliche physiologische Veränderungen zur Folge hat.

171

Eine Beeinflussung der physiologischen Funktion durch Rückmeldung konnten auch KOENIG & HENRIKSEN (1974) feststellen. Sie fanden, daß die galvanische Hautreaktion (GSR) faktisch stärker ist, wenn den Vpn gesagt wird, die Reaktion sei stark, als wenn gesagt wird, die Reaktion sei schwach. Überdies konnten sie anhand einer klassischen Konditionierung des GSR zeigen, daß die Extinktionsresistenz sinkt, wenn den Vpn mitgeteilt wird, daß der unkonditionierte Stimulus nicht erneut auftreten wird (s. auch FRANK 1961 und ZIMBARDO 1969).

Ausgehend von den Ergebnissen von HIRSCHMAN (1975) vertreten HARRIS & KATKIN (1975) die Auffassung, daß falsche Rückmeldung geeignet sein mag, die Attribution von Affekten zu verändern, bezweifeln aber, daß diese Prozedur zur Analyse des Emotionserlebnisses geeignet ist. Sie kommen zu dem Schluß, daß keine der bislang angestellten Untersuchungen mit falscher Rückmeldung sich tatsächlich mit der Qualität und Bedeutung von Emotionen befaßt hat und schlagen vor, eine Unterscheidung von primärer Emotion (Zustand der Erregung des autonomen Nervensystems [ANS] und die subjektive Wahrnehmung dieser Erregung einschließt) und sekundärer Emotion (Zustand, der nicht notwendig ANS Erregung, wohl aber die nicht-veridikale Wahrnehmung solcher Erregung einschließt) einzuführen, wobei angenommen wird, daß sekundäre Emotion auf eine frühere Assoziation mit primärer emotionaler Erfahrung zurückgeht.

6.2. Fehl-Attribution physiologischer Erregung

Gemäß SCHACHTERS Theorie wird ein Individuum, das sich in einem Zustand physiologischer Erregung befindet, für den es keine selbstverständliche Erklärung hat, diesen Zustand entsprechend der ihm zur Verfügung stehenden Kognitionen kennzeichnen. Mit dieser Kennzeichnung ist eine Ursachenzuschreibung verknüpft. Die Epi Ign Vpn im Experiment von SCHACHTER & SINGER (1962) empfanden Freude bzw. Ärger. Gleichzeitig wurde als Ursache dieser Emotion vermutlich die euphorische bzw. ärgerliche Situation angesehen. Objektiv betrachtet, handelt es sich hierbei um eine Fehl-Zuschreibung. NISBETT & SCHACHTER (1966) konnten zeigen, daß natürliche Zustände autonomer Erregung in ähnlicher Weise manipulierbar sind. Ein Teil der im Experiment durch Elektroschocks hervorgerufenen Erregung wurde von den Vpn der Experimentalgruppe den Nebenwirkungen einer vorher verabreichten, harmlosen Droge zugeschrieben. Diese Personen empfanden die Schocks als weniger schmerzhaft und waren bereit, mehr davon zu erdulden. ROSS, RODIN & ZIMBARDO (1969) konnten die Ergebnisse von NISBETT & SCHACHTER (1966) replizieren. Sie brachten einen Teil ihrer Vpn dazu, die mit der Furcht vor einem erwarteten elektrischen Schock verbundene Erregung einem

172

lauten Geräusch zuzuschreiben. Die Vpn sollten dann zwei (unlösbare) Denkaufgaben bearbeiten, wobei das Lösen der einen Aufgabe mit einer Vermeidung des Schocks, das Lösen der anderen Aufgabe mit einer Belohnung durch Geld verknüpft war. Wie vorhergesagt, arbeiteten Vpn, die ihre Erregung dem Geräusch zugeschrieben hatten, weniger lange an der Aufgabe, mit deren Lösung sich der Schock vermeiden ließ, als Vpn, die ihre Erregung allein auf die Furcht vor dem Schock zurückführten. Ross, Rodin & Zimbardo (1969) verweisen auf die Implikationen dieser Ergebnisse für die Therapie phobischer Patienten. Eine ausführliche Darstellung der Rolle von Attributions-Prozessen beim Verständnis der Genese und bei der Entwicklung von Therapien von emotionalen Störungen geben Valins & Nisbett (1971). Die Möglichkeiten falscher Rückmeldung physiologischer Erregung für die Therapie emotionaler Störungen erörtern u. a. Valins 1966, Valins 1970 und Koenig & Henriksen 1974.

Dienstbier & Munter (1971) fanden, daß Personen, die ihre beim Mogeln entstehende Erregung als Nebenwirkung eines Präparates (tatsächlich Placebo) interpretieren können, in größerem Umfang mogeln. Storms & Nisbett (1970) nehmen Bezug auf die Experimente von Schachter & Singer (1962) sowie Nisbett & Schachter (1966). Sie erklären den Unterschied zwischen den Placebo Vpn und den Epi Inf Vpn damit, daß die letzteren auch ihre natürliche, durch die Situation hervorgerufene Erregung dem Epinephrin zuschreiben, die Injektion also überkompensieren. Darin zeigt sich, wie bei Nisbett & Schachter (1966), daß ein Teil der natürlichen Erregung auf eine künstliche, externe Quelle zurückgeführt werden kann. Storms & Nisbett (1970) wendeten diese Überlegungen auf Patienten mit Einschlafstörungen an und konnten folgende Hypothesen bestätigen. (1) Patienten, denen ein Präparat (Placebo) gegeben wird, von dem sie glauben, daß es Erregung hervorruft, werden ihre natürliche Erregung dem Präparat zuschreiben, werden deshalb weniger intensive Emotionen verspüren und werden daher früher als gewöhnlich einschlafen. (2) Patienten, denen ein Präparat (Placebo) gegeben wird, von dem sie glauben, daß es sie beruhigt, werden mehr als sonst ihre natürliche Erregung internen emotionalgetönten Kognitionen zuschreiben, werden intensivere Emotionen erleben und werden deshalb später als gewöhnlich einschlafen. Hypothese (2), deren Denkschema dem des «augmentation principle» von Kelley (1972, 1973) entspricht, beschreibt den «negativen Placebo Effekt» und steht im Gegensatz zur «Suggestions-Hypothese», die von der direkten Wirkung eines unwirksamen Präparates mittels psychischer Beeinflussung ausgeht.

Versuche von Kellogg & Baron (1975) sowie Bootzin, Herman & Nicassio (1976), die Ergebnisse von Storms & Nisbett (1970) zu replizieren, mißlangen allerdings. In beiden Untersuchungen wurde ein Suggestions-Effekt gefunden. KELLOGG & BARON fanden überdies eine deutliche Zunahme der Insomnie unter der Bedingung, daß dem Präparat ein Erregung erzeugender Effekt zugeschrieben wurde.

6.3. Arbeiten, die auf Schachters Theorie Bezug nehmen

Es gibt eine Reihe von Untersuchungen, die in mehr oder weniger lockerem Zusammenhang zur Theorie SCHACHTERS stehen. Einige dieser Arbeiten sollen hier erwähnt werden.

Eine Verbindung von Argumenten aus SCHACHTERS Theorie und Argumenten der «Choice Certainty» Theorie von MILLS (1968) nimmt O'NEAL (1971) vor. Gemäß der Theorie von MILLS will eine Person sicher sein, daß eine Alternative, für die sie sich entscheidet, besser ist als andere Alternativen. O'NEAL geht von der Hypothese aus, daß Entscheidungsunsicherheit mit Erregung verbunden ist und, daß eine Person, die bei einer Entscheidung Erregung verspürt, als Ursache dieser Erregung Unsicherheit, die Entscheidung betreffend annimmt, mit der Folge, daß sie sich um größere Sicherheit bemüht. O'NEAL konnte diese Hypothese bestätigen. Durch Koffein erregte Personen zeigten eine stärkere Tendenz, ihre Sicherheit zu erhöhen.

Anders geartete interne Signale als SCHACHTER & SINGER (1962) untersuchten LAIRD (1967) und LONDON & MONELLO (1974). LAIRD (1967) berichtet einen Effekt kinästhetischer «cues» auf emotionale Zustände. Er brachte Vpn unter dem Vorwand der elektrophysiologischen Registration der Anspannung von Gesichtsmuskeln dazu, zu lächeln bzw. die Stirn zu runzeln. Lächelnde Personen berichteten eine frohere Stimmung als Personen, die die Stirn runzelten (s. auch LAIRD & CROSBY 1974). Ausgehend von HOAGLANDS (1933) Vorstellung einer »internen Uhr» ließen LONDON & MONELLO (1974) Vpn mittels präparierter Uhren glauben, daß nach einer tatsächlich 20 Minuten dauernden Tätigkeit bereits 30 bzw. erst 10 Minuten vergangen seien. Die Hypothese, daß sich die Personen der 10-Minuten-Bedingung mehr gelangweilt fühlten, konnte bestätigt werden.

Eine Kategorisierung der Stimulus-Situationen, die zur Deutung von Zuständen der Erregung herangezogen werden, nimmt BECK (1974) vor. Eine Zuordnung einer Situation zur Formel "I have lost X" z. B. erzeugt das Gefühl der Traurigkeit bzw. in extremen Fällen Depression. Die anderen Kategorien, die über entsprechende Formeln gefunden werden, sind Euphorie bzw. Hypomanie, Angst bzw. Angstneurose und Ärger bzw. Paranoia.

MAHER (1974) benutzt SCHACHTERS Theorie zur Erklärung des wahnhaften Denkens bei Schizophrenen. Er geht davon aus, daß bestimmte

Patienten von Wahrnehmungs-Anomalien betroffen sind. Diese Anomalien bedürfen der Erklärung. MAHER stellt demgemäß die These auf, daß die Störung paranoider Patienten nicht im schlußfolgernden Denken liegt, sondern durch die normale Verarbeitung nicht normaler Wahrnehmungen entsteht.

7. Anwendungsbezogene Forschung im Rahmen der Theorie Schachters

7.1. Kriminalität und Psychopathie

Die Implikationen der Theorie SCHACHTERS für kriminelles Verhalten werden von SCHACHTER & LATANE (1964) erörtert. Sie gehen davon aus, daß das Auftreten kriminellen Verhaltens invers mit der «Angst, erwischt zu werden» variiert. Daraus folgt, daß eine Reduktion von Angst, z. B. durch Pharmaka, die Auftretenswahrscheinlichkeit krimineller Akte erhöhen müßte.

SCHACHTER & LATANE (1964) berichten Ergebnisse von SCHACHTER & ONO (zitiert nach SCHACHTER & LATANE 1964), einer Untersuchung, in der es um Schwindelei, einer harmlosen Form von Kriminalität, ging. SCHACHTER & ONO stellten fest, daß Vpn, denen Chlorpromazin verabreicht wurde, bei der Korrektur eines von ihnen selbst ausgefüllten Tests mehr mogelten als Vpn, denen ein Placebo gegeben worden war. SCHACHTER & LATANE (1964) treffen die Unterscheidung zwischen kriminellen Handlungen, die zustande kommen, weil die Emotionen (z. B. Haß) überhand nehmen und alle Hemmungen vergessen lassen und solchen, die zustande kommen, weil die Hemmungen gering sind, so daß die Handlung unabhängig von der emotionalen und motivationalen Lage ausgeführt wird. Nimmt man an, daß ein Mangel an Angst ein chronischer Zustand sein kann, so würde damit nach SCHACHTER & LATANE die Art von Person beschrieben, die unter klinischen Aspekten als Psychopath oder Soziopath bekannt ist.

SCHACHTER & LATANE beziehen sich auf LYKKEN (1957), der feststellte, daß Soziopathen abnorm wenig manifeste Angst zeigen und relativ unfähig zum Erlernen von Vermeidungsreaktionen sind, sofern diese über Angstreaktionen vermittelt werden.

SCHACHTER & LATANE (1964) experimentierten mit Gefängnisinsassen. Die Auswahl für die experimentellen Gruppen geschah mit Hilfe von Gefängnispsychologen und anhand von LYKKENS Angst Skala. Es wurde eine Einteilung in Soziopathen und Normale vorgenommen. Vor dem Experiment wurde zur Variation der Erregung Adrenalin oder ein Placebo injiziert. Die experimentelle Aufgabe bestand im Erlernen eines

Labyrinthes mit 20 Entscheidungspunkten. An jedem Entscheidungspunkt standen 4 Tasten (Alternativen) zur Wahl, von denen eine richtig war und eine von den drei falschen mit einem elektrischen Schock für die Vp verbunden war. Das Labyrinth-Lernen und das Vermeidungs-Lernen konnten also getrennt erfaßt werden. Folgendes wurde gefunden: Normale und Soziopathen lernten das Labyrinth gleich gut. Die Variable «Erregung» ergab hier ebenfalls keinen Effekt. Die Vermeidungsreaktion wurde in der Placebo Bedingung nur von den Normalen erlernt, nicht von den Soziopathen. Unter dem Einfluß von Adrenalin waren die Normalen weniger gut als bei Placebo, wohingegen die Soziopathen eine deutliche Verbesserung im Vermeidungslernen zeigten. Ihre Leistung lag noch über der der Normalen bei Placebo. Der Schluß aus dieser Untersuchung, daß Soziopathen eine geringe autonome Reaktivität zeigen, wird durch ein Experiment von VALINS (1963) nicht gestützt. VALINS fand das Gegenteil. SCHACHTER & LATANE betonen, daß die Adrenalin-Empfindlichkeit die beste Vorhersage für das Vermeidungslernen lieferte. Sie meinen, daß sowohl sehr ängstliche als auch besonders wenig ängstliche Individuen von großer autonomer Reaktivität seien. Möglicherweise also haben Soziopathen lediglich nicht gelernt, ihre autonome Aktivierung emotional zu interpretieren, während Angst-Neurotiker ständig dazu neigen.

7.2. Fettleibigkeit

7.2.1. Nahrungsaufnahme und Externalität

Nahrungsdeprivation führt zu einer Reihe peripherer physiologischer Veränderungen wie Senkung des Blutzuckerspiegels, Magenkontraktionen usw., die ihrerseits eine Aktivierung von Nahrungszentren im Hypothalamus zur Folge haben. Ausgehend von Beobachtungen von BRUCH (1961) und Ergebnissen von STUNKARD (1959) sowie STUNKARD & KOCH (1964) stellt SCHACHTER (1967, 1968, 1971a, b, c) die Frage, ob diese biologischen Signale ausreichen, daß wir uns als hungrig beschreiben und essen. Er kommt zu der Auffassung, daß große interindividuelle Differenzen hinsichtlich des Ausmaßes bestehen, in dem solche physiologischen Veränderungen mit dem Verlangen nach Nahrung verknüpft sind und daß die Beachtung bzw. Nichtbeachtung solcher interner Hungersignale eine wichtige Determinante der Fettleibigkeit darstellt.

BRUCH (1961) hatte beobachtet, daß ihre übergewichtigen Patienten nicht wußten, wann sie «physiologisch» hungrig waren. STUNKARD (1959) und STUNKARD & KOCH (1964) untersuchten den Zusammenhang von Magenkontraktionen und Berichten von Hungergefühlen bei normal- und übergewichtigen Personen. Die Quote an Magenkontraktionen erwies sich bei beiden Gruppen als etwa gleich, ebenso wie die Häufigkeit, mit der Hungergefühle berichtet wurden, wenn keine Magenkontraktionen vorlagen. In den Zeiten, in denen Magenkontraktionen gemessen wurden, stieg die Zahl der berichteten Hungergefühle bei Normalen stark, bei Fettleibigen jedoch kaum an. Anzumerken ist, daß die von STUNKARD verwendete Methode, mittels eines in den Magen eingeführten Ballons Magenkontraktionen zu messen, nicht unumstritten ist. So fanden DAVIS, GARAFALO & KVEIM (1959) keine Hinweise für Magenkontraktionen, außer, wenn ein Ballon eingeführt wurde.

SCHACHTER (1967, 1968) vermutet, daß das Eßverhalten von Fettleibigen relativ unabhängig von internen Zuständen ist und weitgehend von Reizen außerhalb des Organismus gesteuert wird (Externalität). Diese Vermutung wird bestätigt durch Untersuchungen von GOLDMAN, JAFFA & SCHACHTER (1968) und NISBETT (1968b). GOLDMAN et al. fanden u. a., daß fettleibige Juden an Yom Kippur (Buß- und Fastentag der Juden) eher fasten als Normalgewichtige und daß übergewichtige Studenten intoleranter gegenüber Mensa-Essen sind als Studenten normalen Gewichts. NISBETT (1968b) stellte fest, daß Untergewichtige eher auf interne, durch Nahrungsdeprivation erzeugte Reize ansprechen als auf externe Reize wie z. B. den Geschmack der Nahrung. Bei Übergewichtigen zeigte sich der umgekehrte Zusammenhang. In die gleiche Richtung geht ein Ergebnis von CABANAC & DUCLAUX (1970). Ein zunächst als angenehm bezeichneter Geschmack einer Zuckerlösung wurde von fastenden Normalgewichtigen in dem Maße zunehmend als unangenehmer empfunden, in dem der Magen der Personen mit wäßriger Glukose aufgefüllt wurde. Übergewichtige Personen bezeichneten bei derselben Behandlung den Geschmack der Lösung gleichbleibend als angenehm.

Der von NISBETT (1968b) gefundene Zusammenhang konnte in einer Untersuchung von MC KENNA (1972) allerdings nicht repliziert werden. Auch NISBETT & STORMS (1974) sowie PLINER (1974a) stellten fest, daß Übergewichtige nach vorheriger Aufnahme flüssiger Nahrung auf interne Reize offensichtlich reagieren. TOM & RUCKER (1975) kommen zu dem Schluß, daß Übergewichtige unter starker Deprivation auf interne Reize reagieren, wenngleich anders als Normale. TOM & RUCKER (1975) hatten neben der erhöhten Reaktionsbereitschaft Übergewichtiger gegenüber externen Reizen gefunden, daß Übergewichtige auf Nahrungsdeprivation mit geringerer Nahrungsaufnahme, reduzierten Kaufabsichten und geringerer Einschätzung von Dias mit Darstellungen von Nahrung und anderen Objekten reagierten. NISBETT & KANOUSE (1969) beobachteten Vpn beim Einkauf von Lebensmitteln in einem Supermarkt. Normalgewichtige kauften mehr, wenn sie längere Zeit nichts gegessen hatten, als wenn sie gerade etwas gegessen hatten. Für Übergewichtige ergab sich der umgekehrte Zusammenhang. SCHACHTER, FRIEDMAN & HANDLER (1974) stellten bei Beobachtungen in Restaurants fest, daß Übergewichtige angesichts von Essen die schnellste und effektivste Methode der Nahrungsaufnahme benutzen.

Die Orientierung des Bedürfnisses an äußeren Signalen erfordert das Vorhandensein solcher Signale. NISBETT (1968a) fand, daß Übergewichtige, denen drei Brote offeriert wurden, mehr aßen als Normalgewichtige, hingegen weniger aßen als diese, wenn zwar ebenfalls drei Brote erhältlich waren, aber nur eines sichtbar war und angeboten wurde. Ähnliches ergab eine Untersuchung von KOZLOWSKI & SCHACHTER (1975). Übergewichtige trinken mehr als Normalgewichtige, wenn Wasser als Anreiz vorhanden ist, trinken aber nicht mehr, wenn Wasser als Anreiz nicht vorhanden ist.

Den Einfluß von Furcht und Nahrungsdeprivation auf die Menge der Nahrungsaufnahme untersuchten SCHACHTER, GOLDMAN & GORDON (1968). Während Normalgewichtige mehr aßen, wenn sie ruhig waren als wenn sie ängstlich waren, aßen Fettleibige etwa dieselbe Menge unter allen Bedingungen. Eine Interaktion zwischen Körpergewicht und Angst-Niveau hinsichtlich der Nahrungsaufnahme fand MC KENNA (1972). Übergewichtige aßen mehr bei großer als bei geringer Angst, während Normalgewichtige bei geringer Angst mehr aßen als bei großer Angst. MC KENNA sieht in diesem Ergebnis eine Bestätigung der traditionellen psychosomatischen Erklärung der Fettleibigkeit, nach der «nicht der Ernährung dienendes» Essen als – gewöhnlich in der Kindheit erlernte – Bewältigungsreaktion, die mit Angstreduktion verbunden ist, anzusehen ist (s. KAPLAN & KAPLAN 1957).

Für eine teilweise biologische Determinierung der Unterschiede im menschlichen Eßverhalten argumentieren NISBETT & GURWITZ (1970). NISBETT & GURWITZ fanden bei Neugeborenen, daß schwerere Kinder ihre Aufnahme gesüßter Nahrung mehr steigerten als Kinder mit geringerem Gewicht. Wurde das Saugen der Nahrung erschwert, so zeigten gewichtigere Kinder weniger Anstrengung, Nahrung zu erhalten, als leichtere Kinder.

7.2.2. «Set-Point» Theorie

Ausgehend von der Ähnlichkeit des Verhaltens von fettleibigen und von hungrigen Individuen, stellt NISBETT (1972) die These auf, daß sich mäßig übergewichtige Personen in einem dauernden Zustand eines Energie-Defizits befinden und ständig hungrig sind. Die Ursache hierfür liegt nach NISBETT darin, daß die Übergewichtigen ständig versuchen, ihr Gewicht unter einem Wert zu halten, der biologisch festgelegt ist (set-point) und über dem sog. Idealgewicht liegt. Eine Stützung dieser These sieht NISBETT auch in den Verhaltensähnlichkeiten von übergewichtigen Personen und von Tieren, die infolge von Verletzungen im Bereich des ventromedialen Kerns des Hypothalamus (VMH-Läsionen) zu erhöhter

Nahrungsaufnahme und Fettleibigkeit neigen (s. Miller, Bailey & Stevenson 1950, Hamilton & Brobeck 1964, Schachter & Rodin 1974).

Herman & Mack (1975) konnten an Normalgewichtigen das Zutreffen der aus Nisbetts (1972) Set-Point These ableitbaren Behauptung demonstrieren, daß nicht Fettleibigkeit als solche, sondern die relative Deprivation (relativ zum Set-Point Gewicht) die kritische Variable für individuelle Unterschiede im Eßverhalten ist. Eine teilweise Bestätigung der Vorstellungen von Nisbett (1972) (und der von Sclafani & Kluge 1974) fanden auch Hill & Mc Cutcheon (1975), die das Eßverhalten von Normal- und Übergewichtigen bei unterschiedlich präferierten Mahlzeiten beobachteten. Variiert wurde außerdem die Stärke des Hungers. Mit zunehmendem Hunger und bei starker Präferenz stieg die Menge der aufgenommenen Nahrung, die Länge der Mahlzeiten und die Zahl der Bissen in beiden Gruppen. Übergewichtige aßen mehr stark präferierte und weniger gering präferierte Nahrung als Normalgewichtige.

7.2.3. Externalität als genereller Reaktions-Stil

Schachter & Rodin (1974) formulierten eine Alternative zur Set-Point-Theorie von Nisbett (1972). Sie postulieren, daß die Reaktionsbereitschaft gegenüber externen Hinweisen bei einigen Individuen zu übermäßigem Essen und Gewichtszunahme führt, wohingegen bestimmte Formen extremen Übergewichts durch andere Faktoren wie z. B. Stoffwechselstörungen verursacht sind und daher keinen Zusammenhang mit der Externalität aufweisen. Dies bedeutet, daß Externalität einen generellen Reaktions-Stil – biologisch oder durch frühe Erfahrung bedingt – darstellt, der neben anderen Faktoren einen Einfluß auf das Körpergewicht ausübt (s. Pliner 1974b). Diese These betreffend, konnten Rodin & Slochower (1976) an normalgewichtigen Kindern die Hypothese bestätigen, daß eine Veränderung der Nahrungsreize der Umwelt sich in Abhängigkeit von der Externalität auf das Eßverhalten und die Gewichtsveränderung der Kinder auswirkt.

Hinweise darauf, daß Externalität nicht auf Eßverhalten beschränkt ist, geben eine ganze Reihe von Untersuchungen. Pliner (1973a) fand, daß Übergewichtige auf auffällige externe Reize stärker und auf unauffällige externe Reize weniger stark ansprechen als Normalgewichtige. In einem Experiment von Rodin (1973) ließen Fettleibige sich von einer Aufgabe, die Konzentration verlangte (Korrekturlesen), durch interessantes, emotional getöntes Material leichter ablenken als Normalgewichtige. Ähnliche Ergebnisse fanden Johnson (1974) bezüglich instrumenteller, nahrungsorientierter Leistungen und Rodin & Slochower (1974) hinsichtlich Zufallslernen und Zustimmungsbereitschaft. Singh (1973) hingegen fand u. a., daß Übergewichtige eine deutlich größere Rigidität beim Problemlösen zeigten, wenn vorangehend ein Training zur Erzeugung eines Set durchgeführt worden war.

SCHACHTER & GROSS (1968) manipulierten mittels präparierter Uhren die Zeitvorstellung ihrer Vpn. Sie stellten fest, daß Fettleibige mehr aßen, wenn sie glaubten, daß ihr normaler Essenszeitpunkt bereits überschritten sei, als wenn sie glaubten, vor ihrer üblichen Essenszeit zu essen. Für Normalgewichtige zeigte sich kein solcher Effekt. GOLDMAN, JAFFA & SCHACHTER (1968) fanden eine im Vergleich zu Normalgewichtigen schnellere Anpassung übergewichtiger Fluggäste an Zeitzonenänderungen. PLINER (1973b) konnte die Hypothese bestätigen, daß Übergewichtige mehr Zeit als Normalgewichtige auf das Nachdenken über ein Problem verwenden, wenn problemrelevante externe Hinweise vorhanden sind und weniger Zeit verwenden, wenn keine solchen Reize vorhanden sind. Die Zeiteinschätzung in Abhängigkeit von der Fettleibigkeit untersuchte RODIN (1975). Sie fand, daß Übergewichtige, wenn sie gelangweilt wurden (ein langweiliges Tonband anhören mußten), die tatsächlich verstrichene Zeit mehr überschätzten als Normalgewichtige und dementsprechend früher eine Pause zur Nahrungsaufnahme einlegten. Wurde interessantes Material geboten, so unterschätzten Übergewichtige die tatsächlich verstrichene Zeit und verschoben dementsprechend ihre Pause. Normalgewichtige schätzten die verstrichene Zeit unter den verschiedenen Bedingungen ungefähr gleich ein.

KARP & PARDES (1965) stellten fest, daß übergewichtige Frauen in ihrer Wahrnehmung in stärkerem Maße feld-abhängig sind als normalgewichtige Frauen. Eine größere Sensitivität Übergewichtiger gegenüber externen Hinweisreizen fanden MC ARTHUR & BURSTEIN (1975) u. a. bei der Beurteilung der Vertikalität eines visuellen Feldes. YOUNGER & PLINER (1976) schließlich konnten die Hypothese bestätigen, daß Übergewichtige in stärkerem Maße ihr Ausdrucksverhalten überwachen als Normalgewichtige.

Die Vorstellung von Externalität als generellem Reaktions-Stil wird auch durch Verhaltensähnlichkeiten von Tieren mit VMH-Läsionen und Fettleibigen gestützt. Dieser Vergleich ist ein Schwerpunkt der methodischen Vorgehensweise bei SCHACHTER & RODIN (1974). VMH-Läsionen führen bei Ratten zu erhöhter Nahrungsaufnahme und Übergewicht. Gleichzeitig jedoch unternehmen solche Tiere geringere Anstrengungen, um Futter zu erhalten (MILLER, BAILEY & STEVENSON 1950). Geringere Anstrengungen, Nahrung zu bekommen, stellten SCHACHTER & FRIEDMAN (1974) auch bei übergewichtigen Personen fest. Allerdings wird dieses Ergebnis durch andere Untersuchungen nicht bestätigt (z. B. ROSS 1974).

Eine im Vergleich zu Normalgewichtigen größere Emotionalität bei Übergewichtigen fanden RODIN, ELMAN & SCHACHTER (1974) und RODIN

(1974) beobachtete, daß Übergewichtige größere Anstrengungen unternehmen, Schocks zu vermeiden. Beide Verhaltensweisen wurden auch bei Ratten mit VMH-Läsionen festgestellt (GROSSMAN 1966, 1972, LEVINE & SOLIDAY 1960, SEPINWALL 1969).

8. Diskussion

SCHACHTERS Theorie wurde in Abhebung zu solchen Theorien formuliert, die in irgendeiner Form die Identität von peripheren oder zentralen Prozessen und emotionalem Erleben postulieren. Der wesentliche Vorteil der Theorie SCHACHTERS ist, daß sie eine Erklärung für die Vielzahl der erlebnismäßig unterscheidbaren Gefühlszustände liefert. In diesem Punkt ist der SCHACHTERsche Ansatz älteren Theorien überlegen. Hinsichtlich des Prozesses der Entstehung von Emotionen bietet die Theorie SCHACHTERS weniger als z. B. die James-Lange-Theorie oder die Cannon-Bard-Theorie. SCHACHTERS Aussagen beschränken sich nämlich weitgehend auf die Feststellung der für die Existenz eines emotionalen Zustandes notwendigen Voraussetzungen. Der Prozeß des Entstehens eines schließlich als Emotion zu bezeichnenden Zustandes wird, hinsichtlich der Verursachung seiner Komponenten und deren Zusammenwirken an verschiedenen Stationen des Organismus, nicht näher beschrieben. Auch die Aussage SCHACHTERS, daß in alltäglichen Situationen eine enge Verknüpfung zwischen Erregung und den entsprechenden kognitiven bzw. situativen Faktoren besteht (SCHACHTER 1964), enthält keine detaillierte Festlegung bezüglich des ursächlichen, zeitlichen und örtlichen Verlaufs des emotionalen Prozesses.

8.1. Kognitive Kontrolle von Emotion?

IRLE (1975), ausgehend vom Experiment von SCHACHTER & SINGER (1962), schlägt zur besseren Erklärung der Ergebnisse der Placebo-Bedingungen folgende Reformulierung der Theorie SCHACHTERS vor: «(4) Wenn kognitive (perzeptive) externe oder interne Signale (,cues') auftreten, die zu einer spezifischen Emotion bisher in Beziehung standen, so wird auf diese Kognitionen hin in dem Maße ein physiologischer Erregungszustand entstehen, in dem diese Kognitionen als realitätsgebunden erfahren werden.» (S. 150).

Die Verarbeitung bestimmter Reizgegebenheiten oder Signale verursacht physiologische Erregung. Dieser Vorstellung würde SCHACHTER vermutlich nicht widersprechen. Das von ihm zur Erläuterung der in Alltagssituationen engen Verknüpfung von physiologischer Erregung und kognitiver Interpretation erwähnte Beispiel des Mannes, der in einer dunklen Allee eine Gestalt mit einer Pistole wahrnimmt, beschreibt genau diesen Ablauf.

Die Aussage von IRLE steht u. E. auch nicht in teilweisem Widerspruch zur Ableitung (3) von SCHACHTER, denn SCHACHTER behauptet, daß emotions-induzierende Kognitionen nur in dem Maße zu Emotionen führen, in dem das Individuum physiologische Erregung empfindet, und IRLE beschreibt, unter welchen Umständen Kognitionen die Entstehung von physiologischer Erregung nach sich ziehen. SCHACHTERS Aussage bezieht sich also auf die für den Zustand der emotionalen Erregung notwendigen Komponenten, die Aussage von IRLE betrifft die zeitliche und ursächliche Abfolge der Bereitstellung dieser Komponenten. Kognitive Kontrolle von Emotion in der Form «Kognition verursacht physiologische Erregung und damit emotionale Erregung» dürfte, insbesondere in natürlichen Situationen, ziemlich wahrscheinlich sein.

8.2. «Purposive» Emotion?

BERKOWITZ & TURNER (1974) betonen die Wichtigkeit der Verursachung von physiologischer Erregung und heben diesen Standpunkt gegen den von SCHACHTER ab, der sich nur mit der (qualitativen) Interpretation der Erregung beschäftige.

In einem Experiment induzierten BERKOWITZ & TURNER (1974) bei Vpn, die durch einen Mitwisser provoziert worden waren, mittels des Hinweises auf einen angeblichen Ausschlag bei der Messung des Hautwiderstandes (GSR), die Vorstellung, daß sie als Folge der Provokation niedrigen, mittleren oder starken Ärger gezeigt hätten. Im anschließenden Teil des Versuches hatten die Vpn Gelegenheit, elektrische Schocks zu verteilen, entweder an den Mitwisser, der sie provoziert hatte oder an eine andere Person. Entsprechend der Vorhersage von BERKOWITZ & TURNER stand das Ärger-Niveau nur dann zur Intensität der Aggression in Beziehung, wenn der Provokateur das erreichbare Ziel war (purposive aggression).

Das Ergebnis von BERKOWITZ & TURNER ist interessant, stellt aber keinen Widerspruch zur Auffassung SCHACHTERS dar. Der emotionale Prozeß wird, wie erwähnt, von SCHACHTER zwar nicht näher beschrieben, vermutlich ist aber auch SCHACHTER nicht der Meinung, daß die Situation im Experiment von SCHACHTER & SINGER (1962) den Normalfall darstellt, d. h., daß sich ein von physiologischer Erregung überkommenes Individuum auf die Suche nach einer Erklärung für diese Erregung macht. Das von SCHACHTER erwähnte Beispiel des Mannes in der dunklen Allee läßt den Schluß zu, daß die Auffassung, daß im Normalfall externe Ereignisse häufig gleichzeitig Anlaß physiologischer Erregung und Quelle der Interpretation dieser Erregung bilden, von SCHACHTER geteilt wird. Mit anderen Worten: Die Vpn von BERKOWITZ & TURNER (1974) befanden sich in einem physiologischen Erregungszustand, für den sie nicht nur hinsichtlich der Qualität, sondern auch bezüglich seiner spezifischen Verursachung eine plausible Erklärung hatten. Ein Bedürfnis zur Bewertung mittels alternativer Kognitionen und damit etwa Ärger über (und Aggression gegen) eine unbeteiligte Person Y konnten also nicht entstehen.

8.3. Weitere Entwicklung der Theorie Schachters

Die weitere Entwicklung der Theorie von Schachter ist kaum abzuschätzen, da zu viele Faktoren Einfluß nehmen.

Die alte Frage der Emotionsforschung nach einer Definition von «Emotion» wird in der Theorie von SCHACHTER unter Eingehen der Gefahr der Immunisierung ansatzweise gelöst. Allerdings impliziert die SCHACHTERsche Konzeption von Emotion keine Verbindlichkeit hinsichtlich der Messung, so daß, wie die Vorstellungen von VALINS (1966) z. B. zeigen, die ursprünglichen Probleme lediglich in neuem Gewande erscheinen.

Die Postulierung der «kognitiven Kennzeichnung von physiologischer Erregung» mag als Vorteil der Theorie SCHACHTERS erscheinen. In der Diskussion um die angemessene Analyse-Ebene dürfte es dennoch schwer fallen, die Vorteile dieser Konzeption gegenüber einer zentralen (physiologisch orientierten) oder einer verhaltensorientierten Position langfristig zu behaupten. Die Ungewißheiten des Begriffs «kognitiv» sind vermutlich zu groß (s. auch MOROZ 1972).

Die Behauptung der «kognitiven Kennzeichnung von physiologischer Erregung» hat, wie aus vorangegangenen Abschnitten vielleicht deutlich geworden ist, noch einen anderen Effekt gehabt: Fragen der Emotionsforschung ließen sich zwanglos unter der phänomenologischen Sichtweise der Attributionstheorien behandeln. Innerhalb dieses sich zur Zeit großer Beliebtheit erfreuenden Paradigmas wird möglicherweise die Theorie SCHACHTERS auch in den nächsten Jahren die größte Aufmerksamkeit finden.

Literatur

Ax, A. F. The physiological differentiation between fear and anger in humans. Psychosomatic Medicine, 1953, 14, 433–442.
Barefoot, J. C. & Straub, R. B. Opportunity for information search and the effect of false heart-rate feedback. Journal of Personality and Social Psychology, 1971, 17, 154–157.
Bard, P. Emotion 1. The neuro-humonol basis of emotional reactions. In C. Mur-

183

CHISON (Ed.), Handbook of general experimental psychology. Worcester: Clark University Press, 1934.

BARD, P. Central nervous mechanisms for the expression of anger in animals. In M. L. REYMERT (Ed.), Feelings and emotions: The Mooseheart Symposium. New York: McGraw-Hill, 1950.

BECK, A. Cognition, affect and psychopathology. In H. LONDON & R. E. NISBETT (Eds.), Thought and feeling. Chicago: Aldine, 1974.

BEM, D. J. Self-perception: An alternative interpretation of cognitive dissonance phenomena. Psychological Review, 1967, 74, 183–200.

BEM, D. J. Self-perception theory. In L. BERKOWITZ (Ed.), Advances in experimental social psychology, Vol. 6. New York: Academic Press, 1972.

BEM, D. J. Cognitive alteration of feeling states: A discussion. In H. LONDON & R. E. NISBETT (Eds.), Thought and feeling. Chicago: Aldine, 1974.

BERKOWITZ, L. & TURNER, C. Perceived anger level, instigating agent, and aggression. In H. LONDON & R. E. NISBETT (Eds.), Thought and feeling. Chicago: Aldine, 1974.

BOOTZIN, R. R., HERMAN, C. P. & NICASSIO, P. The power of suggestion: Another examination of misattribution and insomnia. Journal of Personality and Social Psychology, 1976, 34, 673–679.

BRUCH, H. Transformation of oral impulses in eating disorders: A conceptual approach. Psychiatric Quarterly, 1961, 35, 458–481.

CABANAC, M. & DUCLAUX, R. Obesity: Absence of satiety aversion to sucrose. Science, 1970, 168, 496–497.

CANNON, W. B. The James-Lange theory of emotions: A critical examination and an alternative. American Journal of Psychology, 1927, 39, 106–124.

CANNON, W. B. Bodily changes in pain, hunger, fear and rage. New York: Appleton, 1929 (2nd ed.).

CANNON, W. B. Again the James-Lange and the thalamic theories of emotions. Psychological Review, 1931, 38, 281–295.

CANNON, W. B., LEWIS, J. T. & BRITTON, S. W. The dispensability of the sympathetic division of the autonomic nervous system. Boston Medical and Surgical Journal, 1927, 197, 514–515.

DANA, C. L. The anatomic seat of the emotions: A discussion of the James-Lange theory. American Medical Association Archives of Neurological Psychiatrics, 1921, 6, 634–639.

DAVIS, R. C., GARAFOLO, L. & KVEIM, K. Conditions associated with gastrointestinal activity. Journal of Comparative and Physiological Psychology, 1959, 52, 466–475.

DETWEILER, R. A. & ZANNA, M. P. Physiological mediation of attitudinal responses. Journal of Personality and Social Psychology, 1976, 33, 107–116.

DIENSTBIER, R. A. & MUNTER, P. O. Cheating as a function of the labeling of natural arousal. Journal of Personality and Social Psychology, 1971, 17, 208–213.

DUFFY, E. Emotion: An example of the need for reorientation in psychology. Psychological Review, 1934, 41, 184–198.

DUFFY, E. An explanation of "emotional" phenomena without the use of the concept "emotion". Journal of general Psychology, 1941, 25, 283–293.

DUFFY, E. Activation and behavior. New York: Wiley, 1962.

FESTINGER, L. A theory of social comparison processes. Human Relations, 1954, 7, 114–140.

FRANK, J. Persuasion and healing. Baltimore: Hopkins Press, 1961.

FUNKENSTEIN, D. H. The physiology of fear and anger. Scientific American, 1955, 192, 74–80.

GOLDMAN, R., JAFFA, M. & SCHACHTER, S. Yom kippur, Air France, dormitory food and the eating behavior of obese and normal persons. Journal of Personality and Social Psychology, 1968, *10*, 117–123.

GOLDSTEIN, D., FINK, D. & METTEE, D. Cognition of arousal and actual arousal as determinants of emotion. Journal of Personality and Social Psychology, 1972, *21*, 41–51.

GROSSMAN, S. P. The VMH: A center for affective reactions, satiety, or both? Journal of Physiology and Behavior, 1966, *1*, 1–10.

GROSSMAN, S. P. Aggression, avoidance and reaction to novel environments in female rats with ventromedial hypothalamic lesions. Journal of Comparative and Physiological Psychology, 1972, *78*, 274–283.

HAMILTON, C. L. & BROBECK, J. R. Hypothalamic hyperphagia in the monkey. Journal of Comparative and Physiological Psychology, 1964, *57*, 271–287.

HARRIS, V. A. & KATKIN, E. S. Primary and secondary emotional behavior: An analysis of the role of autonomic feedback on affect, arousal, and attribution. Psychological Bulletin, 1975, *82*, 904–916.

HERMAN, C. P. & MACK, D. Restrained and unrestrained eating. Journal of Personality, 1975, *43*, 647–660.

HILL, S. W. & McCUTCHEON, N. B. Eating responses of obese and nonobese humans during dinner meals. Psychosomatic Medicine, 1975, *37*, 395–401.

HIRSCHMAN, R. Cross-modal effects of anticipatory bogus heart rate feedback in a negative emotional context. Journal of Personality and Social Psychology, 1975, *31*, 13–19.

HOAGLAND, H. The physiological control of judgments of duration: Evidence for a chemical clock. The Journal of General Psychology, 1933, *9*, 267–287.

HOHMANN, G. W. Some effects of spinal cord lesions on experienced emotional feelings. Psychophysiology, 1966, *3*, 143–146.

HUNT, J. McV., COLE, M. W. & REIS, E. E. S. Situational cues distinguishing anger, fear, and sorrow. American Journal of Psychology, 1958, *71*, 136–151.

HUTCHINSON, R. R. & RENFREW, J. W. Stalking attack and eating behavior elicited from the same sites in the hypothalamus. Journal of Comparative and Physiological Psychology, 1966, *61*, 360–367.

IRLE, M. Lehrbuch der Sozialpsychologie. Göttingen: Hogrefe, 1975.

JAMES, W. What is an emotion? Mind, 1884, *9*, 188–205.

JOHNSON, W. G. Effect of cue prominence and subject weight on human food-directed performance. Journal of Personality and Social Psychology, 1974, *29*, 843–848.

KAPLAN, H. I. & KAPLAN, H. S. The psychosomatic concept of obesity. Journal of Nervous and Mental Disease, 1957, *125*, 181–189.

KARP, S. H. & PARDES, H. Psychological differentiation (field dependence) in obese woman. Psychosomatic Medicine, 1965, *27*, 238–244.

KELLEY, H. H. Causal schemata and the attribution process. New York: General Learning Press, 1972.

KELLEY, H. H. The processes of causal attribution. American Psychologist, 1973, *28*, 107–128.

KELLOGG, R. & BARON, R. S. Attribution theory, insomnia and the reverse placebo effect: A reversal of Storms and Nisbett's findings. Journal of Personality and Social Psychology, 1975, *32*, 231–236.

KOENIG, K. P. & HENRIKSON, K. Cognitive manipulation of GSR extinction: Analogues for conditioning therapies. In H. LONDON & R. E. NISBETT (Eds.), Thought and feeling. Chicago: Aldine, 1974.

KOZLOWSKI, L. T. & SCHACHTER, S. Effects of cue prominence and palatability on

185

the drinking behavior of obese and normal humans. Journal of Personality and Social Psychology, 1975, 32, 1055–1059.

LAIRD, J. D. The effect of facial expression on emotional experience. Paper presented at Eastern Psychological Association meetings, 1967 (zitiert nach Laird & Crosby 1974).

LAIRD, J. D. & CROSBY, M. Individual differences in the self-attribution of emotion. In H. LONDON & R. E. NISBETT (Eds.), Thought and feeling. Chicago: Aldine, 1974.

LANGE, C. G. The emotions. (Engl. transl. publ. 1922), Baltimore: William and Wilkins, 1922 (Original 1885).

LATANE, B. & SCHACHTER, S. Adrenaline and avoidance learning. Journal of Comparative and Physiological Psychology, 1962, 65, 369–372.

LEVINE, S. & SOLIDAY, S. The effects of hypothalamic lesions on conditioned avoidance learning. Journal of Comparative and Physiological Psychology, 1960, 53, 497–501.

LINDSLEY, D. B. Emotions and the electroencephalogram. In M. L. REYMERT (Ed.), Feelings and emotions: The Mooseheart Symposium. New York: McGraw-Hill, 1950.

LINDSLEY, D. B. Emotion. In S. S. STEVENS (Ed.), Handbook of experimental psychology. New York: Wiley, 1951.

LINDSLEY, D. B. Psychophysiology and motivation. In M. R. JONES (Ed.), Nebraska symposium on motivation. Lincoln, Nebraska: University of Nebraska Press, 1957.

LINDSLEY, D. B. The role of nonspecific reticulo-thalamocortical systems in emotion. In P. BLACK (Ed.), Physiological correlates of emotion. New York: Academic Press, 1970.

LINDSLEY, D. B., BOWDEN, J. & MAGOUN, H. W. Effect upon the EEG of acute injury to the brain stem activating systems. Electroencephalography and Clinical Neurophysiology, 1949, 1, 475–487.

LONDON, H. & MONELLO, L. Cognitive manipulation of boredom. In H. LONDON & R. E. NISBETT (Eds.), Thought and feeling. Chicago: Aldine, 1974.

LYKKEN, D. T. A study of anxiety in the sociopathic personality. Journal of Abnormal and Social Psychology, 1957, 55, 6–10.

MAHER, B. Delusional thinking and cognitive disorder. In H. LONDON & R. E. NISBETT (Eds.), Thought and feeling. Chicago: Aldine, 1974.

MARANON, G. Contribution à l'étude de l'action émotive de l'adrénaline. Revue française d'Endocrinologie, 1924, 2, 301–325.

Mc ARTHUR, L. Z. & BURSTEIN, B. Field dependent eating and perception as a function of weight and sex. Journal of Personality, 1975, 43, 402–420.

Mc KENNA, R. J. Some effects of anxiety level and food cues on the eating behavior of obese and normal subjects: A comparison of the Schachterian and Psychosomatic conceptions. Journal of Personality and Social Psychology, 1972, 22, 311–319.

MILLER, N. E., BAILEY, C. J. & STEVENSON, J. A. F. Decreased "hunger" but increased food intake resulting from hypothalamic lesions. Science, 1950, 112, 256–259.

MILLS, J. Interest in supporting and discrepant information. In R. ABELSON et al. (Eds.), Theories of cognitive consistency: A sourcebook. Chicago: Rand McNally, 1968.

MOROZ, M. The concept of cognition in contemporary psychology. In J. R. ROYCE & W. W. ROZEBOOM (Eds.), The psychology of knowing. New York: Gordon and Breach, 1972.

MORUZZI, G. & MAGOUN, H. W. Brain stem reticular formation and activation of the EEG. Electroencephalography and Clinical Neurophysiology, 1949, *1*, 455–473.

NISBETT, R. E. Determinants of food intake in human obesity. Science, 1968a, *159*, 1254–1255.

NISBETT, R. E. Taste, deprivation, and weight determinants of eating behavior. Journal of Personality and Social Psychology, 1968b, *10*, 107–116.

NISBETT, R. E. Hunger, obesity, and the ventromedical hypothalamus. Psychological Review, 1972, *79*, 433–453.

NISBETT, R. E. & GURWITZ, S. B. Weight, sex, and the eating behavior of human newborns. Journal of Comparative and Physiological Psychology, 1970, *73*, 245–253.

NISBETT, R. E. & KANOUSE, D. E. Obesity and food deprivation and supermarket shopping behavior. Journal of Personality and Social Psychology, 1969, *12*, 289–294.

NISBETT, R. E. & SCHACHTER, S. Cognitive manipulation of pain. Journal of Experimental Social Psychology, 1966, *2*, 227–236.

NISBETT, R. E. & STORMS, M. D. Cognitive and social determinants of food intake. In H. LONDON & R. E. NISBETT (Eds.), Thought and feeling. Chicago: Aldine, 1974.

NISBETT, R. E. & VALINS, S. Perceiving the causes of one's own behavior. In JONES, E. E. et al., Attribution: Perceiving the causes of behavior. Morristown, N. J.: General Learning Press, 1971.

NOWLIS, V. & NOWLIS, H. H. The description and analysis of mood. Ann. N. Y. Acad. Sci., 1965, *65*, 345–355.

O'NEAL, E. Influence of future choice importance and arousal upon the halo effect. Journal of Personality and Social Psychology, 1971, *19*, 334–340.

PLINER, P. The effects of cue salience on the behavior of obese and normal subjects. Journal of Abnormal Psychology, 1973a, *82*, 226–232.

PLINER, P. Effects of external cues on the thinking behavior of obese and normal subjects. Journal of Abnormal Psychology, 1973b, *82*, 233–238.

PLINER, P. Effects of liquid and solid preloads on the eating behavior of obese and normal persons. In S. SCHACHTER & J. RODIN, Obese humans and rats. Potomac, Maryland: Lawrence Erlbaum Associates, 1974a.

PLINER, P. On the generalizability of the externality hypothesis. In S. SCHACHTER & J. RODIN, Obese humans and rats. Potomac, Maryland: Lawrence Erlbaum Associates, 1974b.

PLUTCHIK, R. & AX, A. A critique of determinants of emotional state by Schachter and Singer (1962). Psychophysiology, 1967, *4*, 79–82.

RODIN, J. Effects of distraction on the performance of obese and normal subjects. Journal of Comparative and Physiological Psychology, 1973, *83*, 68–78.

RODIN, J. Shock avoidance behavior in obese and normal subjects. In S. SCHACHTER & J. RODIN, Obese humans and rats. Potomac, Maryland: Lawrence Erlbaum Associates, 1974.

RODIN, J. Causes and consequences of time perception differences in overweight and normal weight people. Journal of Personality and Social Psychology, 1975, *31*, 898–904.

RODIN, J., ELMAN, D. & SCHACHTER, S. Emotionality and obesity. In S. SCHACHTER & J. RODIN, Obese humans and rats. Potomac, Maryland: Lawrence Erlbaum Associates, 1974.

RODIN, J. & SLOCHOWER, J. Fat chance for a favor: Obese-normal differences in compliance and incidental learning. Journal of Personality and Social Psychology, 1974, *29*, 557–565.

RODIN, J. & SLOCHOWER, J. Externality in the nonobese: Effects of environmental responsiveness on weight. Journal of Personality and Social Psychology, 1976, 33, 338–344.

ROSS, L. Effects of manipulating the salience of food upon consumption by obese and normal eaters. In S. SCHACHTER & J. RODIN, Obese humans and rats. Potomac, Maryland: Lawrence Erlbaum Associates, 1974.

ROSS, L., RODIN, J. & ZIMBARDO, P. G. Toward an attribution therapy: The reduction of fear through cognitive-emotional misattribution. Journal of Personality and Social Psychology, 1969, 12, 279–288.

RUCKMICK, C. A. The psychology of feeling and emotion. New York: McGraw-Hill, 1936.

SCHACHTER, J. Pain, fear and anger in hypertensives and normotensives: A psychophysiologic study. Psychosomatic Medicine, 1957, 19, 17–29.

SCHACHTER, S. The psychology of affiliation. Stanford, Calif.: Stanford University Press, 1959.

SCHACHTER, S. The interaction of cognitive and physiological determinants of emotional state. In L. BERKOWITZ (Ed.), Advances in experimental social psychology, Vol. 1. New York: Academic Press, 1964.

SCHACHTER, S. A cognitive-physiological view of emotion. In KLINEBERG & CHRISTIE (Eds.), Perspectives in social psychology. New York: Holt, Rinehart & Winston, 1965.

SCHACHTER, S. Cognitive effects on bodily functioning: Studies of obesity and eating. In D. C. GLASS (Ed.), Neurophysiology and emotion. New York: Rockefeller University Press and Russell Sage Foundation, 1967.

SCHACHTER, S. Obesity and eating. Science, 1968, 161, 751–756.

SCHACHTER, S. The assumption of identity and peripheralist-centralist controversies in motivation and emotion. In M. B. ARNOLD (Ed.), Feelings and emotions: The Loyola Symposium. New York: Academic Press, 1970.

SCHACHTER, S. Emotion, obesity and crime. New York: Academic Press, 1971a.

SCHACHTER, S. Eat, eat. Psychology Today, 1971b, 4, 44–47.

SCHACHTER, S. Some extraordinary facts about obese humans and rats. American Psychologist, 1971c, 26, 129–144.

SCHACHTER, S. & FRIEDMAN, L. N. The effect of work and cue prominence on eating behavior. In S. SCHACHTER & J. RODIN, Obese humans and rats. Potomac, Maryland: Lawrence Erlbaum Associates, 1974.

SCHACHTER, S., FRIEDMAN, L. N. & HANDLER, J. Who eats with chopsticks? In S. SCHACHTER & J. RODIN, Obese humans and rats. Potomac, Maryland: Lawrence Erlbaum Associates, 1974.

SCHACHTER, S., GOLDMAN, R. & GORDON, A. Effects of fear, food deprivation and obesity on eating. Journal of Personality and Social Psychology, 1968, 10, 91–97.

SCHACHTER, S. & GROSS, L. P. Manipulated time and eating behavior. Journal of Personality and Social Psychology, 1968, 10, 98–106.

SCHACHTER, S. & LATANE, B. Crime, cognition and the autonomic nervous system. In D. LEVINE (Ed.), Nebraska symposium on motivation. Lincoln, Nebraska: University of Nebraska Press, 1964.

SCHACHTER, S. & RODIN, J. Obese humans and rats. Potomac, Maryland: Lawrence Erlbaum Associates, 1974.

SCHACHTER, S. & SINGER, J. E. Cognitive, social, and physiological determinants of emotional state. Psychological Review, 1962, 69, 379–399.

SCHACHTER, S. & WHEELER, L. Epinephrine, chlorpromazine, and amusement. Journal of Abnormal and Social Psychology, 1962, 65, 121–128.

SCLAFANI, A. & KLUGE, L. Food motivation and body weight levels in hypothalamic hyperphagic rats. Journal of Comparative and Physiological Psychology, 1974, *86*, 28–46.

SEPINWALL, J. Enhancement and impairment of avoidance behavior by chemical stimulation of the hypothalamus. Journal of Comparative and Physiological Psychology, 1969, *68*, 393–399.

SHERRINGTON, C. S. Experiments on the value of vascular and visceral factors for the genesis of emotion. Proceedings of the Royal Society of London, 1900, *66*, 390–403.

SINGER, J. E. Sympathetic activation, drugs and fright. Journal of Comparative and Physiological Psychology, 1963, *56*, 612–615.

SINGH, D. Role of response habits and cognitive factors in determination of behavior of obese humans. Journal of Personality and Social Psychology, 1973, *27*, 220–238.

STERN, R. M., BOTTO, R. W. & HERRICK, C. D. Behavioral and physiological effects of false heartrate feedback: A replication and extension. Psychophysiology, 1972, *9*, 21–29.

STORMS, M. D. & NISBETT, R. E. Insomnia and the attribution process. Journal of Personality and Social Psychology, 1970, *16*, 319–328.

STRICKLER, G. A pre-experimental inquiry concerning cognitive determinants of emotional state. The Journal of General Psychology, 1967, *76*, 73–79.

STRONGMAN, K. T. The Psychology of emotion. London: Wiley, 1973.

STUNKARD, A. J. Obesity and the denial of hunger. Psychosomatic Medicine, 1959, *21*, 281–289.

STUNKARD, A. J. & KOCH, C. The interpretation of gastric motility: I. Apparent bias in the reports of hunger by obese persons. Archives of Genetic Psychiatry, 1964, *11*, 74–82.

TEITELBAUM, P. Sensory control of hypothalamic hyperphagia. Journal of Comparative and Physiological Psychology, 1955, *48*, 156–163.

TOM, G. & RUCKER, M. Fat, full, and happy: Effects of food deprivation, external cues and obesity on preference ratings, consumption, and buying intentions. Journal of Personality and Social Psychology, 1975, *32*, 761–766.

VALINS, S. Psychopathy and physiological reactivity under stress. Unpublished Masters thesis: Colombia University, 1963 (zitiert nach SCHACHTER & LATANE, 1964).

VALINS, S. Cognitive effects of false heart-rate feedback. Journal of Personality and Social Psychology, 1966, *4*, 400–408.

VALINS, S. Emotionality and information concerning internal reactions. Journal of Personality and Social Psychology, 1967, *6*, 458–463.

VALINS, S. The perception and labeling of bodily changes as determinants of emotional behavior. In P. BLACK (Ed.), Physiological correlates of emotion. New York: Academic Press, 1970.

VALINS, S. Persistent effects of information about internal reaction: Ineffectiveness of debriefing. In H. LONDON & R. E. NISBETT (Eds.), Thought and feeling. Chicago: Aldine, 1974.

VALINS, S. & NISBETT, R. E. Attribution processes in the development and treatment of emotional disorder. In JONES, E. E. et al., Attribution: Perceiving the causes of behavior. Morristown, N. J.: General Learning Press, 1971.

VON HOLST, E. & VON SAINT PAUL, U. Electrically controlled behavior. Scientific American, 1962, 50–59.

WEINER, B. Theories of motivation. Chicago: Rand McNally, 1972.

WOLF, S. & WOLFF, H. G. Human gastric function. New York: Oxford University Press, 1943.

WRIGHTSMAN, L. S. Effects of waiting with others on changes in level of felt anxiety. Journal of Abnormal and Social Psychology, 1960, *61*, 216–220.

WYNNE, L. C. & SOLOMON, R. L. Traumatic avoidance learning: Acquisition and extinction in dogs deprived of normal peripheral autonomic functioning. Genetic Psychology Monographs, 1955, *52*, 241–284.

YOUNGER, J. C. & PLINER, P. Obese-normal differences in the self-monitoring of expressive behavior. Journal of Research in Personality, 1976, *10*, 112–115.

ZIMBARDO, P. The cognitive control of motivation. Chicago: Scott-Foresman, 1969.

Die Theorie der objektiven Selbstaufmerksamkeit — Einführung

Die Theorie der objektiven Selbstaufmerksamkeit ist die historisch jüngste Theorie, die in diesem Reader präsentiert wird. Nicht zuletzt deswegen ist diese Theorie nicht endgültig ausformuliert. Erst zusätzliche empirische Forschungen müssen den Gegenstandsbereich der Theorie fixieren. Die Theorie postuliert, daß bei Zuständen mit objektiver Selbstaufmerksamkeit Aspekte des Selbst aktualisiert und intensiviert werden, eine Motivation besteht, Intra-Selbst-Diskrepanzen zu reduzieren und gleichzeitig versucht wird, Selbstaufmerksamkeit erzeugende Stimuli zu vermeiden. Mit Hilfe dieser Theorie wurden unterschiedliche Effekte von objektiver Selbstaufmerksamkeit auf Aggression, Leistungsverbesserung, Meinungsveränderungen, Konformität, Selbsteinschätzungen usw. geprüft. Neben der Sozialpsychologie scheint die Theorie auch für die klinische Psychologie relevant zu sein, da man annehmen kann, daß der Grad der Aufmerksamkeit, die eine Person sich zuwendet, in erheblichem Maße den psychischen (positiven und negativen) Zustand einer Person beeinflußt.

In zukünftigen Forschungen muß stärker als bisher geprüft werden, ob es tatsächlich die von einer Person verinnerlichten Standards sind, die die von der Selbstaufmerksamkeitstheorie postulierten Ergebnisse bewirken. Ein weiteres Problem der Theorie besteht darin zu spezifizieren, welche Aspekte des Selbst bzw. welche internen Standards in einer Situation mit objektiver Selbstaufmerksamkeit salient werden. Dies mag zwar in Laborexperimenten noch relativ einfach sein, ist aber in Alltagssituationen sehr schwer. Dieses Salienz-Problem teilt die Theorie der objektiven Selbstaufmerksamkeit mit anderen Theorien.

Die Theorie der objektiven Selbstaufmerksamkeit[1]

DIETER FREY ROBERT A. WICKLUND MICHAEL F. SCHEIER
Universität Mannheim University of Texas at Austin Carnegie-Mellon University

I. Einleitung

Die Theorie der objektiven Selbstaufmerksamkeit (Objective Self Awareness)[2] ist eine der neueren sozialpsychologischen Theorien, die in den letzten Jahren in zunehmendem Maße empirische Forschungen angeregt hat. Die Theorie wurde zum ersten Mal von DUVAL & WICKLUND (1972) präsentiert und von WICKLUND (1975a) weiterentwickelt und präzisiert. Aus dieser Theorie lassen sich Hypothesen über verschiedene psychologische und sozialpsychologische Sachverhalte ableiten.

Die Theorie der objektiven Selbstaufmerksamkeit postuliert eine Tendenz zur Selbstkonsistenz bei Zuständen selbstzentrierter Aufmerksamkeit. Es ist eine alt-bekannte Tatsache, daß bei fast allen Menschen starke Diskrepanzen zwischen ihren Selbstdarstellungen und ihrem tatsächlichen Verhalten bestehen. Untersuchungen im Rahmen der Theorie der objektiven Selbstaufmerksamkeit zeigen hingegen eine hohe Konsistenz zwischen Selbstdarstellungen und Verhalten, wenn sich Personen in einem Zustand objektiver Selbstaufmerksamkeit befinden. Neben diesem Sachverhalt wurde im Rahmen der Theorie untersucht, inwieweit selbstzentrierte Aufmerksamkeit Aggression, Konformität, Attributionstendenzen, Hilfeverhalten, Selbstbeschreibungen, Selbsterkenntnisse, Emo-

---

[1] Folgende Personen haben eine erste Fassung zu diesem Beitrag durchgelesen und uns wertvolle Hinweise gegeben, für die wir uns an dieser Stelle bedanken wollen: G. GNIECH, B. GÖTZ-MARCHAND, C. HELLINGRATH, S. HORMUTH, W. KREFT, R. OCHSMANN, T. PFIRRMANN, E. ROSCH, M. ROSCH, T. RUNGE, C. SAUER, M. SCHMIDT, F. STRACK. Bei ROBERT A. WICKLUND wurde das Schreiben dieses Kapitels durch die NSF-Forschungsmittel SOC 72 - 05 222 sowie durch ein Stipendium der Alexander von Humboldt-Stiftung ermöglicht.
[2] Der Begriff objektive Selbstaufmerksamkeit mag zunächst mißverständlich klingen: «Objektiv» meint im Rahmen der Theorie nicht «Unvoreingenommenheit» oder «Sachlichkeit», sondern «Objektbezogenheit»: Die Person sieht sich selbst als Objekt bzw. macht sich selbst zum Objekt. Man könnte diesen Zustand auch als auf das Selbst konzentrierte Aufmerksamkeit («self focused attention»), Selbstreflexion oder Selbstzentrierung bezeichnen. Die Bezeichnung «Theorie der objektiven Selbstaufmerksamkeit» wird jedoch beibehalten, weil sich dieser Ausdruck in den USA durchgesetzt hat und eine andere deutsche Bezeichnung (etwa «Theorie der selbstzentrierten Aufmerksamkeit») eher zu Verwirrungen und Mißverständnissen führen könnte.

tionen usw. beeinflußt. Im folgenden sollen die theoretischen Grundlagen der Theorie aufgezeigt und der Stand der empirischen Forschung berichtet werden.

II. Die Grundlagen der Theorie
Definitionen und Prämissen

Die Theorie der objektiven Selbstaufmerksamkeit nimmt an, daß die Aufmerksamkeit eines Menschen in einem bestimmten Augenblick entweder überwiegend auf das Selbst oder überwiegend auf externe Ereignisse gerichtet ist. Unter objektiver Selbstaufmerksamkeit wird dabei ein Zustand verstanden, in dem die Person sich selbst als Objekt sieht, d. h. in dem das Selbst im Brennpunkt der Aufmerksamkeit bzw. im Mittelpunkt des Bewußtseins steht.

Gegenstand der objektiven Selbstaufmerksamkeit können alle Aspekte sein, die eine Person als Teil ihres Selbst kogniziert, z. B. ihre jeweiligen Stimmungen, Affekte, Selbsteinschätzungen, Intentionen, Aspirationen, Erwartungen, Standards, Attitüden, Ziele, Verpflichtungen usw. Objektive Selbstaufmerksamkeit bewirkt erstens eine Intensivierung und Aktualisierung all jener Aspekte, die im Brennpunkt der Aufmerksamkeit stehen: Vorhandene Stimmungen, Affekte, Erwartungen, Aspirationen, Attitüden usw. werden intensiviert und aktualisiert. Objektive Selbstaufmerksamkeit bewirkt zweitens, daß sich Personen im Zustand objektiver Selbstaufmerksamkeit der Diskrepanzen zwischen ihrem tatsächlichen Verhalten und ihren Intentionen und Aspirationen (also ihrem idealen Selbst) stärker bewußt werden. Die Theorie postuliert, daß diese kognizierten Diskrepanzen eine Motivation erzeugen, das Verhalten den jeweiligen Standards, Intentionen, Aspirationen und Zielen anzupassen, also die Diskrepanzen zwischen Standards, Intentionen, Aspirationen, Zielen und der jeweiligen Realität zu reduzieren. Ein Spezialfall der Diskrepanzreduktion besteht in dem Bestreben der Person, selbstbedrohende Informationen oder Ereignisse dahingehend zu interpretieren, daß sie für das Selbst weniger bedrohend wirken. Selbstbedrohende Ereignisse werden also eine Defensivreaktion hervorrufen. Meistens werden die kognizierten Diskrepanzen negativ erlebt, da Standards bzw. Aspirationen im allgemeinen «höher» sind als das tatsächliche Verhalten. Zusätzlich zur Diskrepanzreduktion bewirkt der negative Affekt, der durch die Diskrepanz hervorgerufen wird, Vermeidungen von Stimuli mit objektiver Selbstaufmerksamkeit: Die selbstzentrierte Person wird – sofern es möglich ist und sie die Diskrepanz nicht reduzieren oder ihre Aufmerksamkeit nicht auf positivere Aspekte des Selbst lenken kann – versuchen, den Selbstzentrierung erzeugenden Stimuli zu entgehen. Objektive Selbstaufmerksamkeit ist nur dann nicht aversiv, wenn die Person ihre Auf-merksamkeit (z. B. aufgrund eines vorhergehenden Erfolgs) auf positive Aspekte des Selbst lenken kann.

Experimentell wurde objektivere Selbstaufmerksamkeit durch die Im-plementierung von Spiegeln, Kameras und dem Abspielen eines Ton-bandes mit der eigenen Stimme der Person hervorgerufen. Aber auch allein das Wissen, von anderen beobachtet zu werden bzw. im Focus der Aufmerksamkeit zu stehen, bewirkt einen Trend zur Selbstreflexion. In neueren Experimenten wurde Selbstaufmerksamkeit auch als Meßvaria-ble eingeführt: FENIGSTEIN, SCHEIER & BUSS (1975) konstruierten eine Skala, die Selbstaufmerksamkeit («private self consciousness») mißt. Diese Skala beinhaltet z. B. Items wie: «Ich denke oft über mich selbst nach.» Es wurde wiederholt nachgewiesen (vgl. BUSS & SCHEIER, 1976; SCHEIER & CARVER, 1977; SCHEIER, 1976), daß sich Vpn mit hoher «private self consciousness» wie Vpn unter der Spiegel-Bedingung ver-halten, während Personen mit niedriger «private self consciousness» sich eher wie Vpn verhalten, die nicht mit einem Spiegel konfrontiert sind. Das Ausmaß der Selbstwahrnehmung ist also nicht nur ein Ergebnis situationaler Variablen, sondern kann auch von Person zu Person diffe-rieren.

Die Theorie der objektiven Selbstaufmerksamkeit kann wie folgt zu-sammengefaßt werden: Objektive Selbstaufmerksamkeit bewirkt ein In-tensivierung und Aktualisierung der Aspekte des Selbst, die Gegenstand der Aufmerksamkeit sind und hat zur Folge, daß sich die Person ihrer Intra-Selbst-Diskrepanzen bewußt wird. Es entsteht eine Motivation, diese Diskrepanzen zu reduzieren. Diese Diskrepanzreduktion kann sich einmal in direktem Verhalten äußern, wobei versucht wird, die Diskre-

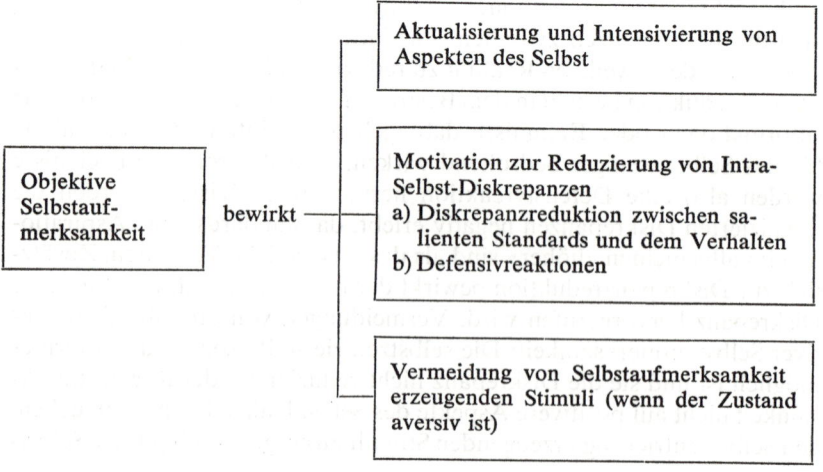

panz zu minimieren, und zum anderen aber auch in Defensivreaktionen, mit Hilfe derer versucht wird, Verantwortung für selbstbedrohende Informationen und Ereignisse abzulehnen. Eine weitere Reaktion auf kognizierte Diskrepanz besteht darin, daß die selbstaufmerksame Person die Selbstaufmerksamkeit erzeugenden Stimuli zu vermeiden sucht. Die nebenstehende Abbildung soll das bisher Gesagte noch einmal verdeutlichen.

III. Empirische Untersuchungen

1. Validitätsstudien: Objektive Selbstaufmerksamkeit und Aktualisierung von Aspekten des Selbst

a) Objektive Selbstaufmerksamkeit und Selbstbeschreibungen

Wie zuvor erwähnt, nimmt die Theorie der objektiven Selbstaufmerksamkeit an, daß Selbstzentrierung bewirkt, daß Personen bestimmte Aspekte ihres Selbst stärker wahrnehmen als Aspekte außerhalb des Selbst. DAVIS & BROCK (1975) konnten z. B. in zwei Experimenten nachweisen, daß Personen im Zustand objektiver Selbstaufmerksamkeit (operationalisiert mittels Spiegel oder Kameras) stärker Pronomen der ersten Person wählen als Vpn ohne objektive Selbstaufmerksamkeit. Ähnliche Ergebnisse fanden auch CARVER & SCHEIER (1978): Ihre Vpn wurden gebeten, 30 unvollständige Sätze zu vollenden. Ein unvollständiger Satz lautete z. B. "It's fun to day-dream about ..." Dieser Satz konnte unterschiedlich beantwortet werden, wie z. B. "my success" or "giving a party for friends". Antworten mit einer starken Selbstorientierung ("my succes") wurden als selbstzentriert beurteilt, Antworten mit einer externen Orientierung ("to give a party") dagegen als extern zentriert. CARVER & SCHEIER (1978) fanden, daß Vpn unter der Spiegelbedingung «selbstorientierter» antworten als Vpn ohne Spiegel. Ein ähnliches Ergebnis fanden sie bei der Berücksichtigung des Grades der gemessenen «private self consciousness»: Vpn mit hoher «private self consciousness» gaben überwiegend selbstzentrierte Antworten, während bei Vpn mit niedriger Selbstaufmerksamkeit gerade das Gegenteil der Fall war. In einer Untersuchung von GELLER & SHAVER (1976) sollten die Vpn einen «Stroop colorword test» durchführen. Die Aufgabe in diesem Test bestand darin, die Farbe bestimmter Wörter (die mit Buntstift auf eine Tafel geschrieben wurden) schnell zu identifizieren. Die Farbe von selbstbezogenen oder neutralen (nicht selbstbezogenen) Wörtern sollte in einem Zustand mit und ohne objektiver Selbstaufmerksamkeit erkannt werden. Dabei zeigte sich, daß im Zustand objektiver Selbstaufmerksamkeit die Zeitdauer bis zur Erkennung der Farbe von selbstbezogenen Wörtern höher war als ohne Selbstaufmerksamkeit. Insgesamt können die Untersuchungen von Davis & Brock (1975), Carver & Scheier (1978) sowie Geller & Shaver (1976) als Validierung für die selbstzentrierenden Effekte von Spiegeln und Kameras sowie für das «private self consciousness»-Maß interpretiert werden.

b) Objektive Selbstaufmerksamkeit und erhöhte Selbstattribution von hypothetischen Ereignissen

Arkin & Duval (1975), Duval & Wicklund (1972, 1973), Jones & Nisbett (1971), Pryor & Kriss (1977) sowie Taylor & Fiske (1975) weisen darauf hin, daß der Brennpunkt der Aufmerksamkeit die Art und das Ausmaß der Attribution von Ursachen bestimmter Ereignisse determiniert. Jeder mögliche Faktor (einschließlich des Selbst) wird zur Ursachen- oder Verantwortungsattribution für Ereignisse herangezogen, sofern die Aufmerksamkeit auf ihn gerichtet, d. h. sofern er salient wird. Da die Theorie der objektiven Selbstaufmerksamkeit behauptet, daß Aspekte des Selbst im Zustand der Selbstzentralisierung aktualisiert werden, kann man annehmen, daß in diesem Zustand dem Selbst bei der Kausalzuschreibung von Ereignissen ein stärkeres Gewicht beigemessen wird als bei externer Zentrierung. Als erste prüften Duval & Wicklund (1972, 1973) diese Annahme. Sie konfrontierten weibliche Vpn unter den Bedingungen mit und ohne Spiegel mit fünf hypothetischen Situationen wie z. B. folgender: «Sie fahren mit ungefähr fünf Meilen über der zulässigen Höchstgeschwindigkeit die Straße hinunter, als ein kleines Kind plötzlich einen Ball auf die Straße wirft und Sie es anfahren.» Die Vpn sollten dann den Prozentsatz angeben, inwieweit sie selbst und der Betroffene (in diesem Fall das Kind) für das negative Ereignis verantwortlich seien. Die Ergebnisse sind konsistent mit der Annahme, daß bei Selbstzentrierung das Selbst «salient» ist und deshalb stärker bei der Zuschreibung von Ereignissen als Ursache berücksichtigt wird. Unter der Spiegel-Bedingung betrug die durchschnittliche Selbstverantwortlichkeit 60,2 %, ohne Spiegel dagegen nur 51,1 %.

Die Studie von Duval & Wicklund (1973) über Attribution enthielt auch positive hypothetische Situationen, z. B. den Erhalt der Note «eins» als Ergebnis einer Klassenarbeit. Wiederum war unter der Spiegelbedingung die zugeschriebene Selbstverantwortung höher (60 %) als ohne Spiegel (49,9 %).

Ähnliche Ergebnisse erhielten auch Arkin & Duval (1975), D. Buss & Scheier (1976) und Storms (1973). D. Buss & Scheier (1976) verwendeten einige negative und positive Items von Duval & Wicklund (1973) und replizierten deren Ergebnisse in der Spiegel/Nicht-Spiegel-Bedingung. Gleichzeitig fanden sie, daß Vpn mit hoher «private self consciousness» dem Selbst mehr Verantwortung attribuieren als Vpn mit niedriger «private self consciousness».

196

Welchen Einfluß hat es, wenn die Aufmerksamkeit vom Selbst abgelenkt und auf eine extern orientierte Aktivität gerichtet wird? WICKLUND & DUVAL (in DUVAL & WICKLUND, 1972, S. 193–205) versuchten, in einem Experiment durch motorische Aktivitäten die Aufmerksamkeit vom Selbst auf eine extern orientierte Aktivität umzulenken. Die Vpn wurden gebeten, die Verantwortlichkeit für ein hypothetisches negatives Ereignis zwischen sich und einem anderen aufzuteilen. Während dieser Tätigkeit führten sie motorische Aktivitäten durch (z. B. Drehen einer Scheibe). Es wurde angenommen, daß eine Person, die mit einer einfachen motorischen Aufgabe beschäftigt ist, ein gewisses Maß an Aufmerksamkeit auf die Durchführung dieser Aufgabe, also Konzentration nach außen richten muß, so daß geringere Aufmerksamkeit auf das Selbst möglich ist. Bei Vpn, die keine motorischen Aktivitäten durchführen, würde ein etwas höheres Ausmaß an selbstzentrierter Aufmerksamkeit vermutet[3]. Die Ergebnisse von drei Experimenten waren ähnlich: Die Verantwortungsattribution auf das Selbst verringerte sich aufgrund der physischen Aktivität.

Die bisher beschriebenen Experimente und Ergebnisse zur Attribution von Verantwortung stehen in einem Zusammenhang zur Argumentation von JONES & NISBETT (1971). Diese nehmen an, daß sich Akteure und Beobachter systematisch in ihren Erklärungen über das Verhalten des Akteurs unterscheiden: Der Beobachter führt das Verhalten eines Akteurs eher auf dessen interne Disposition zurück, der Akteur sein eigenes Verhalten eher auf situationale Faktoren. In den Attributionsexperimenten von ARKIN & DUVAL (1975), D. BUSS & SCHEIER (1976) sowie DUVAL & WICKLUND (1973) waren der Handelnde und der Beobachter identisch. Dabei trat größere Selbstattribution (Attribution auf die Disposition) auf, wenn der Handelnde zur Selbstbeobachtung gezwungen war.

In den bisher berichteten Experimenten wurden die Auswirkungen erhöhter Selbstzentrierung auf die Attributionsbereitschaft bei hypothetischen, meist wenig «ego-involvierenden» Ereignissen geprüft. Es zeigte sich ein Zusammenhang zwischen dem Grad der Selbstzentrierung und der Höhe der Selbstattribution. Unabhängig davon, ob objektive Selbstaufmerksamkeit aufgrund von selbstzentrierten Stimuli oder aufgrund fehlender Zerstreuung (einschließlich physischer Aktivitäten) hoch war, erhöhte sich die Selbstattribution der Vpn. Diese erhöhte Selbstattribution ist nur dann zu erwarten, wenn die Ereignisse nicht sehr ego-involvierend sind. Je selbstbedrohender Informationen sind, um so eher sind

---

[3] Nicht alle motorischen Verhaltensweisen dienen natürlich dazu, objektive Selbstaufmerksamkeit zu verringern, denn viele unvertraute Verhaltensweisen lenken Aufmerksamkeit auf ein inkompetentes Selbst (z. B. Basteln für «Unbegabte»).

entsprechend der Theorie der objektiven Selbstaufmerksamkeit Defensivreaktionen zu erwarten, durch die die Person versucht, die aufgetre-
tene Diskrepanz zu reduzieren (vgl. die später berichteten Untersuchungen von FEDEROFF & HARVEY, 1976 und HULL, 1977).

c) Objektive Selbstaufmerksamkeit und Intensivierungen von Emotionen
   und Affekten

Die Attributionsuntersuchungen, die im vorherigen Abschnitt berichtet wurden, zeigen, daß im Zustand objektiver Selbstaufmerksamkeit bei
wenig ego-involvierenden Ereignissen das Selbst stärker als Faktor in
der Kausalattribution herangezogen wird als ohne objektive Selbstaufmerksamkeit. SCHEIER (1976) ging noch einen Schritt weiter und behauptete, daß Affekte oder Stimmungen einer Person bei Selbstzentrierung intensiviert werden. Er fand, daß Selbstzentrierung eine Verstärkung dieses Affekts bewirkt, wenn eine Person ärgerlich ist.

Die Vpn von SCHEIER (1976) wurden zunächst durch einen männlichen Strohmann beleidigt. Anschließend wurden sie gebeten, die Rolle
eines Lehrers zu spielen und dem Studenten (welcher der provozierende
Strohmann war) Schocks zu verabreichen. Es wurde entsprechend des
Punktwertes in «private self consciousness» eine Gruppenextremisierung
durchgeführt, wobei sich folgende Ergebnisse ergaben: Höhere Schockintensitäten zeigen sich bei den zuvor provozierten Vpn mit hoher als
bei solchen mit niedriger «private self consciousness»; den entgegengesetzten Effekt gibt es bei nicht provozierten Vpn. SCHEIER (1976) konnte
die gleichen Ergebnisse auch mit der traditionellen Spiegel-Operationali-
sierung nachweisen: Unter der Spiegelbedingung war die verabreichte
Schockintensität höher als ohne Spiegelbedingung. Ein ähnliches Ergebnis wie SCHEIERS Ergebnis über Aggression wurde von GIBBONS (1976)
bei einem Maß für die Attraktivität des Strohmanns gefunden. Auch andere Untersuchungen zeigen, daß der jeweilige Affektzustand bei Selbstzentrierung intensiviert wird. SCHEIER & CARVER (1977) zeigten ihren
Vpn Bilder mit nackten Mädchen und fanden, daß unter hoher Selbstzentrierung diese Bilder als angenehmer beurteilt wurden, unabhängig
davon, ob Selbstzentrierung durch einen Fragebogen gemessen oder
durch die Anwesenheit eines Spiegels induziert wurde. Den Vpn wurden
ebenso Photographien mit «ekelhaften» Ereignissen vorgelegt und wiederum zeigte sich eine Verstärkung der Reaktion bei selbstzentrierten
Individuen. SCHEIER & CARVER (1977) riefen bei ihren Vpn positive oder
negative Affekte hervor, indem sie ihnen eine Reihe von depressionser-
zeugenden oder freudig stimmenden Behauptungen zu lesen gaben. Es
zeigte sich sowohl bei positiven wie auch bei negativen Zuständen eine
Verstärkung unter Experimentalbedingungen mit selbstzentrierter Aufmerksamkeit. Diese Untersuchungen unterstützen die Annahme der

Theorie der objektiven Selbstaufmerksamkeit, daß der jeweilige Affektzustand bei Selbstzentrierung intensiviert wird.

d) Objektive Selbstaufmerksamkeit und Selbstbewertung

Die Theorie impliziert, daß – wie im obigen Abschnitt berichtet – eine
Intensivierung des jeweiligen (positiven oder negativen) Affektzustandes
bei Selbstzentrierung unter bestimmten Bedingungen auch Auswirkungen auf die Selbstbewertungen von Personen hat. Richtet sich die Aufmerksamkeit auf einen positiven Aspekt des Selbst, so bewirkt objektive
Selbstaufmerksamkeit eine Intensivierung dieses Aspekts. Richtet sich
die Aufmerksamkeit auf einen negativen Aspekt des Selbst, so wird dieser Aspekt auch verstärkt. Ist der negative Aspekt allerdings zu selbst-
bedrohend, so wenden – nach dieser Theorie – Personen Defensivstra-
tegien an, um das Selbst zu schützen. Bei positiven Aspekten gibt es nur
eine Intensivierungstendenz; bei negativen selbstbedrohenden Aspekten
widersprechen sich die Intensivierungstendenz und die Defensivtendenz,
so daß man hier nur schwer präzise Vorhersagen über die Selbstbewertung machen kann.

Angenommen eine Person hat ein Erfolgserlebnis und wird anschließend in einen Zustand objektiver Selbstaufmerksamkeit versetzt. Entsprechend der vorherigen Argumentation kann man erwarten, daß diese
Selbstzentrierung den aufgrund des Erfolgserlebnisses hervorgerufenen
positiven Affekt intensiviert. Diese Intensivierung führt zu einer erhöhten Selbsteinschätzung. ICKES, WICKLUND & FERRIS (1973, 3. Experiment) konnten diesen Effekt nachweisen. Den Vpn wurde ein unerwar-
tetes positives Feedback auf einer fiktiven Persönlichkeitsdimension, die
als wichtig und wünschenswert beschrieben wurde, gegeben. Die anschließend gemessene Selbsteinschätzung war bei selbstzentrierter Aufmerksamkeit höher als ohne selbstzentrierte Aufmerksamkeit. In einer
Untersuchung von CARVER (in: WICKLUND, 1975a) wurde den Vpn die
«self-esteem»-Skala von ICKES et al. (1973) vorgelegt und auf jeder
«self-esteem»-Dimension angegeben, wie gut eine durchschnittliche Person gleichen Alters und gleicher Schulbildung wie die Vp sei. Es wurde angenommen, daß die meisten Personen sich etwas besser einschätzen als den Durchschnitt und daß deshalb für den größten Teil der
Vpn bei den meisten «self-esteem»-Dimensionen eine positive Diskrepanz besteht (diese positive Diskrepanz entspricht psychologisch der positiven Feedbackbedingung des Experiments von ICKES et al., 1973). Die
Ergebnisse sind mit den Hypothesen konform: Ohne Selbstzentrierung
(ohne Spiegel) bewerten die Vpn ihr wirkliches Selbst etwas höher als
den Durchschnitt; mit Selbstzentrierung (mit Spiegel) ist der Effekt jedoch signifikant stärker.

Es wurde oben erwähnt, daß extreme (positive oder negative) Zustände im Status objektiver Selbstaufmerksamkeit verstärkt werden[4]. Stimmt dies, dann kann man annehmen, daß Aspirationen bzw. Standards (die meist hoch sind) bei Selbstzentrierung verstärkt werden. SCHEIER, FREY & WICKLUND (in Vorbereitung) überprüften dies: Weiblichen Vpn wurde mitgeteilt, daß sie in einem Test über «psychological mindedness» schlecht abgeschnitten hätten. Sie füllten dann einen Fragebogen über ihr ideales Selbst aus, der die Dimension der «psychological mindedness» beinhaltete. In dieser Dimension füllte der Vl das wirkliche Selbst für alle Vpn nahe dem Ende der Skala aus (Fixierung des realen Selbst). Die Vpn sollten dann ihren idealen Punktwert auf dieser Dimension unter der Bedingung mit oder ohne Selbstzentrierung ankreuzen. In der Selbstzentrierungs-Bedingung war das ideale Selbst für «psychological mindedness» signifikant höher als ohne Selbstzentrierung. In einem zweiten Experiment von SCHEIER et al. (in Vorbereitung) wurde festgestellt, daß Vpn, die zuvor spanische Texte kopierten, unter der Spiegelbedingung angeben, daß ihre Erwartungen über ihr Abschneiden weniger erfüllt wurden als Vpn ohne Spiegel. Das ideale Selbst war also bei Selbstzentrierung höher.

Die bisher angeführten Untersuchungen zeigen, daß positive Zustände oder Aspirationen im Zustand selbstzentrierter Aufmerksamkeit verstärkt und erhöht werden. Ähnlich müßte es bei negativen Zuständen sein. In dem zuvor schon geschilderten Experiment von ICKES, WICKLUND & FERRIS (1973) wurde den Vpn auch negatives Feedback gegeben. Dabei zeigte sich, daß die Selbsteinschätzung bei selbstzentrierter Aufmerksamkeit niedriger ist als bei nicht selbstzentrierter Aufmerksamkeit. Das Feedback auf der fiktiven Persönlichkeitsdimension wurde auf andere «self-esteem»-Items generalisiert. Allerdings muß man mit einer Verallgemeinerung dieser Ergebnisse vorsichtig sein, da bei negativen Zuständen bzw. Dispositionen die Intensivierungstendenz von der Defensivtendenz ausgeglichen werden kann.

In den bisherigen geschilderten Untersuchungen erhielten die Vpn positives oder negatives Feedback auf einer Persönlichkeitsdimension und anschließend wurde die Selbstbeurteilung in einem Zustand mit oder ohne Selbstzentrierung gemessen. Es gibt aber auch Untersuchungen, bei denen die Einschätzung des idealen und realen Selbst im Zustand objektiver Selbstaufmerksamkeit gemessen wurde, ohne daß die Vpn zuvor mit einem positiven oder negativen Feedback konfrontiert wurden. In einem Experiment von FERRIS & WICKLUND (in: WICKLUND, 1975a) soll-

---

[4] TESSER & CONLEE (1975) können z. B. nachweisen, daß die Ausprägungen von Attitüden dann verstärkt werden, wenn die Personen per Instruktion zum Nachdenken über die Attitüde gezwungen werden. Nach TESSER wird die im Focus der Aufmerksamkeit stehende Attitüde verstärkt.

ten die Vpn wiederholt Einschätzungen ihres Selbstwertgefühls abgeben. Während der Einschätzungen beobachteten die Vpn einen Fernsehmonitor: Bei einem Drittel der Testzeit sahen sie ihr eigenes Bild auf dem Schirm, beim zweiten Drittel ein neutrales Testbild und in der restlichen Zeit einen aufregenden «Western». Die Ergebnisse zeigen klar, daß der Selbstwert bei der Konfrontation mit dem eigenen Bild niedriger ist als in den beiden anderen Bedingungen. Ähnliche Ergebnisse erhielten ICKES, WICKLUND & FERRIS (1973), die fanden, daß die Diskrepanz zwischen realem und idealem Selbst größer ist, wenn die Vpn ihre eigene Stimme hörten, als wenn sie eine fremde Stimme hörten. Diese Ergebnisse der Einschätzung des realen und idealen Selbst (ohne vorheriges explizites positives oder negatives Feedback) konnten allerdings in späteren Experimenten nicht mehr repliziert werden. In unveröffentlichten Experimenten von S. BREHM, von FREY sowie von SCHEIER & WICKLUND wurde weder in der Einschätzung des realen noch des idealen Selbst ein Unterschied zwischen einem Zustand mit oder ohne Selbstzentrierung gefunden. Zwei Gründe können dafür verantwortlich sein: Wird kein explizites positives oder negatives Feedback gegeben, so ist es erstens sehr schwer vorherzusagen, ob die Selbstzentrierung die Selbsteinschätzung in positiver oder negativer Richtung verstärkt, da dies von der Ausgangslage der Selbsteinschätzung abhängig ist. Positive Selbsteinschätzungen dürften durch objektive Selbstaufmerksamkeit noch positiver, negative Selbsteinschätzungen dagegen noch negativer werden. Insgesamt mag sich die Tendenz zwischen den Vpn ausgleichen. Zweitens könnte noch folgendes bedeutsam sein: Wie bereits erwähnt, ist eine durch Selbstzentrierung hervorgerufene verstärkte Bewertung negativer Aspekte des Selbst über einen längeren Zeitraum kaum zu erwarten, da diese Tendenz aufgrund der Defensivmechanismen ausgeglichen wird: Da Selbsteinschätzungen meistens ego-involvierend sind, werden meistens auch Defensivreaktionen zu finden sein. Die von der Theorie postulierte Tendenz zur Diskrepanzreduktion und zur Defensivreaktion bei selbstbedrohenden Ereignissen bewirkt, daß Selbstabwertung als Bestandteil des negativen Affekts selbstzentrierter Aufmerksamkeit ein zeitlich begrenzter Zustand ist. Nach der Theorie ist eine selbstaufmerksame Person motiviert, den negativen Affekt zu eliminieren. Es läßt sich vermuten, daß je länger man mit der Messung wartet, um so eher die Wahrscheinlichkeit steigt, daß selbstzentrierte Aufmerksamkeit vermieden bzw. die bestehende Diskrepanz auf andere Art und Weise vermindert wird. Selbstzentrierte Aufmerksamkeit führt nur dann zu Selbstabwertung, wenn die selbstaufmerksamkeitserzeugenden Stimuli nicht vermieden werden können und/oder wenn Diskrepanzreduktion nicht möglich ist.

2. Objektive Selbstaufmerksamkeit, Defensivattribution und Diskrepanzreduktion

Selbstzentrierung bewirkt, daß interne Standards salient (eindringlich) werden und die Vp versucht, die Diskrepanz zwischen diesen internen Standards und der Realität zu reduzieren. Diskrepanzreduktion kann sich zum einen in erhöhten Defensivreaktionen zeigen, also in Selbstschutzreaktionen mit dem Ziel, Verantwortung für bestimmte Informationen oder Ereignisse zu leugnen. Diskrepanzreduktion zeigt sich zum anderen aber stärker in direktem Verhalten: Die Vpn versuchen, solche Verhaltensweisen zu zeigen, durch die sie die internen Standards erreichen können.

2.1. Selbstaufmerksamkeit und Defensivattribution

Wie oben erwähnt, fanden D. BUSS & SCHEIER (1976) sowie DUVAL & WICKLUND (1973), daß die Selbstattribution für hypothetische Ereignisse unter objektiver Selbstaufmerksamkeit höher ist als ohne objektive Selbstaufmerksamkeit. Die in den obigen Experimenten vorhandenen Situationen waren persönlich nicht involvierend und nicht ego-bedrohend. Wenn es sich um eine persönliche Bedrohung handelt, postuliert die Theorie der objektiven Selbstaufmerksamkeit, daß bei Selbstzentrierung Vermeidungsreaktionen oder Defensivmaßnahmen zur Verleugnung der Verantwortung für negative Informationen oder Ereignisse eintreten. Diese Defensivmaßnahmen sind als Bestandteil der Diskrepanzreduktion zu sehen[5]. FEDEROFF & HARVEY (1976) gaben ihren Vpn eine kurze Anleitung in der Anwendung einer Therapie und baten sie dann, sich um einen Patienten mit einer Phobie zu kümmern. Einem Teil der Vpn wurde Erfolg, dem anderen Mißerfolg induziert. Es zeigte sich, daß unter der Mißerfolgsbedingung dem Patienten mehr Verantwortung zugeschrieben wird, wenn die Vpn sich in einem Zustand objektiver Selbstaufmerksamkeit befanden. Hatten die Vpn Erfolg, so schreiben sie bei objektiver Selbstaufmerksamkeit dem Patienten weniger Erfolgsverantwortung zu. Ein analoges Ergebnis erhielt HULL (1977), dessen Vpn einen Test mit kognitiven Fähigkeiten durchführten. Vpn mit Mißerfolg bezweifelten stärker, daß wirklich ihre Fähigkeiten gemessen wurden, wenn sie mit einem Spiegel konfrontiert waren. Ebenso bezweifelten sie stärker, daß das Ergebnis als Mißerfolg zu interpretieren sei. Unter der Erfolgsbedingung bewirkte Selbstaufmerksamkeit dagegen eine Erhöhung der Selbstattribution des Erfolgs. Diese Untersuchungen zeigen

---

[5] In den «self-esteem»-Untersuchungen sind diese Defensivmaßnahmen fast immer zu finden.

also, daß bei ego-bedrohenden Informationen unter Selbstzentrierung stärkere Defensivmechanismen einsetzen, um das Selbst zu schützen als ohne Selbstzentrierung.

Auch Untersuchungen zur Beziehung zwischen kognitiver Dissonanz und objektiver Selbstaufmerksamkeit (INSKO, WORCHEL, SONGER & ARNOLD, 1973; WICKLUND & DUVAL, 1971, 2. Experiment; PRYOR, GIBBONS, WICKLUND, FAZIO & HOOD, im Druck, 3. Experiment) zeigen das Auftreten von Defensivmechanismen im Zustand der Selbstzentrierung. Eine Person, die eine Entscheidung trifft und deshalb Dissonanz erfährt, müßte Selbstkritik üben, indem sie die Diskrepanz zwischen ihren Einstellungen und der Art des gewählten Verhaltens zugibt. Selbstzentrierung scheint jedoch genau den entgegengesetzten Effekt zu haben: Vpn, die selbstaufmerksam gemacht wurden, zeigten eine erhöhte Tendenz, ihre Kognitionen so zu ordnen, als ob die Entscheidung in Übereinstimmung mit ihren Werten oder Einstellungen stünde. Generell kann der Vorgang der Reduktion von Dissonanz als defensiv betrachtet werden (vgl. WICKLUND & BREHM, 1976), und viele charakteristische dissonanzerzeugende Situationen scheinen eine Verteidigungsbereitschaft einzuleiten, die durch Selbstzentrierung intensiviert wird. Die unter III 1b berichteten Ergebnisse zeigen, daß Selbstzentrierung eine erhöhte Selbstzuschreibung für nicht ego-bedrohende Ereignisse bewirkt. Sind Ereignisse allerdings ego-bedrohend, so sind bei Selbstzentrierung erhöhte Defensivmechanismen festzustellen.

2.2. Diskrepanzreduktion durch Erfüllen «salienter» Standards oder durch Einstellung-Verhaltens-Konsistenz

Ein zentraler Aspekt der Theorie besteht darin, daß sich Personen bei objektiver Selbstaufmerksamkeit der Diskrepanz zwischen internen (salienten) Standards und dem tatsächlichen Verhalten stärker bewußt werden. Die Folge dieser kognizierten Diskrepanz ist eine Motivation, diese Diskrepanz zu reduzieren. In den meisten Fällen wird dies eine Änderung der Attitüde oder des Verhaltens in Richtung auf einen spezifischen salienten Standard der Korrektheit bedeuten bzw. eine Konsistenz zwischen Verhalten und Einstellungen oder eine Konsistenz zwischen Verhalten und Persönlichkeitseigenschaften hervorrufen. Im folgenden sollen die wichtigsten Untersuchungen genannt werden, die zu diesem Problembereich durchgeführt wurden.

a) Selbstkonsistenz, Testvalidität und Selbstberichtvalidität

Die Selbstbericht-Messungen zur Vorhersage von Verhalten (vgl. MISCHEL, 1969; WICKER, 1969) ergaben überraschend niedrige Korrelationen zwischen den Tests und den Verhaltenskriterien. Die Theorie der

Selbstaufmerksamkeit postuliert, daß Menschen versuchen werden, intern konsistent zu sein, selbst wenn kein besonderer Wertmaßstab das Verhalten reguliert. Die selbstzentrierte Person wird motiviert, ihren Selbstbericht dem Verhalten bzw. das Verhalten dem Selbstbericht anzugleichen. D. h. die selbstzentrierte Person wird versuchen, ihr Verhalten in Übereinstimmung mit den früheren Selbstberichten zu bringen, so daß eine erhöhte Konsistenz zwischen Selbstberichten und Verhalten, also eine erhöhte Testvalidität zu erwarten ist.

PRYOR, GIBBONS, WICKLUND, FAZIO & HOOD (im Druck) wiesen nach, daß erhöhte Selbstaufmerksamkeit die Validität eines einfachen Tests über Soziabilität erhöht: Unter der Nicht-Spiegel-Bedingung war die Korrelation zwischen dem Test und dem Verhaltensindex r = .16, während unter der Spiegelbedingung die Korrelation r = .62 war.

Unter Berücksichtigung der «postdiktiven» Validität führten PRYOR et al. (im Druck) zwei weitere Experimente durch. Das eine Experiment zeigte, daß die Vpn über ihr Abschneiden im College-Aufnahmeexamen unter objektiver Selbstaufmerksamkeit genauer berichten; in einem weiteren Experiment wurde nachgewiesen, daß Einstellungen gegenüber Wahlalternativen eher tatsächlichen Wahlen entsprechen, wenn die Vpn selbstzentriert sind. SCHEIER, BUSS & BUSS (im Druck) zeigten z. B., daß die Korrelation zwischen Selbstberichten und darauf folgendem aggressiven Verhalten bei Personen mit niedriger Selbstaufmerksamkeit nur r = .09, bei Personen mit hoher Selbstaufmerksamkeit jedoch r = .66 ist. Selbstberichte reflektieren eher das tatsächliche Verhalten, wenn sie unter selbstzentrierenden Bedingungen wiedergegeben werden. Die These, daß Selbstaufmerksamkeit die Selbstkonsistenz erhöht, bzw. daß nur in Zuständen von Selbstzentrierung Selbstkonsistenz zu erreichen ist, wird durch diese Untersuchungen gestützt.

In den folgenden Punkten soll von Arbeiten berichtet werden, in denen spezifische interne Standards bei den Vpn als vorhanden angenommen wurden oder aber explizit gemessen oder induziert wurden. In diesen Untersuchungen wurde geprüft, inwieweit Selbstzentrierung eine Motivation bewirkt, das Verhalten den internen Standards anzugleichen.

b) Nicht-Aggression als salienter Standard

Eine Reihe von Arbeiten zum Verhältnis zwischen objektiver Selbstaufmerksamkeit und Wertmaßstäben befaßt sich mit aggressivem Verhalten, ein Verhalten, dessen Auftreten stark von persönlichen Normen oder Wertmaßstäben abhängig ist. In allen unten erwähnten Untersuchungen war das aggressionshervorrufende Instrument die Schockmaschine von BUSS (1961); bei dieser Prozedur übernimmt die Vp die Rolle eines Lehrers und kann unterschiedliche Stärken der Bestrafung für die Person, die sie lehren soll, wählen. SCHEIER, FENIGSTEIN & BUSS

(1974) führten zwei Experimente durch, in denen aufgrund der experimentellen Anordnung ein interner Standard angenommen wurde, keine Schocks zu verabreichen. Die männlichen Vpn sollten als «Lehrer» einer Studentin Elektroschocks verabreichen, angeblich um die Lernrate zu erhöhen. Im ersten Experiment wurde objektive Selbstaufmerksamkeit durch die Anwesenheit eines Spiegels operationalisiert, im zweiten durch die Anwesenheit eines Publikums, mit dem die Vpn häufig Augenkontakt haben mußten [6].

Selbstzentrierte Aufmerksamkeit bewirkte dabei eine Verminderung der durchschnittlichen Stärke der Schocks, die dem Strohmann verabreicht wurden.

c) Aggression als salienter Standard

Es gibt natürlich auch Bedingungen, unter denen das Zeigen von aggressivem Verhalten salienten Standards entspricht. CARVER (1974) führte ein Experiment ähnlich dem Experiment von SCHEIER et al. (1974) durch; allerdings gab es einige Änderungen: Die Vpn wurden instruiert, hohe Schockraten würden das Lernen erleichtern, so daß die Vpn die «Bestrafungen» als legal erachten konnten: Außerdem handelte es sich um ausschließlich männliche «Opfer», was weniger Hemmungen beim Verabreichen von Schocks erzeugen dürfte als bei weiblichen Vpn. Die Ergebnisse bestätigen die Vorhersagen und sind den Experimentaldaten von SCHEIER et al. (1974) gerade entgegengesetzt: Vpn unter der Spiegel-Bedingung geben intensivere Elektroschocks als Vpn ohne Spiegel.

Die Verbindung zwischen persönlichen Wertmaßstäben und selbstzentrierter Aufmerksamkeit bestätigen zwei weitere Untersuchungen von CARVER (1975) besonders deutlich: Er erfaßte zuerst die persönlichen Einstellungen der Vpn gegenüber Aggression und Strafe und wählte dann aus einer großen Stichprobe diejenigen aus, die entweder eindeutig für oder eindeutig gegen Strafe in Lernsituationen eingestellt waren. Dann versetzte er sie in eine Situation, die der Situation in den oben besprochenen Experimenten sehr ähnlich war. Ohne Spiegel gaben hoch straforientierte Vpn nicht mehr elektrische Schocks als gering straforientierte, d. h. sie zeigten nicht die Verhaltensweisen, die mit ihren Maßstäben übereinstimmten. Wenn die Vpn aber die Schocks in Anwesenheit eines Spiegels austeilten, gab es eine deutliche Beziehung zwischen den zuvor ausgedrückten Wertvorstellungen über Strafe und dem Ausmaß der ausgeteilten Schocks. «Pro-Aggressions-Vpn» «schockten» signifikant mehr als «Anti-Aggressions-Vpn». Die Skala hatte also nur

---

[6] Die Publikumsbedingung ist zwar nicht frei von konfundierenden «demand characteristics», aber es zeigt sich, daß die zwei objektiven Selbstaufmerksamkeitsinduktionen ähnlich wirken.

dann eine Vorhersagekraft, wenn das vorhergesagte Verhalten unter Bedingungen der Selbstaufmerksamkeit durchgeführt wurde[7]. Selbstzentrierung bewirkt folglich ein Verhalten, das in Übereinstimmung mit persönlichen Wertmaßstäben steht.

d) Leistung bei einer experimentellen Aufgabe als interner Standard
WICKLUND & DUVAL (1971, 3. Experiment) induzierten bei ihren Vpn
hohe Geschwindigkeit als einen internen Standard. Sie gaben ihren amerikanischen Vpn die Anweisung, in einem Zeitraum von zwei mal fünf
Minuten möglichst viel von einem deutschen Text abzuschreiben. Eine
Gruppe der Vpn war während des zweiten Zeitraums mit einem Spiegel
konfrontiert und es zeigte sich, daß die dadurch erzeugte objektive Selbstaufmerksamkeit die Leistung erhöhte. Ein tendenziell ähnliches Ergebnis mit schwedischen Wörtern erhielten LIEBLING & SHAVER (1973).
LIEBLING & SHAVER (1973) konnten aber nachweisen, daß Selbstaufmerksamkeit unter bestimmten Bedingungen auch eine Leistungsverschlechterung zur Folge haben kann. Das ursprüngliche WICKLUND &
DUVAL-Experiment wurde mit der Instruktion durchgeführt, daß die
Person durch das Experiment in keiner Weise bewertet werden wird.
LIEBLING & SHAVER (1973) führten zusätzlich eine Bedingung mit «hoher Bewertung» ein, in der den Vpn gesagt wurde, die Aufgabe korre-
liere mit der Intelligenz. Bei dieser Bedingung kann man annehmen, daß
die Aufmerksamkeit von der Aufgabe ablenkt. Ist zuviel Selbstzentrierung vorhanden (self concern), so verringert sich die Fähigkeit und Möglichkeit, über die Aufgabe nachzudenken und die Leistung zu steigern.
Die Resultate bestätigen die Hypothesen: Das beste Ergebnis hatten die
Vpn unter gemäßigter selbstzentrierter Aufmerksamkeit, d. h. «nur Bewertung» oder «nur Spiegel»; die Kombination beider erwies sich aber
als leistungsschwächend. Das Übermaß an Selbstzentrierung in dieser
Untersuchung hatte nur deshalb einen schwächeren Effekt, weil die Aufgabe anhaltende Aufmerksamkeit erforderte. Wäre die Aufgabe jedoch
so einfach wie in den Testvaliditätsuntersuchungen gewesen, so wäre
wahrscheinlich keine Beeinträchtigung durch das extrem hohe Maß
selbstzentrierter Aufmerksamkeit eingetreten.

---

[7] GIBBONS (1977b) benutzte eine ähnliche Prozedur, indem er sexuelle Schuldgefühle («sexguilt») anstatt Aggression verwendete. Die Vpn füllten einen Fragebogen über sexuelle Schuldgefühle aus (vgl. LANGSTON, 1975; MOSHER, 1968).
Später im Semester wurden sie gebeten, einen erotischen Text zu lesen und dann
anzugeben, wie sehr sie von dem Text «angetan» seien. Wie im Experiment von
CARVER gab es keine Beziehungen zwischen dem sexuellen Schuldgefühl-Score
und dem berichteten Spaß beim Lesen der Literatur in der Kontrollbedingung.
Die Vorhersagekraft des Maßes über sexuelle Schuldgefühle war aber viel
stärker, wenn die zweite Sitzung vor einem Spiegel durchgeführt wurde.

206

Insgesamt postuliert die Theorie eine kurvilineare Beziehung zwischen dem Grad der Selbstzentrierung und der Leistung: Mit zunehmender Selbstzentrierung steigt die Leistung, ist die Selbstzentrierung dagegen zu extrem, so wirkt sich dies nachteilig auf die Aufgabenlösung aus.

e) Ehrlichkeit als salienter Standard

Nach DIENER & WALLBOM (1976) akzeptieren die meisten College-Studenten die Norm, man solle nicht mogeln. (Zumindest wenn sie gefragt werden, sind sie normalerweise gegen Mogeln; vgl. GOLDSEN, ROSENBERG, WILLIAMS & SUCHMAN, 1960). Es wird nicht behauptet, daß Studenten nie mogeln, aber man kann annehmen, daß sie aufgrund dieses internen Standards wahrscheinlich weniger mogeln, wenn sie im Moment der Versuchung selbstaufmerksam gemacht werden können. In einem Experiment von DIENER & WALLBOM (1976) saßen College-Studenten in einem Testzimmer und mußten unter Zeitdruck eine Aufgabe lösen. Die Vpn erwarteten, daß ihre Leistung bewertet würde. Ohne ihr Wissen gab es eine Möglichkeit festzustellen, ob sie über die festgelegte Zeitgrenze hinausgingen, was in diesem Kontext die operationale Definition von Mogeln darstellte. Die Hälfte der Vpn führte die Aufgabe vor einem großen Spiegel durch und übereinstimmend mit der Erwartung mogelten sie weniger (7%) als die Vpn in der Kontrollbedingung (71%).

f) Der Standard, gute Entscheidungen zu treffen oder intelligent zu sein

Die Theorie der Entscheidungssicherheit von MILLS (1965, 1968) sagt vorher, daß Menschen Standards haben, gute Entscheidungen zu treffen. Eine Reaktion auf den Wunsch nach Entscheidungssicherheit ist die Suche nach Informationen vor Entscheidungen. WICKLUND & ICKES (1972) boten ihren Vpn eine tentative Entscheidung zwischen zwei akademischen Kursen über Sexualität an; dann wurden die Vpn gebeten, vor ihrer Entscheidung so viele Informationen über die Kurse abzurufen, wie sie wünschten. Ein Teil der Vpn hörte gleichzeitig von einem Tonband die eigene Stimme, der andere Teil eine fremde. Vpn im Zustand selbstkonzentrierter Aufmerksamkeit riefen in Übereinstimmung mit der Theorie mehr Informationen ab als Vpn ohne selbstkonzentrierte Aufmerksamkeit.

g) Objektive Selbstaufmerksamkeit, Hilfeverhalten und «self-concern»

Selbstzentrierte Aufmerksamkeit kann Hilfeverhalten entgegenwirken und verhindern oder aber verstärken. Welcher Effekt eintritt, hängt davon ab, inwieweit der Standard «zu helfen» («helping standard») zum Zeitpunkt der Selbstzentrierung salient ist. Wird eine Person auf die Diskrepanz zwischen der eigenen Passivität und der Norm anderen Menschen zu helfen aufmerksam gemacht, so kann man bei Selbstzentrierung verstärktes Hilfeverhalten erwarten. Ist sie dagegen zu stark auf andere Dimensionen gerichtet, so wird selbstzentrierte Aufmerksamkeit Hilfeverhalten verhindern. Entscheidend ist also, auf welchen Aspekt des Selbst bzw. auf welche Dimension die Aufmerksamkeit gerichtet ist. GIBBONS, WICKLUND, KARYLOWSKI, ROSENFIELD & CHASE (1977) führten fünf Experimente zu dieser Problemstellung durch. Ihre Ergebnisse können wie folgt zusammengefaßt werden: Erfolgt die Bittstellung in einer relativ abstrakten, unpersönlichen Form, so daß das Hilfebedürfnis nicht sehr salient ist, so verhindert Selbstaufmerksamkeit Hilfeverhalten. Weiterhin zeigte sich, daß Vpn, die ein Erfolgserlebnis übermittelt bekamen und dann mit einer «salienten» Notfallsituation konfrontiert wurden, stärker halfen, wenn sie selbstzentriert als wenn sie nicht selbstzentriert waren. Im Gegensatz dazu halfen Vpn unter der Mißerfolgsbedingung weniger bei starker Selbstaufmerksamkeit als bei schwacher. Selbstzentrierung kann also unter bestimmten Bedingungen prosoziales Verhalten erhöhen. Wenn der Hinweis («cue») auf das Hilfeverhalten der dominante Aspekt in der Situation und die Vpn nicht zu stark auf andere Aspekte zentriert sind, kommt es zu Verhaltensweisen, die mit der Norm «zu helfen» kongruent sind. Zu einer klaren Bestätigung dieser These kamen auch WEGNER & SCHAEFER (im Druck).

h) Objektive Selbstaufmerksamkeit und Konformität

Die ursprüngliche Theorie (DUVAL & WICKLUND, 1972) behauptete, daß die Maßstäbe, nach denen man unter Selbstaufmerksamkeit handelt, internalisiert seien. Es wurde aber wiederholt gezeigt (DUVAL, 1976; WICKLUND & DUVAL, 1971, 1. Experiment), daß die Konformität mit einer wichtigen Gruppennorm durch selbstzentrierte Aufmerksamkeit verstärkt wird. Eine Gruppennorm, die von der vorherigen Einstellung einer Person verschieden ist, ist nicht unbedingt ein internalisierter persönlicher Maßstab.

Im Augenblick des Konformitätsdrucks ist aber eine Gruppennorm sehr eindringlich (salient). Man kann vermuten, daß die Eindringlichkeit gruppenorientierter, externer Normen bei Selbstaufmerksamkeit unter bestimmten Bedingungen stärker ist als die internalisierten Wertmaßstäbe. Andererseits werden sehr oft die lange bestehenden persönlichen Werte einer Person eindringlich sein. Wenn jedoch andere Werte eindringlicher werden, kann die selbstzentrierte Person ihr Verhalten oder ihre Einstellung an diesen externen Werten ausrichten. Zukünftige Forschungen müssen die Beziehungen externer und interner Standards weiter erklären.

3. Vermeidung objektiver Selbstaufmerksamkeit

Selbstzentrierung ist dann aversiv, wenn das Selbst auf einen nicht erfüllten internen Standard fixiert ist, so daß die Person eine Diskrepanz zur Realität feststellt. Eine Möglichkeit zur Reduktion dieser Diskrepanz besteht oft darin, der objektiven Selbstaufmerksamkeit zu entkommen. Die erste Art des «Entkommens» ist die Vermeidung von physikalischen Stimuli, die Selbstaufmerksamkeit erzeugen. Bei negativer Diskrepanz sagt die Theorie eine Vermeidung von Spiegeln, Kameras und ähnlichen Stimuli vorher. Eine andere Möglichkeit des Entkommens oder der Vermeidung besteht darin sich abzulenken (z. B. Nägel kauen oder Zigaretten rauchen) oder sich motorischen Aktivitäten zuzuwenden, die selbstkonzentrierte Aufmerksamkeit verringern.

Nach der Theorie ist die Vermeidung eine Funktion der Höhe der erlebten Diskrepanzen. Dies wurde von DUVAL, WICKLUND & FINE (in DUVAL & WICKLUND, 1972, S. 16–20) geprüft und von DUVAL, WICKLUND, LEAK & FINE (1976) repliziert: Die Vpn erhielten entweder positives oder negatives Feedback auf der Dimension Kreativität/Intelligenz und wurden dann in einen Raum mit oder ohne Spiegel gesetzt. Es wurde geprüft, wie lange die Vpn in dem Raum blieben. Dabei zeigte sich, daß bei starkem negativen Feedback die Vpn signifikant schneller den Raum verließen, wenn sie mit einem Spiegel konfrontiert waren, während sich bei positiver Diskrepanz keine Unterschiede zeigten. In einem Experiment von GIBBONS & WICKLUND (1976) erhielten männliche Vpn entweder ablehnende oder akzeptierende Erste-Eindrucksreaktionen von einem weiblichen «Strohmann». Dann wurde den Vpn die Möglichkeit gegeben, 12 Minuten lang von einem Tonband der eigenen Stimme oder der Stimme einer anderen Person zuzuhören. Wurden die Vpn von dem «Strohmann» akzeptiert, so hörten sie länger der eigenen Stimme zu als die Vpn, die abgelehnt wurden.

Die Vermeidung von objektiver Selbstaufmerksamkeit kann nicht nur durch die Vermeidung von Spiegeln und Kameras geschehen, sondern auch durch bestimmte Aktivitäten, die man als Ablenkungsaktionen bezeichnen kann. LIEBLING, SEILER & SHAVER (1974) führten mit Rauchern ein Experiment unter der Bedingung objektiver Selbstaufmerksamkeit durch. Die Vpn wurden gebeten, für zwei getrennte 30-Minuten-Intervalle in einem Raum mit oder ohne Spiegel zu sitzen. Man kann annehmen, daß unter der Spiegel-Bedingung stärker geraucht oder zumindest stärker mit Zigaretten «gespielt» wird. Die Anzahl der gerauchten Zigaretten sowie die Zeit, in der die Person sich mit Zigaretten beschäftigte, war unter der Spiegel-Bedingung länger. LIEBLING et al. sagten ursprünglich vorher, daß der Spiegel das Zigarettenrauchen verringern werde, weil dies mit dem internen Standard «gesund zu leben» eher übereinstimme. Bei der

Antwort auf LIEBLING et al. weist WICKLUND (1975b) darauf hin, daß es in diesem Fall zwei entgegengesetzte Vorhersagen gibt – die These der Zerstreuung und die der Diskrepanzreduktion. Man kann annehmen, daß die Zerstreuungsthese dann zutrifft, wenn Standards nicht erreichbar sind; entweder weil die Standards zu hoch sind oder weil keine Möglichkeit besteht, sie zu erreichen. Diskrepanzreduktionen werden dagegen eintreten, wenn potentielle «Zerstreuungsaktionen» für die Dimension, in der der negative Affekt erfahren wird, nicht möglich sind.

4. Objektive Selbstaufmerksamkeit und Attribution von Erregungszuständen

Selbstzentrierung bewirkt – wie zuvor erwähnt – eine höhere Validität zwischen Selbstberichten und Verhalten. Die Genauigkeit des Selbsterkennens steigt. Dementsprechend kann man vermuten, daß eine selbstzentrierte Person eine bessere Kenntnis über ihren eigenen Erregungszustand hat und deshalb weniger irritiert werden kann. In einem Experiment von GIBBONS (1977a) sollten die Vpn ein Glas (Soda)-Bicarbonat trinken. Ein Teil der Vpn wurde korrekt informiert, daß es einfach «Bicarbonat» sei ohne bedeutende physiologische Nebeneffekte; dem anderen Teil, für den das Pulver als eine Droge «Carvanol» bezeichnet wurde, sagte man, daß das Getränk den Herzschlag, das Schwitzen usw. erhöhe. Die Untersuchung wurde entweder mit oder ohne Spiegel durchgeführt. Unter der Bedingung ohne Spiegel hatte die Instruktion einen starken Effekt, d. h. die Vpn mit der «Carvanolinstruktion» glaubten, einen bedeutend höheren Puls zu haben, mehr zu schwitzen usw. Die «Carvanolinstruktion» hatte dagegen bei den Vpn in der Spiegelbedingung fast keinen Einfluß. Objektive Selbstaufmerksamkeit bewirkt also eine verzerrungsfreie Perzeption des Erregungszustandes der Person. Diese Ergebnisse können die Fehlattributionsergebnisse von NISBETT & SCHACHTER (1966), STORMS & NISBETT (1970) usw. erheblich präzisieren.

5. Die Beziehung zwischen der Theorie der objektiven Selbstaufmerksamkeit und anderen sozialpsychologischen Theorien

a) Kognitive Dissonanz und objektive Selbstaufmerksamkeit
Die Theorie der kognitiven Dissonanz beschäftigt sich mit kognitiven Änderungen nach der Existenz kognitiver Dissonanz. Selbstkonzentrierte Aufmerksamkeit auf die erlebte Dimension sollte die Diskrepanzreduktion verstärken, vorausgesetzt, daß die selbstkonzentrierte Aufmerksamkeit nicht auf eine andere Dimension verlagert werden kann. WICK-

LUND & DUVAL (1971, 2. Experiment) baten ihre Vpn, fünf attitüden-diskrepante Aufsätze zu schreiben. Vpn, die das Verhalten bei Anwesenheit einer Fernsehkamera durchführten, zeigten größere Attitüdenänderungen als Vpn ohne Kamera. INSKO, WORCHEL, SONGER & ARNOLD (1973) führten ein ähnliches Experiment durch. Ihre Vpn, die gegen die Legalisierung von LSD waren, sollten unter hoher versus niedriger Entscheidungsfreiheit einen attitüdendiskrepanten Aufsatz schreiben. Es zeigte sich dabei folgendes: Vpn, die erwarteten, gefilmt zu werden, zeigten eine erhöhte Attitüdenänderung in Richtung auf ihr Verhalten. Dieser Effekt trat nur auf, wenn beide anderen Variablen dissonanzerzeugend waren. In Experimenten von BREHM & WICKLUND (1970) sowie ZANNA, LEPPER & ABELSON (1973) zeigte sich analog, daß Dissonanz dann verstärkt reduziert wird, wenn die Aufmerksamkeit des Individuums direkt auf die dissonanten Elemente gelenkt wird.

Diskrepanzreduktion bzw. Dissonanzreduktion kann dann verhindert werden, wenn es gelingt, die Aufmerksamkeit vom Selbst abzulenken. In einer Untersuchung von ALLEN (1965) konnten die Vpn zwischen zwei Kunstwerken eines auswählen; nach zwei bzw. acht Minuten wurde die Dissonanzreduktion (Veränderung der Attraktivität der Entscheidungsalternativen) gemessen. Die Vpn wurden während des entsprechenden Zeitraumes entweder mit einer Ablenkungsaufgabe konfrontiert oder nicht. Die Dissonanzreduktion erhöhte sich proportional zur Zeit nach der Entscheidung; die Ablenkungsaufgabe eliminierte die Dissonanzreduktionseffekte allerdings total.

Diskrepanzreduktion in Form der Dissonanzreduktion oder -vermeidung ist abhängig von der Richtung der Aufmerksamkeit. Wenn die Aufmerksamkeit auf das Selbst gelenkt ist (entweder direkt auf die dissonanten Elemente oder einige physikalische Aspekte des Selbst) ändern sich die Attitüden eher in Richtung auf das Verhalten.

b) Theorie der objektiven Selbstaufmerksamkeit und «social facilitation»-Theorie

Die objektive Selbstaufmerksamkeitstheorie hat bei dem Anwendungsfeld der Leistungssituation eine starke Ähnlichkeit mit der «social facilitation»-Theorie von ZAJONC (1965; siehe auch COTTRELL, 1972). Diese Theorie nimmt an, daß die Anwesenheit anderer Personen die Leistungsfähigkeit steigert, sofern es sich bei der Leistung um Reaktionen mit hoher oder mittlerer Auftrittswahrscheinlichkeit («response dominance») handelt. Bei Reaktionen mit niedriger Auftrittswahrscheinlichkeit kommt es dagegen bei Anwesenheit anderer Personen zu einer Leistungsminderung.

Unter bestimmten Bedingungen führt die Anwesenheit anderer Personen zu einem Zustand objektiver Selbstaufmerksamkeit. Allerdings wurde in den Experimenten zur Überprüfung der Theorie die objektive Selbstaufmerksamkeit selten mittels eines Beobachters operationalisiert, da dies eine Konfundierung bewirkt (Erzeugung von sozialer Erwünschtheit, Angst vor negativer Bewertung, «demand characteristics» etc.). Die objektive Selbstaufmerksamkeitstheorie kommt in bestimmten Bereichen zu den gleichen Vorhersagen wie die «social facilitation»-Theorie, aber aufgrund anderer interner Mechanismen. Nach der «social facilitation»-Theorie erzeugt die Anwesenheit anderer Personen einen Erregungszustand. Dieser Erregungszustand bewirkt (vgl. dazu auch die «arousal»-Theorie) eine Leistungserhöhung bei Reaktionen mit mittlerer und hoher Auftrittswahrscheinlichkeit. Die Theorie der objektiven Selbstaufmerksamkeit ist keine «Erregungstheorie».

Die Theorie behauptet, daß eine Person bei selbstzentrierter Aufmerksamkeit stärker motiviert ist, interne Standards zu erreichen. Ebenso postuliert die Theorie, daß die jeweilig dominante Stimmung oder Verhaltensweise im Zustand objektiver Selbstaufmerksamkeit intensiviert und aktualisiert wird. Bei einfachen Verhaltensweisen wird es deshalb immer zu einer Leistungssteigerung kommen. Je komplexer allerdings das Verhalten ist, um so wahrscheinlicher ist eine Leistungsverschlechterung. Man kann also von der Theorie ableiten, daß Verhaltensweisen mit niedriger oder hoher Auftrittswahrscheinlichkeit bei Zuständen objektiver Selbstaufmerksamkeit stärker gezeigt werden als ohne objektive Selbstaufmerksamkeit.

Insgesamt hat die «social facilitation»-Theorie einen wesentlich geringeren Geltungsbereich als die Theorie der objektiven Selbstaufmerksamkeit: Während erstere nur Vorhersagen über Verhalten in Leistungssituationen macht, postuliert die Theorie der objektiven Selbstaufmerksamkeit auch Hypothesen über die Intensivierung von Aspekten des Selbst, der Einhaltung von Attitüden, Werthaltungen usw. Vorhersagen über Leistungssituationen sind nur ein Bereich von vielen, über die die Theorie der objektiven Selbstaufmerksamkeit Vorhersagen macht.

Probleme und Diskussion

1. Bei objektiver Selbstaufmerksamkeit sollte ein Individuum zunehmend auf diejenige Dimension des Selbst aufmerksam werden, die am eindringlichsten (salient) ist. Dies kann experimentell einigermaßen gut kontrolliert werden, indem gewisse Dimensionen für die Person in den Brennpunkt der Aufmerksamkeit gestellt werden (z. B. durch Übermittlung eines Erfolges oder Mißerfolges in einer bestimmten Dimension). Im Alltagsleben mag dies etwas schwieriger sein, da die Messung, welche Dimension zu einem bestimmten Zeitpunkt gerade salient ist, sehr

schwer ist. Diese Schwierigkeit kann noch dadurch erhöht werden, daß bei Konfrontation mit selbstzentrierenden Stimuli eine Person versuchen mag, sich von negativen Dimensionen ab und auf positive zuzuwenden.

2. Bei negativer erlebter Diskrepanz erfährt die selbstzentrierte Person in einem gewissen Ausmaß einen negativen Affekt. Die Theorie gibt bekanntlich zwei mögliche Reaktionen an, um diesem meist aversiven Status zu entfliehen. a) Vermeidung des für OSA verantwortlichen Stimulus oder Beschäftigung mit Aktivitäten, die nach außen gerichtete Aufmerksamkeit verlangen, b) Diskrepanzreduktion, die grundsätzlich darin besteht, daß eine Person sich auf eine Weise verhält, die sie dem angestrebten Standard («standard of correctness») oder Wertmaßstab näher bringt. Die Theorie macht bisher keine spezifischen Aussagen über die relative Präferenz dieser beiden Reaktionsweisen. Man kann vermuten, daß eine Person die Reduktionsart bevorzugt, die den negativen Affekt am schnellsten und effektivsten vermindert und das ist möglicherweise die Vermeidungsstrategie. Das Verlangen, selbstzentrierende Stimuli zu vermeiden, wird vor allem dann relevant, wenn die bestehende Diskrepanz nicht reduziert werden kann. Zukünftige Forschung muß dieses Problem allerdings weiter untersuchen.

3. Bestimmte Arten von selbstaufmerksamkeitserzeugenden Stimuli haben nur für eine kurze Zeit Einfluß (vgl. ICKES, WICKLUND & FERRIS, 1973). Zwei Gründe können dafür verantwortlich sein: Die Vpn lernen, Stimuli zu vermeiden oder aber sie gewöhnen sich einfach an die Stimuli. In anderen Untersuchungen gab es keine Probleme, vielleicht deshalb, weil die abhängige Variable oft kurz nach der Manipulation gemessen wurde. Durch systematische Variation von Meßzeitpunkten könnte es möglich sein, in weiteren Untersuchungen das Problem der Adaptation zu untersuchen.

4. Zukünftige Forschung sollte sich ebenso mit dem Problem der vermittelnden Mechanismen beschäftigen, z. B. sollten mehr als bisher die internen Standards einer Person gemessen und dann überprüft werden, ob man in Situationen objektiver Selbstaufmerksamkeit diese stärker zu erreichen versucht oder unter welchen Bedingungen Standards geändert werden.

5. Die Theorie der objektiven Selbstaufmerksamkeit scheint nicht nur für die Sozialpsychologie, sondern auch für die Klinische Psychologie relevant zu sein (siehe S. BREHM, 1976). Entsprechend den Formulierungen der Theorie und den empirischen Untersuchungen kann man annehmen, daß viele psychische Probleme bei einem hohen Grad an Selbstzentrierung verstärkt werden. Die bei den meisten psychisch Kranken vorhandene depressive Stimmung und der ebenso vorhandene negative Selbstwert wird durch Selbstzentrierung intensiviert (vgl. SCHEIER & CARVER, 1977). Eine Strategie der Therapie könnte darin bestehen, bei

vorhandenen Depressionen die Aufmerksamkeit vom Selbst auf externe Stimuli zu verlagern, bei Erfolgsgefühlen oder vorhandenen positiven Stimmungen aber eine möglichst starke Selbstzentrierung herbeizuführen.

Literatur

ALLEN, V. L. Effect of extraneous cognitive activity on dissonance reduction. Psychological Reports, 1965, *16*, 1145–1151.

ARKIN, R. M. & DUVAL, S. Focus of attention and causal attributions of actors and observers. Journal of Experimental Social Psychology, 1975, *11*, 427–438.

BUSS, A. H. The psychology of aggression. New York: Wiley, 1961.

BUSS, D. M. & SCHEIER, M. F. Self-consciousness, self-awareness, and self-attribution. Journal of Research in Personality, 1976, *10*, 463–468.

BREHM, S. S. The application of social psychology to clinical practice. New York: Wiley, 1976.

BREHM, J. W. & WICKLUND, R. A. Regret and dissonance reduction as a function of postdecision salience of dissonant information. Journal of Personality and Social Psychology, 1970, *14*, 1–7.

CARVER, C. S. Facilitation of physical aggression through objective self-awareness. Journal of Experimental Social Psychology, 1974, *10*, 365–370.

CARVER, C. S. Physical aggression as a function of objective self-awareness and attitudes toward punishment. Journal of Experimental Social Psychology, 1975, *11*, 510–519.

CARVER, C. S. & SCHEIER, M. F. Effects of mirror-manipulated self-awareness and dispositional self-consciousness: a validation study. Journal of Personality and Social Psychology, 1978, in press.

COTTRELL, M. B. Social Facilitation. In: C. B. McCLINTOCK (Ed.) Experimental Social Psychology. New York: Holt, Rinehart & Winston, 1972, 185–236.

DAVIS, D. & BROCK, T. C. Use of first person pronouns as a function of increased objective self-awareness and performance feedback. Journal of Experimental Social Psychology, 1975, *11*, 381–388.

DIENER, E. & WALLBOM, M. Effects of self-awareness on antinormative behavior. Journal of Research in Personality, 1976, *10*, 107–111.

DUVAL, S. Conformity on a visual task as a function of personal novelty on attitudinal dimensions and being reminded of the object status of self. Journal of Experimental Social Psychology, 1976, *12*, 87–98.

DUVAL, S. & WICKLUND, R. A. A theory of objective self-awareness. New York. Academic Press, 1972.

DUVAL, S. & WICKLUND, R. A. Effects of objective self-awareness on attribution of causality. Journal of Experimental Social Psychology, 1973, *9*, 17–31.

DUVAL, S., WICKLUND, R. A., LEAK, G. K. & FINE, R. L. Avoidance of objective self-awareness. Unveröffentlichtes Manuskript, University of Texas at Austin, 1976.

FEDEROFF, N. A. & HARVEY, J. H. Focus of attention, self-esteem, and the attribution of causality. Journal of Research in Personality, 1976, *10*, 336–345.

FENIGSTEIN, A., SCHEIER, M. F. & BUSS, A. H. Public and private self-consciousness: Assessment and theory. Journal of Consulting and Clinical Psychology, 1975, *43*, 522–527.

GELLER, V. & SHAVER, P. Cognitive consequences of self-awareness. Journal of Experimental Social Psychology, 1976, *12*, 99–108.

GIBBONS, F. X. Self-focused attention and the enhancement of response awareness. Unpublished doctoral dissertation, University of Texas, 1976.

GIBBONS, F. X. Misattribution of arousal and self-focused attention: a reexamination of the placebo effect. Unveröffentlichtes Manuskript, University of Texas, 1977a.

GIBBONS, F. X. Pornography and sex-guilt: When do internal standards affect external behavior? Unveröffentlichtes Manuskript, University of Texas, 1977b.

GIBBONS, F. X. & WICKLUND, R. A. Selective exposure to self. Journal of Research in Personality, 1976, 10, 98–106.

GIBBONS, F. X., WICKLUND, R. A., KARYLOWSKI, J., ROSENFIELD, D. & CHASE, T. C. Altruistic responses to self-focused attention. Unveröffentlichtes Manuskript, University of Texas, 1977.

GOLDSEN, R. K., ROSENBERG, M., WILLIAMS, R. M. & SUCHMAN, E. A. What college students think. New York: Van Nostrand, 1960.

HULL, J. G. Objective self-awareness and defensive attribution. Unpublished manuscript, Duke University, 1977.

ICKES, W. J., WICKLUND, R. A. & FERRIS, C. B. Objective self-awareness and self esteem. Journal of Experimental Social Psychology, 1973, 9, 202–219.

INSKO, C. A., WORCHEL, S., SONGER, E. & ARNOLD, S. E. Effort, objective self awareness, choice, and dissonance. Journal of Personality and Social Psychology, 1973, 28, 262–269.

JONES, E. E. & NISBETT, R. E. The actor and the observer: Divergent perceptions of the causes of behavior. New York: General Learning Press, 1971.

LANGSTON, R. D. Stereotyped sex role behavior and sex guilt. Journal of Personality Assessment, 1975, 39, 77–81.

LIEBLING, B. A., SEILER, M. & SHAVER, P. Self-awareness and cigarette-smoking behavior. Journal of Experimental Social Psychology, 1974, 10, 325–332.

LIEBLING, B. A. & SHAVER, P. Evaluation, self-awareness and task performance. Journal of Experimental Social Psychology, 1973, 10, 297–306.

MILLS, J. The effect of certainty on exposure to information prior to commitment. Journal of Experimental Social Psychology, 1965c, 1, 348–355.

MILLS, J. Interest in supporting and discrepant information. In: R. P. ABELSON, G. ARONSON, W. McGUIRE, T. M. NEWCOMB, M. J. ROSENBERG & P. H. TANNENBAUM (Eds.). Theories of cognitive consistency: A sourcebook. Chicago, Illinois: Rand-McNally, 1968, 771–776.

MISCHEL, W. Continuity and change in personality. American Psychologist, 1969, 24, 1012–1018.

MOSHER, D. L. Measurement of guilt in females by self-report inventories. Journal of Consulting and Clinical Psychology, 1968, 32, 690–695.

NISBETT, R. E. & SCHACHTER, S. The cognitive manipulation of pain. Journal of Experimental Social Psychology, 1966, 2, 227–236.

PRYOR, J. B., GIBBONS, F. X., WICKLUND, R. A., FAZIO, R. H. & HOOD, R. Self-focused attention and self report validity. Journal of Personality, in press.

PRYOR, J. B. & KRISS, M. The cognitive dynamics of salience in the attribution process. Journal of Personality and Social Psychology, 1977, 35, 49–55.

SCHEIER, M. F. Self-awareness, self-consciousness, and angry aggression. Journal of Personality, 1976, 44, 627–644.

SCHEIER, M. F., BUSS, A. H. & BUSS, D. M. Self-consciousness, self-report of aggressiveness, and aggression. Journal of Research in Personality, in press.

SCHEIER, M. F. & CARVER, C. S. Self-focused attention and the experience of emotion: Attraction, repulsion, elation, and depression. Journal of Personality and Social Psychology, 1977, 35, 625–636.

215

SCHEIER, M. F., FENIGSTEIN, A. & BUSS, A. H. Self-awareness and physical aggression. Journal of Experimental Social Psychology, 1974, *10*, 264–273.

STORMS, M. D. Videotape and the attribution process: Reversing actors' and observers' points of view. Journal of Personality and Social Psychology, 1973, *27*, 165–175.

STORMS, M. & NISBETT, R. E. Insomnia and the attribution process. Journal of Personality and Social Psychology, 1970, *2*, 319–328.

TAYLOR, S. & FISKE, S. Point of view and perception of causality. Journal of Personality and Social Psychology, 1975, *32*, 439–445.

TESSER, A. & CONLEE, M. C. Some effects of time and thought on attitude polarization. Journal of Personality and Social Psychology, 1975, *31*, 262–270.

WEGNER, D. M. & SCHAEFER, D. The concentration of responsibility: An objective self awareness analysis of group size effects in helping situations. Journal of Personality and Social Psychology, 1978, in press.

WICKER, A. W. Attitudes versus actions: The relationship of verbal and overt behavioral responses to attitude objects. Journal of Social Issues, 1969, *25*, 41–78.

WICKLUND, R. A. Objective self-awareness. In L. BERKOWITZ (Ed.) Advances in Experimental Social Psychology, Vol. VIII. New York: Academic Press, 1975a.

WICKLUND, R. A. Discrepancy reduction or attempted distraction? A reply to LIEBLING, SEILER, and SHAVER. Journal of Experimental Social Psychology, 1975b, *11*, 78–81.

WICKLUND, R. A. & BREHM, J. W. Perspectives on cognitive dissonance. Hillsdale, New Jersey: Lawrence Erlbaum Associates, 1976.

WICKLUND, R. A. & DUVAL, S. Opinion change and performance facilitation as a result of objective self awareness. Journal of Experimental Social Psychology, 1971, *7*, 319–342.

WICKLUND, R. A. & ICKES, W. J. The effect of objective self awareness on predecisional exposure to information. Journal of Experimental Social Psychology, 1972, *8*, 378–387.

ZANNA, M. P., LEPPER, M. R. & ABELSON, R. P. Attentional mechanisms in children's devaluation of a forbidden activity in a forced-compliance situation. Journal of Personality and Social Psychology, 1973, *28*, 355–359.

ZAJONC, R. B. Social facilitation. Science, 1965, *149*, 269–274.

216

Die Equity-Theorie — Einführung

Nach dem der Equity-Theorie zugrundeliegenden Prinzip verfolgen Personen das Ziel, daß die Ergebnisse/Konsequenzen («outputs»), die aus einer Interaktionsbeziehung folgen, in einer angemessenen (gerechten) Beziehung zu den gemachten eigenen Aufwendungen («inputs») stehen. Hinsichtlich des Einflusses sozialer Normen knüpfen die Equity-Theoretiker an den Ansatz von THIBAUT & KELLEY an und betonen, unter welchen Bedingungen eine Interaktion stattfindet und welchen Stellenwert Normen in Interaktionsprozessen einnehmen. Hinsichtlich der intrapsychischen Komponenten des Interaktionsverhaltens von Personen bezieht sich die Equity-Theorie auf die Dissonanztheorie: Eine Diskrepanz zwischen Input und Output führt zu Dissonanz und zu dissonanzreduzierendem, auf Wiederherstellung von Equity gerichtetem Verhalten. Ein wesentlicher Ausbau der Theorie wurde von WALSTER, BERSCHEID & WALSTER geleistet, die versuchten, die Equity-Theorie in eine allgemeine Verhaltens- oder Interaktionstheorie auszuweiten. Diese Autoren versuchen, nicht nur Vorhersagen für wirtschaftliche Beziehungen, sondern auch für Ausbeutungs- und Hilfeverhalten sowie Freundschaftsbeziehungen zu machen. Eine Aufgabe zukünftiger Forschung könnte darin bestehen, solche Ergebnisse auf das Verhalten von Gruppen zu übertragen und zu prüfen, ob sie auch für Makrogebilde Gültigkeit beanspruchen können.

Das Hauptproblem der Equity-Theorie wie anderer motivationaler Theorien besteht darin, daß stärker als bisher die Bedingungen spezifiziert werden müssen, unter denen eine konkrete, in der Dann-Komponente einer Theorie enthaltene Reaktionsweise auftritt. Weiterhin sollte in zukünftigen Theoriemodifikationen die Machtproblematik miteinbezogen werden. Was als Gerechtigkeit in einer konkreten Austauschbeziehung zu gelten hat, wird von Mächtigeren der Austauschbeziehung definiert. Auch zwischenmenschliche Beziehungen, die durch Wettbewerb und Rivalität bestimmt sind, werden von der Theorie bisher noch nicht erfaßt.

Gerechtigkeit in sozialen Beziehungen: Die Equity-Theorie

G. F. MÜLLER
Universität Mannheim

H. W. CROTT
Universität Freiburg

1. Einleitung

In der Reihe "Advances in Experimental Social Psychology" widmete LEONARD BERKOWITZ 1976 einen Band den Zukunftsperspektiven einer Theorie, welche die sozialpsychologische Interaktionsforschung konzeptionell zu beleben und integrativ fortzuführen beabsichtigt. Dieser als Equity-Theorie bezeichnete Ansatz nimmt für sich in Anspruch, Voraussagen über das Verhalten von Personen in einer Vielzahl zwischenmenschlicher Beziehungen zu machen (WALSTER et al., 1976). Er wurde mit entsprechender Zielsetzung auf Interaktionen im industriellen Bereich, auf Ausbeutungs- und Hilfeverhalten, sowie auf Freundschaftsbeziehungen angewandt. Nach dem der Equity-Theorie zugrundeliegenden Prinzip verfolgen Personen, die miteinander interagieren, nicht ausschließlich eigene Interessen. Ihr Verhalten richtet sich vielmehr auch nach bestimmten Normen, die von den interagierenden Personen explizit oder implizit akzeptiert werden. Das Equity-Prinzip ist in diesem Sinn als Gerechtigkeitsprinzip definierbar und steuert spezifische Erwartungen, die Personen mit einem Interaktionsergebnis verbinden. Soziale Beziehungen werden in der Terminologie der Equity-Theorie als Austauschbeziehungen verstanden. Es wird behauptet, daß das Verhalten von Personen davon abhängt, wie diese die Gerechtigkeit oder Fairneß eines sozialen Austausches bewerten. Damit zusammenhängend enthält die Equity-Theorie Spezifikationen über mögliche Zielvorstellungen von Personen in Interaktionen, über verschiedene Handlungsweisen aufgrund solcher Zielvorstellungen, und über bestimmte Reaktionsweisen auf vorstellungskonforme oder -diskrepante Interaktionsergebnisse.

Die Ausführungen des folgenden Abschnitts orientieren sich an der historischen Entwicklung der Equity-Theorie. Zu einzelnen Ansätzen werden die zentralen Annahmen und einige spätere Modifikationen und Erweiterungen skizziert und diskutiert. Im dritten Abschnitt werden empirische Untersuchungen zur Equity-Theorie referiert und Ergebnisse verschiedener Forschungsrichtungen equity-theoretisch interpretiert. Schließlich soll im vierten Abschnitt der Versuch einer kritischen Bewertung dieses Ansatzes erfolgen.

Zu erwähnen ist noch, daß bisher keine befriedigende Übersetzung

218

des Begriffs «Equity», bzw. «Equity-Theorie» existiert. Wendungen wie «Theorie der Billigkeit und Gerechtigkeit» oder «Theorie der ausgleichenden, bzw. relativen Gerechtigkeit» sind weder handlich noch treffend. So faßt z. B. LERNER (1974) Equity als *eine* von mehreren möglichen Realisationen der Gerechtigkeit auf. Die direkte Eindeutschung «Equitäts-Theorie» ist auch nicht einfacher auszusprechen als das englische Wort. Im folgenden wird aus diesen Gründen die englische Bezeichnung beibehalten. Im Text erfolgt eine mit dem Equity-Begriff synonyme Verwendung von Termini wie «Angemessenheit», «Gerechtigkeit» oder «Fairneß» nur dann, wenn Mißverständnisse ausgeschlossen sind.

2. Entwicklung der Equity-Theorie

2.1. Der Equity-Ansatz von Homans

Nach HOMANS (1958, 1961) ist menschliches Handeln antizipatorisch an seinen Konsequenzen orientiert. Personen interagieren danach mit dem Ziel, in ihren Beziehungen sowohl lohnende als auch faire Resultate zu erreichen. Sie versprechen sich aus einer Interaktion einen Gewinn und hegen, was die Aufteilung dieses Gewinnes in der Interaktionsbeziehung betrifft, gewisse durch normative Vorstellungen geprägte Erwartungen. Nach HOMANS sind dies Vorstellungen von ausgleichender Gerechtigkeit oder Verteilungsgerechtigkeit («distributive justice»). In einer ersten Version der Auffassung von ausgleichender Gerechtigkeit geht HOMANS (1958) von folgender Voraussetzung aus: Personen ziehen aus einer Interaktion nicht nur Nutzen, bzw. erhalten Belohnungen, sondern müssen auch zu gewissen Abstrichen in bezug auf egoistische Zielsetzungen bereit sein, bzw. müssen Kosten akzeptieren. Somit ergibt sich – an einer Zweier-Beziehung beispielhaft verdeutlicht – die Relation

$$\text{Gewinn}_{(\text{Person A})} = \text{Belohnung}_{(A)} - \text{Kosten}_{(A)}, \text{bzw.}$$
$$\text{Gewinn}_{(\text{Person B})} = \text{Belohnung}_{(B)} - \text{Kosten}_{(B)}.$$

HOMANS (1958, S. 604) behauptet: «Obgleich Belohnungen und Kosten zweier Personen oder der Mitglieder zweier Gruppen unterschiedlich sein können, sollen die Gewinne beider ... gleichwertig sein.» [1] – Verteilungs-Gerechtigkeit besteht also, wenn gilt:

$$\text{Gewinn}_{(\text{Person A})} = \text{Gewinn}_{(\text{Person B})}.$$

---

[1] Übersetzung der Autoren.

Danach stellt die absolute Gewinngleichheit für alle am Austausch Beteiligten das angemessene Interaktionsergebnis dar. Situative Umstände oder individuelle Unterschiede werden nicht berücksichtigt. Dieses Prinzip ist mit der von GOULDNER (1960) als universelles Gerechtigkeitsprinzip herausgestellten Reziprozitätsnorm («norm of reciprocity») vergleichbar: Personen sind nach GOULDNER bestrebt, in entsprechender Weise sowohl die positiven als auch die negativen Verhaltensweisen ihrer Interaktionspartner zu erwidern.

Die Auffassung eines Gerechtigkeitsprinzips der absoluten Gleichheit (bzw. strikten Reziprozität) in sozialen Austauschbeziehungen erscheint – wie auch HOMANS später selbst feststellte – zu idealistisch und undifferenziert, um auf eine Vielzahl denkbarer Interaktionssituationen zuzutreffen. Aus diesem Grund revidierte HOMANS seinen ursprünglichen Ansatz (HOMANS 1961, 1968) und formulierte das Prinzip ausgleichender Gerechtigkeit in Richtung auf *relative Gewinngleichheit* um: «Eine Person, die mit einer anderen in einer Tauschbeziehung steht, wird erwarten, daß sich die Gewinne einer jeden *proportional* zu ihren Investitionen verhalten, und falls beide von dritter Seite belohnt werden, daß diese dritte Instanz besagtes Verhältnis zwischen beiden respektiert.» (HOMANS 1968, S. 206). Unter Investitionen subsumiert HOMANS differentielle Merkmale einzelner Personen, die diese in eine soziale Beziehung mit einbringen und die für einen Austausch von Bedeutung sind; z. B. Alter, Erfahrung, Intelligenz, sozialer Status, Geschlecht, ethnische oder soziale Herkunft, u. ä.

Nach dieser Modifikation des ursprünglichen Prinzips ist Verteilungsgerechtigkeit gegeben, wenn gilt:

$$\frac{\text{Gewinn}_{\text{(Person A)}}}{\text{Invest.}_{\text{(Person A)}}} = \frac{\text{Gewinn}_{\text{(Person B)}}}{\text{Invest.}_{\text{(Person B)}}}.$$

Es ist beim Austausch materieller Güter relativ einfach, eine gerechte Gewinnaufteilung zu identifizieren, da durch Transformierbarkeit von Gewinnen und Investitionen in Geldeinheiten quantitativ sinnvolle Vergleiche angestellt werden können. Investiert eine Person nach HOMANS $ 1000 und erzielt damit $ 50 Reingewinn, so steht diese «Dividende» im Einklang mit der Investition einer anderen Person von $ 100 und einem Gewinn von $ 5. Bei immateriellen Gütern sind derartige Feststellungen häufig schwerer zu treffen, da Personen nicht immer vergleichbare Beurteilungsmaßstäbe anlegen. Dies betrifft sowohl individuelle Wertschätzungen von Belohnungen, Kosten und Investitionen, als auch deren relative Gewichtung in unterschiedlichen Austauschsituationen.

Wenn Personen den Eindruck gewinnen, daß das Gesetz der ausgleichenden Gerechtigkeit verletzt wird, reagieren sie nach HOMANS emotional. Ist das Gleichgewicht von Relationen zwischen Gewinnen und Investitionen in Richtung auf den eigenen Nachteil verschoben, treten in aller Regel Unmut, Ärger und Zorn auf. Wird hingegen der eigene Vorteil erkannt, resultieren eher Schuldgefühle. HOMANS sagt weiter, daß Menschen nicht nur Ärger oder Schuldgefühle entwickeln, sondern auch bestrebt sind, etwas gegen die in der einen oder anderen Weise verletzte ausgleichende Gerechtigkeit zu unternehmen: Sie werden die Belohnungen des anderen oder ihre eigenen Einsätze und Kosten vermindern. – Darüberhinaus nimmt HOMANS an, daß die Herstellung von verletzter Gerechtigkeit für den Geschädigten selbst bereits belohnenden Charakter hat.

2.2. Der Inequity-Ansatz von Adams

Der Beitrag von ADAMS (1963a, 1965) geht insofern über die Theorie der ausgleichenden Gerechtigkeit von HOMANS (1961) hinaus, als darin spezifischere Aussagen über Verhaltensweisen enthalten sind, mit denen Personen auf einen ungerechten (inequitablen) Austausch antworten können. Das Hauptinteresse von ADAMS liegt also auf Interaktionen, für die – an einer Zwei-Personen-Beziehung beispielhaft verdeutlicht –gilt:

$$\frac{\text{Ergebnis}_{(A)}}{\text{Einsatz}_{(A)}} < \frac{\text{Ergebnis}_{(B)}}{\text{Einsatz}_{(B)}} \quad \text{bzw.} \quad \frac{\text{Ergebnis}_{(A)}}{\text{Einsatz}_{(A)}} > \frac{\text{Ergebnis}_{(B)}}{\text{Einsatz}_{(B)}}$$

ADAMS verwendet andere Formeltermini, hebt sich inhaltlich von HOMANS (1961) jedoch nur dadurch ab, daß bei ihm ein «Ergebnis» nicht nur durch Gewinn, sondern auch durch Verlust repräsentiert sein kann. ADAMS faßt sowohl Ergebnisse als auch Einsätze als gewichtete Summen der für eine bestimmte soziale Beziehung relevanten Faktoren auf. Denn er bezweifelt, daß den einzelnen Ergebnis- und Einsatzkomponenten für verschiedene Austauschbeziehungen die gleiche Bedeutung zukommt, oder daß Personen in der Einschätzung des Stellenwerts dieser Komponenten übereinstimmen.

Für die Frage nach möglichen Konsequenzen von Inequity geht ADAMS (1965) von zwei Grundpostulaten aus, die er der Dissonanztheorie FESTINGERS (1957) entlehnt: a) Das Vorhandensein von Inequity bewirkt eine (kognitive) Spannung. b) Das Vorhandensein von (kognitiver) Spannung wird als unangenehmer Zustand erlebt und motiviert Personen, die Spannung zu reduzieren bzw. zu eliminieren.

Auf den beiden Grundpostulaten aufbauend unterscheidet ADAMS sechs Mechanismen, deren potentiellen Beitrag zur Wiederherstellung eines ausgewogenen und fairen Verhältnisses von Ergebnissen und Einsätzen er erläutert und im Hinblick auf Entscheidungspräferenzen zu diskutieren versucht. Die sechs Strategien zur Reduktion von Inequity sind: 1) Verhaltensaktive Veränderung der eigenen Einsatzkomponenten. 2) Verhaltensaktive Veränderung der eigenen Ergebniskomponenten. 3) Kognitiv verzerrte Wahrnehmung eigener Einsatz- und Ergebniskomponenten. 4) Aufgeben der sozialen Austauschbeziehung (Aus-dem-Felde-gehen). 5) Verhaltensaktive Intervention beim Austauschpartner, bzw. bei Austauschpartnern oder kognitiv verzerrte Wahrnehmung von Einsatz- und Ergebniskomponenten des Austauschpartners, bzw. der Austauschpartner. 6) Wechsel des Austauschpartners oder der Austauschpartner (innerhalb eines zahlenmäßig größeren Interaktionskontextes). Überlegungen, welche ADAMS (1965) zu Aussagen über Entscheidungspräferenzen für die eine oder andere Reduktionsstrategie veranlassen, heben auf zwei zentrale Verhaltensbereitschaften von Personen ab: a) Gewinnmaximierungs-, bzw. Verlustminimierungsstreben für verhaltensaktive Strategien. b) Streben nach Selbstbestätigung für kognitive Strategien. Die Austauschpartner sind motiviert, eigene Ergebniskomponenten eher in Richtung auf größere Gewinne und eigene Einsatzkomponenten eher in Richtung auf geringere Anstrengung und Mühe zu ändern. Eigene Einsatzkomponenten sind zudem um so resistenter gegen eine kognitiv verzerrte Wahrnehmung, je zentraler entsprechende Komponenten für das Selbstkonzept, bzw. das Selbstvertrauen einer Person sind. ADAMS nimmt weiterhin an, daß im allgemeinen Kognitionen über eigene Ergebnis- und Einsatzkomponenten weniger schnell geändert werden als Kognitionen über Ergebnis- und Einsatzkomponenten von Interaktionspartnern. Das Individuum geht erst aus dem Felde, wenn das Ausmaß der Inequity so hoch erscheint, daß es keine Möglichkeit mehr sieht, diesen Zustand ins Gleichgewicht zu bringen. Entsprechendes gilt nach ADAMS für den Wechsel von Austauschpartnern, besonders wenn sich die soziale Beziehung im Verlaufe der Zeit stabilisiert hat.

Obwohl ADAMS (1963a, 1965) Konsequenzen von Inequity für aktuelles und kognitives Verhalten spezifiziert, ist der jeweilige Verhaltensanstoß dazu wie auch bei HOMANS (1961) die emotionale Reaktion auf eine ungerechte Austauschsituation. Das Empfinden von Ärger, Unzufriedenheit oder Schuld wächst dabei mit dem Grad der wahrgenommenen Diskrepanz, die zwischen den Ergebnis-/Einsatz-Verhältnissen der Interaktionspartner besteht.

In Erweiterung des Ansatzes von ADAMS haben WEICK & NESSET (1968) darauf hingewiesen, daß Personen unter bestimmten Bedingungen auch sich selbst als Austauschpartner ansehen können. Die Autoren heben in diesem Zusammenhang die Bedeutung «interner Standards» hervor. Sie betonen damit, daß Erfahrungen mit früheren Austauschbeziehungen und die zunehmende Kenntnis des eigenen «Marktwertes» für ein Ungerechtigkeitsempfinden genau so relevant sind, wie der Vergleich mit anderen Personen. Stehen z. B. bei einer neuen Berufstätigkeit Aufwand und Ertrag im Vergleich zu früheren Beschäftigungen in einem nachteiligen Verhältnis, so ruft dies bereits Unzufriedenheit hervor, ungeachtet dessen, wie im gegebenen Fall das Ergebnis-/Einsatz-Verhältnis zu anderen Personen ist.

2.3. Integration und Erweiterung der Ansätze von Homans und Adams durch Walster, Berscheid & Walster

Wie WALSTER et al. (1973, 1976) zeigen, existiert bei einer Beurteilung von Equity, bzw. Inequity nach den Formeln von HOMANS und ADAMS nur dann ein psychologisch sinnvoll interpretierbares numerisches Relativ, wenn die Ergebnisse und Einsätze von Personen mit dem gleichen Vorzeichen in die Verhältnisbestimmung eingehen. Sind Situationen zu analysieren, für die dies nicht zutrifft, erhält man bei einer Anwendung der HOMANS-, bzw. ADAMS-Formel skurile Ergebnisse. Man würde beispielsweise einen gerechten Austausch feststellen, wenn sich eine Person A, die bei Investitionen von + 5 ein Verlustergebnis von – 10 verzeichnet, mit einer Person B vergleicht, die bei Investitionen von – 5 ein Gewinnergebnis von + 10 verzeichnet. Niemand würde das Resultat dieses Vergleichs als fair ansehen wollen. WALSTER et al. (1976) schlagen deshalb eine modifizierte Formel vor, um dem Problem ungleicher Vorzeichen bei Ergebnissen und Einsätzen zu begegnen. Sie definieren als Zustand von Equity, wenn – an einer Zwei-Personen-Beziehung verdeutlicht – gilt:

$$\frac{\text{Ergebnis}_{(A)} - \text{Einsatz}_{(A)}}{(|\text{Einsatz}_{(A)}|)^{k}{}_{(A)}} = \frac{\text{Ergebnis}_{(B)} - \text{Einsatz}_{(B)}}{(|\text{Einsatz}_{(B)}|)^{k}{}_{(B)}}$$

Entsprechend wird Inequity als Zustand definiert, bei dem diese Relation nach der einen oder anderen Richtung hin im Ungleichgewicht ist. Das Neue an der Formel-Darstellung ausgleichender Gerechtigkeit von WALSTER et al. (1976) ist der Versuch, eine Vorzeichenfunktion zu finden, über die auch vorzeichendiskrepante Ergebnis-/Einsatz-Relationen psychologisch sinnvoll zueinander in Beziehung gesetzt werden können. WALSTER et al. sind der Ansicht, daß eine Vorzeichenfunktion der Art «k = Vorzeichen (Einsatz) · Vorzeichen (Ergebnis – Einsatz)» den gesetzten Anforderungen entspricht. Je nach Vorzeichen, mit dem Einsätze und Differenzen aus Ergebnissen und Einsätzen in die Gleichung eingehen, nimmt «k» die Werte «+ 1» (+ mal + oder – mal –) oder «– 1» an (+ mal – oder – mal +), oder wird auf Null gesetzt, wenn sich Ergebnis und Einsatz numerisch entsprechen.

Trotz der mathematischen Bemühungen von WALSTER et al. führt, wie HARRIS (1976) nachweisen konnte, auch die Anwendung dieser Formel unter bestimmten Bedingungen zu unsinnigen Ergebnissen. Nach der Formel von WALSTER et al. erweist sich eine ausgeglichene Beziehung zwischen zwei Personen mit einem Ergebnis-/Einsatz-Verhältnis von

A = 10/5 und B = –4.8/–5 plötzlich als ungleichgewichtig, wenn man die Bewertungseinheit ändert. Sind die gewählten Zahlen beispielsweise Pfennigbeträge, so liegt ein fairer Austausch vor: $\dfrac{10-5}{5} = (-4.8 + 5) \cdot 5$. Die gleiche Beziehung erscheint jedoch plötzlich unausgeglichen, wenn die Fairneß des Austauschs in DM-Einheiten berechnet wird: $\dfrac{0.1 - 0.05}{0.05}$ $\neq (-0.048 + 0.05) \cdot 0.05$.

HARRIS stellt 13 mathematische Kriterien zur Diskussion, denen eine erschöpfende formale Darstellung des Equity-Prinzips genügen müßte. Da empirische Untersuchungen von Vorhersagen der Equity-Theorie hauptsächlich den intuitiven Kern dieses Ansatzes betreffen, wird auf eine weitere Darstellung formaler Implikationen des Equity-Prinzips verzichtet. Es soll als wesentlicher Gesichtspunkt der Arbeit von HARRIS jedoch hervorgehoben werden, wie problematisch es ist, intuitive Vorstellungen von Equity in eine Formelsprache zu übertragen, ohne sich über die mathematischen Implikationen solcher Relationen im klaren zu sein.

Nach WALSTER et al. (1973, 1976) kann eine equity-theoretische Auffassung sozialer Interaktion mit vier Postulaten umschrieben werden. Bei der Formulierung von drei dieser vier Leitgedanken greifen WALSTER et al. dabei auf grundlegende Aussagen von HOMANS (1961) und ADAMS (1963, 1965) zurück. In einem vierten Postulat gehen sie über die ursprüngliche Konzeption der Equity-Theorie hinaus:

P 1:   Individuen versuchen ihren Gewinn zu maximieren.

P 2: a) Gruppen können ihren gemeinsamen Gewinn maximieren, indem sie ein allgemein akzeptiertes System für die equitable Zuteilung von Belohnungen und Kosten entwickeln. Die Mitglieder werden daher ein Equitysystem entwickeln und andere Mitglieder dazu bewegen, dieses System zu akzeptieren und sich danach zu richten.

    b) Gruppen werden im allgemeinen diejenigen Gruppenmitglieder belohnen, die andere equitabel behandeln und im allgemeinen diejenigen bestrafen (d. h. ihre Kosten erhöhen), die andere Mitglieder inequitabel behandeln.

P 3:   Wenn Individuen in inequitablen Beziehungen zu anderen stehen, fühlen sie sich unbehaglich («distressed»), und zwar um so mehr, je unausgewogener die Beziehung ist.

P 4:   Individuen, die feststellen, daß ihre Beziehungen zu einer anderen Person inequitabel ist, versuchen ihr Unbehagen durch Wiederherstellung der Equity zu beseitigen, und zwar um so nachdrücklicher, je weniger equitabel die Beziehung ist.

Die Postulate 1, 3 und 4 definieren Grundbestrebungen von Personen, die bereits HOMANS (1961) und ADAMS (1963, 1965) angenommen haben. Nutzenmaximierungstendenzen steuern, wie ADAMS ausführt, Entscheidungen für die Wahl bestimmter Techniken, einen gerechten Austausch wiederherzustellen. Darüber hinaus hat eine Austauschbeziehung selbst, wie HOMANS darlegt, belohnenden Charakter und wird in diesem Sinn als wertvoller erachtet als beispielsweise Einzelinitiativen. Auch die Annahme emotionaler Reaktionen von Personen, wenn diese einen Verstoß gegen die Gerechtigkeitsnorm wahrnehmen, findet sich sowohl bei HOMANS als auch bei ADAMS. Das gleiche gilt für den von WALSTER et al. behaupteten Zusammenhang zwischen dem wahrgenommenen Ausmaß von Ungerechtigkeit und der Motivation zur Wiederherstellung eines fairen Austauschs. Dagegen finden sich im zweiten Postulat von WALSTER et al. Feststellungen, die über den Ansatz von HOMANS und ADAMS hinausgehen. Die Grundannahmen 2a und 2b können hierbei als Spezifizierungen des Nutzenmaximierungspostulats aufgefaßt werden. WALSTER et al. begründen Postulat 2a damit, daß die Interaktionspartner leiden würden, wenn alle uneingeschränkt ihren eigenen Vorteil suchen. Denn in diesem Fall würde ein ständiger Krieg zwischen den Individuen herrschen. Niemand würde seines Besitzes sicher sein. Um – wie Satz 2a besagt – andere Mitglieder dazu zu bewegen, das Equity-System zu akzeptieren, muß die Gruppe gerechtes Verhalten lohnenswerter machen. Sie tut dies, wie in Postulat 2b ausgedrückt, indem sie faires Verhalten belohnt und unfaires bestraft. Sich gerecht zu verhalten, liegt somit im Interesse der individuellen Gewinnmaximierung (Postulat 1).

3. Empirische Untersuchungen

3.1. Equity und leistungsbezogener Austausch

3.1.1. Reaktionen auf die Verletzung des Gerechtigkeitsprinzips

Das tragende Konzept der Equity-Theorie ist die Vorstellung eines gerechten Austauschs in sozialen Interaktionen und Beziehungen. Soll diese theoretische Vorstellung empirischen Gehalt haben, müssen Situationen operationalisierbar sein, in denen Hypothesen über gerechtigkeitsbezogene Verhaltensweisen überprüft werden können.

Ein bedeutender Teil klassischer Untersuchungen zur Equity-Theorie wurde im Kontext industrieller Beziehungen durchgeführt. Die meisten empirischen Arbeiten aus diesem Bereich versuchen eine Erklärung von Verhaltensweisen, die durch Unter- bzw. Überbezahlung induziert werden. Für das Kriterium einer Unter- bzw. Überbezahlung sind nach PRITCHARD (1969) jeweils fünf Ergebnis-/Einsatz-Varianten charakteristisch. Danach sollte eine Person *A* Inequity empfinden, wenn sie sich mit einer Person B in der aus Tabelle 1 ersichtlichen Weise vergleicht (N steht dabei für «niedrig», H für «hoch»).

Tabelle 1: Ergebnis-/Einsatz-Varianten bei Unter-, bzw. Überbezahlung einer Person A

| Variante | Unterbezahlung | | | | Überbezahlung | | | |
| | *A* | | B | | *A* | | B | |
	Ergeb-nis	Ein-satz	Ergeb-nis	Ein-satz	Ergeb-nis	Ein-satz	Ergeb-nis	Ein-satz
1.	N	H	N	N	H	N	N	N
2.	N	N	H	N	N	N	N	H
3.	N	H	H	N	H	N	N	H
4.	H	H	H	N	H	N	H	H
5.	N	H	H	H	H	H	N	H

Untersuchungsergebnisse zu Effekten von *Unterbezahlung* stützen die Equity-Theorie. HOMANS (1953) veröffentlichte die Ergebnisse einer Feldstudie an zwei Gruppen von Büromitarbeitern eines Fertigungsbetriebes, die sich im Hinblick auf die Einschätzung ihres Status innerhalb der Büroorganisation unterschieden. Buchhalter schätzten ihren Status im Vergleich zu Beschäftigten der Rechnungsanlage-Abteilung höher ein, denn sie hatten längere Ausbildungszeiten und eine verantwortungsvollere Tätigkeit. Beide Gruppen wurden durch die Firmenleitung jedoch gleich bezahlt. Obwohl die absolute Höhe des Gehalts keinen Anlaß zur Unzufriedenheit geben konnte – die Firma zahlte nach ortsüblichen Verhältnissen gut –, waren die Buchhalter mit ihrer Arbeitssituation unzufrieden. HOMANS fand, daß der Grund dafür im Ungleichgewicht zwischen Gehalt einerseits, sowie Ausbildung und Verantwortung andererseits lag: Die Buchhalter fühlten sich im Sinne der Relation H,H vs. H,N (Variante 4) benachteiligt und sahen ihre verantwortungsvollere Tätigkeit im Vergleich zu den Rechnungsablegern nicht entsprechend honoriert. Unzufriedenheitsreaktionen bei Unterbezahlung stellte auch PATCHEN (1961) fest. Er forderte gelernte und ungelernte Arbeiter einer Ölraffinerie auf, zwei Personen innerhalb und außerhalb des Betriebs zu benennen, deren Einkommen sich von dem der Befragten unterschied. Anhand zusätzlicher Informationen über diese Vergleichspersonen und die Verdienstsituation der Befragten stellte PATCHEN fest, daß eine Person um so unzufriedener ist, je mehr die Vergleichsperson trotz übereinstimmender Berufsanforderungen verdient. Dies kennzeichnete eine Situation, in der gleichen Einsätzen unterschiedliche Ergebnisse gegenüberstanden (Varianten 2 und 5).

Um zu eruieren, nach welchen Gesichtspunkten Personen die Angemessenheit eines Gehalts beurteilen, führten FINN & LEE (1972) eine Befragung in einer Abteilung des Federal Public Health Service der USA durch. Aufgrund von Angaben über eine faire Bezahlung trennten die Autoren eine Stichprobe von 170 wissenschaftlichen Angestellten in solche, die ihr Gehalt als gerecht einstuften, und solche, die sich unterbezahlt fühlten. Es zeigte sich, daß abweichende Bewertungen folgender Einsätze zu unausgeglichenen Ergebnis-/Einsatz-Relationen führen können: Einschätzungen der beruflichen Aktivität; Einschätzungen des beruflichen Ansehens; Einschätzungen der Zeit, in der man glaubt, ersetzt werden zu können; Einschätzungen der Leistung. Personen, die sich unterbezahlt fühlten, stuften sich auf diesen Variablen signifikant höher ein, als Personen, die ihr Gehalt als angemessen erachteten. Beurteilungsunterschiede resultierten auch bei arbeitsbezogenen Einstellungen. Personen mit dem Eindruck einer Unterbezahlung gaben bei folgenden Variablen niedrige Bewertungen ab: Persönliches Vorwärtskommen; Möglichkeit zur Nutzung beruflicher Fähigkeiten; Möglichkeit, berufliche Anforderungen zu erfüllen; Sinn und Zweck von Weiterbildung; Moral der Arbeitsgruppe und Arbeitszufriedenheit; Fortschritt bei der Beschäftigung in der Abteilung; Fairneß des Verhältnisses von Leistung und Vergütung.

Unterbezahlungseffekte wurden auch experimentell untersucht. LAWLER & O'GARA (1967) stellten einer für Interviewarbeiten angemessen bezahlten Studentengruppe eine vergleichbare Gruppe gegenüber, die sie im Vergleich zu einem ortsüblichen Entlohnungssatz unterbezahlten (25 c. vs. 10 c. pro Interview). Als abhängige Variable maßen die Autoren Quantität und Qualität der Interviews. Die Autoren fanden ihre Erwartungen bestätigt: Zwar machten unterbezahlte Studenten signifikant mehr Interviews als angemessen bezahlte. Die Qualität dieser Interviews (= Anzahl von aufgenommenen Worten) fiel jedoch signifikant geringer aus als bei der gerecht entlohnten Gruppe. LAWLER & O'GARA folgerten, daß die unterbezahlten Versuchsteilnehmer durch mehr Interviews ihre Einnahmen heraufsetzten, ohne gleichzeitig die dazu nötigen Einsätze (vornehmlich Zeitaufwand) zu erhöhen. Daß Personen aktive Ergebnis- und/oder Einsatzmodifikationen vornehmen, wenn sie in für sie nachteiligen Austauschsituationen über entsprechende Ressourcen verfügen, zeigten auch experimentelle Laboruntersuchungen von CROTT et al. (1976a, 1977a). In einer simulierten Käufer-Verkäufer-Verhandlung wurden Studenten u. a. mit einem (programmierten) Verhandlungspartner konfrontiert, der trotz wahrnehmbar gleicher Einsätze (Status, Vorleistungen, Vorerfahrungen u. ä.) auf einer vorteiligen Verhandlungslösung bestand. Auf dieses Partnerverhalten reagierten die Verhandelnden mit dem Einsatz von kostenverursachenden Bestrafungsaktionen und reduzierten dadurch die Auszahlungen des Gegenübers.

Während sich somit im Falle von Unterbezahlung empirisch nachweisen ließ, daß unausgeglichene Ergebnis-/Einsatzrelationen von Gefühlen der Unzufriedenheit und von Verhaltensweisen begleitet werden, welche auf die Herstellung eines gerechten Austauschs abzielen, erwiesen sich Verhaltenseffekte bei *Überbezahlung* als weniger überzeugend im Sinne der Equity-Theorie interpretierbar. Wie PRITCHARD (1969) in einer kritischen Analyse von Untersuchungen bemerkt, die Verhaltensaspekte von Überbezahlung zum Inhalt hatten, können die erhobenen Daten aufgrund einer speziellen Versuchsanordnung durch Auswirkungen verletzter Selbstwertgefühle («self-esteem») konfundiert gewesen sein. In den Experimenten von ADAMS & ROSENBAUM (1962), ADAMS (1963b), ADAMS & JACOBSON (1964) FRIEDMAN & GOODMAN (1967) oder LAWLER et al. (1968) wurde Überbezahlung wie folgt induziert: Interessenten, die einer Interviewer-Anwerbeaktion folgten, erfuhren bei ihrem ersten Kontakt mit dem Versuchsleiter, daß sie wenig fähig und brauchbar für die ausgeschriebene Beschäftigung sind (Etablierung von H, N der Variante 4). Unter dem Vorwand unglücklicher Umstände, stellte der Versuchsleiter diese Personen dennoch ein. Der Versuchsleiter machte deutlich, daß die angekündigte Bezahlung zwar geleistet wird, im Hinblick auf die eigentlich gesuchten fähigen Kräfte jedoch als überhöht zu betrachten ist. PRITCHARD (1969) argumentiert nun, daß die gefundenen Trends zu größerem Einsatz, bzw. besserer Qualität der Interviews auch dadurch zustandekommen konnten, daß die Versuchsteilnehmer versuchten, ihr angeschlagenes Selbstvertrauen wieder herzustellen. Erhöhte Leistungen mochten somit nicht *primär* erbracht worden sein, um ein ausgeglichenes Ergebnis-/Einsatz-Verhältnis zu den vom Versuchsleiter ursprünglich erwarteten kompetenten Mitarbeitern herzustellen.

Ein Experiment mit einem anderen Paradigma, das diese Konfundierungsproblematik ausschaltete, führte ANDREWS (1967) durch. Darin mußten aufgrund der gewählten Operationalisierung nicht die Einsätze erhöht werden, um Equity wiederherzustellen. Die Versuchsteilnehmer konnten vielmehr mit der Rechtfertigung einer langweiligen Aufgabe die Ergebnisse senken. ANDREWS fand bei dieser Anordnung keine signifikanten Unterschiede bei Quantitäts- und Qualitätsmaßen von Interviewertätigkeiten zwischen angemessen- und überbezahlten Personen. In die Richtung dieses Befundes geht auch ein Ergebnis der bereits zitierten Untersuchung von CROTT et al. (1976a): Kam den Versuchsteilnehmern ein (programmierter) Verhandlungspartner über den Gleichaufteilungspunkt entgegen, und gestand ihnen somit ungerechtfertigterweise bessere Gewinnergebnisse zu, dann machten die bevorteilten Personen keine Anstalten, durch Bonusvergabe einen Gewinnausgleich herzustellen. Die geschilderten Untersuchungsergebnisse zu Effekten von Überbezahlung unterstützen eine bereits von ADAMS (1965) formulierte Vermutung, wonach die Wahrnehmungsschwelle für Ungerechtigkeit bei Unterbezahlung niedriger ist als bei Überbezahlung. Eine Erklärung dieses Phänomens findet sich in der Annahme selbstsüchtiger Tendenzen von Personen und deren Versuch, in sozialen Austauschbeziehungen ihren Nutzen zu maximieren.

Daß Personen die Fairneß eines Austauschs auch unter dem Gesichtspunkt vorangegangener Erfahrungen mit dem eigenen Austausch- oder Marktwert vornehmen können, haben WEICK & NESSET (1968) behauptet. In einer Fragebogenstudie versuchten die Autoren, diese Behauptung empirisch zu überprüfen. Sie entwarfen dazu eine Reihe von Arbeitsplatzschilderungen, die verschiedene Varianten von Unter- und Überbezahlung enthielten. In den Situationsschilderungen wurde jeweils eine von drei Ungerechtigkeitsformen akzentuiert, die sich bei Gültigkeit der Vermutung von WEICK & NESSET unterscheiden lassen: Selbsterfahrungsbezogene Ungerechtigkeit, vergleichspersonenbezogene Ungerechtigkeit, selbsterfahrungs- plus vergleichspersonenbezogene Ungerechtigkeit. Der Fragebogen enthielt insgesamt zwanzig paarweise Gegenüberstellungen von unterschiedlich akzentuierten Situationen und die Versuchsteilnehmer mußten entscheiden, welche der zu vergleichenden Austauschbeziehungen für sie jeweils als unangenehmer erschien. Es zeigte sich, daß im allgemeinen sowohl Situationen mit vergleichspersonenbezogener Ungerechtigkeit als auch Situationen mit selbsterfahrungs- plus vergleichspersonenbezogener Ungerechtigkeit als unangenehmer eingestuft wurden, als Situationen mit ausschließlich selbsterfahrungsbezogener Ungerechtigkeit. WEICK & NESSET war es damit nicht gelungen, ihre Vermutung über die vorherrschenden Wirkungen interner Bewertungsmaßstäbe bei der Gerechtigkeitsbeurteilung von Austauschbeziehungen empirisch zu stützen. Erst LANE & MESSÉ (1972) konnten unter besser kontrollierten experimentellen Bedingungen aufzeigen, daß interne Bewertungsmaßstäbe verhaltensrelevant sind. Für ihre Untersuchung eruierten diese Autoren zunächst, welche Bezahlung Studenten pro Stunde für die Teilnahme an einem psychologischen Experiment als angemessen erachten. Den Wert von etwa $ 2.–, der im Mittel angegeben wurde, definierten die Autoren als internen Standard und orientierten daran Belohnungsvariationen in einer Gewinnaufteilungssituation. Die Versuchsteilnehmer hatten die Aufgabe, einen feststehenden Gewinnbetrag für eine gemeinsam erbrachte Leistung zwischen sich und einer (in Wirklichkeit fiktiven) Person aufzuteilen. Diese Leistung bestand darin, einen Fragebogen zu bearbeiten. Als Entlohnung wurden relativ zum ermittelten Standardwert entweder geringere oder angemessene Geldbeträge in Aussicht gestellt. LANE & MESSÉ fanden, daß die angemessen bezahlten Versuchsteilnehmer überwiegend Gewinnaufteilungen wählten, die der Relation des Leistungs-Einsatzes entsprachen (in diesem Fall die Gleichaufteilung der Gewinne). Die Unterbezahlten nahmen sich einen signifikant größeren Gewinnanteil und brachten dadurch, wie LANE & MESSÉ erwartet hatten, ihre Auszahlungen ungeachtet einer vorstellbaren Vergleichsperson mit ihren (internen) Bezahlungsvorstellungen in Einklang.

3.1.2. Die Herstellung von Gerechtigkeit durch eigenverantwortliche Gewinnaufteilungsentscheidung

Während in den meisten Entlohnungssituationen ein gerechter bzw. ungerechter Austausch bereits als «fait accompli» vorliegt (LANE & MESSÉ 1971), wird dieser in einer sogenannten Gewinnaufteilungssituation durch das Verhalten von Personen selbst hervorgerufen. Gerechtigkeitserwägungen spiegeln sich dabei direkt in realisierten Gewinnaufteilungen wider.

Das Paradigma, welches in einem Großteil der meist als Laborexperiment durchgeführten Untersuchungen verwendet wurde, läßt sich folgendermaßen charakterisieren: Personen werden symbolisch oder aktuell mit einer Leistungssituation konfrontiert, in der die Leistungsanteile der Beteiligten im Hinblick auf eine konkretere Aufgabe eindeutig bestimmbar sind, und die Möglichkeit besteht, eine geeignete Aufteilung der Belohnung vorzunehmen.

CROTT & MÖNTMANN (1973) führten ein Experiment durch, in dem sie Studenten um eine Aufteilung eines Geldgewinnes verhandeln ließen. Die Versuchsteilnehmer unterschieden sich nicht in aufgabenrelevanten vorexperimentellen Leistungen oder Prädispositionen, so daß sie mit vergleichbaren Investitionen in die Verhandlung eintraten. CROTT & MÖNTMANN nahmen an, daß unter diesen Umständen die Gleichaufteilung der Gewinne eine prominente Aufteilungsnorm darstellt. Um Verhaltensauswirkungen dieser Norm nachzuweisen, gaben die Autoren Situationen vor, in denen die Verhandlungspartner unterschiedlich hohe Gewinnmöglichkeiten besaßen. In den Untersuchungsbefunden zeigte sich erwartungsgemäß, daß die Verhandlungslösungen der Versuchsteilnehmer eng um die Gleichaufteilung der Gewinne streuten. Daraus konnte geschlossen werden, daß eine vorgegebene unsymmetrische Gewinnchancenverteilung kein relevantes Entscheidungskriterium für das Aufteilungsverhalten von Verhandelnden darstellt, wenn dies nicht durch Investitionsunterschiede gerechtfertigt erscheint. Daß – auf der anderen Seite – unterschiedliche Vorleistungen in Verhandlungssituationen zu Gewinnvereinbarungen führen, die von einer Gleichaufteilung abweichen, konnte MESSÉ (1971) demonstrieren. Er variierte die Leistungseinsätze studentischer Versuchsteilnehmer, die vor der Verhandlung um die Gewinnaufteilung unterschiedlich lang mit dem Schreiben von Aufsätzen beschäftigt wurden. Wie erwartet, resultieren vorwiegend Gewinnvereinbarungen, die den Zeit-Investitionen der Teilnehmer entsprachen. Einige

230

von den Voraussagen der Equity-Theorie abweichende Aufteilungen erklärte MESSÉ mit der Wirkung eines internen Standards über die angemessene Studentenentlohnung bei der Teilnahme an Experimenten (vgl. 2.2.). In einer Gruppe von 80 Minuten lang beschäftigten Versuchsteilnehmern wurde der nach Equity-Prinzip vorhergesagte Aufteilungsgewinn von $ 5.– offenbar als Überbezahlung empfunden und überzufällig häufig eine Aufteilung von $ 3.– vereinbart.

In den im folgenden darzustellenden Untersuchungen wurden Voraussagen der Equity-Theorie meist im Zusammenhang mit Zusatzannahmen über Wahrnehmungs- und kognitive Verarbeitungsprozesse überprüft. LEVENTHAL & MICHAELS (1969) erwarteten, daß bei der Beurteilung des Leistungsanteils von Personen in einer Gewinnaufteilungssituation nicht nur die Wahrnehmung der Leistungsquantität, sondern auch der Eindruck von hinter der jeweiligen Leistung zu vermutenden Fertigkeiten und/oder Fähigkeiten eine Rolle spielt. Die Autoren gaben ihr Experiment interessierten Versuchsteilnehmern gegenüber als Experiment zur Feldwahrnehmungsfähigkeit aus und ließen darin ein Puzzle aus 98 Teilen zusammensetzen. Nachdem die Vpn diese Aufgabe beendet hatten, erhielten sie eine programmierte Rückmeldung über ihren Leistungs- und Zeitanteil bei der Aufgabenbewältigung im Vergleich zu einer zweiten Testperson (Strohmann). Dieses waren prozentuale Leistungs-/Zeit-Verhältnisse von 35/35, 35/65, 65/65 oder 65/35. Danach wurden die Versuchsteilnehmer aufgefordert, eine angemessene Aufteilung eines bestimmten Gesamtgewinns vorzunehmen. Erwartungsgemäß zeigte sich, daß bei gleicher Aufgabenzeit dem Leistungsstärkeren ein größerer Gewinn zugeteilt wurde. Bei proportionalen Leistungs-/Zeit-Einsätzen resultieren, wie ebenfalls vorhergesagt, gleichmäßige Gewinnaufteilungen. Darüberhinaus stellten LEVENTHAL & MICHAELS jedoch fest, daß die Versuchsteilnehmer einen größeren Gewinn für sich beanspruchten, wenn sie bei gleicher Leistung weniger Zeit benötigten. In diese Entscheidung ging offenbar die (größere) Fähigkeit mit stärkerem Gewicht ein als der reine Zeitaufwand.

Fragen, die sich auf unterschiedliche (kognitive) Leistungsbewertungen für eine Einsatz-Gewichtung von Personen beziehen, haben MIKULA (1972), MIKULA & URAY (1973) oder URAY (1976) untersucht. Die Autoren konnten u. a. experimentell feststellen, daß männliche Personen trotz besserer Leistungen gleichmäßige Gewinnaufteilungen präferieren, wenn der ihnen zugeordnete leistungsschwächere Partner eine Frau war (MIKULA 1972), daß leistungsstärkere Personen zunehmend häufiger gleichaufteilen, je weiter ihre Leistung von einem (vorgegebenen) Leistungsoptimum entfernt liegt (MIKULA & URAY 1973), oder daß Personen trotz Leistungsüberlegenheit zu Gleichaufteilungen neigen, wenn sie ihre Überlegenheit auf externe, von ihnen selbst nicht zu verantwortende Ursachen zurückführen können (URAY 1976). Objektive Leistungsunterschiede beeinflussen das Gewinnaufteilungsverhalten auch dann weniger, wenn künftige Interaktionen mit dem in Experimenten meist anonymen Arbeitspartner antizipiert werden (SHAPIRO 1975, GRUMBKOW et al. 1976).

Daß das Prinzip einer leistungsproportionalen Gewinnaufteilung vorwiegend dann im Verhalten von Personen dominiert, wenn sich diese in sachbetonten und weitgehend unpersönlichen Interaktionen befinden, wiesen auch REIS & GRUZEN (1976) nach. Je nachdem, gegenüber welcher Instanz Versuchsteilnehmer ihre Gewinnaufteilungsentscheidung vertreten müssen (dem Versuchsleiter, den leistungsbeteiligten Personen oder sich selbst gegenüber), wurden unterschiedliche Aufteilungen präferiert. Leistungsproportionale Gewinnaufteilungen erschienen nur attraktiv, wenn eine entsprechende Entscheidung dem Versuchsleiter gegenüber begründet werden sollte. Antizipierten die Versuchsteilnehmer hingegen eine Rechtfertigung vor der gesamten Leistungsgruppe, so teilten sie eher gleich auf.

3.2. Equity in Ausbeutungs-, Hilfe- und Freundschaftsbeziehungen

Wie ein Teil der experimentellen Untersuchungen zum Gewinnaufteilungsverhalten gezeigt hat, können zwischen vorgegebenen Leistungs-Einsätzen und resultierenden Aufteilungen je nach experimentellen Randbedingungen Diskrepanzen bestehen. Das Problem einer subjektiven, durch materielle und/oder immaterielle Erwägungen differenzierend beeinflußten Gewichtung von Ergebnis- und Einsatz-Komponenten hat bereits ADAMS (1965) betont. So einleuchtend dieses Problem inhaltlich begründet werden kann, so schwierig ist eine reliable und valide Erfassung und Messung von Gerechtigkeitsurteilen, bzw. subjektiven Bewertungen von Ergebnis- und Einsatz-Komponenten. Einen Weg zur empirischen Lösung des Bewertungsproblems bei Gerechtigkeitsurteilen, hat ANDERSON (1976) in einem Ansatz skizziert, in dem ein Zwei-Phasen-Prozeß von Equity-Beurteilungen angenommen wird: Zunächst ein separater Ergebnis- und Einsatz-Vergleich zwischen Personen; anschließend ein Vergleich der Ergebnis-/Einsatz-Verhältnisse. ANDERSON geht davon aus, daß Gerechtigkeitserwägungen einer einfachen kognitiven Algebra folgen und somit auch durch geeignete Beurteilungsskalen erfaßbar sind. Stellt sich beispielsweise heraus, daß leistungsstärkere Personen in der ersten Beurteilungsphase etwa aufgrund von Höflichkeitserwägungen (MIKULA 1975) ihren Leistungsvorsprung abwerten, dann beeinflußt dies zwangsläufig auch den sich anschließenden Ergebnis-/Einsatz-Vergleich. Der Ansatz von ANDERSON könnte sich vor allem auch im Hinblick auf solche Sozialbeziehungen als fruchtbar erweisen, in denen Gerechtigkeitserwägungen stärker durch psychologische Mechanismen kodeterminiert werden als in Entlohnungs- und Gewinnaufteilungssituationen. Situationen dieser Art sind Ausbeutungs-, Hilfe- oder Freundschaftsbeziehungen. Vorliegende experimentelle Ergebnisse zu Verhaltensweisen in entsprechenden Interaktionen ließen sich aufgrund der erwähnten Meßproblematik häufig erst im Nachhinein equity-theoretisch erklären.

3.2.1. Ausbeutung

Ausbeutungsbeziehungen sind nach WALSTER et al. (1973, 1976) gekennzeichnet durch mindestens eine Person, die als Peiniger («harmdoer»), und mindestens eine Person, die als Opfer («victim») bezeichnet werden kann. Sowohl Ausbeuter als auch Ausgebeuteter empfinden das Ungerechte ihrer Beziehung und versuchen, einen ausgewogenen Austausch zu etablieren. Dies können sie auf verschiedene Weise tun. Peiniger sind in der Lage, die Beziehung durch Kompensation oder Selbstdeprivation an aktuellen Ergebnis- und/oder Einsatz-Komponenten ins Gleichgewicht zu bringen. Die Bereitschaft des Peinigers zu akzeptieren, daß das Opfer seine Leistungs-Einsätze vermindert, oder die Bereitschaft, freiwillig eigene Ergebnisse zu senken, sind, wie auch die Untersuchungen zu Effekten von Überbezahlung gezeigt haben, eher die Ausnahme als die Regel. Wahrscheinlicher setzen Peiniger andere Techniken ein. Sie vermitteln sich selbst gegenüber den Eindruck eines gerechten Austauschs durch psychologische Mechanismen wie z. B. durch Herabwürdigung der materiellen und immateriellen Einsätze des Opfers, durch Herunterspielen der Leiden des Opfers oder durch Leugnung der Verantwortlichkeit für den eigenen Vorteil.

Experimente zur Technik der Herabwürdigung des Opfers als Person mit negativen Eigenschaften haben LERNER & SIMMONS (1966), LERNER & MATTHEWS (1967) oder LERNER (1971) durchgeführt. Dabei stellte sich heraus, daß Personen auch dann zum Einsatz dieser Methode neigen, wenn sie selbst nicht in der Rolle des Ausbeuters sind, sondern eine Ausbeutungsbeziehung als dritte beobachten und beurteilen. Folge-Untersuchungen zeigten jedoch, daß dieses Verhalten nicht auftritt, wenn der Ausbeuter von seinen Ressourcen nur wenig Gebrauch macht (MILLS & EGGER 1972), wenn Personen ein ähnliches Schicksal wie das des Ausgebeuteten antizipieren (SORRENTIO & BOUTIKER 1974), oder wenn Beurteilungen auf Wahrnehmungen beruhen, in denen die *Rolle* einer Person als Opfer nicht akzentuiert erscheint (CIALDINI 1976). Experimente zu den anderen beiden psychologischen Mechanismen, mit denen Ausbeuter ihren Schuldgefühlen begegnen, zum Herunterspielen der Leiden des Opfers oder zur Leugnung der Verantwortlichkeit, stehen aufgrund von Operationalisierungsschwierigkeiten noch aus.

Der Ausgebeutete kann nach WALSTER et al. (1973, 1976) einen gerechten Austausch durch Forderung nach Kompensation oder Rache wiederherstellen. Ein psychologischer Mechanismus für den Ausgebeuteten, mit seinem Nachteil fertig zu werden, besteht darin, die wahrgenommene Ungerechtigkeit vor sich selbst zu rechtfertigen.

Untersuchungen von CROTT et al. (1976a, 1977b) zufolge sind Personen, die eine Ausbeutung antizipieren, auch dann zur Kompensation und/oder Rache bereit, wenn für sie dadurch erhebliche Gewinnverluste entstehen. Voraussetzung dafür ist offenbar jedoch die Möglichkeit, sich gegen Ausbeutungsversuche zur Wehr setzen zu können. Bei gleicher Verfügungsmacht über geeignete Kompensations- oder Racheressourcen neigen Personen einem Experiment von CROTT & MÜLLER (1978) zufolge dazu, die Ausbeutungsversuche eines notorisch unkooperativen Interaktionspartners zunehmend mit Racheaktionen zu belegen. Bei stark diskrepantem Machtpotential bleibt Personen in der Rolle des Ausgebeuteten jedoch häufig nichts anderes übrig, als die Realität bewußt verzerrt wahrzunehmen und ihre Unterlegenheit zu rechtfertigen. Nach LERNER & MATTHEWS (1967) fällt ihnen dies immer noch leichter als anzunehmen, daß die Welt ungerecht ist und sie zu schwach sind, einen fairen Austausch durchzusetzen.

3.2.2. Hilfe und Freundschaft

Altruistisches Verhalten folgt nach WALSTER et al. (1973, 1976) insofern equity-theoretischen Prinzipien, als durch die Hilfeaktion einer Person eine unausgeglichene Beziehung zur Zielperson dieser Aktion entsteht. WALSTER et al. nennen als zwei Determinanten von Hilfeverhalten wahrgenommene Intentionalität einer Hilfeleistung und Möglichkeit, eine erhaltene Hilfeleistung zu erwidern. In einem Experiment von GREENBERG & FRISCH (1972) konnte die Bedeutung wahrgenommener Intentionalität einer Hilfeaktion demonstriert werden. Personen, denen ein Strohmann für eine allein nicht zu lösende Aufgabe mit erkennbar voller Absicht half, waren stärker bestrebt, sich entsprechend zu revanchieren, als Personen, die Hilfe durch eigene Initiative einholen mußten. Wahrgenommene Intentionalität einer Hilfeleistung erhöht das subjektive Empfinden in der Schuld des anderen zu stehen und einen Ausgleich herbeizuführen. Befunde von GREENBERG & SHAPIRO (1971) verdeutlichen den Reziprozitätsaspekt einer Hilfeaktion. Personen warten länger mit Hilfeappellen an einen Partner, wenn sie keine Möglichkeit sehen, sich während der Interaktion geeignet zu revanchieren.

Daß auch Freundschaftsbeziehungen nach equity-theoretischen Gesichtspunkten zustandekommen, leiten WALSTER et al. (1973, 1976) aus der von HOMANS (1961) und BLAU (1968) formulierten «matching»-Hypothese ab. Diese besagt, daß interpersonale Beziehungen um so wahrscheinlicher entstehen und andauern, je ausgeglichener beziehungs-relevante Austauschprozesse wahrgenommen werden. HOMANS spezifiziert darüber hinaus, daß Personen sich solche Freunde suchen, deren Status mit ihrem vergleichbar ist. Die empirische Gültigkeit der «matching»-Hypothese überprüften u. a. KIESLER & BARAL (1970) und BERSCHEID et al. (1971). Diese Autoren arbeiteten mit den Variablen «physische Attraktivität» und «Selbsteinschätzung». Nach der «matching»-Hypothese sollten männliche Personen mit gesteigertem Selbstwertgefühl ein stärkeres Interesse an der Freundschaft mit einem attraktiven weiblichen Kontaktpartner haben, als Personen mit herabgesetztem Selbstwertgefühl. KIESLER & BARAL (1970) warben männliche Studenten für eine Intelligenzstudie an und gaben ihnen unterschiedliche Rückmeldungen über die erreichten Leistungen in einem «bei Studenten erprobt zuverlässig und gültig messenden» Test. In der Untersuchungspause nach der Leistungsrückmeldung arrangierte der Versuchsleiter den Kontakt mit einer eingeweihten Studentin unterschiedlich attraktiver Aufmachung (Kantinenbesuch). Die Vpn konnten mit dieser Studentin jeweils 30 Minuten lang direkt kommunizieren, da der Versuchsleiter unter einem Vorwand die Kantine verließ. Es zeigte sich erwartungsgemäß, daß Versuchsteilnehmer mit schlechten Intelligenzleistungen (herabgesetztes Selbstwertgefühl) der weniger attraktiven Studentin deutlichere Freundschaftsinteressen signalisierten als der attraktiven Studentin und auch die entsprechende Bekanntschaft nachdrücklicher fortsetzen wollten (postexperimentelle Befragung) als Versuchsteilnehmer, denen gute Intelligenzleistungen mitgeteilt wurden. Die in ihrem Selbstwertgefühl positiv beeinflußten Studenten demonstrierten umgekehrt stärkere Hinwendungstendenzen zur attraktiven Kontaktpartnerin. Das Ergebnis dieser Untersuchung konnten BERSCHEID et al. (1971) im Kontext eines «Tanzparty»-Experimentes replizieren.

4. Bewertung der Equity-Theorie

WALSTER et al. (1973, 1976) verbinden mit der Equity-Theorie den Anspruch eines Allgemeinheitsgrades, der ihrer Meinung nach über den anderer Ansätze zur Erklärung und Vorhersage des Interaktionsverhaltens von Personen hinausgeht.

Hinsichtlich des Einflusses sozialer Normen knüpfen die Equity-Theoretiker an eine Interaktionsperspektive von THIBAUT & KELLEY (1959) an. In dieser theoretischen Perspektive wird spezifiziert, unter welchen Bedingungen eine Interaktion zwischen Personen stattfindet, andauert oder endet, und welchen Stellenwert Normen im Interaktionsprozeß haben. THIBAUT & KELLEY behandeln jedoch nicht so ausführlich wie die

235

Equity-Theorie, welche Voraussetzungen und Konsequenzen mit norm-diskrepantem Verhalten in Gruppen und Austauschbeziehungen verbunden sind. Hinsichtlich intrapsychischer Komponenten des Interaktionsverhaltens von Personen bezieht sich die Equity-Theorie auf die Dissonanztheorie (FESTINGER 1957). Wahrgenommenes Ungleichgewicht von Einsätzen und Ergebnissen verursacht Dissonanz und führt zu dissonanzreduzierenden, auf Wiederherstellung von Equity gerichteten Aktivitäten.

Wesentliche Aspekte sozialer Komponenten des Interaktionsverhaltens von Personen werden jedoch auch in der von WALSTER et al. (1973, 1976) erweiterten Version der Equity-Theorie ausgeklammert. So sind etwa zwischenmenschliche Beziehungen, die durch Wettbewerb, Konkurrenz oder Rivalität bestimmt werden, in keinem der theoretischen Leitgedanken erfaßt. Zwar läßt sich erklären, warum Gruppenmitglieder darin übereinstimmen können, nach welchen Regeln u. U. ein Wettbewerb ausgetragen werden soll. Es sind jedoch keine Voraussagen darüber ableitbar, wann und weshalb Gruppenmitglieder einen Wettstreit um des Wettstreits wegen initiieren. Ergebnisse der Konfliktforschung verweisen jedoch darauf, daß neben dem Gewinnmaximierungsinteresse und dem Gerechtigkeitsgesichtspunkt Wettstreitorientierungen das Verhalten von Personen bestimmen. Die Wettstreitbereitschaft kann sich z. B. in dem Versuch ausdrücken, die Ergebnisdifferenz zum Interaktionspartner zu vergrößern, bzw. den Interaktionspartner in der Auseinandersetzung möglichst deutlich zu schlagen. Solche Verhaltenstendenzen müssen wie McCLINTOCK (1972) oder MacCRIMMON & MESSICK (1976) betonen, von Gewinnmaximierungsbestrebungen und gerechtigkeitsgesteuerten Verhaltensbereitschaften abgegrenzt werden. Wettstreitgesichtspunkte beeinflussen das Interaktionsgeschehen offenbar dann, wenn Personen ihre Ressourcen in etwa gleich stark einschätzen und ein aufgaben- und sachbezogener Einsatz dieser Ressourcen wegen des geringen Anreizwerts potentieller Interaktionsergebnisse uninteressant erscheint (CROTT 1972, CROTT et al. 1976b, 1977a, b).

Aber auch innerhalb des definierten Geltungsbereichs der Equity-Theorie sind einige zentrale Fragen ungeklärt. Diese betreffen die Allgemeingültigkeit der Equity-Norm, die Mechanismen, mit denen die Einhaltung eines gerechten Austauschs innerhalb und zwischen Gruppen überwacht werden, und schließlich die Instanzen, die bestimmen, welche Einsätze zu Belohnungen berechtigen, und mit welchem Gewicht diese Einsätze in die Bestimmung des Ergebnis-/Einsatz-Verhältnisses eingehen sollen.

Die Allgemeingültigkeit des Equity-Prinzips wurde u. a. von LERNER (1970, 1974), LEVENTHAL (1976) oder MIKULA & SCHWINGER (1976) in Frage gestellt. Nach Auffassung dieser Autoren kann Aufteilungsverhalten je nach Art der gegenseitigen Abhängigkeit zwischen den Sozialpartnern durch *unterschiedliche* Normen geleitet werden. Welche Aufteilungsnormen Personen bei variierender gegenseitiger Abhängigkeit präferieren, läßt sich an LERNERS Theorie der gerechten Welt beispielhaft verdeutlichen (vgl. auch LERNER et al. 1976). Danach sollte bei hoher Interdependez der Sozialpartner, wie z. B. bei Mitgliedern eines Teams, das mit einem anderen in Wettkampf steht, eine sogenannte «parity»-Norm im Interaktionsverhalten vorherrschen: Gewinne, Gratifikationen o. ä. werden prinzipiell gleich aufgeteilt. In Beziehungen, deren Kohäsion durch emotionale Bindungen mitbestimmt ist, wie z. B. bei Mitgliedern einer Familie, dominiert nach LERNER sogenannte «marxian justice»: Belohnungen, persönliche Hinwendung o. ä. werden nach den jeweiligen Bedürfnissen der Einzelnen zugeteilt. Das Prinzip, ein Gesetz unabhängig von Bedürfnissen oder Leistungen zu erfüllen ist in sogenannter «legal justice» realisiert: Dieses Normverständnis tritt bei Situationen in den Vordergrund, in denen Personen wegen eines bestimmten «Streitwertes» und deshalb meist unfreiwillig interagieren. Die «Equity-Norm» einer leistungs- bzw. allgemeiner investitionsproportionalen Gewinnaufteilung reserviert LERNER für Situationen, in denen eine Interaktion zwischen Personen sachlich betont ist, d. h. keine persönlichen und/oder emotionalen Beziehungen zwischen den Sozialpartnern bestehen. LERNER hält die Ansätze von HOMANS (1961) und ADAMS (1965) für Modelle, welche auf Marktsituationen abheben, denn in den meisten empirischen Belegen für die Equity-Theorie seien Leistungsansätze variiert, andere Einsätze jedoch weitgehend konstant gehalten worden.

Der zweite, klärungsbedürftige Problembereich der Equity-Theorie umfaßt das Verständnis sanktionierender Gruppenfunktionen, die WALSTER et al. (1973, 1976) in ihren Postulaten 2a und 2b einführen. Gruppen belohnen danach solche Mitglieder, die sich gegenüber anderen Mitgliedern fair verhalten und bestrafen solche, die andere Mitglieder ungerecht behandeln. Hier ist ungeklärt, was man sich unter der belohnenden und/oder bestrafenden Gruppeninstanz vorstellen soll. Handelt es sich um die interagierenden Personen selbst, um eine zu einem bestimmten Interaktionszeitpunkt unbeteiligte Restgruppe, um eine Schlichtungsgruppe innerhalb eines größeren Gruppenkontextes oder um ein spontanes Aktivwerden einer vorher nicht definierten Mehrheit von Einzelpersonen? Die von WALSTER et al. herangezogenen Beispiele und empirischen Belege beziehen sich vorwiegend auf dyadische Situationen. In solchen Situationen erfolgen Belohnung und Bestrafung zwangsläufig durch den unmittelbar Betroffenen, und nicht durch neutrale Gruppenmitglieder.

Aspekte des dritten wenig spezifizierten Problembereichs der Equity-Theorie beziehen sich auf Auswirkungen unterschiedlicher Machtverhältnisse innerhalb von Gruppen. WALSTER & WALSTER (1975) sind der Ansicht, daß Individuen oder Koalitionen von Individuen ein überlegenes Machtpotential zum eigenen Vorteil und zum Nachteil von schwächeren Gruppenmitgliedern nützen. Auch HOMANS (1976) meint, daß Personen eine Regel distributiver Gerechtigkeit auf der Grundlage von Erwägungen akzeptieren, die den Machtstrukturen innerhalb einer Gruppe Rechnung tragen. Die Vorstellung, daß Macht ein grundlegenderes Phänomen als Gerechtigkeit ist, daß mithin die Mächtigen bestimmen, was als gerecht zu gelten habe, muß jedoch mindestens in zweierlei Hinsicht konkretisiert werden: 1) Welche *spezifischen* Austauschkonventionen sind für die Mächtigen innerhalb einer Gruppe interessant, und 2) wie können die Mächtigen diese Austauschkonvention den weniger Mächtigen gegenüber durchsetzen und begründen? Implikationen dieser Frage könnten sich als Gegenstand weiterer empirischer Untersuchungen zur Equity-Theorie empfehlen.

Das Equity-Prinzip ist isoliert betrachtet ein rationalistisch begründetes Homöostase-Modell. Gruppen streben an, was recht und billig ist, und dies schon allein aus Vernunftsgründen, da sonst ein permanenter Krieg zwischen den Individuen herrschen würde. Abweichungen vom angemessenen Verteilungsniveau quittiert der Geschädigte (das Opfer) mit Ärger, der Schädigende (der Peiniger) mit Schuldgefühlen. Das Opfer, die übrigen Gruppenmitglieder und sogar der Peiniger selbst sind daher auf Wiederherstellung von Equity bedacht. Daß dennoch eine gewisse Dynamik in das Interaktionsgeschehen kommt, bewerkstelligen das Gewinnmaximierungsstreben oder der Einsatz von Mechanismen der psychologischen Equity-Herstellung (wenn etwa der Peiniger die Einsätze des Opfers herabwürdigt und/oder seine eigenen aufwertet). Auch die von WEICK & NESSET (1968) eingeführten internen Standards sorgen für ein wenig Disharmonie in der Gruppe, denn sie bewirken, daß ähnliche Einsätze von den Gruppenmitgliedern in Abhängigkeit von deren früheren Erfahrungen unterschiedlich bewertet werden können.

Nach dem Gesagten wäre es ganz sicher unangebracht, die Equity-Theorie an dem überhöhten Anspruch einer allgemeinen Theorie sozialen Verhaltens zu messen. Ihre begrenzte Reichweite teilt sie mit anderen psychologischen Theorien. Auch die mangelnde Präzision und Eindeutigkeit der ableitbaren Verhaltensvorhersagen, fällt nicht aus dem Rahmen der psychologischen Theorienbildung. Andererseits besitzt die Equity-Theorie einen gewissen integrativen Wert, wie er sich etwa in der von ADAMS (1965) vorgeschlagenen Synthese mit der Dissonanztheorie niederschlägt. Die Equity-Theorie erscheint zudem flexibel genug, um gegenüber Revisionen und Spezifizierungen ihrer Postulate offen zu sein.

Literatur

ADAMS, J. S. Toward an understandig of inequity. Journal of Abnormal and Social Psychology, 1963a, *67*, 422–436.

ADAMS, J. S. Wage inequities, productivity and work quality. Industrial Relations, 1963b, *3*, 9–16.

ADAMS, J. S. Inequity in social exchange. In: L. BERKOWITZ (Ed.), Advances in experimental social psychology, 1965, Vol. 2, New York: Academic Press.

ADAMS, J. S. & JACOBSON, P. R. Effects of wage inequities on work quality. Journal of Abnormal and Social Psychology, 1964, *69*, 19–25.

ADAMS, J. S. & ROSENBAUM, W. B. The relationship of worker productivity to cognitive dissonance about wage inequities. Journal of Applied Psychology, 1962, *46*, 161–164.

ANDERSON, N. H. Equity judgments as information integration. Journal of Personality and Social Psychology, 1976, *33*, 291–299.

ANDREWS, I. R. Wage inequity and job performance: An experimental study. Journal of Applied Psychology, 1967, *51*, 39–45.

BERSCHEID, E., DION, K., WALSTER, E. & WALSTER, G. W. Physical attractiveness and dating choice. A test of the matching hypothesis. Journal of Experimental Social Psychology, 1971, *7*, 173–189.

BLAU, P. M. Social-exchange. In: D. L. SILLS (Ed.), International encyclopedia of the social sciences, 1968, Vol. 7, New York: Macmillan.

CIALDINI, R. B., KENRICK, T. D. & HOERIG, J. H. Victim derogation in the Lerner paradigma: Just World or Just Justification? Journal of Personality and Social Psychology, 1976, *33*, 719–724.

CROTT, H. W. Der Einfluß struktureller und situativer Merkmale auf das Verhalten in Verhandlungssituationen, Teil II, Zeitschrift für Sozialpsychologie, 1972, *3*, 227–244.

CROTT, H. W., LUMPP, R. R. & WILDERMUTH, R. Der Einsatz von Bestrafungen und Belohnungen in einer Verhandlungssituation. In: H. BRANDSTÄTTER und H. SCHULER (Hrsg.), Entscheidungsprozesse in Gruppen. Zeitschrift für Sozialpsychologie, Beiheft, 2, Bern: Huber, 1976a.

CROTT, H. W. & MÖNTMANN, V. Der Einfluß der Information über die Verhandlungsmöglichkeiten des Gegners auf das Ergebnis einer Verhandlung. Zeitschrift für Sozialpsychologie, 1973, *4*, 209–219.

CROTT, H. W., MÖNTMANN, V. & WENDER, I. Der Einfluß sozialer Normen auf die Attraktivität von Entscheidungsalternativen in Gruppensituationen. Bericht aus dem Sonderforschungsbereich 24, Universität Mannheim (WH), 1976b.

CROTT, H. W. & MÜLLER, G. F. Reaktionen auf Ungerechtigkeit in einem Gewinnspiel. 1978. In Vorbereitung.

CROTT, H. W., MÜLLER, G. F. & MAUS, E. Der Einfluß der Partnerstrategie auf das Bestrafungsverhalten von Personen in dyadischen Verhandlungen. Bericht aus dem Sonderforschungsbereich 24, Universität Mannheim (WH), 1977a.

CROTT, H. W., KUTSCHKER, M. & LAMM, H. Verhandlungen I. Stuttgart, Kohlhammer, 1977b.

FESTINGER, L. A theory of cognitive dissonance. Stanford: Stanford University Press, 1957.

FINN, R. H. & LEE, S. M. Salary equity: Its determination analysis, and correlates. Journal of Applied Psychology, 1972, *56*, 283–292.

FRIEDMAN, A. & GOODMAN, P. Wage inequity, self-qualifications and productivity. Organizational Behavior and Human Performance, 1967, *2*, 406–417.

GOULDNER, A. W. The norm of reprocity: A preliminary statement. American Sociological Review, 1960, 25, 161–178.

GREENBERG, M. S. & FRISCH, D. M. Effect of intentionality on willingness to reciprocate a favor. Journal of Experimental Social Psychology, 1972, 8, 99–111.

GREENBERG, M. S. & SHAPIRO, S. P. Indebtedness: An aspect of asking for and recieving help. Sociometry, 1971, 34, 290–301.

GRUMBKOW, J., DEEN, E., STEENSMA, H. & WILKE, H. The effect of future interaction on the distribution of rewards. European Journal of Social Psychology, 1976, 6, 119–123.

HARRIS, R. J. Handling negative inputs: On the plausible equity formulae. Journal of Experimental Social Psychology, 1976, 12, 194–209.

HOMANS, G. C. Status among clerical workers. Human Organisation, 1953, 12, 5–10.

HOMANS, G. C. Social behavior as exchanges. American Journal of Sociology, 1958, 63, 597–606.

HOMANS, G. C. Social behavior: Its elementary forms. New York: Harcourt, Brace & World, 1961.

HOMANS, G. C. Elementarformen menschlichen Verhaltens. Köln: Westdeutscher Verlag, 1968.

HOMANS, G. C. Commentary. In: L. BERKOWITZ & E. WALSTER (Eds.), Advances in experimental psychology, Vol. 9, New York: Academic Press, 1976.

KIESLER, S. B. & BARAL, R. L. The search for a romantic partner: The effects of self-esteem and physical attractiveness on romantic behavior. In: K. GERGEN & D. MARLOWE (Eds.), Personality and social behavior. Reading, Mass.: Addison-Wesley, 1970.

LANE, I. M. & MESSÉ, L. A. Equity and the distribution of rewards. Journal of Personality and Social Psychology, 1971, 20, 1–17.

LANE, I. M. & MESSÉ, L. A. Distribution of insufficient, sufficient, and oversufficient rewards: A clarification of equity theory. Journal of Personality and Social Psychology, 1972, 21, 228–233.

LAWLER, E. E. III, KOPLIN, C. A., YOUNG, T. F. & FADEM, J. A. Inequity reduction over time in an induced overpayment situation. Organizational Behavior and Human Performance, 1968, 3, 253–268.

LAWLER, E. E. III & O'GARA, P. W. Effects of inequity produced by underpayment on work output, work quality, and attitudes toward work. Journal of Applied Psychology, 1967, 51, 403–410.

LERNER, M. J. The desire for justice and reactions to victims. In: MACAULY and L. BERKOWITZ (Eds.), Altruism and helping behavior. New York: Academic Press, 1970.

LERNER, M. J. Justice, guilt, and veridical perception. Journal of Personality and Social Psychology, 1971, 20, 127–135.

LERNER, M. J. Social Psychology of justice and interpersonal attraction. In: T. HUSTON (Ed.), Foundations of interpersonal attraction. New York: Academic Press, 1974.

LERNER, M. J. & MATTHEWS, P. Reactions to suffering of others under conditions of indirect responsibility. Journal of Personality and Social Psychology, 1967, 5, 319–325.

LERNER, M. J. & SIMMONS, C. H. Observer's reaction to the "innocent victim": Compassion or rejection? Journal of Personality and Social Psychology, 1966, 4, 203–210.

LERNER, M. J., MILLER, D. T. & HOLMES, J. S. Deserving and the emergence of forms of justice. In: L. BERKOWITZ & E. WALSTER (Eds.), Advances in Experimental Social Psychology, Vol. 9, New York: Academic Press, 1976.

240

LEVENTHAL, G. S. The distribution of rewards and resources in groups and organizations. In: L. BERKOWITZ & E. WALSTER (Eds.), Advances in Experimental Social psychology, Vol. 9, New York: Academic Press, 1976.

LEVENTHAL, G. S. & MICHAELS, J. W. Extending the equity model: Perception of inputs and allocation of reward as a function of duration and quantity of performance. Journal of Personality and Social Psychology, 1969, *12*, 303–309.

MACCRIMMON, K. R. & MESSICK, D. M. A framework for social motives. Behavioral Science, 1976, *21*, 68–100.

McCLINTOCK, C. G. Social motivation – a set of propositions. Behavioral Science, 1972, *17*, 438–454.

MESSÉ, L. A. Equity in bilateral bargaining. Journal of Personality and Social Psychology, 1971, *17*, 287–291.

MIKULA, G. Gewinnaufteilungsverhalten in Dyaden bei variiertem Leistungsverhältnis. Zeitschrift für Sozialpsychologie, 1972, *3*, 126–133.

MIKULA, G. Studies on reward allocation in dyadic groups. Bericht aus dem Institut für Psychologie, Universität Graz, 1975.

MIKULA, G. & URAY, H. Die Vernachlässigung individueller Leistungen bei der Lohnaufteilung in Sozialsituationen, Bericht aus dem Institut für Psychologie, Universität Graz, 1973.

MIKULA, G. & SCHWINGER, TH. Affective inter-member relations and the reward allocation in groups: Some theoretical considerations. In: H. Brandstätter, J. H. Davis & H. Schuler (Eds.), Social decision process. Beverly Hill: Sage, 1978, im Druck.

MILLS, J. & EGGER, R. Effect on derogation of a victim of choosing to reduce his distress. Journal of Personality and Social Psychology, 1972, *23*, 405–408.

PATCHEN, M. The choice of wage comparisons. Englewood Cliffs: Prentice Hall, 1961.

PRITCHARD, R. D. Equity-theory: A review and critique. Organizational Behavior and Human Performance, 1969, *4*, 176–211.

REIS, H. T. & GRUZEN, J. On mediating equity, equality, and self-interest: the role of self-representation in social exchange. Journal of Experimental Social Psychology, 1976, *12*, 487–503.

SHAPIRO, E. G. Effects of future interaction on reward allocations in dyads: Equity or equality. Journal of Personality and Social Psychology, 1975, *31*, 873–880.

SORRENTINO, R. M. & BOUTILIER, R. G. Evaluation of a victim as a function of a fate similarity/dissimilarity. Journal of Experimental Social Psychology, 1974, *10*, 83–92.

THIBAUT, J. W. & KELLEY, H. H. The social psychology of groups, New York: Wiley, 1959.

URAY, H. Leistungsverursachung, Verantwortungszuschreibung und Gewinnaufteilung. Bericht aus dem Institut für Psychologie, Universität Graz, 1976.

WALSTER, E. & WALSTER, G. W. Equity and social justice. Journal of Social Issues, 1975, *31*, 21–43.

WALSTER, E., BERSCHEID, E. & WALSTER, G. W. New directions in equity research. Journal of Personality and Social Psychology, 1973, *25*, 151–176.

WALSTER, E., BERSCHEID, E. & WALSTER, G. W. New directions in equity research. In: L. BERKOWITZ & E. WALSTER (Eds.), Advances in Experimental Social Psychology, Vol. 9, New York: Academic Press, 1976.

WEICK, K. E. & NESSET, B. Preferences among forms of equity. Organizational Behavior and Human Performance, 1968, *3*, 400–416.

241

Die Theorie der kognitiven Dissonanz — Einführung

Die Theorie der kognitiven Dissonanz kann als eine der einflußreichsten sozialpsychologischen Theorien bezeichnet werden. Die Zahl der Experimente, die von dieser Theorie angeregt wurden, übersteigt bei weitem die Zahl jener Experimente, die zur Prüfung anderer sozialpsychologischer Theorien konzipiert wurden. Ein Grund für die langanhaltende Popularität der Theorie lag vor allem darin, daß es dem Begründer der Theorie — LEON FESTINGER — gelungen ist, junge Sozialpsychologen zu begeistern und aus der Theorie nicht-triviale Hypothesen zu prüfen. Im Rahmen dieser Theorie waren die gegensätzlichsten Phänomene und Verhaltensweisen Gegenstand empirischer Forschung: Reaktionen auf unterschiedliche Belohnungen und Bestrafungen, Attraktivitätsveränderungen nach Entscheidungen, Informationssuche und -vermeidung vor und nach Entscheidungen, die Auswirkungen vergeblicher Anstrengungen, Reaktionen auf irrtümliche Selbsteinschätzungen bzw. Reaktionen auf erwartungsdiskrepante Ereignisse, die Relevanz von unglaubwürdigen Kommunikatoren auf die Attitüdenänderung, Hilfeverhalten, alle Arten von Gruppenprozessen, die Beeinflussung von biologisch elementaren Motiven durch Dissonanz, usw. Man könnte die Liste möglicher Sachverhalte, die Gegenstand dissonanztheoretischer Überprüfungen waren, fortsetzen. Nachdem diese Theorie über Jahre hinweg die bedeutendste sozialpsychologische Theorie war, hat sie seit einigen Jahren allerdings an Attraktivität verloren und wurde insbesondere von der Attributionstheorie und der Theorie der Selbstwahrnehmung hinsichtlich der Forschungsintensität überflügelt. *Ein* Grund dieser abnehmenden Attraktivität der Dissonanztheorie besteht in einem neuen Trend in der nordamerikanischen Sozialpsychologie, sich von Theorien mit motivationalen Konstrukten ab – und sich eher solchen der Informationsverarbeitung zuzuwenden. Die Gültigkeit einer Theorie darf natürlich nicht daran gemessen werden, wie attraktiv sie in einer bestimmten Wissenschaftsepoche ist. Es dürfte schwerfallen eine Theorie in Konkurrenz zur Theorie der kognitiven Dissonanz zu etablieren, die fähig ist, im selben Ausmaße die Ergebnisse zu erklären, die die Theorie der kognitiven Dissonanz erklären kann.

Die Theorie der kognitiven Dissonanz[1]

DIETER FREY
Universität Mannheim

I. Einleitung

Die Theorie der kognitiven Dissonanz hat in den letzten 10–15 Jahren
mehr als jede andere sozialpsychologische Theorie zu empirischer Forschung angeregt. Mittlerweile liegen mehr als 900 Veröffentlichungen
dazu vor (vgl. MÖNTMANN & IRLE 1978). Die Theorie wurde die einfluß-
reichste aller aus der Gestaltpsychologie hervorgegangenen kognitiven
Konsistenztheorien. Der vorliegende Beitrag soll den gegenwärtigen
Stand der Forschungen zur Dissonanztheorie aufzeigen.

Zunächst werden die theoretischen Grundlagen der Theorie erörtert
und die Modifikationen dargestellt, die im Anschluß an FESTINGERS erste
Fassung (1957) veröffentlicht wurden. Anschließend wird auf den verschiedenen paradigmatischen Forschungsfeldern der Theorie der kognitiven Dissonanz der Stand der Forschung präsentiert, und es werden
insbesondere solche Untersuchungsergebnisse aufgeführt, die «common
sense»-Vorstellungen widersprechen. In einem weiteren Abschnitt soll
geprüft werden, inwieweit die von der Dissonanztheorie erklärten Ergebnisse auch durch andere Theorien erklärbar sind. Am Schluß werden die
Zukunftschancen der Theorie diskutiert.

II. Die Theorie der kognitiven Dissonanz

Die Theorie der kognitiven Dissonanz von LEON FESTINGER (1957) ist
als eine Fortsetzung seiner früheren Arbeiten zu sehen. Bereits die Arbeiten zum Anspruchsniveau (FESTINGER, 1942), die Theorie des informellen Gruppendrucks (FESTINGER, 1950) sowie die Theorie der sozia-

---

[1] Diese Arbeit ist im Sonderforschungsbereich 24, Sozial- und wirtschaftspsycho-
logische Entscheidungsforschung der Universität Mannheim, unter Verwendung
der von der Deutschen Forschungsgemeinschaft zur Verfügung gestellten Mittel
und mit Unterstützung des Landes Baden-Württemberg entstanden. Folgende
Personen haben eine frühere Fassung dieses Beitrages gelesen und mir wertvolle Hinweise gegeben, für die ich mich hiermit bedanken möchte: A. FRIES,
S. HORMUTH, M. IRLE, G. GNIECH, R. KLIMARS, M. KUMPF, V. MÖNTMANN,
T. PFIRRMANN, R. OCHSMANN, M. OSWALD, C. SAUER, N. SCHWARZ, F. STRACK,
R. A. WICKLUND.

len Vergleichsprozesse (FESTINGER, 1954; vgl. auch den Beitrag von HAISCH & FREY, in diesem Band) können als Vorläufer der Dissonanztheorie gewertet werden. Wesentliche Aspekte der Theorie der kognitiven Dissonanz, wie z. B. die Konsequenzen von Meinungs- oder Fähigkeitsdiskrepanzen, sind in diesen Theorien bereits enthalten.

Die Theorie der kognitiven Dissonanz geht von der Annahme aus, daß Personen ein Gleichgewicht ihres kognitiven Systems anstreben. Dahinter steckt das Gesetz der Prägnanz bzw. der guten Gestalt der Gestaltpsychologie, wonach die Wahrnehmung von Ereignissen in «sinnvoller» Weise strukturiert ist. Konsistenztheorien übertragen diesen Wahrnehmungsaspekt auf den kognitiven Bereich. Wie bei allen kognitiven Konsistenztheorien sind Kognitionen die zentralen Konzepte der Theorie. Unter Kognitionen (bei FESTINGER: «cognitive elements») werden dabei verstanden: Meinungen, Attitüden, Glaubensweisen, Wissenseinheiten usw. FESTINGER (1957) unterscheidet zwischen Kognitionen, die in irrelevanter und solchen, die in relevanter Beziehung zueinander stehen. Zwei Kognitionen stehen in einer *irrelevanten* Beziehung zueinander, wenn beide im kognitiven System des Individuums zusammenhanglos nebeneinander auftreten: Die Kognition «Ich studiere Sozialpsychologie» steht mit der Kognition «Es regnet in Rom» vermutlich in einer irrelevanten Beziehung. Zwei Kognitionen stehen in einer *relevanten Beziehung* zueinander, wenn sie im kognitiven System eines Individuums etwas miteinander zu tun haben: Die Kognition «Ich studiere Sozialpsychologie» und die Kognition «Die Prüfungsanforderungen werden verschärft» stehen in einer relevanten Beziehung.

Relevante Beziehungen zwischen Kognitionen können konsonant und dissonant sein. Zwei Kognitionen stehen in einer *dissonanten Beziehung,* wenn ohne Berücksichtigung anderer Kognitionen aus der einen Kognition das Entgegengesetzte der anderen folgt. ("These two elements are in a dissonant relationship if, considering these two alone, the obverse of one element would follow from the other." FESTINGER, 1957, S. 13). Das gemeinsame Auftreten der Kognitionen «Ich konsumiere täglich 20 Zigaretten» und «Rauchen ist extrem gesundheitsschädlich» erzeugt Dissonanz, wenn sie für eine Person miteinander unvereinbar sind. Zwei Kognitionen stehen in einer *konsonanten Beziehung,* wenn sie für eine Person miteinander vereinbar sind: z. B. «Ich rauche» und «Rauchen beruhigt mich».

Problematisch ist, was FESTINGER unter «follow from» (vgl. obiges Zitat) versteht. FESTINGER meint damit nicht logische oder kausale Unvereinbarkeiten, sondern psychologische. Was für eine Person A psychologisch vereinbar ist, mag für Person B psychologisch unvereinbar sein. FESTINGER versucht, durch Beispiele zu erläutern, was unter «follow from» zu verstehen ist. "One element may follow from another because of logic, because of cultural mores, because of things one has learned, and perhaps in other senses, too." (FESTINGER, 1957, S. 278 f.). Fast alle später folgenden Modifikationen gehen auf dieses Problem näher ein und versuchen, FESTINGERS unklare Anfangsdefinition zu präzisieren.

Die Höhe der kognitiven Dissonanz ist nach FESTINGER (1957, S. 18) abhängig vom Verhältnis der dissonanten zu den konsonanten Kognitionen sowie von der Wichtigkeit der in der dissonanten Beziehung stehenden Kognitionen. Angenommen, kognitive Dissonanz sei dadurch entstanden, daß eine Person eine Entscheidung zwischen zwei Alternativen (z. B. zu rauchen oder nicht zu rauchen) getroffen hat: Je höher die Anzahl und Wichtigkeit der Kognitionen, die unvereinbar mit der gefällten Entscheidung sind, d. h. je höher die Anzahl und Wichtigkeit der Kognitionen, die implizieren, daß die spezifische Entscheidung nicht hätte gefällt werden sollen, um so größer ist die Dissonanz. Kognitive Dissonanz erzeugt eine Motivation, die entstandene Dissonanz zu reduzieren. Diese Reduktion kann auf verschiedene Weise durch Veränderung des kognitiven Systems erfolgen:

1. Addition neuer konsonanter Kognitionen
2. Subtraktion von dissonanten Kognitionen (Ignorieren, Vergessen, Verdrängen)
3. Substitution von Kognitionen: Subtraktion dissonanter bei gleichzeitiger Addition konsonanter Kognitionen.

Durch alle drei Veränderungen kann erreicht werden, daß der Anteil dissonanter gegenüber dem Anteil konsonanter Kognitionen verringert wird. Dieser Additions-Subtraktions- und Substitutionsprozeß erfordert oft ein hohes Ausmaß an kognitiver Verzerrung. Welche der Kognitionen nach der Entstehung der Dissonanz addiert, subtrahiert oder substituiert werden, hängt vom Änderungswiderstand der beteiligten Kognitionen ab. Der Widerstand einer Kognition gegen Änderung ist nach FESTINGER (1957, S. 24) vor allem abhängig von der Anzahl der Kognitionen, die mit einer Kognition in konsonanter Weise verbunden sind. Je größer die Anzahl dieser Kognitionen ist, um so schwerer kann eine Kognition zum Zwecke der Reduktion kognitiver Dissonanz verändert werden. Je größer die Anzahl konsonanter Beziehungen einer Kognition zu dritten Kognitionen ist, um so größer ist die Wahrscheinlichkeit, daß bei einer Änderung dieser Kognition neue dissonante Beziehungen entstehen. Besonders änderungsresistent sind demnach solche Kognitionen, die bei einer Veränderung neue Dissonanz – vielleicht sogar in stärkerem Maße als vor der Veränderung – erzeugen würden.

FESTINGER (1957) zählt vier Klassen von Anfangsbedingungen auf, unter denen die Wahrscheinlichkeit des Auftretens kognitiver Dissonanz hoch ist: 1) Dissonanz nach Entscheidungen («postdecisional dissonance»), 2) Forcierte Einwilligung («forced compliance»), 3) Selektive

Auswahl von neuen Informationen («selective exposure»), 4) Attitüdenänderung und soziale Unterstützung («social support»). Im Mittelpunkt
seiner Arbeit (FESTINGER, 1957; FESTINGER, 1964) steht der Aspekt kognitiver Dissonanz nach Entscheidungen. Es wird jedoch an keiner Stelle
behauptet, daß die Dissonanztheorie ausschließlich auf Sachverhalte
nach Entscheidungen beschränkt sei.

III. Modifikationen der Theorie der kognitiven Dissonanz von Festinger (1957)

Bei FESTINGER (1957) bleiben die Bedingungen, unter denen Dissonanz
entsteht, relativ unklar. So betont z. B. ARONSON (1968): "The major
source of conceptual ambiguity (of dissonance) rests upon the fact that
FESTINGER has not clarified the meaning of the words follows from."
(S. 9). Diese Unklarheit hat zu dem Sprichwort geführt: "If you want to
be sure, ask Leon." Mehrere Autoren haben deshalb versucht, die Bedingungen zu präzisieren, unter denen kognitive Dissonanz entsteht. Da
in der Literatur diese Modifikationen oft durcheinander geworfen werden, sollen sie hier kurz diskutiert werden.

1. Der theoretische Standpunkt von Brehm & Cohen (1962)

BREHM & COHEN (1962) argumentieren, das Bestehen einer kognitiven
Inkonsistenz sei keine ausreichende Bedingung für die Entstehung von
Dissonanz. Zwei weitere Faktoren müßten berücksichtigt werden: Selbst-
verpflichtung (commitment) und Freiwilligkeit bzw. Entscheidungsfrei-
heit (volition). FESTINGER (1964) hat diesen Präzisierungen von BREHM
& COHEN (1962) zugestimmt; auch er betrachtet Selbstverpflichtung und
unter bestimmten Bedingungen Entscheidungsfreiheit als notwendige
Bedingung für das Entstehen von Dissonanz.

Der Commitment-Begriff hat bei BREHM & COHEN mehrere Bedeutungen. Eine Person handelt z. B. selbstverpflichtend, wenn sie sich fest für
eine Handlung oder Entscheidung ausspricht und diese Festlegung nur
unter großen Schwierigkeiten – wenn überhaupt – rückgängig gemacht
werden kann[2]. Die Autoren fassen «Commitment» als eine kontinuier-
liche Variable auf, die ihrer Ansicht nach die Dissonanztheorie auf den
folgenden drei Ebenen präzisiert: a) Präzisierung der Faktoren der Dissonanzentstehung, b) Präzisierung der Faktoren der Dissonanzhöhe und
c) Präzisierung der Richtung der Dissonanzreduktion.

---

[2] Entscheidungen im Sinne eines Präferenzurteils erzeugen nach BREHM & COHEN
keine Dissonanz.

Neben Selbstverpflichtung ist nach BREHM & COHEN Entscheidungs-freiheit notwendige Bedingung für die Entstehung kognitiver Dissonanz. Unter Entscheidungsfreiheit verstehen sie Verantwortung und Kontrolle des eigenen Verhaltens. "Volition implies not only initiation and selection of behavior, but also responsibility for its consequences." (1962, S. 201). Freiwilligkeit wird also immer dort notwendige Bedingung sein, wo Dissonanz durch die Handlung oder Entscheidung der Person entstehen soll; nicht aber dort, wo die Person bestimmte Informationen erhält, die sie durch ihre Handlungen oder Entscheidungen kaum beeinflussen kann.

Ein wesentlicher Unterschied zu FESTINGERS Fassung, der interessanterweise bisher kaum gesehen wurde, besteht darin, daß nach BREHM & COHEN die Dissonanz um so größer ist, je stärker mit den dissonanten Kognitionen gleichzeitig zentrale Motive einer Person tangiert werden. Für BREHM & COHEN (1962) sind frustrierte Motive und Bedürfnisse dissonanzerzeugend; Inkonsistenzen («non fitting cognitions») sind für sie lediglich eine sekundäre Quelle kognitiver Dissonanz.

2. Der theoretische Standpunkt von Aronson (1968, 1969)

Nach ARONSON (1968, 1969) sind aus der Dissonanztheorie nur dann klare Voraussagen ableitbar, wenn eine der betreffenden Kognitionen eine feste Erwartung ist. Er empfiehlt deshalb, nur solche Situationen in Experimenten zur Prüfung der Theorie der kognitiven Dissonanz zu verwenden, in denen feste Erwartungen enttäuscht werden. Feste Erwartungen kann man über sich selbst, über das eigene Verhalten, aber auch über die soziale und physikalische Umwelt haben. ARONSON schlägt vor, besonders solche Erwartungen zu verwenden, die sich auf das Selbstkonzept beziehen, da er glaubt, die Erwartungen über das eigene Verhalten seien fester als Erwartungen über das Verhalten anderer. "Thus at the very heart of dissonance theory, where it makes its clearest and neatest prediction, we are not dealing with just any two cognitions rather we are usually dealing with the self-concept and cognitions about some behavior. If dissonance exists it is because the individual's behavior is inconsistent with his self-concept." (ARONSON, 1968, S. 23).

Nach ARONSON (1968, 1969) bestand in den meisten Experimenten zur Prüfung der Theorie die kognitive Dissonanz zwischen dem Selbstkonzept und Kognitionen über ein Verhalten, das zu diesem Selbstkonzept im Widerspruch stand (vgl. z. B. das Experiment von FESTINGER & CARLSMITH, 1959 oder das Experiment von ARONSON & MILLS, 1959). Die Bedrohung des Selbstkonzepts ist dabei um so größer, je negativer die Einstellungs- oder Verhaltenskonsequenzen einer Person sind.

Die Modifikation ARONSONS ist in mehrfacher Hinsicht problematisch. Einmal ist unklar, ob seine Theorie zu einer «Selbsttheorie» eingeschränkt wird, d. h. ob Dissonanz nur dann besteht, wenn das Selbst betroffen ist oder auch dann, wenn die Umwelt des Selbst betroffen ist. ARONSON unterstellt fälschlicherweise, daß Erwartungen, die sich auf die eigene Person beziehen, per se fester sind als Erwartungen, die sich auf das Verhalten anderer Personen beziehen (vgl. ARONSON, 1968, S. 23). Ebenfalls geht aus den Arbeiten von ARONSON nicht klar hervor (vgl. ARONSON 1968, 1969; NEL, HELMREICH & ARONSON, 1969), ob der Grad der Selbstbedrohung oder aber der Grad der Erwartungsverletzung für die Dissonanzentstehung entscheidend ist. Die Aussagen in seinen eigenen Veröffentlichungen sind widersprüchlich. Schließlich kann ARONSON mit seiner Version einige der zentralen Ergebnisse von Experimenten der Dissonanztheorie nicht erklären (vgl. z. B. SOGIN & PALLAK, 1976), in denen gefunden wurde, daß eine Nichtbestätigung von Erwartungen dann keine Dissonanz erzeugt, wenn Personen dies auf externe Faktoren zurückführen können. Eine weitere Schwäche von ARONSONS Modifikation besteht darin, daß sie lediglich auf Handlungsentscheidungen, nicht aber auf Erkenntnisentscheidungen anwendbar ist (vgl. dazu IRLE, 1975). Schließlich geht die Fassung von ARONSON nur auf Probleme der Entstehung, nicht aber auf Probleme der Reduktion kognitiver Dissonanz ein.

3. Der theoretische Standpunkt von BRAMEL (1968)

BRAMEL (1968) argumentiert, daß bei allen «gelungenen» Operationalisierungen der Experimente zur Überprüfung der Dissonanztheorie nicht nur Erwartungen verletzt worden sind, sondern die jeweiligen Operationalisierungen auch Kognitionen implizierten, nach denen man inkompetent oder unmoralisch entschieden haben würde (unabhängig davon, ob dies erwartet wurde). Es gibt seiner Ansicht nach kein Experiment, das die Effekte von Inkompetenz oder *Immoralität* prüft, ohne daß gleichzeitig Erwartungsdiskrepanzen bestanden. Dabei ist nach BRAMEL unklar, ob jeweils nur einer dieser Faktoren oder eine Kombination beider Faktoren notwendige Bedingung für die Entstehung von Dissonanz ist. BRAMEL (1968) versucht, Nichtbestätigung von Erwartungen sowie inkompetente und unmoralische Entscheidungen und Handlungen auf eine gemeinsame Ursache zurückzuführen, nämlich darauf, daß beide ein Gefühl der Minderwertigkeit und damit ein Gefühl sozialer Zurückweisung ("feeling of social rejection") implizieren. Nur in Situationen, in denen ein Gefühl der sozialen Mißbilligung entsteht, tritt nach BRAMEL auch Dissonanz auf. Kognitive Dissonanz ist nach BRAMEL eine konditionierte, emotionale Reaktion; sie ist Angst vor sozialer Mißbilligung.

Der Standpunkt von BRAMEL läßt sich in mehrfacher Hinsicht kritisieren. BRAMEL wandelt die Theorie der kognitiven Dissonanz zu einer Angst- oder Selbsttheorie um und entfernt sich erheblich von der ursprünglichen Theorie, ohne aber diese Theorie präzisieren zu können. Nach seiner Auffassung gibt es zwei Quellen für Dissonanz bzw. Gefühle sozialer Mißbilligung: Nichtbestätigung von Erwartungen und Immoralität bzw. Inkompetenz von Handlungen. Die erste Komponente führt allerdings zu denselben Problemen wie zuvor bei ARONSON. Bestünde diese Auffassung zurecht, so wäre die Dissonanz dann am größten, wenn negative Konsequenzen von Entscheidungen nicht antizipiert werden würden. Experimentelle Ergebnisse (vgl. z. B. SOGIN & PALLAK, 1976) widerlegen diese Annahme aber. Weiterhin wird durch BRAMELS Modifikation die Theorie der kognitiven Dissonanz erheblich eingeschränkt, obwohl er sie ursprünglich erweitern wollte. Unvereinbarkeit von Kognitionen muß sich nicht notwendig nur auf inkompetentes oder unmoralisches Verhalten beziehen, sondern entsteht immer dann, wenn zwei Kognitionen miteinander im Widerspruch stehen. Jedes Verhalten (nicht nur inkompetentes oder unmoralisches) kann mit den Werten und Attitüden einer Person konsistent oder inkonsistent sein. BRAMEL hat zwar insofern Recht, als viele Zustände kognitiver Inkonsistenz tatsächlich mit Gefühlen der Mißbilligung verbunden sind, er hat jedoch damit die Theorie nicht erweitert, sondern eingeengt. Es sind nämlich eine ganze Anzahl kognitiver Inkonsistenzen denkbar, die keine Gefühle sozialer Mißbilligung, wohl aber Dissonanz hervorrufen. BRAMEL setzt «Dissonanz» mit «Frustration», «Unbehagen», relativer Deprivation und Angst gleich. Die Theorie der kognitiven Dissonanz läßt aber offen, welche Emotionen oder Affekte kognitive Dissonanz unter verschiedenen Randbedingungen begleiten. BRAMEL kommt in keiner Weise zu alternativen Vorhersagen gegenüber der ursprünglichen Fassung von FESTINGER, insbesondere deshalb, weil er auf Probleme der Reduktion von Dissonanz nicht eingeht. Er schränkt die Theorie auf Handlungsentscheidungen ein und ignoriert Erkenntnisentscheidungen.

4. Die theoretische Position von COLLINS (1969) und COLLINS & HOYT (1972)

Nach COLLINS (1969) und COLLINS & HOYT (1972) entsteht Dissonanz dann, wenn eine Person eine Entscheidung getroffen hat (z. B. sich attitüdenkonträr zu verhalten) und daraus negative Konsequenzen für die Person selbst und/oder für andere resultieren, für die sich die Person selbst verantwortlich fühlt. Dem Ansatz von COLLINS (1969) und COLLINS & HOYT (1972) widersprechen aber z. B. neuere Experimente von SOGIN & PALLAK (1976) sowie PALLAK, SOGIN & VAN ZANTE (1974), in denen gefunden wurde, daß auch negative Konsequenzen, die eine Person nicht zu verantworten hat, dissonanzerzeugend sind, wenn die Konsequenzen auf eine Handlung oder Entscheidung der Person kausal zurückzuführen sind. Ein weiterer Nachteil der Version von COLLINS besteht darin, daß auf Probleme der Reduktion kognitiver Dissonanz nicht eingegangen und die Theorie auf Handlungsentscheidungen eingeschränkt wird.

5. Der theoretische Standpunkt von WICKLUND & BREHM (1976)

WICKLUND und BREHM (1976) sind der Auffassung, daß kognitive Dissonanz nur dann entsteht, wenn eine Person für eine Entscheidung oder ein Verhalten und die Konsequenzen Verantwortlichkeit kogniziert. Verantwortlichkeit für ein Verhalten oder eine Entscheidung liegt dann vor, wenn eine Person einerseits volle Entscheidungsfreiheit hat, eine bestimmte Entscheidung zu treffen und zweitens, wenn sie die negativen Konsequenzen einer Entscheidung oder Handlung vorhersehen kann. WICKLUND & BREHM (1976) nennen die Dissonanztheorie deshalb eine Theorie der verantwortlichen Entscheidungen («responsible decisions»). Je weniger Verantwortlichkeit eine Person kogniziert, d. h. je weniger Entscheidungsfreiheit sie für ein bestimmtes Verhalten hatte, und je eher die Konsequenzen ihrer Entscheidung vorhersehbar waren, um so höher ist die entstandene Dissonanz bei erwartungsdiskrepanten Ereignissen. Unter bestimmten Bedingungen fühlt sich die Person nach WICKLUND & BREHM (1976) auch für unvorhersehbare Konsequenzen ihrer Entscheidungen verantwortlich und zwar dann, wenn sie einen Zusammenhang zwischen ihrer eigenen (freiwilligen) Entscheidung und den Konsequenzen kogniziert. Die These von COLLINS (1969), CARLSMITH & FREEDMAN (1968) und ARONSON (1966), daß nur vorhersehbare negative Konsequenzen Dissonanz verursachen, wird also bezweifelt. Ein Experiment von SOGIN & PALLAK (1976) unterstützt diese theoretische Position von WICKLUND & BREHM (1976). Negative unvorhergesehene Informationen bewirken dann Dissonanz (und Dissonanzreduktion in Form einer Aufwertung der attitüdendiskrepanten Aufgabe), wenn die Person die Aufgabe freiwillig, nicht aber wenn sie sie unfreiwillig durchführte. Der Nachteil der Modifikation von WICKLUND & BREHM (1976) ist aber darin zu sehen, daß der Anwendungsbereich der Dissonanztheorie gegenüber der ursprünglichen Fassung beträchtlich eingeengt wird. Sie beschränken ihre Modifikation auf Handlungsentscheidungen und vernachlässigen Erkenntnisentscheidungen. Der Grund dafür liegt darin, daß sie bezweifeln, bei Erkenntnisentscheidungen klare Vorhersagen machen zu können, da das Ausmaß des Commitments in die Erkenntnisentscheidung unklar ist und man deshalb nur wenig über den Änderungswiderstand der involvierten Kognitionen weiß.

250

6. Der theoretische Standpunkt von IRLE (1975)

Die Modifikation der Dissonanztheorie von IRLE (1975) ist allgemeiner als die übrigen Ansätze. Das Ziel IRLES ist es, die ursprüngliche Formulierung von FESTINGER zu präzisieren. Dabei unterscheidet er zwischen Handlungs- und Erkenntnisentscheidungen. Es spielt seiner Ansicht nach keine Rolle, ob eine Entscheidung nur im Gehirn einer Person stattfindet (z. B. Entscheidungen für bestimmte Hypothesen, Wertsysteme, Attitüden) oder aber ob sie sich bereits im offenen Verhalten manifestiert. Die bisher behandelten Modifikationen gehen nur auf Handlungsentscheidungen ein. IRLE (1975) bezieht sich in seiner Reformulierung der Dissonanztheorie auf die Hypothesentheorie der Wahrnehmung und POPPERS Logik der Forschung. Die Modifikation von IRLE geht von der Annahme aus, daß Personen subjektive Hypothesen besitzen, die die Beziehungen von Kognitionen beschreiben und erklären. Zwei Kognitionen, die gleichzeitig in einem kognitiven Feld auftreten, sind dann in einer konsonanten Beziehung, wenn dieses Auftreten eine Hypothese des Selbst bestätigt. Zwei Kognitionen sind dann in einer dissonanten Beziehung, wenn sie mit einer Hypothese des Selbst unvereinbar sind [3].

Im Gegensatz zu FESTINGER definiert IRLE die theoretischen Variablen «Höhe der kognitiven Dissonanz» und «Änderungswiderstand» als unabhängig voneinander. Die Höhe der kognitiven Dissonanz ist abhängig von der Sicherheit über die Richtigkeit der Hypothese sowie der Anzahl der Hypothesen, die von einem Ereignis widerlegt werden. Die Art der Dissonanzreduktion ist nach IRLE abhängig vom Änderungswiderstand der Kognitionen. Erzeugt ein Ereignis kognitive Dissonanz, so wird mit höchster Wahrscheinlichkeit diejenige Kognition geändert, welche im Vergleich zu den übrigen an der dissonanten Beziehung unmittelbar beteiligten Kognitionen die relativ geringste Resistenz gegen Änderung besitzt. Die Resistenz einer Kognition ist wie bei FESTINGER (1957) und BREHM & COHEN (1962) abhängig von der Anzahl der Kognitionen, die zu dieser Kognition in einer konsonanten Beziehung stehen. Analog dazu wird die Resistenz einer Hypothese gegen Änderungen um so stärker sein, je mehr diese Hypothese mit anderen Hypothesen verknüpft ist. Die Reformulierung der Theorie läßt die Behauptung zu, daß sich die Kognition einer theoretischen (abstrakten) Realität gegen Änderungen in einer gegebenen dissonanten kognitiven Einheit resistenter erweisen

---

[3] Der Begriff der Hypothese des Selbst ist mit dem Commitment-Begriff von BREHM & COHEN identisch. Sich auf eine Entscheidung X festgelegt zu haben, ist identisch mit einer subjektiven Hypothese, daß X die beste aller Alternativen sei. Erst wenn eine bestimmte Hypothesenstärke gegeben ist bzw. ein bestimmtes Maß an Commitment erreicht ist, entsteht Dissonanz.

kann als die anderen beteiligten Kognitionen, die responsiv zur konkreten Realität sind. Dies war von FESTINGER (1957) bezweifelt worden.

7. Anmerkungen zu den Modifikationen und Konklusionen

Es gibt bisher kein Experiment, in dem versucht wird, die Brauchbarkeit der verschiedenen Modifikationen systematisch zu überprüfen. Die Modifikation von IRLE weist den größten Allgemeinheitsgrad auf; sie ist die einzige Modifikation, die explizit die Dissonanztheorie nicht auf Handlungsentscheidungen beschränkt, sondern auch auf Erkenntnisentscheidungen anwendet. Insbesondere die Untersuchungen zur sequentiellen Informationsverarbeitung (im sogenannten Vorentscheidungsprozeß) unterstützen IRLES Auffassung der Anwendbarkeit der Dissonanztheorie auf Erkenntnisentscheidungen. Die Modifikation von IRLE hat allerdings Schwierigkeiten, die Ergebnisse einiger neuerer Experimente zu erklären, in denen Dissonanzreduktion gefunden wurde, obwohl negative Informationen erwartet worden waren (also nicht einer Hypothese widersprachen). Der Ansatz von WICKLUND & BREHM kann diese Ergebnisse zwar erklären, aber die Autoren wollen die Theorie der kognitiven Dissonanz nur als Theorie der verantwortbaren (endgültigen) Entscheidungen aufgefaßt sehen. Diese Einschränkung ist aber unnötig. Wir schließen uns deshalb in diesem Punkt IRLE an, ohne aber im einzelnen seine Terminologie zu übernehmen: Kognitive Dissonanz entsteht dann, wenn immer eine Person mindestens eine tentative Handlungs- oder Erkenntnisentscheidung getroffen hat (vgl. dazu auch JECKER, 1968). Eine vage Präferenz für eine Alternative reicht nicht aus; es muß ein gewisser Grad an Festlegung bestehen, da sonst jegliche Kognitionen miteinander vereinbar wären. Eine endgültige Festlegung auf eine Alternative ist aber nicht erforderlich. Notwendig für die Entstehung kognitiver Dissonanz ist weiterhin ein hoher Grad an Entscheidungsfreiheit: Dies ist bei Erkenntnisentscheidungen immer gegeben, da man unterstellen kann, daß diese freiwillig getroffen und aufrechterhalten werden. Zu Handlungsentscheidungen wird man aber oft gezwungen; nur wenn die Illusion einer Entscheidungsfreiheit aufrechterhalten wird, kann Dissonanz entstehen. Die Ansätze von IRLE (1975) und WICKLUND & BREHM (1976) unterscheiden sich weiterhin in der Frage, welche Relevanz Informationen, die Entscheidungen widersprechen für die Dissonanzentstehung haben. Nach WICKLUND & BREHM (1976) entsteht nur dann Dissonanz, wenn die Person die negativen Konsequenzen vorhersehen konnte und sie dafür verantwortlich ist. Nach IRLE entsteht Dissonanz, wenn eine Information einer Hypothese, also einer tentativen Entscheidung, widerspricht. Beide Ansätze bedürfen hier einer Konkretisierung. Neuere Forschungen zeigen (vgl. SOGIN & PALLAK, 1976), daß unter bestimmten Bedingungen auch unvorhersehbare Ereignisse Dissonanz erzeugen; ebenso zeigen neuere Ergebnisse, daß entscheidungskongruente Ereignisse unter bestimmten Bedingungen Dissonanz erzeugen (vgl. PALLAK, SOGIN & VAN ZANTE, 1974).

Es wird hier die Auffassung vertreten, daß Informationen, die einer Entscheidung (subjektiven Hypothese) widersprechen, nur dann Dissonanz erzeugen, wenn die Person sich selbst in irgendeiner Form als Ursache kogniziert.

Unter Kausalität wird verstanden, daß eine Person, die freiwillig eine Entscheidung getroffen oder eine Handlung durchgeführt hat, eine klare Verbindung zwischen sich selbst und der Konsequenz der Entscheidung kogniziert. Entscheidend ist also die interne Attribution von negativen bzw. Entscheidungen widersprechenden Informationen. Dabei ist es unerheblich, ob die negativen Konsequenzen vorhersehbar waren oder nicht. Kausalität kann meistens dann wahrgenommen werden, wenn die Entscheidung freiwillig ist. Aus dieser Perspektive ist auch klar, warum z. B. in den Experimenten zur sequentiellen Informationsverarbeitung Dissonanz entsteht: Die Personen formulieren (freiwillig) eine subjektive Hypothese (tentative Entscheidung) über die Richtigkeit einer Entscheidungsalternative. Unvorhergesehen werden sie mit Informationen konfrontiert, die dieser subjektiven Hypothese oder tentativen Entscheidung widersprechen. Die Vpn müssen den Widerspruch intern (kausal) attribuieren, da er durch den Inhalt ihrer Hypothese bzw. tentativen Entscheidung zustande gekommen ist. Können sie das Auftreten extern attribuieren (z. B. aufgrund der Willkür des Vl wie im Experiment von SOGIN & PALLAK, 1976), dann entsteht keine Dissonanz. Die hier vertretene Auffassung hat sowohl den Vorteil einer hohen Allgemeinheit als auch den Vorteil, die neuesten Ergebnisse zur Dissonanztheorie integrieren zu können. Wie zuvor allerdings erwähnt bedarf es dringend Forschungen, die unterschiedliche Hypothesen der verschiedenen Versionen empirisch überprüfen.

IV. Zum Problem der Dissonanzreduktion

Die Aussage von FESTINGER (1957) und anderen Dissonanztheoretikern, daß die Art und das Ausmaß der Reduktion kognitiver Dissonanz vom Änderungswiderstand der beteiligten Kognitionen abhängt, ist sehr abstrakt. Die Erklärungskraft der Theorie der kognitiven Dissonanz steht und fällt aber mit ihrer Fähigkeit, die Dann-Komponente zu präzisieren [4]. In vielen Experimenten zur Überprüfung der Dissonanztheorie

---

[4] Über den Zusammenhang von Wenn-Dann-Aussagen und dem Informationsgehalt von Theorien vgl. ALBERT, 1964.

wurde nur *eine* abhängige Variable gemessen (die mutmaßlich die Kognition mit dem geringsten Änderungswiderstand repräsentierte), ohne zu überprüfen, welche anderen Kognitionen bzw. Hypothesen bei der Vp vorhanden waren. Mißt man andere Kognitionen oder Hypothesen nicht, bzw. induziert man nicht die Änderungsresistenz dieser Hypothesen und Kognitionen, so ist es sehr schwer, konkrete Vorhersagen über kognitive Änderungen zu machen. Ein typisches Beispiel dieser «Sackgassenforschung» ist die Forschung zur selektiven Informationssuche, in der man immer noch davon ausgeht, daß Dissonanz allein durch Addition konsonanter Kognitionen reduziert werden kann, ohne zu berücksichtigen, daß diese Reduktionsart nur unter ganz spezifischen Randbedingungen stattfindet.

Fast alle Autoren, die spezifische Hypothesen über die Art der Reduktion kognitiver Dissonanz aufgestellt haben (GLASS, 1968; HARDYCK & KARDUSH, 1968; IRLE, 1975; KELMAN & BARON, 1968; PILISUK, 1968; WICKLUND & BREHM, 1976), betonen, daß die Dissonanzreduktion sowohl nach dem Prinzip der Einfachheit als auch nach dem Prinzip der Effizienz erfolgt. Eine Reduktion soll nicht nur einen geringen kognitiven Aufwand erfordern und geringe Änderungen des kognitiven Systems nach sich ziehen, sondern soll auch zu vollständiger und größtmöglicher Dissonanzreduktion führen. Sie soll also stabil sein. Unter bestimmten Bedingungen führen geringe kognitive Änderungen zu unstabiler Dissonanzreduktion, so daß das Individuum nach kurzer Zeit gezwungen ist, neue kognitive Änderungen vorzunehmen. Ein geringer kognitiver Aufwand wird also dann nachteilig sein, wenn die Stabilität nicht gewährleistet ist.

In neuerer Zeit gibt es einige Experimente, in denen versucht wird, konkreter die Art und das Ausmaß der Dissonanzreduktion zu bestimmen. WALSTER, BERSCHEID & BARCLAY (1967) wiesen z. B. nach, daß eine präferierte Dissonanzreduktionsstrategie nicht verwendet wird, wenn eine Person einen zukünftigen Angriff («attack») auf diese Dissonanzreduktionsalternative antizipiert. Die Vpn werteten im Experiment eine Alternative z. B. dann nicht ab, wenn sie glaubten, in der Zukunft Informationen über diese Alternative zu erhalten. Die Abwertung wäre zwar die Strategie mit dem geringsten Aufwand gewesen, aber nicht die stabilste, da man für die Zukunft nicht hat ausschließen können, daß diese Reduktionsart ineffizient sein würde. GÖTZ-MARCHAND, GÖTZ & IRLE (1974) variierten unterschiedliches Wissen über die verschiedenen Möglichkeiten der Dissonanzreduktion. Die Vpn erhielten negatives Feedback über einen wichtigen Aspekt ihres Selbst (Intelligenz). Als zentrale abhängige Variablen dienten Konformität und Bewertung des Tests, die entweder an erster oder an fünfter Stelle der Messung standen. Entscheidend war nun, ob die Vpn über die abhängigen Variablen informiert waren oder nicht. Anpassung an das erhaltene fiktive Intelligenzergebnis zeigte sich nur dann, wenn diese Variablen an erster Stelle im Posttest standen und die Vpn nicht wußten, welche anderen Reduktionsarten noch folgen würden. In allen anderen Bedingungen wurde Konformität als Reduktionsstrategie weniger stark angewandt, was mit der Annahme konsistent ist, daß Kognitionen über die eigene Intelligenz höchst änderungsresistent sind. Ebenso zeigte sich, daß die Strategie der Testabwertung dann nicht aufgegriffen wurde, wenn die Variable an fünfter Stelle stand, und die Vpn diese Reduktionsart nicht antizipierten; in allen anderen Bedingungen wurde sie in starkem Maße verwendet. Die Änderung einer Kognition über die eigene Intelligenz, die eine hohe Änderungsresistenz hat, wurde also nur dann benutzt, wenn die Vpn keine andere Alternative sahen, ihre Dissonanz zu reduzieren. FREY (1975b) fand in einem ähnlichen Experiment, daß die Dissonanzreduktion auf einen Modus mit geringer Änderungsresistenz dann nicht verwendet wird, wenn die Vpn das Vorhandensein von Öffentlichkeit antizipieren. Der Test wurde nach Erhalt dissonanter, selbstbedrohender Informationen in der öffentlichen Bedingung signifikant weniger abgewertet als in der Anonymitätsbedingung. Durch eine Testabwertung könnte zwar die Dissonanz reduziert werden, aber es würde durch die antizipierten negativen Sanktionen anderer eine neue Dissonanz entstehen. Unter bestimmten Bedingungen sind Dissonanzreduktionsmechanismen also situativen und normativen Beschränkungen unterworfen.

Es wurde oft nicht beachtet, daß Kognitionen unterschiedliche Grade der Änderungsresistenz besitzen, obwohl dies von zentraler Bedeutung für die Dissonanztheorie ist (vgl. IRLE, 1975). In zukünftigen Untersuchungen sollte deshalb in noch stärkerem Maße versucht werden, die Resistenz von Kognitionen als unabhängige Variable zu induzieren, um konkrete Vorhersagen über die Änderung von Kognitionen machen zu können.

Trotz der zahlreichen Probleme der Theorie über die Faktoren der Dissonanzentstehung und Dissonanzreduktion, über die Definition der Relevanz, über die Unterschiede zwischen Kognitionen und kognitiven Elementen, usw., wurden aus der Theorie Hypothesen abgeleitet und geprüft. Auf die Vielfalt der empirischen Untersuchungen soll im folgenden eingegangen werden. Es erübrigt sich zu sagen, daß nur ein Bruchteil der Publikationen zur Dissonanztheorie erwähnt werden kann; es soll deshalb nur auf die neueren Arbeiten eingegangen werden; auf ältere Arbeiten wird nur dann Bezug genommen, wenn es zum besseren Verständnis der Problemstellung sinnvoll erscheint.

V. Empirische Forschungen zur Theorie der kognitiven Dissonanz

1. Dissonanz nach Entscheidungen («postdecisional dissonance»)

a) *Veränderung der Attraktivität von Entscheidungsalternativen nach Entscheidungen:*

Die Theorie der kognitiven Dissonanz postuliert, daß nach nahezu allen Entscheidungen, bei denen der Entscheider aus mehreren Entscheidungsalternativen eine Alternative auswählt, kognitive Dissonanz entsteht. Die positiven Aspekte der nicht gewählten Alternative(n) und die negativen Aspekte der gewählten Alternative(n) sind dissonant zu der Entscheidung. Alle Kognitionen, die implizieren, daß die Entscheidung hätte gefällt werden sollen, sind konsonant; alle Kognitionen, die gegen die spezifische Entscheidung sprechen, sind dissonant. Die Dissonanz kann entweder durch (eine) Revision der Entscheidung oder aber durch Änderung der Kognitionen über die Attraktivität der Alternativen reduziert werden. Die Revision der Entscheidung ist oft mit hohem psychischen und materiellen Aufwand verbunden, so daß diese Reduktionsart unter Umständen erneut hohe Dissonanz erzeugt; kognitive Änderungen über die Alternativen sind dagegen im allgemeinen mit geringerem Aufwand verbunden und haben deshalb einen geringeren Änderungswiderstand[5]. Kognitionen über negative Aspekte der gewählten Alternative können eliminiert und/oder Kognitionen über positive Aspekte addiert werden; ebenso können Kognitionen über negative Aspekte der nicht gewählten Alternative addiert und/oder Kognitionen über positive Aspekte der nicht gewählten Alternative eliminiert werden. Man paßt also die Kognitionen der Entscheidung an. Das Ergebnis dieses Prozesses wäre ein Ansteigen der Attraktivität der gewählten und/oder ein Absinken der Attraktivität der nicht gewählten Entscheidungsalternative. Dieser "spreading apart of alternatives" genannte Effekt ist nach FESTINGER die effektivste und häufigste Art der Dissonanzreduktion nach Entscheidungen. BREHM (1956) prüfte in seiner Dissertation als erster diese Hypothese. Seine Vpn sollten neun Konsumartikel, wie z. B. einen Toaster, eine Taschenlampe usw., in eine Rangordnung bringen und hatten anschließend die Möglichkeit, zwischen der jeweils zweit- bzw. drittattraktivsten Alternative oder aber zwischen der zweit- und neuntattraktivsten Alternative zu wählen. BREHM (1956) stellte fest, daß die Attraktivität der jeweils gewählten Alternative zu- und die der nicht gewählten abnahm. Nachfolgende Untersuchungen zeigten, daß die entstandene Dissonanz und der darauf folgende «spreading apart»-Effekt um so stär-

---

[5] Es ist allerdings kein Axiom der Theorie, daß Kognitionen über die Entscheidung eine höhere Änderungsresistenz haben als z. B. Kognitionen über die Attraktivität der Entscheidungsalternative.

ker sind, je mehr positive Aspekte die nicht gewählte im Vergleich zur gewählten Alternative enthält oder anders formuliert: Die kognitive Dissonanz bei Entscheidungen ist um so höher, je höher die Anzahl und Wichtigkeit von Kognitionen, die implizieren, daß die Entscheidung falsch ist. Der «spreading apart»-Effekt wurde in den letzten Jahren besonders in Untersuchungen innerhalb des Marketingbereichs repliziert (vgl. LOSCIUTO & PERLOFF, 1967; MITTELSTAEDT, 1969; THEINER et al., 1976). Man kann annehmen, daß der «spreading apart»-Effekt um so stärker wird, je weniger Chancen eine Person zur Revision ihrer Entscheidung sieht, daß er aber mit zunehmender Zeit um so schwächer wird, je mehr eine Person die Chance einer Entscheidungsrevision kogniziert. Dies konnten IRLE, GNIECH, FREY & KUMPF (1978) in einem Experiment nachweisen. Ähnlich wie bei BREHM sollten die Vpn Konsumartikel (hier Bücher) in eine Rangordnung bringen und hatten dann die Möglichkeit, zwischen dem zweit- und drittattraktivsten Buch zu wählen. Die Messung der Attraktivität wurde zu unterschiedlichen Zeitpunkten vorgenommen (sofort anschließend, 3 Minuten später, 10 Minuten oder 30 Minuten später). Bei revidierbaren Entscheidungen nahm der «spreading apart»-Effekt mit zunehmender Zeit ab, während er bei nicht revidierbaren Entscheidungen zunahm. Diese Untersuchung steht im Gegensatz zur Untersuchung von WALSTER (1964), aber auch zu jener von BREHM & WICKLUND (1970), in denen gefunden wurde, daß es kurz nach der Entscheidung zu einem gegenläufigen Effekt (dem sogenannten «regret»-Effekt) kommt. Dieser «regret»-Effekt wurde dadurch erklärt, daß sich das Individuum nach der Entscheidung mit den dissonanten Kognitionen auseinandersetzen muß, was eine zeitweilige Erhöhung der Attraktivität der nicht gewählten und eine Verringerung der Attraktivität der gewählten Alternative bewirkt. Die Reaktanztheorie wiederum (vgl. GNIECH & GRABITZ, in diesem Band sowie WICKLUND, 1974) erklärt diesen Sachverhalt damit, daß sich die Person durch die Entscheidung auf eine Alternative festgelegt hat und deshalb die eliminierte Alternative an Attraktivität steigt, um die Freiheit der Entscheidung wiederherzustellen. Insgesamt bleiben die experimentellen Ergebnisse zur Überprüfung des «regret»-Effekts allerdings widersprüchlich (vgl. auch WALSTER & WALSTER, 1970).

Man kann annehmen, daß nach Entscheidungen sich nicht nur die Attraktivität der Alternativen verändert, sondern auch die Sicherheit über die Richtigkeit der Entscheidung. KNOX & INKSTER (1968) können z. B. nachweisen, daß Vpn, die Wetten bei Pferderennen abgeschlossen hatten, nach dem Wettabschluß über die Richtigkeit ihrer Entscheidung sicherer waren als vor dem Wettabschluß. Systematische Untersuchungen über Sicherheitsveränderungen nach Entscheidungen fehlen allerdings bisher noch (siehe dazu auch RAFFÉE, SAUTER & SILBERER 1973).

b) Die Generalisierbarkeit der Ergebnisse in Nachentscheidungssituationen: Kognitive Konsequenzen illegitimer Handlungsentscheidungen

Die Vorhersagen der Dissonanztheorie hinsichtlich der Veränderung der Attraktivität von Entscheidungsalternativen zur Reduktion kognitiver Dissonanz lassen sich auf alle denkbaren Handlungen und Entscheidungen anwenden, unabhängig davon, ob diese Verhaltensweisen sozial erwünscht oder nicht erwünscht, legitim oder illegitim sind. DAVIS & JONES (1960) konnten z. B. nachweisen, daß Personen, die sich anderen gegenüber aggressiv verhalten, unter Bedingungen mit hoher Dissonanz dieses Verhalten rechtfertigen und das Opfer abwerten. Auch Untersuchungen, die im Rahmen der «Equity»-Theorie (vgl. ADAMS, 1965; MÜLLER & CROTT, in diesem Band; WALSTER, BERSCHEID & WALSTER, 1973) und der «Theorie der gerechten Welt» (vgl. LERNER & SIMMONS, 1966) durchgeführt wurden, zeigen, daß ein nicht wiedergutzumachender Schaden eine Abwertung des Opfers bewirkt (DAVIDSON, 1964; WALSTER & PRESTHOLDT, 1966). Ebenso wurden die Leiden des Opfers unterschätzt (BROCK & BUSS, 1962) und nur begrenzte Verantwortlichkeit für die Handlung (SYKES & MATZA, 1957) übernommen. Der Rechtfertigungsdruck für das Verhalten ist im allgemeinen um so stärker, je weniger die Chance besteht, eine Wiedergutmachung zu leisten, d. h. je weniger eine Entscheidung oder ein Verhalten revidierbar ist. Diese Ergebnisse haben starke Relevanz für die Analyse abweichenden Verhaltens: Man kann davon ausgehen, daß Personen solches Verhalten vor sich selbst und vor anderen rechtfertigen müssen, wobei die Dissonanz durch behauptete Minimierung von Entscheidungsfreiheit, durch Abwertung des Opfers, durch Anzweiflung der Illegimität des Verhaltens usw. reduziert werden kann. Die Theorie der gerechten Welt, die Theorie der Neutralisationstechniken von SYKES & MATZA (1968) sowie die «Equity»-Theorie machen speziell in diesem Bereich die gleichen Vorhersagen wie die Dissonanztheorie.

c) Die Wirkungen unerwarteter negativer Konsequenzen nach Entscheidungen: «fait accompli»-Effekt

Welchen Einfluß haben nach einer Entscheidung plötzlich und unerwartet auftretende negative Konsequenzen («fait accompli»)? BREHM (1959) stellte fest, daß sich bei unerwartet auftretenden negativen Konsequenzen einer Entscheidung die Attraktivität dieser Alternative erhöht, sofern sich die Personen für die negativen Konsequenzen verantwortlich fühlen. Auch COOPER (1971) und PALLAK et al. (1974) fanden ähnliche Ergebnisse. Negative Konsequenzen, die zufällig auftreten oder für welche die Person externe Faktoren verantwortlich machen kann, führen dagegen zu keiner Änderung der Attraktivität der Entscheidung oder Handlung.

Bei PALLAK, SOGIN & VAN ZANTE (1974) sollten die Vpn bei hoher bzw. niedriger Entscheidungsfreiheit eine relativ langweilige Aufgabe bearbeiten. Anschließend wurden sie vom Vl informiert, daß die Ergebnisse nutzlos seien (unvorhersehbare negative Konsequenzen). Die Attribution der Kausalität für die negativen Konsequenzen wurde dadurch variiert, daß den Vpn gesagt wurde, die Nützlichkeit dieser Ergebnisse sei vom Zufall (externe Attribution) oder von der Person selbst (interne Attribution) abhängig. Unter der Bedingung hohe Entscheidungsfreiheit/ interne Attribution zeigte sich eine positivere Bewertung der Aufgabe als Form der Dissonanzreduktion im Vergleich zu den drei anderen Bedingungen. SOGIN & PALLAK (1976) konnten BREHM & JONES (1970), COOPER (1971) sowie PALLAK et al. (1974) replizieren. Negative Konsequenzen für den Akteur selbst, die nach einer Entscheidung unter voller Entscheidungsfreiheit auftreten und die die Person intern attribuiert, bewirken also das paradoxe aber von der Dissonanztheorie vorhersagbare Ergebnis, daß die Attraktivität der Aufgabe bzw. der Entscheidungsalternative steigt, unabhängig davon, ob die negativen Konsequenzen vorhersehbar waren oder nicht.

d) Dissonanz und kognitive Prozesse bei vorläufigen Entscheidungen:
Wie oben schon erwähnt, behaupten FESTINGER sowie WICKLUND & BREHM u. a., daß die Dissonanztheorie nur *nach* Entscheidungen, nicht aber *vor* Entscheidungen anwendbar ist. Vor Entscheidungen sei die Bewertung der Attraktivität der Alternativen ebenso wie auch die Informationsaufnahme unverzerrt und wäre Gegenstand der Konflikttheorie. Ein Argument von FESTINGER (1964), die Dissonanztheorie nur auf den Bereich *nach* Entscheidungen anzuwenden, besteht darin, daß er «spreading apart»-Effekte bei Experimenten im sogenannten Vorentscheidungsprozeß nicht oder nur schwächer feststellen konnte. Wir gehen aber davon aus, daß die Theorie der kognitiven Dissonanz nicht nur auf Prozesse nach vollzogenen, endgültigen Entscheidungen anwendbar ist, sondern auch auf vorläufige (tentative) Entscheidungen angewandt werden kann (vgl. dazu JECKER, 1968; IRLE, 1971, 1975) [6]. Vorläufige und endgültige Entscheidungen unterscheiden sich lediglich in bezug auf das Ausmaß des Festgelegtseins, d. h. den Verbindlichkeitsgrad. Kognitive Dissonanz, die durch widersprechende Informationen hervorgerufen wird, kann nach tentativen Entscheidungen leichter durch Entscheidungsrevisionen reduziert werden, während die Dissonanz nach endgültigen Entscheidungen leichter durch eine Attraktivitätsveränderung der Alternativen abgebaut werden kann (vgl. OCHSMANN & FREY, 1977). Deshalb ist es nicht erstaunlich, wenn im Vorentscheidungsprozeß der

---

[6] Über die Prozesse vor Entscheidungen siehe vor allem FEGER (1978a, 1978b).

«spreading apart»-Effekt geringer ist; dies ist insbesondere dadurch zu erklären, daß ein hoher Prozentsatz von Vpn im allgemeinen eliminiert werden muß, weil diese ihre vorläufige Entscheidung änderten (vgl. FESTINGER, 1964 und die darin beschriebenen Experimente). Es ist dringend erforderlich, in zukünftigen Experimenten diese alternativen Dissonanzreduktionsprozesse zu berücksichtigen.

Sind die Ergebnisse über die unterschiedliche Bewertung der Attraktivität von Entscheidungsalternativen im Vorentscheidungsprozeß zweideutig, so zeigen Untersuchungen, die im Rahmen der sequentiellen Informationsverarbeitung durchgeführt wurden (vgl. dazu das Sammelreferat von GRABITZ & GRABITZ-GNIECH, 1973), daß Informationen, die einer präferierten Alternative oder Hypothese widersprechen, in ihrer Wertigkeit unterschätzt und Informationen, die dieser Alternative oder Hypothese entsprechen, in ihrer Wertigkeit überschätzt werden. Dieser als «Inertia»-Effekt in die Literatur eingegangene Effekt kann dissonanztheoretisch leicht erklärt werden: Das Auftreten von Informationen, die einer subjektiven Hypothese einer Person widersprechen, erzeugt kognitive Dissonanz, die durch Unterschätzung der Wertigkeit der Information bzw. der Veränderung der Hypothese reduziert wird. Die von IRLE (1975) reformulierte Theorie der kognitiven Dissonanz hat gegenüber anderen Erklärungsversuchen (vgl. die Commitment-Hypothese, die Erwartungshypothese oder den Mechanismus der Selbstbestätigung von Hypothesen) den Vorteil, daß sie konkreter vorhersagen kann, unter welchen Bedingungen subjektive Hypothesen zur Reduktion kognitiver Dissonanz geändert werden, und unter welchen Bedingungen die widersprüchliche Information verzerrt bewertet wird.

e) Kognitive Konsequenzen irrtümlicher Selbsteinschätzungen

In den zuvor erwähnten Untersuchungen zur sequentiellen Informationsverarbeitung wurden die Vpn mit Informationen konfrontiert, die ihrer eigenen Hypothese widersprachen. Die bestehende Dissonanz wurde durch Verzerrung der widersprechenden Information oder durch Änderung der Hypothese reduziert. In einer Reihe von Experimenten wurden Vpn mit fiktiven Testergebnissen konfrontiert, die einem abgegebenen Urteil bzw. einer Entscheidung über einen Aspekt des Selbst – z. B. Intelligenz – widersprachen. Dabei konnte konsistent nachgewiesen werden (vgl. FREY, 1975b; FREY, 1978a; FREY & KUMPF, 1973; FRIES, FREY & PONGRATZ, 1977; IRLE & KROLAGE, 1973; KUMPF & GÖTZ-MARCHAND, 1973; STEINER, 1968), daß Vpn versuchen, die Dissonanz, die aufgrund der Diskrepanz zwischen Selbsteinschätzung und dem erhaltenen (fiktiven) Ergebnis entstand, dadurch zu reduzieren, daß sie die dissonanten Informationen auf externe (Abwertung der Quelle der Information) oder auf intern variable Ursachen (die Kognition einer geringen Anstrengung während der Durchführung des Tests) zurückführen. Es zeigte sich bei positiver Abweichung im allgemeinen eine stärkere Angleichung an das erhaltene Ergebnis als bei negativer Abweichung, was durch die unterschiedliche Änderungsresistenz der Kognition Selbsteinschätzung in den genannten Situationen erklärt werden kann. Personen haben nicht nur das Bedürfnis nach einer Bestätigung ihrer Urteile oder Erwartungen, sondern wollen auch in wünschenswerten Dimensionen so gut wie möglich abschneiden (vgl. dazu die Vorhersagen der Theorie der sozialen Vergleichsprozesse von FESTINGER, 1954; ebenso HAISCH & FREY, in diesem Band).

2. Kognitive Konsequenzen forcierter Einwilligung («forced-compliance»)

a) Die Relevanz unterschiedlicher Belohnung in Situationen forcierter Einwilligung

Wenn Personen ein Verhalten zeigen, das mit ihrer privaten Meinung unvereinbar ist, entsteht kognitive Dissonanz. Die Kognitionen «Ich glaube X» und «Ich zeigte ein Verhalten NON-X» sind miteinander unvereinbar. Die Dissonanz ist um so höher, je mehr Entscheidungsfreiheit eine Person für ihr Verhalten kogniziert, je höher die aversiven Konsequenzen dieses Verhaltens für sie selbst und/oder andere sind, und je geringer die Rechtfertigung für dieses Verhalten ist. In vielen Experimenten wurde Rechtfertigung des Verhaltens über die Höhe der Belohnung bzw. der angedrohten Bestrafung operationalisiert. Eine Möglichkeit der Dissonanzreduktion besteht darin, die Attitüde dem Verhalten anzupassen, sofern der Änderungswiderstand der Kognition über die Attitüde im Vergleich zu den anderen Kognitionen gering ist.

In den 60er Jahren bestand eine Kontroverse zwischen den Dissonanz- und den Inzentivtheoretikern über die Frage, ob nach attitüden-diskrepantem Verhalten hohe oder niedrige Belohnungen effektiver zur Änderung von Attitüden seien (vgl. dazu das Sammelreferat von FREY, 1971). Wie sich in mehreren Untersuchungen (CARLSMITH, COLLINS & HELMREICH, 1966; FREY, 1975a; FREY & IRLE, 1972; LINDER, COOPER & JONES, 1967; NEL, HELMREICH & ARONSON, 1969; SHERMAN, 1970 usw.) zeigte, sind ein hoher Grad an Selbstverpflichtung und Entscheidungsfreiheit die entscheidenden Variablen: Insgesamt kann als bestätigt gelten, daß nur unter Bedingungen hoher Entscheidungsfreiheit die von der Dissonanztheorie vorhergesagte indirekte Beziehung zwischen Belohnung und Attitüdenänderung zu erwarten ist, d. h., daß sich die Attraktivität einer Handlung oder einer Aufgabe mit abnehmender Belohnung erhöht. Die ursprüngliche Fassung der Dissonanztheorie, die diese Beziehungen auf alle situativen Bedingungen (also auch auf Zustände niedriger Dissonanz bzw. reduzierter Entscheidungsfreiheit) anwandte, mußte revidiert werden. Allerdings gilt auch bei hoher Entscheidungsfreiheit die umgekehrt proportionale Beziehung zwischen Belohnung und Attitüdenänderung dann nicht uneingeschränkt, wenn es sich um exzessive Belohnungen handelt. GERARD, CONOLLEY & WILHELMY (1974) postulieren z. B., daß bei übermäßigen («oversufficient»)-Belohnungen trotz Entscheidungsfreiheit der finanzielle Anreiz in seiner Wirkung die Dissonanz übersteigt und deshalb eher die Vorhersagen der Inzentivtheorie zutreffen. Diese Überlegungen konnten von GERARD et al. (1974) und ebenso von FREY, IRLE, KUMPF, OCHSMANN & SAUER (1975) gestützt werden. Neben der Dissonanztheorie können die Vorhersagen auch von der Theorie der Selbstwahrnehmung abgeleitet werden; es konnte jedoch experimentell bisher nicht eindeutig geklärt werden, welcher von beiden Theorien in diesem Bereich der Vorzug zu geben ist (vgl. zu dieser Kontroverse auch WICKLUND & BREHM, 1976).

b) Die Relevanz unterschiedlicher Bestrafungen bei forcierter Einwilligung

Im Rahmen des «forbidden toy»-Paradigmas wurde überprüft, inwieweit unterschiedliche Bestrafungen bzw. Strafandrohungen auf kognitive Änderungen einen Einfluß haben. Von allen Experimentalparadigmen innerhalb der Forschung zur forcierten Einwilligung hat das «forbidden toy»-Paradigma, das zum ersten Mal von ARONSON & CARLSMITH (1963) angewandt wurde, die konsistentesten Ergebnisse für die Dissonanztheorie erbracht. Die Vpn (Kindergartenkinder) von ARONSON & CARLSMITH (1963) sollten zunächst eine Rangordnung von mehreren Spielzeugen aufstellen und erhielten dann die Instruktion, mit dem jeweils zweitattraktivsten Spielzeug nicht zu spielen. Eine Übertretung dieses Gebotes sollte eine hohe bzw. niedrige Strafe nach sich ziehen. Anschließend wurden die Vpn mit dem gesamten Spielzeug allein gelassen und durften – außer mit dem verbotenen – mit ihm spielen. Kurze Zeit später wurde die Attraktivität des verbotenen Spielzeugs im Vergleich zu den anderen Spielzeugen zum zweiten Mal gemessen. ARONSON & CARLSMITH (1963) fanden, daß das verbotene Spielzeug bei hoher Strafandrohung attraktiver bewertet wurde als bei niedriger Strafandrohung. In sechs Replikationen dieser generellen Prozedur (CARLSMITH, EBBESEN, LEPPER, ZANNA, JONCAS & ABELSON, 1969; EBBESEN, BOWERS, PHILLIPS & SNYDER, 1975; FREEDMAN, 1965c; LEPPER, ZANNA & ABELSON, 1970; PEPITONE, MCCAULEY & HAMMOND, 1967; TURNER & WRIGHT, 1965) zeigte sich, daß Kinder bei geringer Strafandrohung das verbotene Spielzeug stärker abwerten als Kinder bei hoher Strafandrohung. Geringere Strafandrohungen scheinen also unter bestimmten Bedingungen zur Verinnerlichung von Werten bzw. zur Veränderung von Attitüden effektiver zu sein. Die

Dissonanztheorie erklärt diese Ergebnisse folgendermaßen: Die Kognitionen «Ich mag dieses (verbotene) Spielzeug» und «Ich spiele nicht mit diesem Spielzeug» erzeugen Dissonanz. Bei hoher Strafandrohung hat die Person genügend Rechtfertigung für ihr Verhalten und kann dadurch die Dissonanz reduzieren. Geringe Strafandrohung erzeugt dagegen keine ausreichende Rechtfertigung («insufficient justification») für das Nichtspielen; die entstehende Dissonanz wird deshalb durch Abwertung des verbotenen Spielzeugs reduziert. Die Ergebnisse innerhalb des «forbidden toy»-Paradigmas werden neuerdings in der Literatur – ebenso wie die Ergebnisse hinsichtlich der Belohnungsrelevanz innerhalb der «forced compliance»-Experimente – durch die Selbstwahrnehmungstheorie von BEM erklärt (vgl. dazu den Beitrag von GRABITZ in diesem Band).

c) Kognitive Auswirkungen von (unnötigen) Anstrengungen: «effort-justification»

Die Theorie der kognitiven Dissonanz behauptet, daß die Attraktivität einer Aufgabe, für die man sich freiwillig verpflichtet hat, um so mehr ansteigt, je höher der Aufwand (effort) für diese Aufgabe ist. Die aufgrund der hohen oder unnötigen Anstrengung entstandene Dissonanz kann durch Erhöhung der Attraktivität der Aufgabe reduziert werden. Zwar hatten frühere Experimente zur «effort justification»-Hypothese von ARONSON (1961) und YARYAN & FESTINGER (1961) methodische Mängel, aber auch GERARD & MATTHEWSON (1966) und ZIMBARDO (1965) konnten mit methodisch einwandfreieren Versuchsplänen die «effort justification»-Hypothese bestätigen. Auch Untersuchungen von INSKO, WORCHEL, SONGER & ARNOLD (1973), PERRY (1971), SHAFFER & HENDRICK (1971), SHAFFER & HENDRICK (1974) und WICKLUND, COOPER & LINDER (1967) haben konsistent nachgewiesen, daß die Attraktivität einer Aufgabe ansteigt, je höher der Aufwand (effort) für diese Aufgabe ist.

d) Dissonanz und die Wirkung unglaubwürdiger oder unattraktiver Kommunikatoren auf die Attitüdenänderung

Was geschieht, wenn eine Vp sich freiwillig einem unglaubwürdigen oder unattraktiven Kommunikator aussetzt? Diese Situation ist derjenigen sehr ähnlich, in der sich eine Vp unnötigem Aufwand hingibt («effort justification») bzw. unter geringer Belohnung ein attitüdendiskrepantes Verhalten durchführt. Gemäß der Theorie der sozialen Vergleichsprozesse (FESTINGER, 1954; vgl. dazu auch HAISCH & FREY, in diesem Band), aber auch gemäß der Inzentivtheorie wird angenommen, daß ein Kommunikator um so effektiver die Meinungen von Menschen beeinflussen kann, je attraktiver und glaubwürdiger er in der Kognition des Empfängers der Kommunikation ist. COHEN, TERRY & JONES (1959) berichten aber auch von Ausnahmen, die in späteren Experimenten (COOPER, DARLEY & HENDERSON, 1974; HIMMELFARB & ARAZI, 1974; JONES & BREHM, 1967; KIESLER & CORBIN, 1965) repliziert werden konnten. In all diesen Untersuchungen hatten die Vpn explizite Entscheidungsfreiheit, entweder einem sehr oder einem wenig glaubwürdigen bzw. hoch oder niedrig attraktiven Kommunikator zuzuhören oder Aufgaben von ihm durchzuführen. Die Entscheidung, einem wenig glaubwürdigen Kommunikator zuzuhören oder seinen Wünschen nachzukommen, erzeugt Dissonanz und Rechtfertigungsdruck. Diese Dissonanz kann durch Abwertung des Kommunikators nicht reduziert werden, da die Person ja freiwillig einwilligte. Eine effektivere Reduktion kognitiver Dissonanz besteht in diesem Fall darin, die Attitüde in Richtung auf die in der Kommunikation vertretene Meinung des unglaubwürdigen Kommunikators zu verändern. Die Theorie der kognitiven Dissonanz sagt also vorher, daß unglaubwürdige Kommunikatoren unter Bedingungen völliger Entscheidungsfreiheit mehr Attitüdenänderung bewirken als glaubwürdige Kommunikatoren. Die obigen Untersuchungen haben eine Parallele zu den älteren «Heuschrecken»-Untersuchungen von ZIMBARDO, WEISENBERG, FIRESTONE & LEVY (1965) und SMITH (1961), in denen gefunden wurde, daß Vpn, die von einem unbeliebten Vl instruiert wurden, Heuschrecken zu essen, deren Geschmack angenehmer beurteilten, als wenn sie von einem beliebten Vl darum gebeten wurden. Bei diesen Experimenten kann allerdings kritisch eingewandt werden, daß sich in der negativen Kommunikatorbedingung signifikant mehr Vpn weigerten, die Heuschrecken zu essen und deshalb Selbstselektion vorliegt.

Ähnliche Ergebnisse zeigten z. B. Untersuchungen von KIESLER und Mitarbeitern, die feststellten, daß Personen, die freiwillig in einer Gruppe mitarbeiteten, diese attraktiver fanden, wenn sie von ihr abgelehnt, als wenn sie akzeptiert wurden. Die generelle Annahme, daß Personen diejenigen mögen und akzeptieren, von denen sie annehmen, daß sie von ihnen gemocht und akzeptiert werden (vgl. HEIDER, 1958; JONES, 1973), hat also gewisse Ausnahmen: Stark Akzeptierte und extrem schwach Akzeptierte fanden eine Gruppe attraktiver als mittelmäßig Akzeptierte (vgl. KIESLER & CORBIN, 1965). Dieser Effekt kann dadurch erklärt werden, daß die Vpn Dissonanz verspürten, wenn sie trotz der Ablehnung freiwillig in der Gruppe weiterarbeiteten. Unter der Annahme, daß das Verhaltensengagement in dieser Situation die Kognition mit dem stärksten Änderungswiderstand ist, kann die Dissonanz dadurch reduziert werden, daß die Attraktivität der Gruppe erhöht wird. Wird keine weitere Zusammenarbeit erwartet, dann ist die Attraktivität der Gruppe entsprechend KIESLER & CORBIN (1965) um so niedriger, je geringer der

Grad der eigenen Akzeptiertheit ist; erwarten dagegen die Vpn eine weitere Zusammenarbeit und erklären sich freiwillig dazu bereit, so ist die Attraktivität der Gruppe bei niedriger Akzeptierung wieder höher als bei mittlerer Akzeptierung und genau so hoch wie bei hoher. Geringe Rechtfertigungsmöglichkeiten für das freiwillige Aufrechterhalten von unliebsamen Interaktionen können also die Attraktivität dieser Interaktionen erhöhen. (Zur Attraktivität von Interaktionen siehe STROEBE 1978).

Insgesamt zeigen sich also im Bereich der forcierten Einwilligung konsistente Ergebnisse und zwar insofern, als niedrige Rechtfertigungen für Aufgaben und Verhaltensweisen zu einer Erhöhung der Attraktivität dieser Aufgaben und Verhaltensweisen führen, wenn Personen die Illusion einer Entscheidungsfreiheit haben (vgl. dazu auch STEINER, 1972).

e) «Foot-in-the-door»-Technik

Leistet man jemandem Hilfe, ohne genügend Rechtfertigung zu haben, so erhöht sich die Attraktivität desjenigen, dem man geholfen hat. FREEDMAN & FRAZER (1966) überprüfen die Strategie der «foot-in-the-door»-Technik, die davon ausgeht, daß eine sukzessive Approximation zur Erreichung einer Hilfeleistung besser ist als eine sofortige hohe Forderung. Nach dieser Technik sollte man zunächst um eine kleine Gefälligkeit bitten, dem potentiellen Helfer aber die Illusion völliger Entscheidungsfreiheit lassen. Leistet er die erbetene Hilfe, so entsteht Dissonanz und damit ein Bedürfnis, die Hilfeleistung zu rechtfertigen. Die Dissonanz kann durch Erhöhung der Attraktivität des Empfängers reduziert werden, was weitere Hilfeleistungen wahrscheinlicher macht. FREEDMAN & FRAZER (1966) fanden in zwei Felduntersuchungen, daß die Bereitschaft für relativ große Hilfeleistungen anstieg, wenn Personen zuerst um eine kleine Gefälligkeit gebeten wurden, im Vergleich zur Hilfsbereitschaft anderer Personen, die sofort um große Gefälligkeiten gebeten wurden. Bei FREEDMAN & FRAZER (1966) war die abhängige Variable diskret, d. h. die Vpn stimmten der größeren Hilfe zu oder nicht. PLINER, HART, KOHL & SAARI (1974) verwendeten eine kontinuierlich abhängige Variable und maßen nicht nur die berichtete Intention zu helfen, sondern die tatsächliche Hilfsbereitschaft. Personen, die zuvor schon um eine Hilfeleistung gebeten worden waren, gaben zu einem größeren Prozentsatz weitere Spenden, im Gegensatz zu Personen ohne vorherige Bitte um Hilfeleistung; ähnlich sind die Ergebnisse bei der Spendenhöhe. Auch CANN, SHERMAN & ELKES (1975) sowie SNYDER & CUNNINGHAM (1975) erhielten Ergebnisse, die in die gleiche Richtung gehen. Wie auch auf anderen zuvor schon erwähnten Gebieten besteht auch bei den Forschungen mit dem «foot-in-the-door»-Paradigma neuerdings die Tendenz, die Ergebnisse mit Hilfe der Selbstwahrnehmungstheorie zu erklären.

3. Die selektive Suche nach neuen Informationen
(«selective exposure to information»)

In den vorhergehenden Kapiteln wurde betont, daß Personen kognitive Dissonanz durch Änderung (Addition, Subtraktion und Substitution) von Kognitionen reduzieren können, und daß diese Veränderung eine Umbewertung von Attitüden hinsichtlich der Richtigkeit der gewählten und der nicht gewählten Alternative bewirkt. Die Addition von neuen konsonanten Kognitionen kann oft (einfach) durch deren Abruf aus dem Gedächtnis vorgenommen werden. Dies ist freilich nur möglich, so lange solche Kognitionen vorhanden sind. Unter bestimmten Bedingungen müssen die Personen erst aktiv neue konsonante Informationen in ihrer Umwelt suchen. Entsprechend der Theorie der kognitiven Dissonanz suchen Personen nach Entscheidungen solche Informationen, die die Dissonanzreduktion erleichtern, während sie dissonante, reduktionserschwerende Informationen vermeiden. Die Hypothese der selektiven Auswahl von Informationen behauptet also, daß man die gewählte Entscheidungsalternative durch die selektive Auswahl von Informationen abzusichern versucht.

EHRLICH, GUTTMAN, SCHONBACH & MILLS (1957) z. B. konnten in einer Untersuchung nachweisen, daß Autokäufer, die erst kürzlich ein Auto gekauft hatten, stärker nach Informationen (Werbeannoncen) über den gekauften als über die zuvor in Betracht oder über nicht in Betracht gezogenen Wagen suchten. Diese selektive Auswahl war bei Autobesitzern, die ihren Wagen schon länger besaßen, weniger vorhanden.

Eine adäquate Überprüfung der «selective exposure»-Hypothese, die eine kurvilineare Beziehung zwischen Dissonanzhöhe und der selektiven Auswahl konsonanter und der Vermeidung dissonanter Informationen vorhersagt, steht im Prinzip noch aus, da die alten Experimente von FESTINGER (1957) und COHEN, BREHM & LATANÉ (1959) stark mit methodischen Mängeln behaftet sind und – außer dem Experiment von RHINE (1967) – sämtliche Experimente zur Informationsaufnahme überhaupt nur mit einer oder zwei Dissonanzstufen durchgeführt wurden. Eine adäquate Überprüfung von Annahmen kurvilinearer Beziehung zwischen einer unabhängigen und einer abhängigen Variablen erfordert mindestens drei Stufen der Dissonanz. Unabhängig davon kranken die meisten Experimente, die die «selective exposure»-Hypothese überprüften (vgl. ADAMS, 1961; FREEDMAN, 1965a, 1965b; MILLS, ARONSON & ROBINSON, 1959; MILLS, 1965a, 1965b; ROSEN, 1961; SEARS, 1965; SEARS & FREEDMAN, 1963) daran, daß Variablen wie Neugierde, Nützlichkeit, Fairneßnormen usw. mit Dissonanz konfundiert waren. Die Inadäquatheit dieser Experimente bezieht sich also nicht nur auf die Art der Operationalisierung kognitiver Dissonanz, sondern auch auf die Art der Messung der abhängigen Variable Informationssuche und -vermeidung. In ihrem Sammelreferat kommen FREEDMAN & SEARS (1965) zu dem Schluß, daß die Dissonanztheorie auf dem Gebiet der Informationssuche versagt habe und für diesen Bereich keine Vorhersagekraft habe. Sie übersehen dabei allerdings die – teilweise katastrophalen – methodischen Mängel fast aller «selective exposure»-Experimente, auf die sie sich beziehen (einschließlich ihrer eigenen).

Die ursprüngliche Auffassung von FESTINGER (1957), der grundsätzlich eine Präferenz von konsonanten gegenüber dissonanten Informationen vorhersagte – außer bei Zuständen maximaler Dissonanz – kann allerdings als widerlegt gelten. FESTINGER schränkt 1964 selbst den Allgemeinheitsgrad seiner Hypothese ein: Er behauptet in seiner Revision (FESTINGER, 1964), daß dissonante Informationen dann sogar aktiv gesucht werden, wenn sie als nützlich gelten, oder aber wenn die Person meint, die dissonante Information widerlegen zu können. Die Widerlegung einer dissonanten Information ist unter Umständen eine bessere Dissonanzreduktionsstrategie als die naive Vermeidung dieser Information.

Untersuchungen von CANON (1964) und FREEDMAN (1965b) über die Relevanz des Faktors Nützlichkeit sowie von LOWIN (1967, 1969) und KLEINHESSELINK & EDWARDS (1975) über die Relevanz des Faktors Widerlegbarkeit bestätigen die revidierte Auffassung von FESTINGER (1964). Trotz dieser Untersuchungen ist jedoch die Spezifizierung der Bedingungen, unter denen selektiv konsonante oder dissonante Informationen gesucht werden, bisher noch nicht befriedigend geleistet und gilt unseres Erachtens als eine der dringlichsten Aufgaben zukünftiger Forschung (vgl. dazu FREY 1978b).

Es soll noch kurz auf das Problem der Selektivität der Informationssuche *vor* Entscheidungen eingegangen werden. FESTINGER (1957, 1964) behauptet, daß das aktive Sichaussetzen gegenüber neuen Informationen vor Entscheidungen (im Gegensatz zur Exposition nach Entscheidungen) unverzerrt und unparteilich ist. Systematische Untersuchungen auf diesem Gebiet fehlen allerdings. Theoretisch vertreten wir eine andere Auffassung als FESTINGER: Wie zuvor bei der Diskussion über die Attraktivitätsveränderung von Entscheidungsalternativen betont wurde, daß diese nicht auf den Bereich nach Entscheidungen beschränkt sind, wird auch bei der Informationssuche argumentiert, daß selektive Informationssuche bereits vor Entscheidungen auftritt. Voraussetzung dafür ist lediglich, daß Personen eine tentative Entscheidung, d. h. eine Festlegung für eine bestimmte Alternative getroffen haben und bestrebt sind, diese tentative Entscheidung aufrechtzuerhalten.

4. Kognitive Konsequenzen von Meinungsdiskrepanzen mit anderen Personen: Attitüdenänderung und die Suche nach sozialer Unterstützung

a) Attitüdenänderung bei Meinungsdiskrepanzen zwischen Kommunikator und Empfänger

«Soziale Kommunikationen und Interaktionen mit anderen Menschen stellen, falls diese nicht die eigene Meinung teilen, immer eine potentielle Quelle kognitiver Dissonanz dar. Interaktionen mit Gleichgesinnten dagegen können eine Reduktion von Dissonanz erleichtern, indem sie entsprechende neue konsonante kognitive Elemente liefern.» FESTINGER (1957) spricht diese Probleme in dem Kapitel «social support» an. Er versucht hier, Aspekte seiner Theorie des sozialen Einflusses und der Theorie der informellen Kommunikation und des informellen Gruppendrucks in die Dissonanztheorie zu integrieren.

Wird eine Person mit Informationen und Meinungen anderer Personen konfrontiert, die zu ihrem bestehenden System von Kognitionen in Widerspruch stehen, so entsteht kognitive Dissonanz. Diese Dissonanz ist um so geringer, je geringer die Glaubwürdigkeit des Kommunikators, je geringer die Diskrepanz zwischen Empfänger und Sender und je weniger fest die betroffene Attitüde in das kognitive System eingebettet ist, d. h. je weniger konsonante Kognitionen mit der Attitüde verbunden sind. Die Person hat mehrere Dissonanzreduktionsmöglichkeiten: Änderung der eigenen Meinung in Richtung auf die in der Kommunikation vertretene Meinung, Änderung der Meinung des Kommunikators oder anderer, Abwertung des Kommunikators oder der Kommunikation, Verzerrung des Inhaltes der Kommunikation, Suche nach sozialer Unterstützung für die eigene Meinung usw. In diesem Zusammenhang soll insbesondere auf den ersten und den zuletzt angesprochenen Punkt näher eingegangen werden, da zu diesem Problembereich die meisten empirischen Untersuchungen vorliegen.

In den meisten Untersuchungen, in denen die Attitüdenänderung als Dissonanzreduktionsstrategie gemessen wurde, versuchte man, die übrigen Dissonanzreduktionsmechanismen zu blockieren. Ein Forschungsschwerpunkt besteht darin zu untersuchen, welcher Zusammenhang zwischen der Diskrepanz und der Höhe einer Attitüdenänderung besteht, da über diesen Sachverhalt neben der Theorie der kognitiven Dissonanz auch andere Theorien Aussagen machen. Empirische Untersuchungen erbrachten widersprüchliche Ergebnisse: Mit zunehmender Diskrepanz zwischen dem Kommunikator und dem Empfänger nimmt die Attitüdenänderung des Empfängers in Richtung auf die in der Kommunikation vertretene Meinung zu (vgl. FISHER & LUBIN, 1958; HOVLAND & PRITZKER, 1957; ZIMBARDO, 1960 und viele andere mehr) oder aber ab (vgl. HOVLAND, HARVEY & SHERIF, 1957). Eine zentrale vermittelnde

Variable, die die Widersprüche erklären könnte, scheint die Glaubwürdigkeit des Kommunikators zu sein: ARONSON, TURNER & CARLSMITH (1963) sowie BOCHNER & INSKO (1966) fanden, daß bei Kommunikatoren mit hoher Glaubwürdigkeit die Attitüdenänderung mit zunehmender Diskrepanz zunimmt, während bei Kommunikatoren mit niedriger Glaubwürdigkeit die Attitüdenänderung mit zunehmender Diskrepanz abnimmt. Dieser Sachverhalt läßt sich durch den Änderungswiderstand von Kognitionen erklären: Hohe Glaubwürdigkeit des Kommunikators bewirkt einen hohen Änderungswiderstand der Kognition über den Kommunikator; zur Reduktion der Dissonanz wird deshalb eher die eigene Meinung geändert. Bei niedriger Glaubwürdigkeit des Kommunikators kann dieser leicht abgewertet werden, so daß die eigene Meinung nicht mehr zur Reduktion kognitiver Dissonanz geändert werden braucht.

Die Dissonanztheorie liefert aber auch eine Erklärung dafür, daß Einstellungen durch Beeinflussungsversuche noch verfestigt oder sogar in beeinflussungskonträre Richtung verändert werden können. Dieses Phänomen wurde von HOVLAND et al. (1957) als Bumerangeffekt und von SHERIF & HOVLAND (1961) als Kontrasteffekt bezeichnet (und im Rahmen ihrer Assimilations-Kontrast-Theorie erklärt). Nach der Dissonanztheorie tritt der Bumerangeffekt immer dann auf, wenn die Einstellung, die verändert werden soll, besonders änderungsresistent ist. Das kann bei stark emotional und affektiv gefärbten Vorurteilen und Werten, wie auch bei anderen zentralen Einstellungen der Fall sein. Man kann sich diesen Vorgang folgendermaßen erklären: Die attitüdendiskrepante Kommunikation erzeugt Dissonanz; die attackierte Kognition hat aber einen zu hohen Änderungswiderstand, als daß sie in Richtung auf die in der Kommunikation vertretene Meinung geändert werden könnte. Die Änderungsresistenz der Kommunikation ist also geringer als die der betroffenen Kognition, so daß die bestehende Dissonanz durch Verfestigung der Ausgangsattitüde reduziert wird; durch diese Verfestigung kann eine psychologische Distanzierung von der Kommunikation sowie eine Abwertung der Kommunikation leicht erfolgen. Neben der Verfestigung der eigenen Meinung werden also Abwertungsprozesse der Kommunikation und des Kommunikators festzustellen sein. Aus dem Dissonanzreduktionsprozeß geht die angegriffene Einstellung gefestigt hervor.

VON CRANACH, IRLE & VETTER (1965) wiesen in zwei Experimenten nach, daß bei geringer Verankerung einer Einstellung in ein übergreifendes Wertsystem eine Annäherung an die konträre Kommunikation, bei starker Verankerung hingegen eine Festlegung der ursprünglichen eigenen Einstellung (Bumerangeffekt) erfolgt. Neuere Untersuchungen dazu liegen von HALVERSON & PALLAK (1974), RHINE & POLOWNIAK (1971) und SHERIF, KELLEY, RODGERS, SARUP & TITTLER (1973) vor [7].

Insgesamt kann davon ausgegangen werden, daß der Bumerangeffekt dissonanztheoretisch über den Änderungswiderstand von Kognitionen leicht zu erklären ist. Dadurch scheint eine Integration der Assimilations-Kontrast-Theorie in die Dissonanztheorie möglich zu sein.

b) Die Suche nach sozialer Unterstützung

Die Änderung einer Attitüde nach einer attitüdendiskrepanten Kommunikation tritt nur unter ganz spezifischen Bedingungen auf: Wenn die Attitüde einen relativ hohen Änderungswiderstand hat, kann man annehmen, daß Personen eher versuchen, durch Suche nach sozialer Unterstützung die angegriffene Attitüde wieder zu stabilisieren. "One would consequently expect that if a person has appreciable dissonance between two clusters of cognitive elements he would initiate communication and influence processes with other persons in an attempt to reduce his dissonance." (vgl. FESTINGER, 1957, S. 159). Durch die soziale Unterstützung von anderen Personen werden neue, mit der eigenen Meinung konsonante Elemente addiert.

Soziale Unterstützung wird nicht nur gesucht, wenn das kognitive System attackiert und verunsichert wird, sondern auch dann, wenn das Individuum aufgrund einer diskrepanten Kommunikation seine Meinung ändert. Die Änderung der Attitüde erzeugt insofern neue Dissonanz, als durch die geänderte Kognition früher konsonante Beziehungen zu anderen Kognitionen dissonant werden. Die Person befindet sich also erneut in einem Zustand kognitiver Dissonanz, der allerdings geringer ist als der vorherige, da immer diejenige Reduktionsart gewählt wird, welche die geringste neue Dissonanz entstehen läßt. Um diese Dissonanz niedrig zu halten, werden solche Kommunikationen bevorzugt, die die neue Attitüde bestätigen und die früher eingenommene Position angreifen. Warum wurde nun die Dissonanz nicht durch die Beibehaltung der früheren Meinung und durch anschließende selektive Informationssuche reduziert? Wahrscheinlich weil die neue Dissonanz immer noch größer gewesen wäre als die durch Änderung der Attitüde entstandene. Es zeigt sich also wiederum die Relevanz des Änderungswiderstandes von Kognitionen.

Als Beispiel der Bedeutung sozialer Unterstützung für die Reduktion kognitiver Dissonanz kann die Untersuchung von FESTINGER, RIECKEN & SCHACHTER (1956) genannt werden, in der gefunden wurde, daß eine Gruppe, bei deren Mitgliedern starke Dissonanz durch die Nichtbestä-

---

[7]   Die Reaktanztheorie erklärt Bumerangeffekte damit, daß sich Personen durch extreme Beeinflussungsversuche eingeengt fühlen und auf diese Einengung mit Widerstand reagieren (vgl. dazu den Beitrag von GNIECH & GRABITZ, in diesem Band).

tigung ihres Glaubenssystems erzeugt wurde (der vorausgesagte Weltuntergang trat nicht ein), ihren Glauben nicht aufgab, sondern ihre Dissonanz durch Verfestigung («bolstering») der ursprünglichen Einstellung reduzierte und plötzlich damit begann, Anhänger für ihren Glauben zu rekrutieren. Wenn Beeinflussungsversuche erfolgreich sind und neue Anhänger gewonnen werden, so entspricht dies der Addition neuer konsonanter Kognitionen. Ähnliche Ergebnisse zeigt eine neuere Untersuchung von BATSON (1975). In ähnlicher Weise haben FESTINGER (1957) und FESTINGER, RIECKEN & SCHACHTER (1956) die Entstehung des Christentums dissonanztheoretisch erklärt: Nach dem unerwarteten Ausbleiben der Wiederkunft Jesu Christi zu Lebzeiten der Jünger setzten bei diesen und anderen Christen verstärkte Missionsbestrebungen ein. Diese Missionsbestrebungen können ein Mittel zur Reduktion kognitiver Dissonanz gewesen sein (vgl. auch SCHÖNBACH, 1966).

BRODBECK (1956) fand, daß Vpn, die mit einer attitüdendiskrepanten Kommunikation konfrontiert worden waren, eher Kommunikationspartner präferierten, deren Meinung mit der ihren übereinstimmte als Vpn, die einer attitüdenkonvergenten Kommunikation ausgesetzt waren. Er konnte allerdings aufgrund seines experimentellen Designs nicht prüfen, inwieweit die Suche nach sozialer Unterstützung mit zunehmender Dissonanz zunimmt. Ein ähnliches Problem wie BRODBECK untersuchten MACCOBY, MACCOBY, ROMNEY & ADAMS (1961). Sie stellten fest, daß Vpn, die ihre Meinung aufgrund einer attitüdendiskrepanten Kommunikation änderten, solche Personen präferierten, deren Meinung mit der ihren übereinstimmte, wohingegen Vpn, die trotz der Gegenkommunikation standhaft blieben, solche Personen suchten, die mit der beibehaltenen Meinung übereinstimmten. Dies kann, wie oben erwähnt, dadurch erklärt werden, daß die Änderung einer Attitüde mit neuer Dissonanz verbunden ist, was vor allem auf die psychologische Inkompatibilität der neuen Meinung mit Kognitionen, die sich auf die frühere Meinung beziehen, zurückzuführen ist. Die neue Dissonanz kann durch soziale Unterstützung für die neue Meinung reduziert werden. Diese Hypothese erhielt auch direkte und indirekte Unterstützung durch die Daten von BRODBECK (1956), EHRLICH et al. (1957) und MILLS et al. (1959). Auch ADAMS (1961) konnte nachweisen, daß Vpn Unterstützung für ihre Position nach einer Kommunikation suchen. In all diesen Experimenten konnten die Vpn ihre Dissonanz also dadurch reduzieren, daß sie nach zusätzlichen konsonanten Informationen suchten.

Andererseits zeigen aber auch Untersuchungen von BRODBECK (1956), FESTINGER & THIBAUT (1952), FESTINGER, GERARD, HYMOWITSCH, KELLEY & RAVEN (1952) und SCHACHTER (1951) in Diskussionssituationen, daß Personen Kommunikationen mit Abweichlern gegenüber Kommunikationen mit Konformisten bevorzugen. Der Widerspruch läßt sich durch das Ergebnis eines Experiments von SCHACHTER (1951) leicht lösen, in dem gefunden wurde, daß die Kommunikationen mit Abweichlern abrupt abgebrochen werden, wenn keine Erfolgsmöglichkeit für eine Attitüdenänderung bei den Abweichlern gesehen wird.

5. Dissonanz als motivationaler- und Erregungs-Zustand

a) Die kognitive Kontrolle von Motivationen durch Dissonanz

Die Reduktion kognitiver Dissonanz kann zu einer Verstärkung oder auch zu einer Verminderung der Stärke biologischer elementarer Bedürfnisse, wie z. B. nach Flüssigkeit oder Nahrung usw., führen. Die Operationalisierung zur Überprüfung dieser Hypothesen erfolgte wie bei den Experimenten zur erzwungenen Zustimmung: Die Vpn sollten sich freiwillig verpflichten, eine gewisse Zeit nichts zu essen oder zu trinken; sie kamen dann wieder ins Labor und erfuhren, daß sie diesen Zustand unter hoher oder niedriger Rechtfertigung für einige weitere Stunden freiwillig fortsetzen sollten. Je höher die Rechtfertigung für dieses Verhalten ist, um so geringer ist die Dissonanz. Es zeigte sich konsistent, daß die Vpn unter Bedingungen hoher Dissonanz über geringeren Hunger und Durst berichten, und daß auch in physiologischen Messungen ein geringeres Maß an ungesättigten Fettsäuren und ein geringerer Blutzuckergehalt nachweisbar ist (BREHM, 1962; BREHM & CROCKER, 1962; BREHM, BACK & BOGDONOFF, 1964; BROCK & GRANT, 1963; MANSSON, 1969). Motivationen bzw. biologische Bedürfnisse können also offensichtlich kognitiv kontrolliert werden. Daß auch das Ausmaß des empfundenen Schmerzes kognitiv kontrolliert werden kann, zeigt eine Untersuchung von ZIMBARDO, COHEN, WEISENBERG, DWORKIN & FIRESTONE (1969). Sie gaben ihren Vpn entweder minimale oder hohe Rechtfertigung für Elektroschocks. Vpn mit hoher Dissonanz (minimale Rechtfertigung) empfanden die Schocks weniger schmerzhaft als Vpn mit niedriger Dissonanz (hohe Rechtfertigung). Die Selbstberichte korrespondierten exakt mit den physiologischen (GSR)-Messungen. (vgl. auch GERARD, 1967; NISBETT & SCHACHTER, 1966 und QUANTY & BECKER, 1974).

b) Motivationale Effekte kognitiver Dissonanz

Theoretisch wird Dissonanz als ein negativer Zustand der psychologischen Spannung definiert, der entstehen wird, wenn Individuen zwei Kognitionen besitzen, die miteinander inkonsistent sind. Diese Dissonanz motiviert das Individuum, Dissonanz zu reduzieren, indem eine der beiden inkonsistenten Kognitionen geändert wird. Sofern Dissonanz ein Erregungszustand ist, müßte dies auf das Abschneiden in Leistungssituationen ähnliche Auswirkungen haben wie bei anderen Erregungszuständen: Erregungszustände verringern Reaktionen mit hoher Auftrittswahrscheinlichkeit und erhöhen Reaktionen mit niedriger Auftrittswahrscheinlichkeit (vgl. SPENCE, FARBER & MCFANN, 1956). PALLAK (1970) sowie PALLAK & PITTMAN (1972) konnten dies nachweisen. Bei PALLAK (1970) wurde kognitive Dissonanz dadurch erzeugt, daß die Vpn freiwillig einen attitüdendiskrepanten Aufsatz schreiben sollten. Bei einem anderen Teil der Vpn wurde ein Erregungszustand durch die Androhung eines Elektroschocks induziert, während eine Kontrollgruppe von Vpn weder das Schreiben eines Essays noch das Erhalten eines Elektroschocks antizipieren sollte. Nach diesen Manipulationen führten die Vpn eine Paarassoziationslernaufgabe durch. Wenn die Existenz dissonanter Kognitionen erregend ist, müssen die Vpn, die Dissonanz erlebten, im Paarassoziationslernen besser abschneiden als Vpn, die in keinem Erregungszustand waren. Die Ergebnisse von PALLAK (1970) bestätigen diese Hypothese. Vpn in der Dissonanzbedingung waren so gut wie Vpn in der Schock-Erregungs-Bedingung und beide signifikant besser als Vpn in der Kontrollbedingung. Ähnliche Ergebnisse zeigten die Experimente von COTTRELL, RAJECKI & SMITH (1974). COTTRELL & WACK (1967), PALLAK & ANDREW (1970); PALLAK, PITTMAN, HELLER & MUNSON (in press); WATERMAN (1969) und WATERMAN & KATKIN (1967). Nach diesen Experimenten kann man folgendes annehmen: Manipulationen von kognitiver Dissonanz durch attitüdendiskrepantes Verhalten erzeugen Effekte, die ähnlich anderen Erregungszuständen sind. Die Höhe kognitiver Dissonanz verändert die Leistung bei Aufgaben, die unabhängig von der Manipulation kognitiver Dissonanz (und deshalb unabhängig von der Dissonanzreduktion) sind. Die Höhe der Dissonanz interagiert mit Responsedominanz bei der Leistung in Aufgaben, die eindeutig nicht instrumental für die Dissonanzreduktion waren. Die fünf Experimente verwendeten vier verschiedene Operationalisierungen von Dissonanz sowie vier verschiedene Operationalisierungen für Responsekompetition und Messungen für Leistung. Man kann demnach vermuten, daß die meisten Techniken der Manipulierung von Dissonanz eine «arousal»-Komponente enthalten, die der anderer «arousal»-Zustände ähnlich ist.

c) Die Fehlattribution von Dissonanz als Erregungszustand

Die im Abschnitt zuvor aufgeführten Experimente haben gezeigt, daß die meisten Techniken zur Erzeugung kognitiver Dissonanz einen Erregungszustand bewirken. Folgt man nun der affektiv-kognitiven Labeling-Theorie von SCHACHTER & SINGER (1962) sowie SCHACHTER (1964) (vgl. auch den Beitrag von GRABITZ & GNIECH in diesem Band), dann kann man annehmen, daß die Reaktion auf den Erregungszustand von der Kognition der Ursache der Erregung abhängig ist. Nach SCHACHTER &

SINGER (1962) ist eine Emotion eine Funktion der autonomen physiologischen Erregung und eines kognitiven Labels. Die Erregung ist notwendig, um die Emotion zu erfahren; die jeweilig verfügbare Interpretation der Erregung bestimmt aber die Art der Emotion. Emotionen können verändert werden, wenn die Erregung fälschlicherweise einem externen Stimulus attribuiert wird. WORCHEL & ARNOLD (1974) folgern, daß sich die Attitüdenänderung erhöhen müsse, wenn die durch die Dissonanz entstandene Erregung mit einer davon unabhängig auftretenden Erregung gekoppelt und derselben Quelle attribuiert wird. Die Vpn von WORCHEL & ARNOLD (1974) sollten sich mit oder ohne Entscheidungsfreiheit einer attitüdendiskrepanten Kommunikation aussetzen. Bei der Hälfte der Vpn (Unterbrechungsbedingung) wurde die Rede während des Konklusionssatzes unterbrochen; bei der anderen Hälfte hörten die Vpn die Rede bis zum Schluß (keine Unterbrechungsbedingung) [8]. Vpn in der Bedingung Entscheidungsfreiheit/Unterbrechung zeigten signifikant mehr Attitüdenänderung als in den drei anderen Bedingungen. Man kann annehmen, daß sich die durch die kognitive Inkonsistenz und durch Unterbrechung erzeugten Erregungszustände kombinieren und deshalb zu einer erhöhten Attitüdenänderung führen. Kombinierte Erregungszustände führen also dann zu stärkeren Effekten, wenn sie auf dieselbe Quelle attribuiert werden. Im Experiment von WORCHEL & ARNOLD wurde die durch die Unterbrechung entstandene Erregung kausal auf die Dissonanzmanipulation attribuiert. Man kann vermuten, daß kognitive Dissonanz nur dann zu Attitüdenänderung führt (vorausgesetzt, daß die Attitüde den geringsten Änderungswiderstand hat), wenn die Erregung auf kognitive Dissonanz attribuiert wird.

DRACHMAN & WORCHEL (1976) konnten dies bestätigen: Die Vpn sollten ein diskrepantes Verhalten unter hoher Entscheidungsfreiheit ausführen. Gleichzeitig wurden ihnen positiv bzw. negativ erregende Bilder (Sexszenen oder Gewaltszenen) oder aber keine Bilder vorgelegt. Es zeigte sich, daß bei Vorlage positiver und negativer Bilder keine Attitüdenänderung stattfand, wohl aber in der Versuchsbedingung ohne Bilder. DRACHMAN & WORCHEL (1976) argumentieren, daß die Vpn die Erregung durch die kognitive Dissonanz den erregenden Bildern zuschrieben und deshalb keine Attitüdenänderung zeigten.

Auch ZANNA & COOPER (1974) weisen nach, daß die Zuschreibung von Erregung die Dissonanzreduktion determiniert. Sie gaben ihren Vpn in einer «forced compliance»-Situation Placebos, wobei entweder gesagt

---

[8] Vpn in der Unterbrechungsbedingung erinnerten sich signifikant an mehr Argumente als Vpn, die die ganze Rede hörten. Dies kann als Zeigarnik-Effekt interpretiert werden, der durch die Erregung aufgrund der Unterbrechung erzeugt wurde.

274

wurde, daß die Pillen erregend, beruhigend oder aber ohne Nebenwirkungen seien. Vpn, die keine Nebenwirkungen erwarteten, zeigten einen Dissonanzeffekt, d. h. Vpn mit hoher Entscheidungsfreiheit änderten ihre Attitüde in Übereinstimmung mit dem Verhalten stärker als Vpn mit niedriger Entscheidungsfreiheit. Konnten die Vpn ihre Erregung der Pille attribuieren, wurde der Dissonanzeffekt eliminiert. Waren die Vpn hingegen der Meinung, daß die Pille beruhigend sei, änderten Vpn mit hoher Entscheidungsfreiheit ihre Attitüde signifikant stärker als in der Kontrollbedingung. Ähnliche Ergebnisse erbrachten die Experimente von COOPER, ZANNA & TAVES (1975). PITTMAN (1975) kann nachweisen, daß Attitüdenänderungen aufgrund von Dissonanz dann nicht auftreten, wenn man den Vpn externe Hinweise (cues) liefert, die es ermöglichen, die Erregung «dissonanzirrelevanten» Ursachen zuzuschreiben. Er variierte die Höhe kognitiver Dissonanz (hohe oder niedrige Entscheidungsfreiheit für eine attitüdendiskrepante Rede) und die Erwartung eines Schocks in einem angeblichen zweiten Experiment (Erwartung eines Schocks bzw. keine Erwartung eines Schocks). Die Attribution der Erregung sollte durch einen Strohmann in eine bestimmte Richtung gelenkt werden. Dieser sagte entweder, er sei nervös und mache sich Sorgen über die attitüdendiskrepante Rede oder aber er redete nicht. PITTMAN (1975) argumentiert, daß normalerweise ein erwarteter Schock als eine Quelle der Erregung gilt, daß aber der Hinweis des Strohmanns auf die attitüdendiskrepante Rede dieses umkehren und die Rede selbst als Hauptquelle der Erregung interpretiert werden sollte. Die Ergebnisse entsprechen dieser Hypothese: Ohne erwarteten Schock zeigen die Vpn unter hoher Entscheidungsfreiheit (hoher Dissonanz) größere Attitüdenänderung als Vpn unter niedriger Entscheidungsfreiheit (niedriger Dissonanz). Erwarten Vpn mit hoher Dissonanz Schocks, so verringerte sich die Attitüdenänderung, weil die Erregung auf den erwarteten Schock attribuiert wurde. Dieser Effekt kehrte sich um, wenn der Strohmann den Hinweis lieferte, die diskrepante Rede sei die Hauptursache für seine Erregung. Bei diesem Hinweis erzeugte die Erwartung eines Elektroschocks bei den Vpn mit hoher Dissonanz einen Druck, ihre Attitüde dann stärker zu verändern als ohne Bedrohung von Schocks. Selbstberichte unterstützen die Ergebnisse der Attitüdenänderungsdaten: Ohne Hinweis des Strohmanns waren Vpn unter hoher Entscheidungsfreiheit nervöser wegen des Elektroschocks beinhaltenden zweiten Experiments als Vpn unter niedriger Entscheidungsfreiheit; mit dem Hinweis des Strohmanns wurde dieser Effekt minimiert. Sowohl die Ergebnisse der Attitüdenänderung wie die Selbstberichte der Nervosität sind konsistent mit der Ansicht, daß sowohl Dissonanzerregung und schockbezogene Erregung attribuiert werden in Abhängigkeit von den extern gelieferten Hinweisen (cues). Zu ähnlichen Ergebnissen kommen

ZANNA, HIGGINS & TAVES, (1976) und GONZALES, COOPER & ZANNA (1975).

Diese Ergebnisse können weder von der Selbstwahrnehmungstheorie von BEM (1972) noch der Theorie von KELLEY (1967, 1972), der eine Attributionsanalyse unter Einschluß von BEMS Interpretation in ein allgemeineres Modell der Informationsverarbeitung liefert, erklärt werden. Die oben berichteten Ergebnisse konnten nur auftreten, wenn inkonsistente Kognitionen Erregung erzeugt haben. Diese Untersuchungen legen nahe, daß Vpn tatsächlich in einer attitüdendiskrepanten Situation erregt sind; nach diesen Ergebnissen liegt es nahe, die Modelle von BEM und KELLEY fast ausschließlich nur auf Beobachter-Vpn anzuwenden.

VI. Alternativerklärungen zur Dissonanztheorie

Im folgenden wird auf die «impression management»-Theorie, die «response contagion»-Theorie, die Selbstwahrnehmungstheorie und die Neugiertheorie eingegangen, die alle mehr oder weniger versuchen, die Dissonanztheorie ganz oder teilweise zu ersetzen.

1. Die «impression management»-Theorie von TEDESCHI, SCHLENKER & BONOMA *(1971)*

TEDESCHI et al. wollen die Theorie der kognitiven Dissonanz ergänzen und mit der Selbstwahrnehmungstheorie von BEM (1966, 1967), der Reaktanztheorie und dem Konzept der Freiheit von STEINER (1972) verbinden. Wie BEM offerieren sie eine völlige Reinterpretation aller Dissonanzphänomene. TEDESCHI, SCHLENKER & BONOMA (1971) sind der Auffassung, daß Personen durch die Sozialisation lernen, sich gegenüber anderen als konsistent zu präsentieren. Sie sind allerdings fähig, kognitive Inkonsistenz zu tolerieren. Äußert z. B. eine Person ein attitüdendiskrepantes Verhalten und wissen Beobachter, daß sie unter Zwang handelt und kennen gleichzeitig ihre ursprüngliche Attitüde, so wird diese Person nach Ansicht von TEDESCHI et al. ihre ursprüngliche Attitüde nicht ändern. Besteht jedoch kein externer Zwang, so wird die Person kognizieren, daß der Beobachter schließt, sie habe sich attitüdenkonvergent verhalten. Da das Image einer Inkonsistenz unter dieser Bedingung nicht geschaffen wird, ist eine kognitive Umstrukturierung zur Herstellung eines konsistenten Images nicht notwendig. Wissen die Beobachter, daß sich eine Person nicht aus externen Gründen attitüdenkonträr verhalten hat, so schließen sie daraus auf einen inkonsistenten inneren Zustand der Person. Um diesen Eindruck zu vermeiden, paßt die Person ihre Attitüde dem Verhalten an. Dadurch kann sie ein Image

276

der Konsistenz präsentieren. TEDESCHI et al. glauben, daß bei jeder Person ein Bedürfnis besteht, sich gegenüber anderen als konsistent zu präsentieren. Die Theorie behauptet also, daß das von der Dissonanztheorie postulierte Dissonanzreduktionsverhalten nur durch das Bestreben von Personen zustande kommt, nach außen hin konsistent zu erscheinen. Kein Bedürfnis nach Wiederherstellung der Konsistenz besteht dann, wenn die Öffentlichkeit, z. B. der Vl, bei attitüdendiskrepantem Verhalten die Ausgangsattitüde der Vp nicht kennt. Die Existenz eines Motivs nach interner Konsistenz wird von TEDESCHI et al. im Gegensatz zur Dissonanztheorie nicht postuliert.

TEDESCHI et al. haben versucht, die Motivation nach kognitiver Konsistenz einer Motivation, sich günstig zu präsentieren, unterzuordnen und daraus ergibt sich, daß sie die motivationale Basis für kognitive Inkonsistenz zu erklären versuchen. Aber WICKLUND & BREHM (1976) weisen zu Recht darauf hin, daß im Prinzip nichts gewonnen wird, wenn eine Motivation durch eine andere substituiert wird. Man könnte sogar über TEDESCHI et al. hinausgehen und weiter fragen, warum Menschen motiviert sind, anderen zu gefallen; das führte aber zu einer reductio ad absurdum. TEDESCHI et al. wollen die Dissonanztheorie in toto ersetzen, behandeln aber nur das «forced compliance»-Paradigma. Das klassische Experiment zur forcierten Einwilligung von LINDER, COOPER & JONES (1967) widerspricht der Theorie von TEDESCHI et al.: Obwohl zwischen der Phase des Aufsatzschreibens und der Phase der Attitüdenänderung getrennt wurde, gab es keine schwächere Attitüdenänderung in Richtung auf das gezeigte Verhalten als in der Bedingung ohne Trennung. Nach TEDESCHI et al. hätte es aufgrund der Tendenz, sich günstig zu präsentieren, nur unter der Bedingung ohne Trennung der beiden Experimentalphasen zu einer Angleichung der Attitüde an das Verhalten kommen dürfen. Zusätzlich zu dieser Problematik ist die «impression management»-Theorie auf das «free decision»-Paradigma nicht anwendbar. Auch selektive Informationssuche kann von dieser Theorie nicht erklärt werden.

2. Die Selbstwahrnehmungstheorie von BEM

Die Selbstwahrnehmungstheorie (vgl. den Beitrag von GRABITZ, in diesem Band) postuliert, daß Personen von ihren eigenen Handlungen auf ihre Meinungen, Attitüden und Emotionen schließen. BEM (1965, 1966, 1972) behauptet, daß die Ergebnisse der Experimente zur Überprüfung der Theorie der kognitiven Dissonanz weniger durch den motivationalen Aspekt der Dissonanztheorie als durch die Selbstbeobachtungsfähigkeiten der Vpn zustandekommen. Beobachtet eine Person jemanden, der sich attitüdendiskrepant verhält, und wird ihr entweder mitgeteilt, daß dieses Verhalten freiwillig oder aber, daß es unter Zwang geschieht, so schließt sie bei Freiwilligkeit eher als bei perzipiertem Zwang darauf, daß die Attitüde mit dem Verhalten konsistent ist. Diese Konklusion kann auch aufgrund anderer Modelle der Personenwahrnehmung (HEIDER, 1958; JONES & DAVIS, 1965; KELLEY, 1971) gemacht werden: Wenn externe Kräfte nicht vorhanden sind, schließt man eher auf interne Kräfte. BEM (1965, 1966) geht jedoch noch einen Schritt weiter als die bisherigen Attributionsmodelle und postuliert, daß diese Attributionsprozesse vom Individuum selbst vollzogen werden. Notwendige Bedingung nach BEM ist dabei, daß dem Individuum seine eigenen Attitüden nicht zugänglich sind.

Bestimmte Sachverhalte, die früher mit Dissonanz etikettiert wurden, werden heute unter dem Etikett «Attributionstheorie» oder «Selbstwahrnehmungstheorie» vertreten, so z. B. das «forbidden toy»-Paradigma, die Diskussion über die «foot-in-the-door»-Technik und die «overjustification»-Kontroverse. Ob allerdings die Attributionstheorie die Dissonanztheorie ersetzen kann, ist fraglich. Klar ist auf jeden Fall, daß sie die Dissonanztheorie nicht in toto ersetzen kann, da die Selbstwahrnehmungstheorie nur über ganz spezifische Bereiche Aussagen macht. Der Schlußfolgerung von GREENWALD (1975), daß die Kontroverse zwischen Attributions- und Selbstwahrnehmungstheorie nicht lösbar ist, kann allerdings nicht zugestimmt werden, da sich GREENWALD nur auf drei Experimente, nämlich auf jene von ROSS & SHULMAN (1973), SNYDER & EBBESEN (1972) sowie WOODYARD (1972) bezieht, bei denen zumindest von der Dissonanztheorie aufgrund des Änderungswiderstandes von Kognitionen keine klaren und eindeutigen Vorhersagen gemacht werden können. Insgesamt haben aber die interpersonellen Simulationen von JONES, LINDER, KIESLER, ZANNA & BREHM (1968) gezeigt, daß die interpersonellen Replikationen von BEM nur unter ganz spezifischen Bedingungen zutreffen und zwar dann, wenn die Vpn die ursprüngliche Attitüde der wirklichen Vpn nicht kennen. Auch die experimentellen Befunde von COOPER & WORCHEL (1970), NEL, HELMREICH & ARONSON (1969) und GOETHALS & COOPER (1972), in denen Dissonanzeffekte nur dann auftraten, wenn die Vpn glaubten, Schaden angerichtet zu haben, können mit der Selbstwahrnehmungstheorie und der Attributionstheorie nicht erklärt werden, da der Schluß vom Verhalten auf die Attitüde nicht nur unter diesen Bedingungen auftreten sollte. Experimente von COHEN (1959) und GREEN (1974) legen nahe, daß die Attitüdenänderung um so stärker ist, je attitüdendiskrepanter das Verhalten war. Diese Ergebnisse sind nur dissonanztheoretisch nicht aber mit Hilfe der Selbstwahrnehmungstheorie von BEM zu erklären.

Ebenso scheinen die Experimente zu «misattribution of arousal» (vgl. z. B. ZANNA & COOPER, 1974) eine der Hauptannahmen der Theorie der

Selbstwahrnehmung von BEM zu widerlegen, nämlich daß man Vorhersagen ohne Rekurs auf motivationale Konzepte machen könne. Die Attributionstheorie sagt über wichtige Phänomene, über die die Dissonanztheorie Aussagen macht, z. B. über Vermeidungsverhalten, selektive Informationssuche usw. nichts aus. Sie unterstellt, daß Attitüden immer eine geringere Änderungsresistenz haben als Verhaltensweisen und sie geht immer nur von Schlußfolgerungen von Attitüden auf das Verhalten aus, während die Dissonanztheorie spezifische Aussagen macht.

Bei der Auseinandersetzung beider Theorien geht es nicht darum zu bestimmen, welche Theorie richtig und welche falsch ist, sondern um eine Spezifizierung der Anfangsbedingungen, unter denen eine Theorie Gültigkeit hat. D. h. es sollte versucht werden, den Beitrag der jeweiligen Theorie zur Erklärung eines Sachverhaltes in bestimmten Situationen zu erkennen und herauszufinden. Man kann z. B. vermuten, daß die Selbstwahrnehmungstheorie dann zutrifft, wenn die Salienz der Ausgangsattitüde gering ist oder aber das attitüdendiskrepante Verhalten innerhalb des «latitude of acceptance» im Gegensatz zum «latitude of rejection» sich befindet (vgl. dazu FAZIO, ZANNA & COOPER, 1978).

3. Die «response contagion»-Theorie von NUTTIN (1975)

Die «response contagion»-Theorie behauptet, daß die Annahme eines Dissonanzzustandes nicht notwendig ist, und daß die von der Dissonanztheorie postulierten kognitiven Änderungen in Wirklichkeit auf eine Reaktions-Ansteckung («response contagion») zurückzuführen sind. Verhält sich z. B. eine Person attitüdendiskrepant, so wird der in dem Verhalten gezeigte attitüdendiskrepante Response auf die später folgende Phase (Attitüdenmessungsphase) übertragen. Die Attitüde wird also von dem zuvor gezeigten Response angesteckt. So konnte NUTTIN z. B. feststellen, daß männliche Vpn, die sich meinungskonträr verhalten hatten, eine stärkere Attitüdenänderung zeigten, wenn dieses Verhalten von einer Vlin verlangt wurde, die sexuell erregend wirkte (sie trug Hot-pants), oder wenn die Vpn vom Vl beschimpft wurden, oder wenn den Vpn illegitimerweise Seminarpunkte für die Teilnahme am Experiment gutgeschrieben wurden. NUTTIN argumentiert, daß diese aufgrund unterschiedlicher externer Reize erzeugten Erregungen eine Übertragung des im Verhalten gezeigten Response auf die Attitüdenmessung bewirken. Ebenso konnte NUTTIN nachweisen, daß Attitüdenänderungen nur dann im Verlauf von sechs Wochen konstant blieben, wenn direkt nach dem attitüdendiskrepanten Verhalten eine Messung erfolgte, nicht aber wenn keine Messung erfolgte. Dies nimmt NUTTIN als Beweis für das Vorhandensein einer Response-Ansteckung. Schließlich findet er, daß nicht das gesamte Attitüdenkonstrukt geändert wird, sondern lediglich bestimmte Aspekte der Attitüde, was er als zusätzliche Unterstützung seiner Theorie betrachtet. (Zu einer ausführlichen Besprechung und kritischen Diskussion der Theorie von NUTTIN siehe FREY, 1976). Obwohl NUTTINS Theorie die Dissonanztheorie in toto ersetzen will, ist sie doch nur auf den Bereich der forcierten Einwilligung anwendbar und kann andere Ergebnisse der Dissonanztheorie, wie z. B. Informationsselektion, «effort justification» usw., nicht erklären. Die Erklärungskraft der Theorie kann deshalb bezweifelt werden. Dies insbesondere auch deshalb, weil die experimentellen Untersuchungen von NUTTIN durch plausible alternative Theorien und Erklärungsansätze erklärt werden können.

4. Neugier- und Komplexitätstheorien

Viel gewichtiger scheint die zu erwartende Konfrontation der Dissonanztheorie mit der Komplexitäts-, Neugier- und Variationstheorie (vgl. z. B. BERLYNE, 1968; MADDI, 1968 u. a.) zu sein. Generell wird der Dissonanztheorie und allen anderen Konsistenztheorien die Annahme unterstellt, daß Menschen bestrebt sind, das Erwartete und Vertraute zu bestätigen und zu suchen. Demgegenüber machen Neugiertheoretiker, Vielfaltstheoretiker und Komplexitätstheoretiker die Vorhersage, daß Personen neuartige, komplexe, dissonante Informationen suchen. Beide Theorien treffen wahrscheinlich jeweils nur unter ganz spezifischen Bedingungen zu. Die Spezifizierung dieser Bedingungen oder aber der Entwurf einer Theorie, die beide Vorhersagen erklärt, muß in naher Zukunft geleistet werden. Erste Schritte in dieser Richtung werden von STREUFERT & STREUFERT (1978) präsentiert.

VII. Schlußbemerkungen

Die Theorie der kognitiven Dissonanz ist eine der umstrittensten Theorien in der Sozialpsychologie. Einer der Gründe dafür mag sein, daß viele Vorhersagen dieser Theorie dem «gesunden Menschenverstand» widersprechen. Keine andere sozialpsychologische Theorie hat aber in den letzten 20 Jahren mehr empirische Forschung initiiert als die Dissonanztheorie. Weite Bereiche menschlichen Verhaltens können von dieser Theorie erklärt und vorhergesagt werden. Trotz der massiven Kritik an ihr wird es doch schwierig sein, eine alternative Theorie zu etablieren, die alle bisherigen Ergebnisse erklären kann.

Im vorliegenden Beitrag wurde absichtlich nicht auf die Relevanz von Persönlichkeitsvariablen eingegangen. Der Grund liegt einmal darin, daß die meisten in der Literatur berichteten Persönlichkeitsvariablen, die in Dissonanzexperimenten eingeführt wurden (wie z. B. Ängstlichkeit, Selbstsicherheit, IEC, Rigidität, Feldabhängigkeit usw.), inkonsistente Ergebnisse zeigten. Außerdem ist der Autor der Auffassung, daß die Einführung von Persönlichkeitsvariablen nur in den seltensten Fällen einen Fortschritt in der Theorienbildung bringt. Persönlichkeitsunterschiede können Auswirkungen auf die Höhe der kognizierten Dissonanz, auf die Dissonanztoleranz, auf unterschiedliche Dissonanzreduktionspräferenzen oder aber auch auf alle drei Aspekte haben. Dadurch können aber von vorneherein keine Aussagen über die internen Mechanismen der Theorie gemacht werden.

Folgende Probleme müssen in naher Zukunft gelöst werden:

a) Es gibt augenblicklich mehrere Modifikationen der Dissonanztheorie, aber bisher kein einziges Experiment, in dem versucht wird, aus den verschiedenen Modifikationen unterschiedliche Hypothesen abzuleiten, um die in den Modifikationen steckenden theoretischen Ansätze zu testen.

b) Präzisierung der Wenn-Komponente: Die meisten Theoretiker vertreten die Auffassung, daß die Dissonanztheorie nur auf Handlungsentscheidungen, nicht aber auf Erkenntnisentscheidungen anwendbar ist. IRLE weist in seiner Modifikation zurecht darauf hin, daß diese Einschränkung der Theorie kurzsichtig ist und führt die Untersuchungen zur sequentiellen Informationsverarbeitung vor Entscheidungen als Beweis dafür an, daß die Dissonanztheorie auch bei Erkenntnisentscheidungen anwendbar ist. Zukünftige Experimente sollten die These IRLES auch in anderen paradigmatischen Forschungsfeldern prüfen.

c) Präzisierung der Dann-Komponente: Die Erklärungs- und Vorhersagekraft der Dissonanztheorie steht und fällt mit ihrer Fähigkeit vorherzusagen, welche Kognitionen in welchem Ausmaß zur Reduktion kognitiver Dissonanz geändert werden. Zukünftige Forschungen müssen stärker als bisher bei der Ableitung der Hypothesen über die Dissonanzreduktion den Änderungswiderstand der beteiligten Kognitionen berücksichtigen. Noch sinnvoller ist es, den Änderungswiderstand von Kognitionen systematisch zu variieren und als unabhängige Variable einzuführen. Erste Versuche in dieser Richtung stammen von WALSTER et al. (1967), GÖTZ-MARCHAND et al. (1974) und FREY (1975b).

d) Die meisten Untersuchungen zur Überprüfung der Theorie der kognitiven Dissonanz fanden im Labor statt. Es gibt nur wenige Felduntersuchungen oder Feldexperimente zur Überprüfung dieser Theorie. Eine Theorie kann um so mehr Geltungskraft beanspruchen, je mehr sie auch in «relevanten» und «problematischen» Sachverhalten außerhalb des Labors getestet wurde (zu einer neueren deutschen Felduntersuchung zur Dissonanztheorie siehe SAUER, FREY, KUMPF, OCHSMANN & IRLE, 1977).

e) Die wohl aufregendste Entwicklung der Dissonanztheorie in den letzten fünf Jahren zeigt sich in den Untersuchungen, in denen überprüft wurde, inwieweit Dissonanz als Erregungszustand zu interpretieren ist und inwieweit die Attribution des Erregungszustandes die Reduktion kognitiver Dissonanz beeinflußt. Die vorliegenden Untersuchungen zum «arousal»-Konzept widerlegen insofern die Annahmen der Selbstwahrnehmungstheorie von Bem, daß Personen ihre Meinung ohne die Erfahrung eines internen Spannungszustandes deduzieren. Das bedeutet nicht, daß Personen sich niemals in Attributionsprozessen engagieren, noch daß in den meisten Situationen Attributionsregeln nicht zu tatsächlichen Vorhersagen hinsichtlich Attitüdenänderungen führen. Die Berücksichtigung von Attributionsprozessen ist notwendig, um Reaktionen auf psychologische Erregung vorherzusagen. Man sollte deshalb nicht bei einem einfachen «entweder – oder» zwischen der motivationsfreien, informationsverarbeitenden Perspektive der Attributionstheorie und der motivationalen Perspektive der Dissonanztheorie stehenbleiben, sondern beide Ansichten ineinander integrieren. Es ist nicht auszuschließen, daß die neueren Forschungen zum Problem der Attribution von Erregungszuständen zu einer Renaissance der Dissonanztheorie mit neuen Problemstellungen führen.

f) Das allgemein in der Sozialpsychologie zu beklagende Theoriedefizit ist natürlich auch bei der Dissonanztheorie sichtbar. Der Menge von experimentellen Daten stehen nur wenige Publikationen gegenüber, in denen versucht wird, die vorhandenen Ergebnisse in eine reformulierte und allgemeinere Theorie zu integrieren. Neben diesem Mangel an Integration von Daten in eine reformulierte Theorie ist es erstaunlich, daß es bisher keinen Versuch gibt, die bestehenden Konsistenztheorien von Heider, Rosenberg, Osgood und Tannenbaum usw. in die Dissonanztheorie zu integrieren. Alle diese Konsistenztheorien stehen bisher noch isoliert nebeneinander, obwohl ihre Integration in eine allgemeinere Theorie unproblematisch zu sein scheint. Neben dem Problem der Integration der Dissonanztheorie in andere Konsistenztheorien ist es erforderlich, die Dissonanztheorie mit anderen, konkurrierenden Theorien wie z. B. der Attributionstheorie und den Neugiertheorien zu konfrontieren. Dabei geht es weniger um den Nachweis, daß die eine Theorie richtig und die andere falsch ist, sondern vielmehr um die Spezifikation der Bedingungen, für die eine Theorie Gültigkeit beanspruchen kann, oder aber um die Integration zweier konkurrierender Theorien in eine allgemeinere Theorie.

Literatur

ADAMS, J. S. Reduction of cognitive dissonance by seeking consonant information. Journal of Abnormal and Social Psychology, 1961, 62, 74–78.

ADAMS, J. S. Toward an understandig of inequity. Journal of Abnormal and Social Psychology, 1963, 67, 422–436.

ADAMS, J. S. Inequity in social exchange. In L. BERKOWITZ (Ed.), Advances in experimental social psychology, Vol. 2. New York: Academic Press, 1965, 267–300.

ALBERT, H. Probleme der Theorienbildung. In H. ALBERT (Hrsg.), Theorie und Realität. Tübingen: Mohr, 1964.

ARONSON, E. The effects of effort on the attractiveness of rewarded and unrewarded stimuli. Journal of Abnormal and Social Psychology, 1961, 63, 375–380.

ARONSON, E. The psychology of insufficient justification: An analysis of some conflicting data. In S. FELDMAN (Ed.), Cognitive consistency. New York: Academic Press, 1966, 115–133.

ARONSON, E. Dissonance theory: Progress and problems. In R. P. ABELSON et al. (Eds.), Theories of cognitive Consistency, A Sourcebook. Chicago, Rand McNally, 1968 (im folgenden abgekürzt als: TOCCAS).

ARONSON, E. The theory of cognitive dissonance: A current perspective. In L. BERKOWITZ (Ed.), Advances in experimental social psychology, Vol. 4. New York: Academic Press, 1969.

ARONSON, E. & CARLSMITH, J. M. Effect of the severity of threat on the valuation of forbidden behavior. Journal of Abnormal and Social Psychology, 1963, 66, 584–588.

ARONSON, E. & MILLS, J. The effect of severity of initiation on liking for a group. Journal of Abnormal and Social Psychology, 1959, 59, 177–181.

ARONSON, E., TURNER, J. & CARLSMITH, J. Communicator credibility and communication discrepancy as determinants of opinion change. Journal of Abnormal and Social Psychology, 1963, 67, 31–36.

BATSON, C. D. Rational processing or rationalization?: The effect of disconfirming information on a stated religious believe. Journal of Personality and Social Psychology, 1975, 32, 1, 176–184.

BEM, D. J. An experimental analysis of self-persuasion. Journal of Experimental Social Psychology, 1965, 1, 199–218.

BEM, D. J. Inducing belief in false confessions. Journal of Personality and Social Psychology, 1966, 3, 707–710.

BEM, D. J. Self-perception: An alternative interpretation of cognitive dissonance phenomena. Psychological Review, 1967, 74, 183–200.

BEM, D. J. Self-perception theory. In L. BERKOWITZ (Ed.), Advances in experimental social psychology, 1972, 6, 1–62, New York: Academic Press.

BERLYNE, D. E. Conflict and information-theory variables as determinants of human perceptual curiosity. In H. FOWLER, Curiosity and exploratory behavior. New York, MacMillan, 1968.

BOCHNER, S. & INSKO, C. Communicator discrepancy, source credibility, and influence. Journal of Personality and Social Psychology, 1966, 4, 614–621.

BRAMEL, D. Dissonance, expectation, and the self. In R. ABELSON et al. (Eds.), TOCCAS, 1968.

BREHM, J. W. An experiment on thirst. In J. W. BREHM & A. R. COHEN, Explorations in cognitive dissonance, New York, 1962.

BREHM, J. W. Post-decision changes in the desirability of alternatives. Journal of Abnormal and Social Psychology, 1956, 52, 384–389.

283

BREHM, J. W. Increasing cognitive dissonance by a fait accompli. Journal of Abnormal and Social Psychology, 1959, 58, 379–382.

BREHM, J. W. & COHEN, A. R. Explorations in cognitive dissonance. New York: Wiley, 1962.

BREHM, J. W. & CROCKER, J. C. An experiment on hunger. In J. W. BREHM & A. R. COHEN. Explorations in cognitive dissonance. New York: Wiley, 1962.

BREHM, J. W. & JONES, R. A. The effect on dissonance of surprise consequences. Journal of Experimental Social Psychology, 1970, 6, 420–431.

BREHM, J. W. & WICKLUND, R. A. Regret and dissonance reduction as a function of post-decision salience of dissonant information. Journal of Personality and Social Psychology, 1970, 14, 1–7.

BREHM, M. L., BACK, K. W. & BOGDONOFF, M. D. A physiological effect of cognitive dissonance under stress and deprivation. Journal of Abnormal and Social Psychology, 1964, 69, 303–310.

BROCK, T. C. & BUSS, A. H. Dissonance, aggression, and evaluation of pain. Journal of Abnormal and Social Psychology, 1962, 65, 197–202.

BROCK, T. C. & GRANT, L. D. Dissonance, awareness, and motivation. Journal of Abnormal and Social Psychology, 1963, 67, 53–60.

BRODBECK, M. The role of small groups in mediating the effects of propaganda. Journal of Abnormal and Social Psychology, 1956, 52, 166–170.

CANN, A., SHERMAN, S. J. & ELKES, R. Effects of initial request size and timing of a second request on compliance: The foot in the door and the door in the face. Journal of Personality and Social Psychology, 1975, 32, 5, 774–782.

CANON, L. Self-confidence and selective exposure to information. In L. FESTINGER, Conflict, decision, and dissonance. Stanford: Stanford University Press, 1964, 83–96.

CARLSMITH, J. M., COLLINS, B. E. & HELMREICH, R. Studies in forced compliance I. Attitude change produced by face-to-face role playing and anonymous essay writing. Journal of Personality and Social Psychology, 1966, 4, 1–13.

CARLSMITH, J. M., EBBESEN, E. B., LEPPER, M. R., ZANNA, M. P., JONCAS, A. J. & ABELSON, R. P. Dissonance reduction following forced attention to the dissonance. Proceedings of the 77th Annual Convention of the American Psychological Association, 1969, 4, 321–322 (summary).

CARLSMITH, J. M. & FREEDMAN, J. L. Bad decisions and dissonance: Nobody's perfect. In R. P. ABELSON (Ed.) TOCCAS, 1968, 485–490.

COHEN, A. R. Communication discrepancy and attitude change: A dissonance theory approach. Journal of Personality, 1959, 27, 386–396.

COHEN, A. R., BREHM, J. W. & LATANÉ, D. Choice of strategy and voluntary exposure to information under public and private conditions. Journal of Personality, 1959, 27, 63–73.

COHEN, A. R., TERRY, H. I. & JONES, C. B. Attitudinal effects of choice in exposure to counter-propaganda. Journal of Abnormal and Social Psychology, 1959, 58, 388–391.

COLLINS, B. E. The effect of monetary inducements on the amount of attitude change induced by forced compliance. In A. C. ELMS (Ed.) Role playing reward and attitude change. Princeton: Van Nostrand, 1969, 209–233.

COLLINS, B. E. & HOYT, M. F. Personal responsibility-for-consequences: An integration and extension of the "forced compliance" literature. Journal of Experimental Social Psychology, 1972, 8, 558–593.

COOPER, J. Personal responsibility and dissonance: The role of foreseen consequences. Journal of Personality and Social Psychology, 1971, 18, 354–363.

COOPER, J., DARLEY, J. M. & HENDERSON, J. E. On the effectiveness of deviant-

284

and conventional-appearing communicators: A field experiment. Journal of Personality and Social Psychology, 1974, 29, 752–757.

COOPER, J. & WORCHEL, S. Role of undesired consequences in arousing cognitive dissonance. Journal of Personality and Social Psychology, 1970, 16, 199–206.

COOPER, J., ZANNA, M. P. & TAVES, P. A. On the necessity of arousal for attitude change in the induced compliance paradigm. Unpubl. manuscript, Princeton University, 1975.

COTTRELL, N. B., RAJECKI, D. W. & SMITH, D. U. The energizing effects of post-decision dissonance upon performance of an irrelevant task. Journal of Social Psychology, 1974, 93, 81–92.

COTTRELL, N. B. & WACK, D. L. Energizing effects of cognitive dissonance upon dominant and subordinate responses. Journal of Personality and Social Psychology, 1967, 6, 132–138.

CRANACH, M. L. v., IRLE, M. & VETTER, H. Zur Analyse des Bumerangeffektes; Größe und Richtung der Änderung sozialer Einstellungen als Funktion ihrer Verankerung in Wertsystemen. Psychologische Forschung, 1965, 28, 535–561.

DAVIDSON, J. R. Cognitive familiarity and dissonance reduction. In L. FESTINGER, Conflict, decision and dissonance. Stanford: Stanford University Press, 1964, 45–60.

DAVIS, K. E. & JONES, E. E. Changes in interpersonal perception as a means of reducing cognitive dissonance. Journal of Abnormal and Social Psychology, 1960, 61, 402–410.

DRACHMAN, D. & WORCHEL, S. Misattribution of arousal as a means of dissonance reduction. Sociometry, 1976, 39, 53–59.

EBBESEN, E. B., BOWERS, R. J., PHILLIPS, S. & SNYDER, M. Self-control processes in the forbidden toy paradigma. Journal of Personality and Social Psychology, 1975, 31, 442–452.

EHRLICH, D., GUTTMAN, J., SCHONBACH, P. & MILLS, J. Postdecision exposure to relevant information. Journal of Abnormal and Social Psychology, 1957, 54, 98–102.

FAZIO, R. H., ZANNA, M. P. & COOPER, J. Dissonance versus self-perception: An integrative view of each theory's proper domain of application. Journal of Experimental Social Psychology, 1978, in press.

FEGER, H. Konflikterleben und Konfliktverhalten. Bern, Stuttgart, Wien: Huber, 1978a.

FEGER, H. Studien zur intraindividuellen Konfliktforschung. Bern, Stuttgart, Wien: Huber, 1978b.

FESTINGER, L. A theory of social comparison processes. Human Relations, 1954, 7, 117–140.

FESTINGER, L. Informal social communication. Psychological Review, 1950, 57, 271–282.

FESTINGER, L. Wish, expectation and group standards as factors influencing level of aspiration. Journal of Abnormal and Social Psychology, 1942, 37, 184–200.

FESTINGER, L. A theory of cognitive dissonance. Stanford: Stanford University Press, 1957.

FESTINGER, L. Conflict, decision, and dissonance. Stanford: Stanford University Press, 1964.

FESTINGER, L. & CARLSMITH, J. M. Cognitive consequences of forced compliance. Journal of Abnormal and Social Psychology, 1959, 58, 203–210. Deutsche Übersetzung in M. IRLE (Ed.), Texte aus der experimentellen Sozialpsychologie. Neuwied: Luchterhand, 1969a.

FESTINGER, L., GERARD, H. B. HYMOWITCH, B., KELLEY, H. H. & RAVEN, B. The influence process in the presence of extreme deviates. Human Relations, 1952, 5, 327–346.

FESTINGER, L., RIECKEN, H. & SCHACHTER, S. When prophecy fails. Minneapolis: University of Minneapolis Press, 1956.

FESTINGER, L. & THIBAUT, J. Interpersonal communication in small groups. Journal of Abnormal and Social Psychology, 1952, 5, 327–346.

FISHER, S. & LUBIN, A. Distance as a determinant of influence in a two-person serial interaction situation. Journal of Abnormal and Social Psychology, 1958, 56, 230–238.

FREEDMAN, J. L. Attitudinal effects of inadequate justification. Journal of Personality, 1963, 31, 371–385a.

FREEDMAN, J. L. Preference for dissonant information. Journal of Personality and Social Psychology, 1965a, 2, 287–289.

FREEDMAN, J. L. Confidence, utility, and selective exposure: A partial replication. Journal of Personality and Social Psychology, 1965b, 2, 778–780.

FREEDMAN, J. L. & SEARS, D. Selective exposure. In L. Berkowitz (Ed.), Advances in experimental social psychology. Vol. 2. New York: Academic Press, 1965, Pp. 58–98.

FREEDMAN, J. L. & FRASER, S. C. Compliance without pressure: The foot-in-the-door technique. Journal of Personality and Social Psychology, 1966, 4, 195–202.

FREY, D. Der augenblickliche Stand der «forced compliance»-Forschung. Zeitschrift für Sozialpsychologie, 1971, 2, 323–342.

FREY, D. Dissonanzreduktion nach tatsächlichem und antizipiertem attitüdendiskrepantem Verhalten. Archiv für Psychologie, 1975a, 127, 23–34.

FREY, D. Zum Problem der Reduktion kognitiver Dissonanz in Öffentlichkeitssituationen. Zeitschrift für experimentelle und angewandte Psychologie, 1975b, 22, 561–572.

FREY, D. A new provocation for dissonance theory? European Journal of Social Psychology, 1976, 6 (3), 387–399.

FREY, D. Reactions to succes and failure in public and in private conditions. Journal of Experimental Social Psychology, 1978a, 14, 172–179.

FREY, D. Experimentelle Untersuchungen zur selektiven Suche und Vermeidung von Informationen bei Entscheidungen: Eine Überprüfung der Thesen der Theorie der kognitiven Dissonanz. Habilitationsschrift, Mannheim 1978b.

FREY, D. & IRLE, M. Some conditions to produce a dissonance and an incentive effect in a "forced compliance" situation. European Journal of Social Psycholoy, 1972, 2, 45–54.

FREY, D., IRLE, M. & KUMPF, M. Attribution oder Reduktion kognitiver Dissonanz? Zeitschrift für Sozialpsychologie, 1973, 4, 366–377.

FREY, D., IRLE, M. & KUMPF, M. Hypothesen in kognitiver Dissonanz. In M. IRLE, Lehrbuch der Sozialpsychologie. Göttingen: Hogrefe, 1975, 343–346.

FREY, D., IRLE, M., KUMPF, M., OCHSMANN, R. & SAUER, C. Der Einfluß von fünf unterschiedlichen Belohnungsstufen auf Attitüdenänderungen bei attitüdendiskrepantem und attitüdenkongruentem Verhalten. In W. TACK (Hrsg.), Bericht über den 29. Kongreß der Deutschen Gesellschaft für Psychologie in Salzburg 1974. Göttingen: Hogrefe, 1975.

FREY, D. & KUMPF, M. Reaktionen auf kognitive Dissonanz in Abhängigkeit von sozialer Angst und öffentlicher bzw. anonymer Übermittlung diskrepanter Informationen. Unveröffentlichtes Manuskript, Sonderforschungsbereich 24, Universität Mannheim, 1973.

FREY, D. & WICKLUND, R. A. A clerification of selective exposure: The impact of choice. Journal of Experimental Social Psychology, 1978, 14, 132–139.

286

FRIES, A., FREY, D. & PONGRATZ, L. Ängstlichkeit, Selbsteinschätzung und kognitive Dissonanz. Archiv für Psychologie, 1977, *129*, 83–98.

GERARD, H. B. Choice difficulty, dissonance, and the decision sequence. Journal of Personality, 1967, *35*, 91–108.

GERARD, H. B., CONOLLEY, E. S. & WILHELMY, R. A. Compliance, justification, and cognitive change. In L. BERKOWITZ (Ed.), Advances in experimental social psychology, Vol. 7. New York: Academic Press, 1974.

GERARD, H. B. & MATHEWSON, G. C. The effects of severity of initiation on liking for a group: A replication. Journal of Experimental Social Psychology, 1966, *2*, 278–287.

GLASS, D. G. Individual differences and the resolution of cognitive dissonance. In R. P. ABELSON et al. (Eds.), TOCCAS, 1968, 615–623.

GOETHALS, G. R. & COOPER, J. Role of intention and postbehavioral consequence in the arousal of cognitive dissonance. Journal of Personality and Social Psychology, 1972, *23*, 298–301.

GÖTZ-MARCHAND, B., GÖTZ, J. & IRLE, M. Preference of dissonance reduction modes as a function of their order, familiarity and reversibility. European Journal of Social Psychology, 1974, *4*, 201–228.

GONZALES, A. E. J., COOPER, J. & ZANNA, M. P. Social affiliation and cognitive labeling under differential labels of dissonance evoked arousal. Unpublished manuscript. Princeton University, 1975.

GRABITZ, H.-J. & GRABITZ-GNIECH, G. Der kognitive Prozeß vor Entscheidungen: Theoretische Ansätze und experimentelle Untersuchungen. Psychologische Beiträge, 1973, *15*, 522–549.

GREEN, D. Dissonance and self-perception analysis of "forced compliance". When two theories make competing predictions. Journal of Personality and Social Psychology, 1974, *29*, 819–828.

GREENWALD, A. G. On the inconclusiveness of "crucial" cognitive tests of dissonance versus self-perception theories. Journal of Experimental Social Psychology, 1975, *11*, 5, 490–499.

HOCHGÜRTEL, G., FREY, D. & GÖTZ, J. Die Attraktivität von Aufgaben in Abhängigkeit von der Belohnungshöhe und dem Zeitpunkt der Bekanntgabe der Belohnung. Zeitschrift für Sozialpsychologie, 1973, *4*, 231–241.

HALVERSON, R. R. & PALLAK, M. S. The effect of commitment and attitude extremity on cognitive structure and resistance to attack. Unpublished manuscript, University Iowa, 1974.

HARDYCK, J. A. & KARDUSH, M. A modest modish model for dissonance reduction. In R. P. ABELSON et al. (Eds.), TOCCAS, 1968.

HEIDER, F. The psychology of interpersonal relations. New York: Wiley, 1958.

HIMMELFARB, S. & ARAZI, D. Choice and source attractiveness in exposure to discrepant messages. Journal of Experimental Social Psychology, 1974, *10*, 6, 516–527.

HOVLAND, C. I., HARVEY, O. J. & SHERIF, M. Assimilation and contrast effects to communication and attitude change. Journal of Abnormal and Social Psychology, 1957, *55*, 244–252.

HOVLAND, C. I. & PRITZKER, H. A. Extent of opinion change as a function of amount of change advocated. Journal of Abnormal and Social Psychology, 1957, *54*, 257–261.

INSKO, C. A., WORCHEL, S., SONGER, E. & ARNOLD, S. E. Effort, objective self-awareness, choice, and dissonance. Journal of Personality and Social Psychology, 1973, *28*, 262–269.

IRLE, M. Macht und Entscheidungen in Organisationen. Frankfurt: Akademische Verlagsanstalt, 1971.

287

IRLE, M. Lehrbuch der Sozialpsychology, Göttingen, Toronto, Zürich: Hogrefe, 1975.

IRLE, M., GNIECH, G., FREY, D. & KUMPF, M. Die Umbewertung der Attraktivität von Alternativen nach Entscheidungen. Bericht aus dem SFB 24 der Universität Mannheim, 1978.

IRLE, M. & KROLAGE, J. Kognitive Konsequenzen irrtümlicher Selbsteinschätzungen. Zeitschrift für Sozialpsychologie, 1973, 4, 36–50.

JECKER, J. D. Conflict and dissonance: A time of decision. In R. P. ABELSON et al. (Eds.), TOCCAS, 1968.

JONES, S. C. Self and interpersonal evaluations: Esteem theories versus consistency theories. Psychological Bulletin, 1973, 79, 185–199.

JONES, E. E. & DAVIS, K. E. From acts to dispositions: The attribution process in person perception. In L. BERKOWITZ (Ed.), Advances in experimental social psychology. New York: Academic Press, 1965.

JONES, R. A. & BREHM, J. W. Attitudinal effects of communicator attractiveness when one chooses to listen. Journal of Personality and Social Psychology, 1967, 6, 64–70.

JONES, R. A., LINDER, D. E., KIESLER, C. A., ZANNA, M, & BREHM, J. W. Internal states or external stimuli: Observers' attitude judgements and the dissonance-self-persuasion controversy. Journal of Experimental Social Psychology, 1968, 4, 247–269.

KELLEY, H. H. Attribution theory in social psychology. In D. LEVINE (Ed.), Nebraska Symposium on Motivation, Vol. 15. Lincoln: University of Nebraska Press, 1967.

KELLEY, H. H. Attribution in social interaction. New York: General Learning Press, 1971.

KELLEY, H. H. Attribution in social interaction. In E. E. JONES et al. (Eds.), Attribution; Perceiving the causes of behavior. McCaleb-Seiler, 1972.

KELMAN, H. C. & BARON, R. M. Determinants of modes of resolving inconsistency dilemmas: A functional analysis. In R. P. ABELSON et al. (Eds.), TOCCAS, 1968.

KIESLER, C. A. & CORBIN, L. H. Commitment, attraction, and conformity. Journal of Personality and Social Psychology, 1965, 2, 890–895.

KLEINHESSELINK, R. R. & EDWARDS, R. E. Seeking and avoiding belief-discrepant information as a function of its perceived refutability. Journal of Personality and Social Psychology, 1975, 31, 5, 787–790.

KNOX, R. E. & INKSTER, J. A. Postdecision dissonance at post time. Journal of Personality and Social Psychology, 1968, 8, 319–323.

KUMPF, M. & GÖTZ-MARCHAND, B. Reduction of cognitive dissonance as a function of magnitude of dissonance, differentiation, and self-esteem. European Journal of Social Psychology, 1973, 3, 255–270.

LEPPER, M. R., ZANNA, M. P. & ABELSON, R. P. Cognitive irreversibility in a dissonance reduction situation. Journal of Personality and Social Psychology, 1970, 16, 191–198.

LERNER, M. J. & SIMMONS, C. Observer's reaction to the "innocent victim" Compassion or rejection? Journal of Personality and Social Psychology, 1966, 4, 203–210.

LINDER, D. E., COOPER, J. & JONES, E. E. Decision freedom as a determinant of the role of incentive magnitude in attitude change. Journal of Personality and Social Psychology, 1967, 6, 245–254.

LOSCIUTO, L. & PERLOFF, R. Influence of product preference on dissonance reduction. Journal of Marketing Research, 1967, 4, 286–290.

LOWIN, A. Approach and avoidance: Alternative modes of selective exposure to information. Journal of Personality and Social Psychology, 1967, 6, 1–9.

288

Lowin, A. Further evidence for an approach-avoidance interpretation of selective exposure. Journal of Experimental Social Psychology, 1969, 5, 265–271.

Maccoby, E. E., Maccoby, N., Romney, A. K. & Adams, J. S. Social reinforcement in attitude change. Journal of Abnormal and Social Psychology, 1961, 63, 109–115.

Maddi, S. R. The pursuit of consistency and variety. In R. P. Abelson et al. (Eds.) TOCCAS, 1968, 267–274.

Mansson, H. H. The relation of dissonance reduction to cognitive, perceptual, consummatory, and learning measures of thirst. In P. G. Zimbardo (Ed.), The cognitive control of motivation. Glenview, Illinois: Scott, Foresman, 1969, 78–97.

Mills, J. Avoidance of dissonant information. Journal of Personality and Social Psychology, 1965a, 2, 589–593.

Mills, J. Effect of certainty about a decision upon postdecision exposure to consonant and dissonant information. Journal of Personality and Social Psychology, 1965b, 2, 749–752.

Mills, J., Aronson, E. & Robinson, H. Selectivity in exposure to information. Journal of Abnormal and Social Psychology, 1959, 59, 250–253.

Mittelstaedt, R. A dissonance approach to repeat purchasing behavior. Journal of Marketing Research, 1969, 6, 444–446.

Möntmann, V. & Irle, E. Bibliographie der wichtigsten seit 1956 erschienenen Arbeiten zur Theorie der kognitiven Dissonanz. In L. Festinger, Theorie der kognitiven Dissonanz. Irle, M. & Möntmann, V. (Hrsg.) Bern, Stuttgart, Wien: Huber, 1978.

Nel, W., Helmreich, R. L. & Aronson, E. Opinion change in the advocate as a function of the persuasibility of his audience: A clarification of the meaning of dissonance. Journal of Personality and Social Psychology, 1969, 12, 117–124.

Nisbett, R. E. & Schachter, S. Cognitive manipulation of pain. Journal of Experimental Social Psychology, 1966, 2, 227–236.

Nuttin, J. M. The illusion of attitude change: Towards a response contagion theory of persuasion. New York: Academic Press and Leuven, Belgium: Leuven University Press, 1975.

Ochsmann, R. & Frey, D. Kognitive Dissonanz und Attraktivitätsveränderungen von Alternativen nach Entscheidungen. Artikel innerhalb des Workshop «Attraktivität». Zeitschrift für Sozialpsychologie, 1977.

Pallak, M. S. The effect of expected choice and relevant or irrelevant dissonance on incidental retention. Journal of Personality and Social Psychology, 1970, 14, 271–280.

Pallak, M. S. & Pittman, T. S. General motivation effects of dissonance arousal. Journal of Personality and Social Psychology, 1972, 21, 349–358.

Pallak, M. S., Sogin, S. R. & Cook, D. Dissonance and self-perception: Attitude change and belief inference for actors and observers. Unpublished manuscript. University of Iowa, 1974.

Pallak, M. S., Sogin, S. R. & Van Zante, A. Bad decisions: Effect of volution, locus of causality, and negative consequences on attitude change. Journal of Personality and Social Psychology, 1974, 30, 217–227.

Pallak, M. S. & Andrew, J. The effects of expected shock and relevant or irrelevant dissonance on incidental retension, Psychonomic Science, 1970, 18, 323–326.

Pallak, M. S., Pittman, T. S., Heller, J. F. & Munson, P. The effects of practice and irrelevant stress on Stroop color noun task performance. Bulletin of Psychonomic Science. In Press.

289

PEPITONE, A., MCCAULEY, C. & HAMMOND, P. Changes in attractiveness of forbidden toys as a function of severity of threat. Journal of Experimental Social Psychology, 1967, 3, 221–229.

PERRY, B. L. Differential effort in counterattitudinal advocacy: Effects on attitude change and extinction. PhD thesis. Michigan State University, East Lansing, 1971.

PILISUK, M. Depth, centrality, and tolerance in cognitive consistency. In R. P. ABELSON et al. (Eds.), TOCCAS, 1968.

PITTMAN, T. S. Attribution of arousal as a mediator in dissonance reduction. Journal of Experimental Social Psychology, 1975, 11, 53–63.

PLINER, P., HART, H., KOHL, J. & SAARI, D. Compliance without pressure: Some further data on the foot-in-the-door technique. Journal of Experimental Social Psychology, 1974, 10, 17–22.

QUANTY, M. B. & BECKER, L. A. Physiological indices of dissonance arousal and reduction in a stressful situation. Unpublished manuscript. University of Missouri – Columbia, 1974.

RAFFÉE, H., SAUTER, B. & SILBERER, G. Theorie der kognitiven Dissonanz und Konsumgüter – Marketing. Wiesbaden: Gabler Verlag, 1973.

RHINE, R. J. Some problems in dissonance theory research on information selectivity. Psychological Bulletin, 1967, 21–28.

RHINE, R. J. & POLOWNIAK, W. A. Attitude change, commitment, and ego involvement. Journal of Personality and Social Psychology, 1971, 19, 246–250.

ROSEN, S. Postdecision affinity for incompatible information. Journal of Abnormal and Social Psychology, 1961, 63, 188–190.

ROSS, M. & SHULMAN, R. E. Increasing the salience of initial attitudes: Dissonance versus self-perception theory. Journal of Personality and Social Psychology, 1973, 28, 138–144.

SAUER, C., FREY, D., KUMPF, M., OCHSMANN, R. & IRLE, M. Kognitive Konsequenzen bei der Wahl eines Verlierers. Zeitschrift für Soziologie, 1977, 6, 297–301.

SCHACHTER, S. Deviation, rejection, and communication. Journal of Abnormal and Social Psychology, 1951, 46, 190–207.

SCHACHTER, S. The interaction of cognitive and physiological determinants of emotional state. In L. BERKOWITZ (Ed.), Advances in experimental social psychology, Vol. 1, New York: Academic Press, 1964, 49–80.

SCHACHTER, S. & SINGER, J. E. Cognitive, social, and physiological determinants of emotional state. Psychological Review, 1962, 69, 379–399.

SCHÖNBACH, P. Dissonanz und Interaktionssequenzen. Kölner Zeitschrift für Soziologie und Sozialpsychologie, 1966, 2, 253–270.

SEARS, D. O. Biased indoctrination and selectivity of exposure to new information. Sociometry, 1965, 28, 363–376.

SEARS, D. O. & FREEDMAN, J. L. Commitment, information utility, and selective exposure. United States Navy Technical Reports, ONR, Nonr-233 (54), No. 12, August, 1963.

SEARS, D. O. & FREEDMAN, J. L. Selective exposure to information: A critical review. Public Opinion Quarterly, 1967, 31, 194–213.

SHAFFER, D. R. & HENDRICK, C. Effects of actual effort and anticipated effort on task enhancement. Journal of Experimental Social Psychology, 1971, 7, 435–447.

SHAFFER, D. R. & HENDRICK, C. Dogmatism and tolerance for ambiguity as determinants of differential reactions to cognitive inconsistency. Journal of Personality and Social Psychology, 1974, 29, 5, 601–608.

290

SHERIF, M. & HOVLAND, C. I. Social judgement. New Haven: Yale University Press, 1961.

SHERIF, C. W., KELLEY, M., RODGERS, H. L., SARUP, G. & TITTLER, B. I. Personal involvement, social judgement, and action. Journal of Personality and Social Psychology, 1973, 27, 311–327.

SHERMAN, S. J. Effects of device and incentive on attitude change in a discrepant behavior situation. Journal of Personality and Social Psychology, 1970, 15, 245–252.

SMITH, E. The power of dissonance techniques to change attitudes. Public Opinion Quarterly, 1961, 25, 626–639.

SNYDER, M. & CUNNINGHAM, M. R. To comply or not comply: Testing the self-perception explanation of the "foot-in-the-door" phenomenon. Journal of Personality and Social Psychology, 1975, 31, 64–67.

SNYDER, M. & EBBESEN, E. B. Dissonance awareness: A test of dissonance theory versus self-perception theory. Journal of Experimental Social Psychology, 1972, 8, 502–517.

SOGIN, S. R. & PALLAK, M. S. Bad decisions, responsibility, and attitude change: Effects of volition, foreseeability, and locus of causality of negative consequences. Journal of Personality and Social Psychology, 1976, 33, 3, 300–306.

SPENCE, K. W., FARBER, I. E. & McFANN, H. H. The relation of anxiety (drive) level to performance in competitional and noncompetitional paired-associates learning. Journal of Experimental Psychology, 1956, 52, 296–305.

STEINER, I. D. Reactions to adverse and favorable evaluations of one's self. Journal of Personality, 1968, 36, 553–563.

STEINER, I. D. Group process and productivity. New York: Academic Press, 1972.

STREUFERT, S. & STREUFERT, S. Behavior in the complex environment. Unpublished book manuscript. 1978.

STROEBE, W. Ähnlichkeit und Komplementarität der Bedürfnisse als Kriterien der Partnerwahl. In G. MIKULA & W. STROEBE (Hrsg.) Sympathie, Freundschaft und Ehe: Psychologische Grundlagen zwischenmenschlicher Beziehungen. Bern: Huber 1978.

SYKES, G. M. & MATZA, D. Techniken der Neutralisierung: Eine Theorie der Delinquenz. In F. SACK & R. KÖNIG (Hrsg.), Kriminalsoziologie, Frankfurt am Main; 1968.

TEDESCHI, J. T., SCHLENKER, B. R. & BONOMA, T. V. Cognitive dissonance: Private ratiocination or public spectacle? American Psychologist, 1971, 26, 685–695.

TURNER, E. A. & WRIGHT, J. Effects of severity of threat and perceived availability on the attractiveness of objects. Journal of Personality and Social Psychology, 1965, 2, 128–132.

WALSTER, E. The temporal sequence of post-decision processes. In L. FESTINGER, Conflict, decision, and dissonance. Stanford: Stanford University Press, 1964, 112–127.

WALSTER, E., BERSCHEID, E. & BARCLAY, A. M. A determinant of preference among modes of dissonance reduction. Journal of Personality and Social Psychology, 1967, 7, 211–216.

WALSTER, E., BERSCHEID, E. & WALSTER, G. New directions in equity research. Journal of Personality and Social Psychology, 1973, 25, 151–176.

WALSTER, E. & PRESTHOLDT, P. The effect of misjudging another: Overcompensation or dissonance reduction? Journal of Experimental Social Psychology, 1966, 2, 85–97.

WALSTER, G. W. & WALSTER, E. Choice between negative alternatives: Dissonance reduction of regret? Psychological Reports, 1970, 26, 995–1005.

WATERMAN, C. K. The facilitating and interfering effects of cognitive dissonance on simple and complex paired associates learning tasks. Journal of Experimental Social Psychology, 1969, 5, 31–42.

WATERMAN, C. K. & KATKIN, E. S. Energizing (dynamogenic) effect of cognitive dissonance on task performance. Journal of Personality and Social Psychology, 1967, 6, 126–131.

WICKLUND, R. A. Freedom and reactance. Lawrence Erlbaum Association, Publishers, Potomac, Maryland, 1974.

WICKLUND, R. A. & BREHM, J. W. Perspectives on cognitive dissonance. Hillsdale, New Jersey: Erlbaum, 1976.

WICKLUND, R. A., COOPER, J. & LINDER, D. E. Effects of expected effort on attitude change prior to exposure. Journal of Experimental Social Psychology, 1967, 3, 416–428.

WOODYARD, H. D. Self-perception, dissonance, and premanipulation attitudes. Psychonomic Science, 1972, 29, 193–196.

WORCHEL, S. & ARNOLD, S. E. The effect of combined arousal states on attitude change. Journal of Experimental Social Psychology, 1974, 10, 6, 549–560.

YARYAN, R. & FESTINGER, L. Preparatory action and belief in the probable occurrence of future events. Journal of Abnormal and Social Psychology, 1961, 63, 603–606.

ZANNA, M. P. & COOPER, J. Dissonance and the pill: An attribution approach to studying the arousal properties of dissonance. Journal of Personality and Social Psychology, 1974, 29, 5, 703–709.

ZANNA, M. P., HIGGINS, E. T. & TAVES, P. A. Is dissonance phenomenologically aversive? Journal of Experimental Social Psychology, 1976, 12, 530–538.

ZIMBARDO, P. G. Involvement and communication discrepancy as determinants of opinion conformity. Journal of Abnormal and Social Psychology, 1960, 60, 86–94.

ZIMBARDO, P. G. The effect of effort and improvisation on self-persuasion produced by role-playing. Journal of Experimental Social Psychology, 1965, 1, 103–120.

ZIMBARDO, P. G., COHEN, A. R., WEISENBERG, M., DWORKIN, L. & FIRESTONE, I. The control experimental pain. In P. G. ZIMBARDO (Ed.), The cognitive control of motivation. Glenview, Illinois: Scott, Foresman, 1969, 100–125.

ZIMBARDO, P. G., WEISENBERG, M., FIRESTONE, I. & LEVY, B. Communicator effectiveness in producing public conformity and private attitude change. Journal of Personality, 1965, 33, 233–255.

Abschliessende Bemerkungen

Im vorliegenden Reader wurde versucht, die wichtigsten und einflußreichsten Theorien der Sozialpsychologie darzustellen. Daß die Auswahl
dieser Theorien subjektiv ist und der eher kognitivistisch orientierten
Wissenschaftsperspektive des Herausgebers entspricht, wurde bereits
einleitend erwähnt. Dieser Reader versucht, dem Leser die Möglichkeit
zu eröffnen, empirische Arbeiten besser in ein theoretisches Bezugssystem einordnen und die empirischen Ergebnisse mit Hilfe dieses theoretischen Systems erklären und bewerten zu können.

Der Entwicklungsstand einer Wissenschaft zeigt sich darin, inwieweit
sie falsifizierbare Theorien anbieten kann, die menschliches Verhalten
erklären und vorhersagen können. Wie in der Einleitung erwähnt, erfüllt – puristisch gesehen – keine der hier präsentierten Theorien diese
wissenschaftstheoretischen Ideale.

Die zukünftige Forschung sollte bestrebt sein, die vorhandenen Theorien zu präzisieren und sie mit alternativen Theorien zu konfrontieren.
Dabei kann es nicht – mittels «crucial experiments» – um den naiven
Nachweis gehen, daß jeweils nur *eine* Theorie zur Erklärung eines bestimmten Sachverhalts richtig, die andere aber falsch sei. "We don't live
in a 'one-variable-world'." Durch empirische Forschung sollten die Bedingungen spezifiziert werden, unter denen eine Theorie anwendbar ist,
d. h. jene Bedingungen, unter denen die von einer Theorie postulierten
Prozesse in einer ganz bestimmten Situation bzw. Klasse von Situationen
wirken.

Obwohl es sich bei den in dem Reader dargestellten Theorien um
kognitive Theorien handelt, ist es erstaunlich, wie von fast allen Theorien die intermittierenden Mechanismen (intermediating mechanisms)
ignoriert werden. Alle hier dargestellten kognitiven Theorien sind ein
Produkt einer Epoche, in der man sich bewußt von der behavioristischen
Schule absetzen wollte. Der Behaviorismus geht vom Menschen als einer
«black box» aus und sieht lediglich die beobachtbaren Verhaltensweisen
des Menschen, nicht aber die internen Prozesse als legitimen Forschungsgegenstand an. In seiner extremsten Form postuliert er, daß alle Dinge,
die nicht gesehen werden können auch nicht existieren. Diese extrem
behavioristische Denkrichtung ist zwar in der heutigen Sozialpsychologie
überwunden, aber die darauf folgenden Schulen, aus der auch die vorliegenden Theorien stammen und die sich im Gegensatz zum Behaviorismus bezeichneten, sind in einer gewissen Weise wiederum inkonsistent:
Interne Prozesse werden zwar nicht geleugnet, aber sie sind wie bei den
«alten» Behavioristen nicht Gegenstand der Forschung. Es wird zu oft

versucht, jeweils unabhängige Variablen in Experimenten zu induzieren, ohne darüber zu reflektieren, welche zugrunde liegenden Mechanismen (underlying mechanisms) bestimmte Prozesse bewirken. Diese Theorien reflektieren mehr oder weniger auch weiterhin eine Stimulus-Response-Orientierung. Davon ist sogar die Attributionstheorie nicht auszunehmen, die von einem Zusammenhang zwischen Information und Urteil ausgeht und die zugrunde liegenden Mechanismen niemals empirisch überprüft. Eine Hauptaufgabe in der Sozialpsychologie wird deshalb die Untersuchung des Problems sein, wie Menschen Informationen verarbeiten, benützen und verkoden, d. h. welche internen Prozesse bei einer Person ablaufen.

Ein letztes Wort gilt den Modetrends. Vor allem die amerikanische Sozialpsychologie zeigt, daß die Beschäftigung mit bestimmten Theorien und Sachverhalten Modetrends unterworfen ist. So wurde z. B. der Boom in der Gruppenforschung von der Attitüdenforschung, der Boom in der Dissonanzforschung von der Attributionsforschung abgelöst. Man kann schon jetzt vorhersehen, daß der «Attributionsboom» vom «Kontrolltheorieboom» ersetzt wird, und Spekulationen US-amerikanischer Wissenschaftler zufolge, werden Ende der 80er Jahre Selbsttheorien «in» sein. Über solche Entwicklungen kann man nur wenig glücklich sein. Die Gültigkeit einer Theorie und ihrer Erklärungskraft ist unabhängig davon, ob sie nun «in» ist oder nicht. Man sollte unabhängig von den jeweiligen Modetrends versuchen, bestehende Theorien dahingehend zu präzisieren, daß sie stärker als bisher in der Lage sind, menschliches Verhalten zu erklären bzw. Bedingungen herauszuarbeiten, unter denen die jeweilige Theorie Gültigkeit beanspruchen kann.

Sachregister